KB218137

입보리행론 요해

불법의 정수를 담고 있는 대승불교 입문서

# 입보리행론 요해

A Commentary on the Bodhisattvacāryāvatāra, 入菩提行論 了解

**톡메 상뽀(무착 대사)** 저 | **수다지 켄포** 한역漢譯
**지엄** 한글 편역

운주사

# 편역자 서문

인도의 산티데바[1]께서 지으신 『입보리행론入菩提行論』은 한국에 몇 종류의 번역본으로 소개되어 있다.[2] 필자도 전에 오명불학원[3]의 진메이

---

1 평화의 신이라 불리는 샨티데바(7~8세기)는 인도 날란다 불교대학 출신 귀류중관론의 대학승이자 성취자이다. 전해져 오는 바에 의하면 본래 남인도 현강국의 왕자로 태어났으나, 왕위계승 전날 밤 꿈에 문수보살을 친견하고 출가하여 선관을 엄밀하게 닦았다 한다. 대중 앞에서 스스로 체득한 지혜경에서 흘러나오는 『입보리행론入菩提行論』(줄여 '입행론'이라 함)을 송독한 후 인도 전역을 돌며 불법을 설파하면서 『대승집보살학론大乘集菩薩學』·『제경집요諸經集要』를 지었다. 중관의 공성의 지혜를 바탕으로 보리심을 어떻게 일으키고 수행할 것인가에 대한 명쾌하게 정리한 『입보리행론』은 특히 유명하다. 샨티데바를 한문으로는 '적천보살寂天菩薩'이라 칭한다.

2 『입보리행론』(샨티데바 저, 청전 역, 하얀연꽃, 2004), 『입보살행론-지복에 이르는 보살의 길』(샨티데바 보살 저, 석혜능 역, 부다가야, 2009) 외에, 다람살라에서 오랫동안 수행 정진하신 청전스님에 의해 게송이 번역된 『샨띠떼바의 입보리행론入菩提行論』(담엔북스, 2017) 등이 있다. 『입보리행론』은 7세기 중엽 세상에 나온 이후 빠른 속도로 인도와 카시미르 지역에 전파되어서 인도에서만 100여 편이 넘는 주석서가 전해지고 있다. 티베트에는 9세기 초 전래된 이래 20여 편의 주석서가 나왔고, 티베트 불교의 수행자라면 반드시 배우고 수행해야 하는 논서가 되었다. 원전의 게송은 티베트 지역에서 수행자들의 입에서 입으로 전해지고 있다.

3 중국 쓰촨 성 티베트족 자치주 써다(色達)현 라룽(喇榮)에 있는 사원이자 마을이다. 1980년에 닝마빠의 고승이었던 진메이펑춰(晋美彭措, 1933~2004, '여의보 법왕如意寶法王'이라 불림)가 세운 작은 사찰에서 시작되었다. 당시 중국의 문화대혁명의

평취 린포체께서 『입보리행론』에 대해 강설하신 『입보리행론광석入菩
提薩行論廣釋』을 우리말로 번역한 바 있는데, 그 분량이 방대하여 독자
들이 읽기에는 많은 시간과 노력을 필요로 했다. 이에 『입보리행론』에
대한 간략한 설명 및 그 요점이 집약된 해설서가 필요하다고 여기던
차에, 『불자행 37송』의 저자인 톡메 상뽀[4]가 지으신 『입행론석·선설해
入行論釋·善說海』가 그에 부합하는 책임을 알게 되었다. 이 책을 오명불
학원의 수다지 캄부[5]가 중국어로 번역하여 출판하였는데, 이번에 이를

여파로 인해 티베트 불교 또한 심각한 타격을 입었는데, 이를 복구하고 불교를
재건하고자 하는 목적으로 32명의 제자와 함께 사원을 지었다. 그런데 진메이펑
취의 명망을 듣고 주위의 티베트인들뿐만 아니라 한족 수행자들도 대거 몰려들면
서 1990년대에는 1만 명이 넘는 도시로 변성했었다.

4 톡메 쌍뽀(Thogme zangpo, 한문으로는 '무착 대사無著大師'라 칭한다.)는 티베트
불교 샤카파의 전승조사이다. 1295년 티베트 서부 샤카에서 태어나 14세에
출가하여 29세에 비구계를 받은 후, 종파를 초월하여 많은 스승으로부터 대원만
의 교법을 학습하고 실수행의 선관을 지도받아 대성취를 이루었다.

5 수다지 캄부(索達吉 堪布, 티베트어 소달계 켄포So Dargye Khenpo라는 호칭을 중국어로
음역한 것)는 1962년 캄(康)이라고 알려진 티베트 동부 지역에서 태어났다. 1985년
오명불학원으로 출가하여 진메이펑취(晉美彭措, 1933~2004, Jigme Phuntsok) 린포
체의 가르침을 받고 수행하면서 티베트 불교의 완전한 전승을 받고 오명불학원의
관리자 및 교수로 임명되었다. 진메이펑취 린포체 생전에 린포체의 가르침을
중국 제자들에게 전달하는 통역가였던 그는 다년간 티베트의 경론을 중국어로
번역하고 한문 전적을 티베트어로 번역하는 일에 종사했다. 진메이펑취 린포체는
그에게 중국 제자들을 가르치는 소임을 맡기기도 했다. 1990년부터 중국뿐
아니라 세계 유수대학에서 강연을 하면서 세계의 석학들과 교류하였고, 불법의
오묘함을 전파하면서 학업·감정·인생·일 등과 같은 문제에서 대중들을 이끌고
있다. 그는 종종 말한다. "내가 얼마 동안 살지는 모른다. 하지만 단 한 명이라도
듣는 사람이 있다면 마지막 숨을 거두는 순간까지 불법을 통해 그에게 이익이

다시 우리말로 옮겨 『입보리행론 요해』로 펴낸 것이다.

해탈도의 수행에 있어 번뇌를 항복받기 위해서는 산란한 마음을 제거해야 한다. 이를 위해서는 출리심을 얻고 보리심을 내며 육바라밀의 실천을 통해 지혜를 이루어야 하는데, 이는 또한 이 책의 중요한 교의이기도 하다.

해탈을 구하는 수행자가 무상을 관하는 것은 깊고 수승한 불법 수행의 길에 입문하는 것이다. 무상을 관하는 것은 출리심을 얻는 원인이 되고, 해탈도에 매진하게 하는 채찍이 되며, 최종적으로 광명법신을 얻는 바른 인연이 된다. 무상관으로 인해 탐욕심이 적어지면 세상의 번다한 일이 정리되고 앞날에 대한 쓸데없는 구상을 할 필요가 없게 된다. 이렇듯 세간에 대한 탐착심이 없어지고 사람 몸 얻기 어려움을 알아 금생을 탐하지 않는 습관이 생겨야 수행이 순조롭게 되고 이에 따라 보리심이 발하게 된다. 자리自利와 타리他利를 위해 항상 선정을 닦고 마음 가운데 정진의 의욕이 충만하면 적정함을 얻게 되고, 육도윤회에서 고통받는 부모중생을 건져주고자 하는 발심이 일어나게 되는 것이다.

삼악도에 빠진 중생의 수는 헤아릴 수 없이 많고 인간계에서 고통받는 사람의 수도 아주 많다. 그들의 불행에 대해 곰곰 생각해 보면, 그들이 고통의 과보를 두려워하지도 않고 알지도 못하는 것이 비참하게 여겨질 뿐이다. 하지만 수행자들조차도 이에 대해 두려움을 내는 일이 적으니, 이는 곧 수행자들로 하여금 다음 생을 준비하는 면에

---

되도록 온 힘을 다하겠다."

충실하지 못하고 명예와 이익을 구하는 악행의 씨앗을 의식에 자리 잡게 하는 것이다. 이같이 수행자들이 악습에 젖어 악을 짓고 정법을 실천하지 못하는 모습엔 안타까움을 금할 수 없다.

해탈도로 나아감에 있어서 『입보리행론』의 가르침은 수행자로 하여금 일체중생의 몸을 자신의 몸으로 여기고 중생의 고통을 자신의 고통으로 여기게 한다. 나아가 자신의 공덕과 이익은 중생에게 주고 중생의 고통과 손해는 자신에게 가져오며, 일체중생을 해탈의 길로 이르게 하고자 하는 보리심을 발하게 한다. 그러므로 이 책을 보살도 수행의 지침서로 삼아 항시 연구하고 그 가르침대로 실행한다면 정견의 큰 지혜를 얻을 수 있을 것이다.

많은 수행자들과 함께 『입보리행론』에 의지하여 육도윤회의 모든 중생과 더불어 궁극적으로 상적광토에 노닐기를 발원한다. 또한 이 논서를 번역하여 출판하는 공덕으로 법계에 불보살님의 가피가 충만하고 선지식들이 수명장수하며 오래도록 세상에 안주하시기를 발원한다. 법계의 불보살들과 선지식들이 항상 원만한 법륜을 굴리시면서 중생을 구제하고, 육도윤회 중생이 모두 정각을 이루는 데에 그 공덕을 회향한다.

끝으로, 꼼꼼하게 교정을 보아준 도혜와 수미향, 출판을 해주신 김시열 사장님께 감사드린다.

2023년 3월 25일
독산동 미륵정사에서 지엄 씀

## 톡메 상뽀(무착 대사) 전기

이 책을 지으신 무착 대사의 약전을 소개하여 사상적 맥락에서 본문에 대한 이해를 돕고자 한다.

무착 대사께서는 1295년 티베트 서부 샤카 지역에서 출생하셨다. 대사는 3세 때 어머니를 여의었는데, 자신을 돌보아주던 할머니도 일 년 후에 운명하셨다. 많은 위대한 성취자들이 성장기에 어려움을 겪으며 자연스레 무상을 체득하여 해탈도 수행의 길에 들어섰던 것처럼 무착 대사도 그리하셨다. 10세부터 14세까지 삼촌에게 의지해 교육을 받았고, 14세에 출가하여 29세에 비구계를 받았다.

대사는 14세에 사랑사(薩郞寺)에서 환빠 라마에게 사미계를 수계하고 현길賢吉이라는 법명을 받았다. 그 당시에 미증유의 오묘한 향기가 대지에 가득 차고 하늘에서는 꽃비가 내렸다 한다. 수계 후에 대사는 승가학원에 들어가 경율론 삼장을 수학하고 경문을 외우며 법문의 뜻을 사유하였으며, 공부하는 과정에서 수행과 교화의 문제를 반복하여 사유하신 후에, 경전을 강의하고 법을 설함으로써 교법을 펴게 되고, 실지의 수행으로 증법證法을 지키게 된다는 확신을 얻으셨다.

23세 때 대사는 행각승의 신분으로 티베트 전국의 절을 돌며 변론을 하면서, 사견邪見을 가진 자는 교증敎證과 이증理證으로 논파하고 정견正見을 가진 자는 제자로 받아들였다. 32세 때 불법을 펴기 위하여 계속 경전을 강의하였는데, 주로『현관장엄논現觀莊嚴論』,『인명론因

明論』, 『아비달마잡사집阿毘達磨雜事集』, 『대승장엄경론大乘莊嚴經論』, 『보성론寶性論』, 『입보리행론入菩提行論』 등을 강의하였다.

38세 때 견혜堅慧 역경대사[5]가 무착 대사를 평하되 "티베트에 있어서 『입보살행론』에 제일 정통한 자는 귀랑빠 대사와 무착 대사 2인으로, 이론에 대한 이해는 대사와 비교할 자가 없으며, 이 두 사람의 사상 중에 이론의 온전한 의의가 갖춰져 있다."라고 하였다.

무착 대사의 발심이 매우 광대하였기 때문에 각 종파의 수행인은 그를 매우 존중했고 그의 교언 중에 지혜가 솟아나는 것을 사모하였다. 특히 대사가 지으신 『불자행 37송』에 대한 찬탄이 끊이지 않아 세간에서 보편적으로 애독되었으며 그 전해짐이 오랫동안 지속되었다.

대사께서는 사익을 위하여 재물을 구하는 것은 안 된다고 하면서 고승대덕의 행동규범이 붓다의 교언과 법도에 부합하므로 그분들을 따라 이치에 맞게 실행하도록 권하셨다. 대사는 일생 40분의 선지식에 의지하였고, 견줄 데 없는 여의보와 같은 두 분을 스승으로 모셨다.

대사의 가장 중요한 스승님은 소남자빠(索南扎巴) 대大 켄뽀[7]이시다. 대사는 그 스승님의 청정심을 따라 일체 경론의 정화, 일체 규결竅決의 제호醍醐[8], 일체여래의 묘도妙道인 대승수행의 법문을 얻었다. 이 법을

---

6  1276년생. 인도 불서를 번역한 『집량논주소集量論注疎』, 『시륜경의소時輪經義疎』 등과 같은 저서를 남겼다.

7  켄뽀(Khenpo, 여성은 Khenmo)는 티베트 불교의 닝마파, 카규파, 사카파에서 중등 과정 이후에 13년 간 불법을 닦은 학자들에게 주어지는 명칭이다. 겔룩파의 게쉐Geshe에 견줄 수 있는 것으로 서양의 박사학위(PhD)에 준한다. 친교사親敎師라고 번역된다.

8  '제호'는 우유에 갈분(칡뿌리에서 채집한 전분)을 타서 미음같이 쑨 죽을 말한다.

전수받을 때 두 종류의 보리심[9]이 샘솟듯 솟아 다함이 없었으며, 공성과 자비의 체험이 파도가 솟구치는 것과 같았는데, 최종적으로 전부 자리自利와 타리他利의 큰 바다로 녹아들었다.

또 한 분의 중요한 스승님은 런친씨르본빠(仁欽西日本巴) 존자님이시다. 하루는 존자께서 "나에게 와라." 하시고는 즉생에서 성취케 하는 구생대수인법俱生大手印法을 심심상인心心相印으로 대사에게 전해주셨으며, 연기법문緣起法門 및 팔관재계八關齋戒 수행법도 전수해 주셨다. 이렇듯 대사는 존자에게서 시륜금강관정時輪金剛灌頂과 육가행인도六加行引導 등 밀법의 오묘한 법요를 전수받았다. 또한 대사께서 일찍이 "나의 자비심은 런친씨르본빠 존자님의 가지加持[10]로 말미암아 생긴 것이다."라고 말씀하신 바와 같이, 존자에게서 대사는 두 종류의 보리심을 전법 받았다.

대사께서 30세에 이르러 어느 사원에서 강사 소임을 담당하여 학승을 가르치며 몸소 자타상환을 수행하실 때, 그 사원 입구에 이가 득실거리는 누더기 옷을 걸친 거지가 구걸을 하며 살고 있었다. 대사는 큰 대자비심으로 그 거지를 자기 방으로 데려가 먹을 것을 주고 당신의 옷으로 거지의 옷을 바꿔 입혔다. 그러고는 거지가 벗어 놓은 옷을

---

옛날 인도에서 우유로 만드는 것에 다섯 가지가 있었는데, 그 가운데 가장 정제된 것이다. 맛이 좋고 열병熱病에 귀중한 약품으로 쓰인다. 불교에서는 제호를 불성佛性에 비유한다.

9 서원을 세우는 '원보리심(발원)'과 발원한 것을 실천하는 '행보리심(실행)'을 말한다.

10 '가지加持'란 부처와 중생이 하나가 되는 경지로 들어가는 일을 말한다.

그대로 버리면 그 안에서 가득 살고 있는 이들이 굶어죽을까 걱정되어 그 옷을 당신이 직접 입었다. 이들로 하여금 자신의 피를 빨아먹게 한 것이다. 그러다가 결국 병이 나서 한동안 법문도 할 수 없었다. 제자들이 참지 못하고 거지 옷 입는 것을 그만두시라 청하니 대사께서 말씀하시되 "나는 과거 수많은 생에서 어렵게 얻은 사람의 몸을 나의 이익을 위해서만 쓰는 등 하릴없이 낭비를 너무도 많이 하였다. 이제 이렇게 다시 어렵게 사람 몸을 받았으니, 타인의 이익과 행복을 위해 내 신체와 생명을 모두 보시할 수 있다면 이보다 더 값어치 있는 일은 없을 것이다. 그래서 나는 이 옷에 있는 이들을 죽도록 내버려 둘 수가 없다."라고 하셨다.

43세 때에 대사는 '우치치우총(悟啓求忠)'이라 하는 성지에서 무문관 수행에 들어가셨다. 무문관의 수행 중에 많은 고승대덕이 면회를 청했으나 응하지 않았다. 20년을 출입함이 없이 무문관 수행을 이행하시면서 삼사도[11]의 수행을 원만히 하셨으며, 언행일치를 실천하며 수명무상, 가만난득의 도리를 닦았고 귀의의 구체적 내용을 닦아 성취하셨다.

---

11 '삼사도'는 깨달음으로 가는 순서인 하사도, 중사도, 상사도를 말한다. 하사도 수행의 목적은 3악도(지옥·아귀·축생)에 떨어지지 않고 3선도(아수라·인간·천상)에 태어나는 것이다. 중사도 수행은 육도윤회의 세계를 벗어나는 것을 목표로 한다. 하사도와 중사도의 단계는 '나를 위주로 하는 수행'으로, 아라한의 경지를 얻는다. 그 다음 단계인 상사도의 수행으로 나아가기 위해서는 '나를 중요하게 여기는 이기심'을 '남을 중요하게 여기는 이타심'으로 바꾸어야 한다. 상사도 수행에서는 모든 중생을 구하기 위해 깨달음을 얻겠다는 보살의 마음으로 자비, 보리심, 육바라밀 수행을 닦는다.

하루는 존자께서 라사로 가시는 도중, 큰 강을 말을 타고 건너가다가 물살에 일곱 마리의 말이 휩쓸려 떠내려갔다. 이에 대사께서 합장하고 눈을 감고서 기도를 올리시되 "뤼도모이시여, 도모님, 성자 도모님,[12] 구해주소서!"라고 염송하니, 말 한 필을 제외하고는 다 무사히 언덕에 닿을 수 있었다. 한 마리는 계속 물살에 떠내려가는 중에, 대사의 뒤에서 갑자기 허리에 동아줄을 맨 키 큰 장정이 나타나 말을 향해 동아줄을 던져 그 말을 끌어내었다. 그러고는 홀연히 사라져버렸다. 이 일은 도모님 가피로 생긴 일이다.

대사는 제자들이 토굴을 짓거나 채전을 가꾸고자 하면 그 과정에서 수많은 작은 생명들이 목숨을 잃는 것을 염려하며 허락하지 않으셨다. 인과업보에 대하여 깊이 믿고 의심이 없었으며 작은 생명도 해하지 않으셨고, 상사도를 원만히 닦아 이루어 자타상환[13]을 철저하고 완전하게 실천하셨으니, 대사의 자비심에 감화된 그 부근의 맹수들도 서로

---

12 성자 도모(아르야 따라Ārya Tārā, 聖度母)는 범부의 상태에서 보리심을 발한 뒤 오로지 여인의 몸으로 성불하여 중생구제를 서원한 여성 보살님이자 불모이시다. 여인성불의 길을 구현해 보인 이 여성 붓다를 티베트 사람들은 의역하여 돌마(度母)라 부르고, 중국 사람들은 따라(多羅)로 음역하여 신앙의 대상으로 삼고 있는데, 그중 특히 뤼도모(綠度母)가 널리 신봉되고 있다. 따라불모는 중생들이 당하는 모든 고난과 장애들을 남김없이 파괴해서 신속하게 구제하시는데, 웅울추 다르마바드라(法賢)의 주석에 따르면 따라보살은 "지하 용龍들의 세계와 지상의 인간세계와 하늘의 천상세계를 합한 삼세간三世間의 수호자가 관세음보살이시니, 그의 존안에 맺힌 대비의 눈물방울에서 피어난 연꽃의 금빛 꽃술이 열리면서 탄생하셨다."라고 한다.(『아르야 따라의 길』, 중암 지음, 정우서적, 2011, 참고)

13 '자타상환'은 남이 갖고 있는 고통과 나의 행복을 바꾸는 수행법이다.

해치지 않고 자비심으로 대하였다. 매번 법회가 열릴 때마다 헐벗고 굶주린 중생들을 생각하고 방성통곡하시니, 법회에 참여한 모든 사람에게 그 자비심이 전해져서 모두 같이 울어 눈물바다가 되었다.

대사께서 무문관 수행을 하실 때, 소남자빠 대 켄뽀의 입적이 이른 줄을 알고 바로 출관하여 켄뽀의 처소로 가셨다. 켄뽀께 행보리심 의궤의 전수를 청하니, 켄뽀께서 의궤를 전수해주시고 대사를 법제자로 삼으셨다. 이후 대사께서는 매일 세 번 전수받은 원보리심과 행보리심 의궤를 독송하며 수행하셨다. 대사께서는 항상 말씀하시되 "남의 고통을 만일 자기가 대신 받기 원하여 강렬한 대자비심으로 기도를 올리면 반드시 자타상환을 실지로 이루게 되니, 이는 내가 현량으로 체험한 것이다."라고 하였다.

한번은 대사께서 지방 수령의 초청을 받았다. 수령의 처소에 이르니 세 명의 사형수가 곧 사형에 처해질 판이었다. 대사께서 연민심으로 수령에게 사형 면제를 청하니, 그들이 사형을 면제받았다. 또한 대사께서 오동이라는 지방에 계실 때에 어떤 거지의 아들이 나병에 걸렸는데, 그의 몸에 이가 많은 것을 보고 그 몸의 이를 모두 대사의 몸으로 옮겨 놓으셨다. 하루가 지나자 그 이들이 모두 죽었는데, 주위 사람들이 말하길 이들이 죽음으로써 해탈을 얻었다고 하였다.

대사는 항상 어떤 중생의 과오도 남에게 알리거나 듣기를 원치 않으셨고, 제자들을 청정한 마음으로 대해 제자들의 실수는 털끝만큼도 입에 올리지 않았으며 남이 말하려고 하는 것도 제지하셨다. 타인의 잘잘못을 말하는 것은 스스로가 청정하지 못한 것으로 여기셨다.

대사를 잘 아시는 등빠대 법사가 대사를 찬양하여 말하되 "처음에는

삼장에 정통하고, 중간에는 지혜 있는 수행인에게 강설하시며, 후에는
아는 바를 부지런히 수행하니 이는 제불보살의 수승하고 묘한 도가
되도다."라고 하였다. 대사의 스승들 중의 한 분이신 롱보 대사가
찬탄하시되 "기쁘게도 나에게 아버지를 뛰어넘는 아들이 있다. 이
같은 아들을 제자로 삼는다면 많은 사람들이 그 행운을 부러워할
것이다."라고 하였다.

대사의 언행은 어느 면으로 살펴본다고 해도 그와 더불어 어깨를
겨룰만한 사람이 없었다. 대사의 지혜와 도풍에 대한 소문이 사방에
전해져 중국의 황제도 대사를 공경하였다. 사람들이 환희심으로 대사
에게 공양을 올리면 대사는 세간의 오욕의 즐거움에 조금도 탐함이
없어 좋고 나쁨을 분별함이 없이 곧바로 수용할 뿐이었고, 그것으로
보시바라밀을 행하여 모든 것을 남김없이 중생에게 주셨다.

대사는 무문관 수행 시에 백팔 배·발심의궤 독송·탑돌이를 행하시
고, 관음심주·약사주·존승불모주·승낙금강심주를 염송하시며, 도
모예찬·승낙금강본존의궤·부동불본존의궤를 수행하셨다. 현교와
밀교 법문의 수행을 원만하게 하신 뒤 꿈속에서 마음대로 청정찰토에
다니실 수 있었으며, 각 정토의 제불보살의 면전에서 불법의 성스러운
가르침을 들으셨다.

20년에 걸친 무문관 수행을 나오신 후에는 승속 4부 대중에게 발보리
심과 수행법문을 전수해주시었다. 대사께서 『입보살행론』을 강설하
실 때에 하늘에서 꽃비가 내렸다고 한다. 대사는 이미 성인의 경지에
드셨지만 마음이 흐트러짐을 관찰하고 자기의 과실을 살피는 것을
잊지 않으셨고, 자만하거나 사사로움에 빠지며 말만 앞서는 것을

경계하셨다.

대사는 만년에도 매년 9개월은 무문관 수행을 하시고 남은 3개월은 출가승과 재가자를 위해 널리 법보시를 행하시었다. 제자들에게 늘 금생을 탐하는 마음을 버리고 자비심 닦기를 권하셨으며, 근본스승에게 기도하고 산란함과 분별과 희론을 떠난 경계 중에 안주하기를 바라셨다. 또한 대사께서는 항상 제자들에게 선근이 소멸하지 않도록 삼륜이 공적한 경계 중에 중생이 무상불과를 얻는 것에 수행 공덕을 회향하도록 당부하셨다.

대사는 75세 때 대비보살로서 생사대사의 무상을 시현하여 질병을 보이시고, 임종에 임하여서도 마음의 구결을 관하고 수지하는 것 외에 어떤 다른 방법과 대책을 찾지 않으신다고 하셨다. 대사는 입적하기 직전에도 말씀하시되 "나는 누워있는 것이 습관이 안 되어서 단정히 정좌하면 매우 편안하다."라고 하셨으니, 실제로 병이 나신 이후로 임종에 이르기까지 주로 비로 7좌 법식으로 정좌해 계셨다.

임종 당시 제자들에게 부촉하시되 "그대들은 응당 자기 마음을 가져 삼보에게 바치고, 수행 중에 어떠한 세간사도 끼어들지 못하게 하며, 중생의 행복을 위해 여법하게 수행에 힘쓸 것이다. 이같이 하면 부처님의 지혜의 생명을 계승한 사람이 된다. 또한 분명하게 근본스승님의 법맥 전승을 지키고, 재물을 모으지 말고 가련한 중생들을 구제하는 데 쓰며, 중생들을 향해 자비심을 낼 것을 당부하니 이것이 내가 임종 시에 너희에게 내리는 말이다."라고 하셨다.

그해 10월 20일, 마을의 예언하는 처녀가 오늘 무착 대사께서 총엽장엄 도모찰토로 가신다고 예언하였다. 대사께서는 누워 계시다가 제자

들에게 부축해 앉혀 달라 하시며 "도모께서 강림하심이 눈앞에 보이신
다."라고 말씀하셨다. 그날 저녁 묵언하시고 정신을 광명법신법계에
집중하시는 가운데 원적에 드시니, 대지가 진동하고 향기가 가득하며
허공에 오색 무지개가 뻗치고 광명이 대지를 비추었다.

**일러두기**

　　본서의 게송 번역은 『입보리행론 강해』(운주사, 2020년)의 번역 본을 기본으로 하되, 강해본 번역과는 달리 평이하게 풀어서 쓴 구어체 를 사용하였으며, 이를 통해 독자들이 난해한 게송의 뜻을 쉽게 이해하 는 데 도움이 되기를 바란다.

편역자 서문 · 5

톡메 상뽀(무착 대사) 전기 · 9

일러두기 · 18


I. 정례사頂禮辭 · 27


II. 논의 이름(論名)과 번역의 예경(譯禮) · 29

　　1. 논의 이름을 밝힘 · 30

　　2. 번역의 예를 올림 · 32

　　3. 예찬禮讚 · 32

　　4. 입서入誓 · 35

　　5. 겸허謙虛함을 보임 · 36

　　6. 선설宣說의 필요성 · 38


III. 제1품 보리심의 이익 · 41

　　1. 가만난득暇滿難得 · 41

　　2. 의락意樂이 드묾 · 43

　　3. 보리심의 공동공덕共同功德 · 44

1) 죄업을 끊음 · 44

2) 안락을 얻음 · 45

3) 소원을 성취함 · 46

4) 명의名義가 바뀜 · 47

5) 보리심의 공동공덕을 여섯 가지로 비유함 · 48

4. 보리심의 특수공덕 · 53

1) 보리심의 종류 · 53

2) 원보리심과 행보리심의 본질적 차이 · 54

3) 원보리심과 행보리심의 공덕상의 차이 · 55

5. 발심이 공덕이 되는 이유 · 56

1) 교증教證 · 56

2) 이증理證 · 57

6. 발심 중생을 찬탄함 · 62

1) 스스로 보살행을 실천함 · 62

2) 보시의 수승함 · 62

3) 수승한 복전이 됨 · 64

4) 고통도 보살에게 해를 주지 못함 · 65

5) 정례를 받는 귀의처가 됨 · 65

IV. 제2품 죄업을 참회함 · 67

　　1. 발심을 결택함 · 67

　　　　1) 발심의 본질 · 67

　　　　2) 발심의 분류 · 67

　　2. 발심을 행지行持함 · 68

　　　　1) 계를 받는(受戒) 방법 · 68

　　　　2) 계를 지키는(護戒) 방법 · 72

　　　　3) 계를 정화하는 방법 · 73

　　3. 죄업을 참회함 · 74

　　　가. 가행加行 · 74

　　　　1) 죄업을 정화함 · 74


V. 제3품 보리심을 수지受持함 · 109

　　　　2) 이타利他를 위하여 마음을 닦음 · 114

　　　나. 정행正行 · 122

　　　다. 후행後行 · 123

　　　　1) 자리自利로 인하여 환희심을 냄 · 123

　　　　2) 이타利他로 인하여 환희심을 냄 · 125

　　　　3) 다른 존재로 하여금 환희심을 내게 함 · 127

4. 보리심 수행의식 염송문 · 128

VI. 제4품 불방일不放逸 · 133

1. 불방일의 의의 · 133

2. 발보리심 수행법을 삼가 배움 · 134

1) 보리심의 인연을 버리지 아니 함 · 134

2) 보리심을 버리면 겪게 되는 과환過患 · 135

3. 가만暇滿의 기회를 의지함 · 142

1) 가만난득暇滿難得 · 142

2) 가만을 얻지 못하는 과환 · 143

4. 방일함의 과환 · 147

1) 지옥 과보의 고통을 받음 · 147

2) 본래 마음을 잃어버림 · 148

5. 번뇌를 끊음 · 149

1) 번뇌의 과환 · 149

2) 번뇌에 휘둘림을 경계함 · 152

3) 번뇌에 휘둘리지 않을 것을 다짐함 · 153

4) 번뇌를 끊어냄 · 154

6. 결론 및 권고 · 164

VII. 제5품 정지정념正知正念 · 167

1. 마음을 지킴으로써(護心) 계율을 지킴(護戒) · 167

   1) 마음을 지키지 않은 과환 · 168

   2) 마음을 지켜야 하는 이유 · 168

   3) 마음을 지키는 방법 · 179

   4) 마음을 지키는 공덕 · 181

   5) 마음을 지킬 것을 다짐함 · 181

2. 정지정념을 지킴으로써 마음을 지킴 · 182

   1) 정지정념을 굳게 지키기를 권면함 · 182

   2) 정지정념을 지키지 못하는 과환 · 183

   3) 정지정념을 지키는 방법 · 186

3. 정지정념의 가르침을 반드시 실행해야 함 · 238

VIII. 제6품 인욕忍辱 · 241

1. 마땅히 인욕을 닦음 · 241

   1) 성냄의 과환 · 241

   2) 인욕의 공덕 · 245

2. 인욕을 닦는 법 · 245

   1) 성냄을 자라게 하는 원인을 생각함 · 245

2) 마땅히 성냄의 원인을 제거함 · 246

3) 성냄을 일으키는 대상을 분류함 · 248

4) 성냄을 타파함 · 249


IX. 제7품 정진精進 · 335

1. 정진의 본체 · 335

2. 정진의 장애를 막아 끊음 · 336

1) 세 가지 게으름을 끊어내야 함 · 336

2) 게으름을 끊어내는 방법 · 336

3. 위연違緣을 대치하는 정진력을 증장시킴 · 356

1) 네 가지 조연助緣을 갖춤 · 357

2) 조연助緣에 의지하여 정진을 닦음(실행력) · 384

3) 자기 자신을 스스로 주재함(억제력) · 388


X. 제8품 선정禪定 · 391

1. 선정을 힘써 닦기를 권함 · 391

2. 선정의 장애를 끊음 · 391

1) 속세를 떠나 적정처에 안주함 · 392

2) 망념을 버림 · 414

3. 전념으로 선정을 수행함 · 443

　1) 세속보리심을 수행함 · 443

　2) 승의보리심을 수행함 · 499


XI. 제9품 지혜智慧 · 501

　1. 지혜를 일으키는 방법 · 501

　　1) (本體) 지혜의 자성을 이해함 · 501

　　2) (正面) 무아無我의 도리에 들어감 · 545

　　3) (反面) 실재로 여겨 집착하는 것을 끊음 · 582

　2. 지혜로써 얻게 되는 작용 · 606

　　1) (自利) 세간팔법에 대한 집착을 내려놓음 · 606

　　2) (利他) 공성을 깨닫지 못한 중생에게 자비심을 냄 · 608


XII. 제10품 회향回向 · 615

　1. 복덕을 회향함 · 615

　　1) 이타利他 측면에서 회향함 · 615

　　2) 자리自利 측면에서 회향함 · 630

　　3) 종합적인 측면에서 회향함 · 631

　2. 불보살의 은덕을 억념憶念하며 경례 올림 · 632

# I. 정례사頂禮辭

정례성자관자재보살頂禮聖者觀自在菩薩!

큰 자비심으로 중생계에서 복혜자량福慧資糧[1]의 바다에 나투시고
열반에 머묾 없는 자성삼신自性三身[2]의 묘운을 층층이 드리우며
무아無我 등 사변희론四邊戲論[3]을 여읜 묘법의 감로비를 널리 내리시고
치열한 중생의 번뇌 가운데에서 해탈의 꽃을 피우신
석가세존 앞에 정례합니다.

단지 그 성스러운 명호가
한 번 귀에 들리기만 해도
능히 마음의 번뇌를 제거하시는 분인
관세음보 앞에 정례합니다.

---

1 복덕과 지혜라는 밑천(자량)을 말한다.
2 '삼신'은 대승의 법신불法身佛, 보신불報身佛, 응신불應身佛을 말한다.
3 '희론戲論'은 대상을 분별해서 거기에 언어와 의미를 부여하는 지적 작용을
  말한다.

아我와 무아無我의 희론이 적멸한 승의의 도리를 설파하시고
이미 짓고 쌓은 업으로 말미암은 세속의 아집, 번뇌 등 모든 어리석은
사견을 제하시며
자리自利를 버리고 이타利他의 청정행을 이루는 법의 이치를 선설하
시어
자타이리自他二利의 구경을 성취하신 문수보살 앞에 정례합니다.

일국의 왕위를 사양하고 출가하여 도를 이루시고
희유하고 기묘한 불자행佛子行의 이치를 잘 드러내시며
붓다의 교법을 널리 전하신 적천보살寂天菩薩 앞에 정례합니다.

가르침의 논서에서 설법하신 법을 좇아서
불자행을 수행하는 대중의 이익을 위하여
이제 제가 다음 같이 본론을 해석하고자 하옵니다.

# II. 논의 이름(論名)과 번역의 예경(譯禮)

梵語: 菩提薩埵渣呀阿巴達繞

범어: 보리살타사아아빠달요

漢語: 入菩薩行論

중국어: 입보살행론


敬禮一切佛菩薩　경례일체불보살

善逝法身佛子伴, 及諸應敬我悉禮. 선서법신불자반, 급제응경아실례.

今當依敎略宣說, 趣入佛子律儀法. 금당의교약선설, 취입불자율의법.

此論未宣昔所無, 詩韻吾亦不善巧, 차논미선석소무, 시운오역불선교,

是故未敢言利他, 爲修自心撰此論. 시고미감언이타, 위수자심찬차론.

徇此修習善法故, 吾信亦得暫增長, 순차수습선법고, 오신역득잠증장,

善緣等我諸學人, 若得見此容獲益. 선연등아제학인, 약득견차용획익.

## 1. 논의 이름을 밝힘

梵語: 菩提薩埵渣呀阿巴達繞

범어: 보리살타사아아빠달요

이것은 『입보살행론』의 범어 명칭을 중국어로 음역한 것이다. 여기에서 '보리'는 '정각正覺'을, '살타'는 '보살菩薩'을 의미하며, '사아'는 '행行'을 '아빠달요'는 '입入'을 뜻한다. 논의 이름을 범어로 쓴 것은 아뢰야식에 범어의 종자를 심기 위함이며, 아울러 믿을 만한 연원을 설명하고 번역자의 은덕을 기리기 위한 것이다.[4]

일반적으로 경론의 명칭은 그 설해진 바의 의미(의미에서 취한 것), 설해진 지점(지명에서 취한 것), 설한 사람(인명에서 취한 것) 및 비유 등에 따라 정해진다. 이 논의 명칭은 그중 첫 번째 방식을 따른 것이다.[5]

---

4 티베트 불교의 고승대덕은 경론의 명칭을 매우 중요시한다. 또한 티베트 경론의 앞면에는 모두 범어 명칭이 있는데 그 이유는 다음과 같다. 첫째, 논전이 전해진 내력이 청정함을 나타낸다. 둘째, 논전의 첫머리에 삼세제불이 법을 전하면서 사용한 언어인 범어를 씀으로써 제불의 가피를 얻는다. 셋째, 이러한 범어 명칭을 보고 듣는 사람들에게 선근을 심는다. 넷째, 논전 첫머리의 범어를 보면서 이 논전들을 저작하고 강의하고 번역한 선현들의 은덕을 기린다.

5 의미에서 명칭을 취한 것에는 『보리도차제광론菩提道次第廣論』이 있다. 서술한 내용에 따라 명칭을 취한 것이다. 부처가 능가산楞伽山에서 대혜大慧보살을 위하여 설법한 가르침을 담고 있는 『능가경楞伽經』은 지명에서 명칭을 취한 것이며, 『육조단경六朝壇經』은 인명(육조 혜능대사)에서 취한 것이다. 비유에서 명칭을 취한 것으로는 『금강경金剛經』이 있다. 티베트 불교에서는 대부분 논의 의미에 따라 이름을 짓는다.

이름을 정하여 붙이는 것은 논의 의미를 잘 이해하기 위해서이다. 『능가경楞伽經』에 이르길 "명칭을 붙이지 않으면 세간 사람들이 밝게 알지 못하나니, 이 때문에 부처님께서는 정교하게 방편을 써서 모든 법에 각기 다른 이름을 붙이셨다."라고 하였다. 더욱이 이 논은 그 의미에 따라 이름을 취했기 때문에 상근기의 수행자라면 논의 이름만 으로도 논에서 설한 대략적인 내용을 통달할 수 있다. 여타 근기의 수행자들 또한 먼저 논의 이름을 설명하면 그것에 의지하여 논이 설파하는 근본을 쉽사리 찾게 된다.

이 논의 뜻에 관하여 아사리阿闍梨 선천善天[6]이 생각한 바로는 초선初 善, 중선中善, 후선後善으로써 이 논전의 모든 내용을 포함시킬 수 있다. 순서에 따를 때 초선은 곧 정례구이고, 중선은 제1품 '보리심의 이익'에서 제9품 '지혜품'까지이며, 후선은 '회향품'이 된다. 한편 나빠 와(那波瓦) 아사리의 견해에 의하면 논을 짓는 원인, 육바라밀을 설함, 은덕을 감사히 여겨 예를 짓는 부분으로 이 논을 나눌 수 있다. 즉 '가만난득'으로 시작되는 앞 세 품에서는 논을 짓는 원인을 밝혔고, 회향품에서는 보시바라밀을, 불방일품과 정지정념품에서는 계바라 밀을 설하고 있다.

---

6 『입보살행론』의 저자 산티데바, 즉 적천보살을 지칭한다. '아사리'는 제자를 가르치고 제자의 행위를 바르게 지도하여 그 모범이 될 수 있는 승려를 말한다.

## 2. 번역의 예를 올림

敬禮一切佛菩薩! 경례일체불보살!
일체 불보살님께 예경 올리나이다.

이것은 번역의 예경문으로, 정해진 방식[7]에 따라 번역사가 일체 불보살님께 정례를 올리는 것이다. 대부분의 티베트 불교 경론에는 번역 예경문이 붙어 있는데, 이것은 티베트 고대 역사의 3대 법왕 중 가장 수승한 사람으로 꼽히는 금강수金剛手 화신 츠야빠딩이 정한 것이다.

## 3. 예찬禮讚

善逝法身佛子伴, 及諸應敬我悉禮. 선서법신불자반, 급제응경아실례.
불법승 삼보 앞에 공경히 정례하나이다.

보명 논사普明論師에 의하면 붓다께서 수승한 열반을 성취하심에 말미암아 '선서善逝[8]'라고 일컫는다. 비유하자면 이는 신상身相이 선묘

---

7 율장이 포함되어 있는 전적들 앞면엔 '정례일체변지불頂禮一切遍知佛'을 덧붙인다. 경장에 속하는 전적들 앞면엔 '정례일체불보살頂禮一切佛菩薩'을, 논장에 속하는 것에는 '정례문수사리보살頂禮文殊師利菩薩'을 붙인다. 이러한 규정으로 말미암아 삼장을 열람하는 사람은 그 전적이 어디에 속하는 것인지를 일목요연하게 알 수 있다.

善妙하심, 질병을 잘 정화하심, 묘병妙瓶을 가득 채우심 등을 말한다. 번뇌장을 끊으신 후에 장엄하게 열반에 드시고, 진여의 실상을 가리는 무명을 제거한 후에 후퇴함 없이 나아가시고, 일체 습기를 청정하게 제거한 후에 구경의 자리로 나아가셨다는 것이니, 이는 장애를 끊은 공덕의 각도에서 강설한 것이다.

한편 선천 존자에 따르면 모든 증득할 바인 불과를 깨달아 성취했으므로 '선서'라고 일컫는다. 종합적으로 볼 때 업장을 끊고 불과를 증득한 공덕을 선묘하고 원만하게 하거나 혹은 가장 수승하고 안락한 곳에 나아가기 때문에 '선서'라고 일컫는 것이다. 『보살지론菩薩之論』에서 설한 바와 같이 "수승한 곳에 들어감이 '서逝'이며, 그에서 물러나지 않음이 '선서善逝'인 것이니, 이상으로 위에서 설한 것은 불보佛寶에 해당되는 내용이다.

『보성론寶性論』은 다음과 같이 설한다.

"법신法身에는 두 종류가 있으며,[9] 그것은 법계의 지극히 청정한 본체인 것과 그것에 의지하여 파생된 등류等流[10]로써 갖가지 심묘한

---

8 여래십호如來十號의 하나. 잘 가신 분이라는 뜻으로, '부처'를 달리 이르는 말이다. 피안彼岸에 가서 다시는 이 세상에 돌아오지 않는다고 하여 이렇게 이른다.

9 여기에서 설한 '증법으로서의 법신'과 '교법으로서의 법신' 이외에도, 『화엄소華嚴疏』에서는 법신을 이법신과 지법신 둘로 나누어 설명한다. '이理'는 곧 성품의 덕을 가리킨다. 이를테면 성품의 맑고 밝은 본체는 본래 헛된 생각을 떠난 것이므로 이법신이라고 하는 것이다. '지智'란 덕을 닦는 것이다. 이를테면 구경각究竟覺의 지혜가 청정한 본각本覺의 이치와 부합하는 것이다. 이와 지가 서로 융합하고 물질과 마음이 둘이 아닌 지혜를 나타내는 까닭에 '지법신智法身'이라고 하는 것이다.(출처: 두산백과)

34

법을 펴 설한 것이다."

이 논전에서 설한 바에 의하면, 증법證法으로서의 법신[11]은 법계
및 두 종류의 청정한 무루 지혜[12]와 더불어 둘이 아니고 다름이 없는
것이며, 교법敎法으로서의 법신은 이러한 진속이제로써 설해진 일체
의 깊고 깊은 법문을 가르치는 것이니, 이것은 곧 법보法寶를 말하는
것이다. 이러한 법보에 말미암아 선서에 대하여 설함이 온전한 것을
'구具'라고 일컫는다.

또한 '불자佛子'에 대하여 『보성론』은 다음과 같이 이른다.

"대승의 믿음을 갖춘 수승한 종자이고, 부처님과 법을 내는 지혜의
어머니이며, 태에서 선의 즐거움으로 거처함은 자비의 유모 같고,
그것이 곧 부처를 따라 보살로 태어나는 것이다."

여래의 가문 가운데 태어나거나 능히 충분히 여래의 계승자가 되기
때문에 '불자'라고 하나니, 모든 진리의 성자인 보살은 곧 승보僧寶를

---

10 원인에서 결과가 유출될 때, 그 원인과 결과가 서로 같은 것을 말한다.
11 보편적 진리를 스스로 증득證得한 바로서의 법신
12 '두 종류의 청정한 무루 지혜'는 승의제와 세속제, 곧 진속이제를 말한다. 번뇌
또는 고苦의 누출을 더욱더 증장시키고 있는 상태나 증장시키는 작용을 하는
법들을 유루법有漏法이라고 하고, 번뇌가 끊어진 상태나 번뇌가 끊어지게 하는
작용을 하는 법들을 무루법無漏法이라고 한다. 승의제勝義諦는 진제眞諦 또는
제1의제第一義諦라고도 하며, 세속제世俗諦는 속제俗諦 또는 세제世諦라고도
한다. 제諦란 진리를 뜻하나, 속제는 세상의 일반 사람들에게 알려진 도리를
뜻하고 진제는 불교를 깨우친 사람들(부처·붓다)에게 알려진 사성제·연기·중도
등의 진리를 말한다. 대승불교에서는 속제가 인간의 언어나 사상의 세계에
속하는 것이며, 진제는 이를 초월한 공空의 진리로서, 더구나 속제에 의해서
진제를 얻을 수 있다고 주장한다.(출처: 글로벌세계대백과사전)

말한다.

이렇듯 이 구절은 불법승 삼보의 귀의처와, 비록 대승의 귀의처는 아니나 성문·연각·친교사(켄뽀)·아사리 등 무릇 일체 가히 예경을 받을만한 대상들께 작자가 삼문으로 공경히 예를 올리는 것이다.

이러한 예찬의 필요성에 관하여는『찬불공덕경讚佛功德經』에서 말하되 "붓다이신 선서께 자그마한 공양을 올려도 인천人天의 즐거움[13]을 얻으며 죽지 않는 성스러운 과果를 얻는다."라고 하였으니, 예찬을 짓는 목적은 곧 일시적인 것이든 궁극적인 것이든 안락을 얻기 위한 것이다.


## 4. 입서入誓

今當依敎略宣說, 趣入佛子律儀法. 금당의교약선설, 취입불자율의법
지금 마땅히 경의 가르침을 따라
불자율의에 들어가는 방법을 간략하게 말하고자 합니다.


이 게송이 설한 내용은 무엇인가? 그것은 불자율의佛子律儀에 들어가는 방법에 관한 것이라는 것이다. 여기에서 '불자율의'는 엄금악행계 嚴禁惡行戒·섭집선법계攝集善法戒·요익유정계饒益有情戒를   가리킨다.[14] 이러한 계를 지키는 방법은 이 논의 10품 모두를 통해서 설해지고

---

13 사람의 몸을 얻거나 아수라 등 천상의 존재로 태어나는 것.

14 '불자율의佛子律儀'는 바로 보살계로, 세 가지를 포괄한다. ①엄금악행계(섭율의 계攝律儀戒): 일곱 대중을 함께 아우르는 별해탈계로, 성죄性罪·차죄遮罪를 끊어

36

있다.

그러면 이 논전은 어떠한 방식에 의거하여 지어졌는가? 바로 교법에 의지하여 지어졌다. 다시 말하면 경론 중에서 설한 바 의의에 의거해서 지어진 것이다.

어떤 사람들은 경론 중에 설한 바 내용이라면 이곳에서 강술하는 것은 굳이 필요가 없다고 생각한다. 실제로 이 논저는 경론 중에 흩어져 있는 경구를 문장의 구성에 구애받음 없이 이치에 따라서 한 구씩 모아 맞춰서 그 내용을 이룬 것이다. 흩어져 있는 경문을 작가가 의도하는 내용에 맞게 한 곳에 모아 구성하면서 분명하지 않은 구절은 분명하게 해석했으며 아울러 많은 경전의 내용을 포괄적으로 끌어와서 한 곳에 모아 논설했으니, 이로써 보면 보통 사람들이 설한 바와 같은 과실은 없다고 할 것이다. 이러한 논설에서 서원을 세우는 이유는 모든 보살이 고루 세운 서원을 따라서 논을 짓는 시작과 끝을 바르게 하고자 함이다.


## 5. 겸허謙虛함을 보임

**此論未宣昔所無, 詩韻吾亦不善巧,** 차논미선석소무, 시운오역불선교,
**是故未敢言利他, 爲修自心撰此論.** 시고미감언이타, 위수자심찬차론.
이 논은 예전에 없던 것을 말한 것이 아니며 시구와 운율에도 나는

<hr>

없애는 율의이다. ②섭선법계攝善法戒: 신구의身口意 삼문으로 선善을 쌓는 가르침의 율의이다. ③요익유정계饒益有情戒: 선법善法을 끌어들이고, 지키고, 늘어나게 하는 계이다. 이 세 조항은 대승 보살의 모든 수행 순서이다.

정통하지 못하니

그래서 감히 남을 이롭게 한다고 말할 수 없고 자신의 마음을 수련하기 위하여 이 논을 지었습니다.

**徇此修習善法故, 吾信亦得暫增長,** 순차수습선법고, 오신역득잠증장,
**善緣等我諸學人, 若得見此容獲益.** 선연등아제학인, 약득견차용획익.

이 논을 따라 선법을 닦고 익히기에 나의 믿음 역시 잠시 자라게 되리니

나와 같은 선연을 구족한 여러 학인들도 이 내용을 보게 된다면 법익을 얻을 것입니다.

이 논의 어떠한 내용도 세존이 설하신 불경에 없는 것은 없으며, 또한 저자는 화려한 문체나 시가의 운율을 구사하는 것에 정통하지 못하다고 한다. 이러한 두 가지 점에서 비춰볼 때 다른 사람의 이익을 위하여 이 논을 지었다고 말할 바도 없다는 것이다. 그러면 무엇을 위해 이 논을 지은 것인가? 저자는 단지 자기 심식 안에 보리심이 깃들 수 있도록 이 논전을 지었을 뿐이라고 한다. 이것은 겸허함의 표명이다.

만일 그와 같다면 자기만 알면 그뿐이지 굳이 논을 지을 필요가 무엇이겠는가? 그것은 보리심의 선법을 닦아 익히기 위한 것으로, 자기가 평소 이해한 바가 논전 가운데서 논술된 것과 다르지 않음을 다시 살펴 능히 선법에 대한 자신의 신심이 더욱 증장될 수 있도록 하기 위한 것이다.

38

선천 존자善天尊者와 보명 존자普明尊者가 말하기를, 여기에서 '잠暫(잠시)' 자字를 넣은 의도는 다른 사람의 이익을 도모하는 뜻이 있음을 밝힌 것이다. 무엇 때문에 이같이 설한 것인가? 만일 나와 같은 인연을 지닌 다른 모든 수행자들이 백 가지로 보살행을 구할 때, 이 내용을 보면 보리심을 기르는 이익이 있을 것이라는 것이다.

이상과 같은 겸허한 말은 능히 다른 사람들에게 작자가 아만我慢이 없음을 알리는 것이며, 또한 만일 과실이 드러나면 용서를 구함을 밝힌 것이다.


## 6. 선설宣說의 필요성

이 논에서 설한 내용은 곧 '취입보살율의법趣入佛子律儀法'이라는 시구로써 완전하게 결점이 없는 대승의 종성種性[15]과 도道·과果를 대표하는 것이므로, 당연히 그 주요 내용은 모든 보살이 배워야 할 학처가 된다. 그러므로 이 논에 의거해서 그 설해진 내용에 통달하는 것은 반드시 필요하다. 통달한다는 것은 곧 논전에 의탁하는 것과 관련이 있으므로 통달한 바 그 뜻을 실제로 닦아 과위果位를 얻는 것이 반드시 필요하다고 할 것이다.

모든 지혜 있는 자는 이 논전에서 가르친 바 수행에 필요한 법을 이해함으로써 수행의 문에 깊이 들어가게 된다. 나빠와(那波瓦) 존자의 『입행론석난入行論釋難』에서 말한 바와 같이 "이 논전의 필요성은 사실

---

15 '종성'은 깨달음의 바탕이 되는 소질, 깨달을 수 있는 잠재력을 말한다.

상 논의 제목을 통해서 이미 밝게 드러나고 있다." 아사리 선천께서 말씀하시되, '취입불자율의법'이 설하는 바는 자타를 이롭게 함이 필요하다는 것인데, 실로 논전과 논전을 통한 수행의 필요성의 관계는 방편과 방편이 생기는 관계와 같은 것이다.

# III. 제1품 보리심의 이익

## 1. 가만난득暇滿難得

暇滿人生極難得, 旣得能辦人生利, 가만인생극난득, 기득능판인생리,
倘若今生利未辦, 後世怎得此圓滿. 당약금생리미판, 후세즘득차원만.
얻기 어려운 가만의 몸을 얻어 내생 닦을 기회를 얻었으니,
금생에 해탈도를 얻지 못하면 어찌 다시 원만한 사람 몸 얻을 수
있겠는가?

'가만난득'이란 팔유가八有暇와 열 가지 원만함(十種圓滿)은 얻기
어려운 것이라는 의미이다. 내부적 조건 및 외부적 환경·스승 등
모든 조건을 갖춘 불법 수행의 좋은 인연은 만나기 어려운 것이니,
사람의 몸으로 태어나 이러한 인연을 갖추었을 때 부지런히 해탈
수행에 힘써야 한다는 것이다.

'지옥에 떨어지는 것, 아귀로 나는 것, 축생으로 태어나는 것, 장수천
長壽天에 나는 것, 변방(불법이 전해지지 않은 곳)에 태어나는 것, 사견邪
見을 지니는 것, 붓다가 세상에 나투지 않은 어두운 시기에 태어나는

것, 수행을 곤란하게 하는 몸의 장애를 입은 것' 등을 일러 팔무가八無
暇[16]라 한다. 이러한 팔무가를 만나는 인연을 피한 것이 팔유가八有暇
이다.

또한 열 가지 원만함을 갖추어야 한다. 우선 '사람의 몸을 구족함,
윤회 전생하여 지계중토地界中土에 태어남, 육근六根[17]이 완전하여
결점이 없음, 오무간죄五無間罪의 인因을 끊어서 업의 경계가 전도됨이
없음, 여래의 계율에 신심이 있어 불법을 믿음' 등이 다섯 가지 자원만
(五種自圓滿)이다.

'붓다께서 세상에 몸을 나투심, 붓다께서 법을 설하심, 진리를 깨달
은 보특가라[18]가 있어서 불법이 세상에 주하게 됨, 성자의 증득함을
근거로 가르침을 폄이 있어서 인연 있는 자가 불법 문중에 들어가게
됨, 대중을 이롭게 하는 자비심이 있어 삼보 수호의 재물을 보시하는
공덕주가 있음' 등이 다섯 가지 타원만(五種他圓滿)이다. 이상 열 가지
특별한 점을 갖추기 때문에 '원만圓滿'이라 일컫는 것이다.

---

16 육도 중생 중 선법을 수지하는 역량이 가장 큰 것은 사람이다. 지옥·아귀·축생의
　삼악도 중생은 늘 춥고, 뜨겁고, 배고프고, 굶주리는 등 고통을 받는다. 장수천에
　서는 불법을 닦을 생각을 안 하고 허송세월을 보내게 되기에 연이 다하면
　지옥에 떨어진다. 변방에 태어나면 불교의 정법을 만날 수 없다. 외도의 집에
　태어나면 자신의 마음 역시 삿된 견해에 물든다. 암겁暗劫의 시기에 태어나면
　삼보의 이름을 들을 수조차 없다. 장애를 입으면 심신이 편안하지 않다. 만약
　이 여덟 곳에 태어나면 정법을 수지할 겨를이 없으므로 '무가無暇'라고 하는
　것이다.
17 '육근'은 대상을 감각하거나 의식하는 여섯 가지 기관이나 기능, 곧 '안이비설신의
　眼耳鼻舌身意'를 말한다.
18 '보특가라'는 범어 'pudgala'의 음역으로, 사람, 중생, 생명, 존재 등을 뜻한다.

이러한 8무가와 10종 원만함의 공덕을 구족한 사람 몸은 실제로 매우 얻기 어려운 것이다. 『화엄경華嚴經·불난처전佛暖處傳』에 이르되 "팔무가八無暇를 제거하기란 어려운 일이고, 팔한가八閑暇를 청정하고 원만하게 하는 것도 얻기 어려운 일이다."라고 하였다. 그러므로 가만한 사람 몸을 얻은 이때에 우리는 반드시 선법을 부지런히 봉행하는 일에 힘써야 한다. 이러한 때에 자리이타自利利他의 선법을 수행하지 않으면 후세에 어찌 다시 청정하고 원만한 사람 몸을 얻겠는가? 절대 얻을 수 없는 일이다.

이렇듯 무착보살께서는 우리에게 이와 같이 가만한 인생을 의의 없이 낭비하지 말라고 가르치신다. 『치제자서致弟子書』에서도 이르되 "누구든 열반의 피안에 도달하면 수승한 보리의 종자를 파종하고 공덕 역시 여의보배 구슬만큼 수승하게 되나니, 이와 같은 사람 몸을 누가 결실 없이 허비하겠는가?"라고 하였다.


## 2. 의락意樂[19]이 드묾

猶于烏雲暗夜中, 剎那閃電極明亮, 유우오운암야중, 찰나섬전극명량,
如是因佛威德力, 世人暫萌修福意. 여시인불위덕력, 세인잠맹수복의.
칠흑 같이 어둔 밤에 번개의 섬광이 대지를 밝히듯이,
붓다의 힘으로 세인의 마음에 잠시 복덕 수행의 싹이 트게 되었습니다.

---

19 '의락'은 복덕지심福德之心을 즐거워하는 마음을 말한다.

44

검은 구름이 자욱하고 사방이 컴컴해도 번쩍이는 번개의 그 찰나
빛이 대지를 쫙 비춰 만물을 다 드러내는 것과 같이, 부처님의 위엄
있는 덕의 힘에 감화되면 죄업으로 인하여 암흑 가운데서 고통받는
모든 세상 사람들이 불현듯 선을 행하고 복을 닦는 지혜를 잠시 싹트게
한다. 그러나 이러한 상태가 자주 생기어 끊임없이 지속되는 것은
아니기에, 우리는 반드시 노력하여 선법을 봉행하는 생각을 일으키고
계속 그것을 증가시켜야 한다. 말하자면 "가만의 두 날개를 갖추고
선악의 인과를 바로 보는 안목을 갖췄다 하더라도, 명리를 탐하는
그물에 걸리게 된다면 어찌 죄업의 새장에 갇힌 것이 아니겠는가?"와
같은 이치이다.


## 3. 보리심의 공동공덕共同功德

### 1) 죄업을 끊음

以是善行恒微弱, 罪惡力大極難擋, 이시선행항미약, 죄악력대극난당,
捨此圓滿菩提心, 何有餘善能勝彼. 사차원만보리심, 하유여선능승피.
선행의 힘은 미약하고 악업의 습기는 강하니
이 원만한 보리심을 버리고 악업을 이길 수 있는 또 다른 선행이
어찌 있겠습니까?


가만한 사람 몸과 선업을 닦는 즐거움은 얻기 어려운 것이다. 설령
얻었다 하더라도 잠시 얻은 것에 불과하기가 쉽다. 이 때문에 선법善法
의 대치[20] 역시 얻기 어렵다. 중생에게 있어 대치작용의 선행은 대부분

힘이 약하다. 하지만 악업의 인연은 매우 쉽게 모아지고 죄악의 힘은 의외로 커서 선법으로 그 세력을 막기란 매우 어려운 일이다. 더욱이 죄업은 연속적으로 끊임없이 생긴다. 그러므로 우리는 죄업을 부수는 선법을 지금 당장 갖춰야만 한다.

죄를 없애고 지혜와 자비의 자성을 원만하게 하는 데 보리심 이외에 어떤 선법이 가능하겠는가? 다른 것들은 근본적으로 악업을 제거하지 못한다. 악업의 세력을 이기려면 우리는 반드시 보리심을 발휘해야 한다.

『화엄경』에 설하길 "쥐는 특히 고양이를 무서워해서 고양이가 한번 나타나면 쥐는 종적도 없이 사라진다. 이처럼 보리심인 '고양이'가 나올 때, 모든 죄업인 '쥐'는 곧 모두 도망갈 것이다."라고 하였다.

## 2) 안락을 얻음

佛于多劫深思維, 見此覺心最饒益, 불어다겁심사유, 견차각심최요익,
無量衆生依于此, 順利能獲得勝樂. 무량중생의우차, 순리능획득승락.
붓다의 오랜 사유로 보리심의 이익이 가장 큼을 발견하였나니
중생이 보리심으로 수행하면 순리대로 궁극의 안락을 얻을 수 있습니다.

석가모니부처님이 대표하는 삼세제불은 중생 제도의 방편을 찾기 위하여 무량한 세월동안 만법을 밝게 비추는 진실한 지혜로써 깊이

---

20 '대치對治'는 수행으로 번뇌와 악을 끊는 일, 수행으로 차별하고 분별하는 마음 작용을 소멸시키는 것을 말한다.

관찰하고 사유한 결과 마침내 답을 얻었다. 중생 무명의 어리석음으로
인한 고통을 없애고 중생으로 하여금 궁극의 안락을 얻게 하려면
오직 보리심 수행이 있을 뿐이다. 보리심에 의지하지 않으면 등각等覺
의 지위를 증득할 수 없다. 반면에 보리심에 의지하면 가장 수승한
안락인 불과를 얻을 수 있다.

### 3) 소원을 성취함

欲滅三有百般苦, 及除有情衆不安, 욕멸삼유백반고, 급제유정중불안,
欲享百種快樂者, 恒常莫捨菩提心. 욕향백종쾌락자, 항상막사보리심.

윤회의 고통을 없애고 중생이 두려움에서 벗어나기를 바라며
갖가지 행복을 누리고자 한다면 언제나 보리심을 버려서는 안 됩니다.

삼계 윤회의 온갖 고통에서 벗어나고자 하고, 일체 부모중생[21]의
괴로움을 없애주고자 하며, 인간과 천상계의 각종 안락과 행복을

---

21 윤회의 세월 속에서 내가 만나는 중생들은 그 언젠가 내가 슬피 울며 떠나보내야
   했던 내 아버지이며, 아들이며, 아내이자, 딸이다. 이러한 의미에서 중생들을
   일러 '부모중생'이라고 한다.
   무시이래 중생은 서로 어머니였던 횟수가 매우 많았다. 세존께서 일찍이 말씀하
   시길 "비구들이여, 예를 들어 어떤 선비가 이 대지의 모든 흙을 가지고 대추씨만
   한 환丸으로 만들고서 '이것은 나의 모친, 이것도 나의 모친, 이것은 그의 모친'이
   라고 말하며 버리니 모든 대지의 흙을 다 쓰게 되었다. 그렇지만 중생이 어머니였
   던 수를 헤아리기에는 아직 끝이 난 것이 아니다. 이것이 내가 설하는 바이다."라
   고 하셨다.(『친우서親友書』, 용수보살 지음, 수다지 캔뽀 한역 및 강설, 지엄 편역,
   운주사, 2018, p.342)

누리고 싶다면, 이 목표를 실현하는 유일한 묘법은 보리심 수지를 버리지 않는 것이다. 보리심에 의지하면 반드시 능히 이런 목표를 실현할 수 있다.[22]

## 4) 명의名義가 바뀜[23]

生死獄系苦有情, 若生刹那菩提心, 생사옥계고유정, 약생찰나보리심,
卽刻得名諸佛子, 世間人天應禮敬. 즉각득명제불자, 세간인천응례경.

생사의 고통에 묶여 있는 유정이 찰나라도 보리심을 낸다면
즉시 보살이라고 불리며 천신과 사람들이 예경하게 됩니다.

삼계 생사윤회의 감옥에서 업과 번뇌에 꼭꼭 묶여 고난에 가득 찬 중생이 한순간 마음속에 거짓 없는 세속의 원보리심을 일으키기만 하더라도, 명칭상 여래의 아들이라고 불릴 수 있으며 의미상 인간, 천상, 용왕의 복전福田이 되어 천룡 귀신과 사람이 예경하는 대상이 된다.

---

22 근수 린포체는 이 게송이 삼사도三士道 수행법을 밝힌 것이라고 해석하였다. 게송의 첫 번째 구는 중사中士의 자아해탈을 구하는 수행을 말하며, 두 번째 구는 상사上士의 일체 유정들로 하여금 궁극의 성불 안락을 얻게 하는 수행을, 세 번째 구는 하사下士의 인간과 천상계의 안락을 구하는 수행을 말한다.
23 발심의 이익 중에서 '명의가 바뀐다'는 것은 보리심을 낸 후 명칭과 의미가 보살지의 경지에 오르게 됨을 가리킨다.

48

## 5) 보리심의 공동공덕을 여섯 가지로 비유함

### (1) 점금제點金劑[24]의 비유로써 유열변승由劣變勝[25]을 설함

猶如最勝冶金料, 垢身得此將轉成, 유여최승야금료, 구신득차장전성,
無價之寶佛陀身, 故應堅持菩提心. 무가지보불타신, 고응견지보리심.
최상 품질의 야금 원료와 같은 보리심은 악업 번뇌에 오염된 범부
몸을 바꿔서
무한한 가치를 지닌 붓다의 몸이 되게 하나니 보리심을 굳게 지켜야만
합니다.

　최상 등급의 야금冶金 원료에 의지하여 최상품의 금을 제련하듯이,
보리심에 의지하여 청정하지 못한 이 몸을 값을 따지기 어려운 보배
불타의 몸으로 바꿀 수 있다. 우리는 반드시 이런 능력을 갖춘 보리심을
견실하게 수행해야 한다.
　『화엄경』에서 논하길 "한 냥의 금 만드는 수은水銀을 천 냥의 쇠에
발라 천 냥의 순금으로 바꾸는 것처럼, 선근으로 발심하여 정변지의
지혜를 얻는 것에 널리 회향하면 일체 미혹한 업의 금속이 사라지고
정변지의 오묘한 순금을 얻는다. 그렇지만 일체 미혹한 업이라는
금속은 일체 지혜인 발보리심이라는 금을 결코 소멸시킬 수 없다."라고
하였다.

---

24 '점금제'는 금을 만드는 약을 말한다.
25 '유열변승'은 하열함을 수승함으로 바꾼다는 뜻이다. 보리심은 야금冶金 원료처
　럼 부정한 중생 몸을 붓다의 몸으로 바꾸어 준다.

## (2) 여의보如意寶의 비유로써 난득진귀難得珍貴[26]를 설함

衆生導師以慧觀, 徹見彼心極珍貴, 중생도사이혜관, 철견피심극진귀,
諸欲出離三界者, 宜善堅持菩提心. 제욕출리삼계자, 의선견지보리심.
중생의 스승인 붓다께서 일체지로 관하여 보리심의 진귀함을 통달하
셨으니,
삼계해탈을 원하는 중생은 마땅히 보리심을 잘 지켜야 합니다.


    부처님은 중생들로 하여금 끝없는 고통을 끊고 해탈에 이르러 위없
는 안락의 보배구슬을 얻게 하기 위하여 무량한 무루지혜無漏智慧[27]를
이용하여 매우 철저한 관찰을 하시었다. 보리심만이 중생에게 가장
큰 이익을 준다는 통찰은 여러 보물 중 마니보가 많은 사람들의 가난의
고통을 없애준다는 것과 같다.

    『화엄경』에서 이르되 "모든 보배 가운데 여의보가 보배의 왕인
것처럼, 삼세 중의 정변지의 지혜로 법계의 대상 경계를 비춰보면
모든 인간과 천상, 성문, 연각의 유루무루有漏無漏의 선근이 모두
발보리심의 가치에 못 미친다."라고 하였다. 때문에 고통을 여의고자
하는 모든 중생은 마땅히 굳게 변치 않는 보리심을 수지하여야 한다.

---

26 '난득진귀'는 얻기 어렵고 매우 귀하다는 뜻이다. 보리심은 '여의보如意寶'처럼
  얻기 어렵고 진귀하다.

27 '무루지'는 일체 번뇌를 떠난 순진무구의 지혜를 말한다. 반면 세속의 일을
  하는 지혜는 '유루지有漏智'라 한다.

50

### (3) 여의수如意樹의 비유로써 인과가 시들지 않고 성장함을 설함

其餘善行如芭蕉, 果實生已終枯槁, 기여선행여파초, 과실생이종고고,

菩提心樹恒生果, 非僅不盡反增茂. 보리심수항생과, 비근부진반증무.

세간 선행은 파초와 같아 열매 맺은 뒤 시들지만

보리심 나무 열매는 시들지 않고 잘 커갑니다.

　예배·경전 독송·보시·지계持戒 등과 같은 선행이 보리심을 섭수하고 실행함을 갖지 못한다면, 그 인과因果는 파초와 같을 것이다. 파초는 1년생 식물로 한 번 열매를 맺으면 시들어버린다. 인천人天의 각종 선법은 반드시 이숙과異熟果를 성숙시키지만, 그 선의 보답은 마치 파초처럼 단 한 번의 열매 맺는 기회를 가질 뿐이다. 하지만 보리심을 섭지攝持하는 선행은 마치 여의수처럼 과가 성숙된 이후에도 시들지 않을 뿐만 아니라 도리어 점점 무성해진다. 『보협경宝篋經』에 이르되 "문수여, 각종 나무는 4대 원소로 인하여 자란다. 문수여, 선근을 보리심으로 섭수하여 불과佛果에 회향하면 날마다 이롭고 커지게 된다."라고 하였다.

### (4) 용사勇士의 비유로써 죄업의 과보에서 벗어나게 함을 설함

如人雖犯極重罪, 然依勇士得除畏, 여인수범극중죄, 연의용사득제외,

若有速令解脫者, 畏罪之人何不依. 약유속령해탈자, 외죄지인하불의.

중한 범죄 지었어도 용사에 의지해 두려움에서 벗어나듯

보리심을 의지하면 찰나에 해탈하니 죄보를 두려워하는 사람이 어찌 의지하지 않겠는가?

만약 수행하는 과정에서 어떤 사람이 삼보에 해가 되는 심각한 죄를 지었는데, 가능한 빨리 그 죄업으로 받는 고통의 과보에서 벗어나고 싶다면 어찌 보리심에 의지하지 않을 수 있겠는가? 『무진혜경無盡慧經』에서 설하길 "선남자여, 용사에 의지하는 사람은 일체의 원수를 두려워하지 않는다. 이와 같이 보리심의 용맹한 힘에 의지하는 보살은 일체 극악한 죄업이라는 원수에 두려워할 필요가 없다."라고 하였다.

### (5) 보리심은 '말겁末劫의 불(火)'처럼 죄업을 모두 태워 소멸시킴

菩提心如末劫火, 刹那能毁諸重罪. 보리심여말겁화 찰나능훼제중죄

보리심은 말겁의 맹렬한 불처럼 찰나에 모든 중죄를 태워 소멸시킵니다.

말겁末劫[28]의 시대가 되면 초선천初禪天 이하의 수미산·바다 등의 물질세계가 큰불에 남김없이 다 타버린다. 마찬가지로, 수행인이 보리심을 낸 후 이전에 지은 오무간죄五無間罪[29]나 살생·도둑질 같은 죄업은 크나큰 위력을 가진 보리심이라는 맹렬한 불에 흔적도 없이 다 타버린다. 『화엄경』에 이르되 "능히 모든 악행을 태워 없애는 것이 말겁의 불과 같다."고 하였다.

선천 존자가 말하되 "일一 찰나의 큰 안인安忍의 보리심은 집착함을

---

28 물질세계에는 성成·주住·괴壞·공空의 4단계가 있는데, 말겁은 이 가운데 물질세계가 무너지는 괴겁을 말한다.

29 '오무간죄'는 무간지옥의 괴로움을 받는 다섯 가지 행위로, '아버지를 죽임, 어머니를 죽임, 아라한을 죽임, 승가의 화합을 깨트림, 부처의 몸에 피가 나게 함'을 일컫는다.

인연함이 없기 때문에 반드시 죄업을 태워 없앤다."라고 하였다. 이같이 설함은 앞에서 설한 도리와 중복되지 않는데, 앞에서는 죄업을 눌러 제압함을 말한 것이고, 여기서는 근본적으로 없애버림을 말하는 것이다.

때때로 "한 종류의 보리심이 두 종류의 공덕을 갖추는 것이 모순이 되지 않겠는가?"라고 묻는데, 결코 서로 모순되지 않는다. 더욱 수승한 보리심을 얻으면 공덕도 또한 더욱 수승해져서 순서를 따라서 진행하면서 얻게 되는 면을 설명한 것이다.

### (6) 경전을 인용하여 보리심의 공덕이 무량함을 설명함

智者彌勒諭善財, 彼心利益無限量. 지자미륵유선재, 피심이익무한량.
지혜로운 미륵보살이 선재동자에게 말하길 보리심의 이익은 한계가 없다고 했습니다.

지혜로우신 미륵보살이 선재동자에게 설하길 "이 보리심의 공덕은 헤아려 알 방법이 없다."라고 하였다.

『화엄경』 제78권을 보면, 낙원성樂源城 중의 상인 견재堅財의 아들인 선재동자善財童子가 문수보살 앞에서 발심하고 보살학처를 찾기 위하여 길을 떠난다. 이때 지존이신 미륵보살이 남방의 바닷가에 비로자나불을 모시고 장엄하게 꾸민 누각에서 바다와 같은 보살권속을 위하여 경전을 강설하고 계셨다. 선재동자가 이 광경을 보고 급히 정례를 올렸다.

미륵보살이 모든 권속을 향하여 선재동자를 찬송하여 말씀하시되

"발심과 원력이 청정한 자를 보니 견재의 아들이고, 이름이 선재이며, 수승한 보리행을 찾아 지혜로운 자인 나의 앞에 왔다."라고 하셨다.

이어서 선재에게 말씀하시되 "자비가 충만한 곳에 잘 왔도다. 미륵의 탄청(壇城, 불단·도량)에 잘 왔도다. 적정寂靜하여 조복調伏시키는[30] 분께 잘 왔도다. 고행할 때 피로하던가?"라고 물었다.

선재동자가 공경하여 여쭈되 "성자시여! 제가 진실로 무상보리의 정도에 진입할 때 보살학처를 어떻게 힘써 배우고 수행해야 하는지 알지 못하오니, 청컨대 성자께서 밝게 열어 보여 주소서."라고 하였다.

이에 미륵보살께서 답하시되 "선남자야, 네가 이미 선지식을 받아들여 모셨다. 무엇인가? 선남자야, 보리심은 모든 불법의 근본이며 종자와 같아 일체중생의 선법을 자라게 함은 기름진 농토와 같고, 중생이 생존을 위해 의지하는 바가 됨은 대지와 같으며, 일체 빈곤을 해결해줌은 다문천자多聞天子와 같고, 일체보살을 원만하게 지켜줌은 아버지와 같으며, 모든 부탁을 들어주는 것은 마니보왕摩尼寶王과 같고, 일체 서원을 만족케 해줌은 묘병妙瓶과 같으니, 이렇듯 보리심은 천백만 무량무변의 이익을 갖추고 있다."라고 설하셨다.

## 4. 보리심의 특수공덕

### 1) 보리심의 종류

略攝菩提心, 當知有二種, 약섭보리심, 당지유이종,

---

30 '조복'은 몸·입·뜻의 3업을 조화調和하여 모든 악행을 굴복하게 하는 것을 뜻한다.

願求菩提心, 趣行菩提心. 원구보리심, 취행보리심

간략하게 요약하면 보리심에는 두 가지가 있습니다.

보리 구하기를 원하는 마음과 보리를 행하여 취하는 마음입니다.

보리심은 원보리심과 행보리심 둘로 나뉜다. 『화엄경』에서 설하되 "어떤 중생이 무상보리를 얻기 위해 발원함(願菩提心)은 드문 일이며, 더욱이 무상보리를 수지함(行菩提心)은 더욱 희유한 일이다."라고 하였다.

## 2) 원보리심과 행보리심의 본질적 차이

如人盡了知, 欲行正行別, 여인진료지, 욕행정행별,

如是智者知: 二心次第別. 여시지자지: 이심차제별.

마음속으로 어디 가고 싶다고 하는 것과 실제 가는 것의 차이를 알듯이 지혜로운 사람은 이 둘의 순서가 다름을 압니다.

어떤 곳에 가려고 마음먹는 것처럼, 중생의 이익을 위하여 깨달음을 얻고자 발원하는 것이 원보리심願菩提心이다. 어떤 곳에 가려고 마음먹는 것에 그치지 않고 실제로 그곳에 가려고 실행에 옮기는 것처럼, 단지 발원에 머무는 것이 아니라 불과佛果를 얻기 위한 정도正道를 밟고 보시·지계·인욕 등 육바라밀을 진정으로 행하는 것이 행보리심行菩提心이다. 자타이리自他二利의 지혜에 이르기 위해서는 이 두 가지 보리심의 차이와 수행 순서를 잘 알아야 한다.

### 3) 원보리심과 행보리심의 공덕상의 차이

願心于生死, 雖生廣大果, 원심우생사, 수생광대과,

猶不如行心, 相續增福德. 유불여행심, 상속증복덕.

何時爲度盡, 無邊重有情, 하시위도진, 무변중유정,

立志不退轉, 受持此行心, 입지불퇴전, 수지차행심,

卽自彼時起, 縱眠或放逸, 즉자피시기, 종면혹방일,

福德相續生, 量多等虛空. 복덕상속생, 양다등허공.

원보리심은 윤회의 생사에서 큰 과보를 얻을 수 있으나

행보리심처럼 끝없는 공덕을 맺지는 못합니다.

언제든지 일체중생을 모두 제도하겠다는

물러남 없는 원을 세우고 행보리심을 수지한다면

그때부터 잠에 들거나 방일하게 지낼지라도

공덕은 계속 허공처럼 크게 자라납니다.

　원보리심은 우리의 몸이 생사윤회에 처하여 있는 중에도 광대한 과보를 받게 한다. 『화엄경』에서는 이러한 원보리심을 금강보로 비유하고 있다.

　"선남자여! 금강보가 비록 마모되더라도 그 가치와 장엄함이 여전히 다른 보물보다 뛰어나므로 금강보라는 이름을 잃지 않는다. 선남자여, 이와 마찬가지로 발보리심 역시 일체 성문연각의 공덕을 뛰어넘으므로 보살의 이름을 잃지 않으며, 능히 윤회의 모든 빈곤을 없애느니라."

　그러나 이것조차도 행보리심이 끊임없이 복덕을 생산하는 것에 비할 바가 못 된다. 그 어느 때에 시작하든지 간에 끝도 없고 다함이 없는 모든 중생들을 업의 구속과 윤회의 감옥에서 벗어나게 하여, 생사윤회가 없는 공무空無의 앞에서 바르고 평등한 이타의 보리심으로 궁극의 큰 기쁨(究竟大樂)을 얻도록 중생들을 인도하기 위하여 행보리심을 수지하는 것이니, 만약 마음의 심식 가운데 이렇듯 견고해진 행보리심이 있다면 복덕은 끊임없이 늘어나 설령 잠자고 방일한 때라도 허공처럼 한량이 없게 될 것이다.

## 5. 발심이 공덕이 되는 이유

### 1) 교증教證

爲信小乘者, 妙臂問經中, 위신소승자, 묘비문경중,

如來自宣說, 其益極應理. 여래자선설, 기익극응리.

소승행자를 위하여 『묘비문경』에서 여래께서 직접 말씀하시길

보리심의 이익은 아주 크며 지극히 이치에 맞다고 하셨습니다.

발보리심이 공덕이 되는 이유를 경론과 이치로 증명해 보겠다. 우선 경전에 의거하여 증명해 보면 다음과 같다.

행보리심이 능히 많은 복덕을 생기게 한다는 것은 『묘비청문경妙臂請問經』에 의거하여 증명할 수 있다. 이 경전은 세존이 소승불자들을 대승으로 인도하기 위해 설하신 것이다. 경전에 설하시되 "나는 헤아릴 수 없는 중생의 이익을 위해 발심의 갑옷을 입고 위없는 보리심을 일으킨다. 또한 끝없는 유정들을 이익 되게 하는 인연이 한량없고 선근 또한 크므로 이로 인해 짧은 시간에 따질 수 없는 자량을 쌓을

수 있다. 이러한 방편법으로 인해 가령 잠자거나 방일한 때라도 매 찰나에 선근의 공덕이 계속 늘어나고 강성하며 원만해진다. 이 보리심 공덕에 의지하면 선근이 원만해지고 불과를 얻는 것도 전혀 어려운 일이 아니다."라고 하셨다.

## 2) 이증理證

### (1) 의락意樂의 수승함(원보리심의 수승함)

若僅思療愈, 有情諸頭疾, 약근사료유, 유정제두질,
具此饒益心, 獲福無窮盡. 구차요익심, 획복무궁진.
況欲除有情, 無量不安樂, 황욕제유정, 무량불안락,
乃至欲成就, 有情無量德. 내지욕성취, 유정무량덕.

어떤 사람이 단지 "일체중생의 두통을 치료해주겠다"고 생각했을 뿐이어도
이타심을 갖추어 중생을 이롭게 하는 마음을 냈기에 무궁한 복덕을 얻었습니다.
하물며 중생의 헤아릴 수 없는 불행을 없애주려 하고,
유정들로 하여금 한량없는 공덕을 이루게 하고자 한다면 어떠하겠습니까!

한 수행자가 자비심을 내어 극소수 중생의 두통의 괴로움을 치료해주려고 생각했고, 그 시간도 겨우 한 찰나에 불과했다. 그러나 이렇듯 미미한 한 번의 착한 마음으로도 헤아릴 수 없는 복덕을 얻었다.[31] 하물며 대승 수행인이 내는 위없는 보리심은 그 인연 되는 대상 경계가

58

모든 중생에 미치며, 없애려고 하는 고통도 삼계 윤회 속 일체 생사의 고난이며, 주려고 하는 것은 위없는 안락의 해탈이며, 시간도 윤회를 다할 때까지이니, 그가 얻는 복덕은 계산할 방법이 없다.


是父抑或母, 雖具此心耶? 시부억혹모, 수구차심야?

是仙或欲天, 梵天有此耶? 시선혹욕천, 범천유차야?

彼等爲自利, 尙此未夢及, 피등위자리, 상차미몽급,

況爲他有情, 生此饒益心? 황위타유정, 생차요익심?

他人爲自利, 尙且未能發, 타인위자리, 상차미능발,

珍貴此願心, 能生誠稀有! 진귀차원심, 능생성희유!

아버지입니까, 아니면 어머니입니까? 누가 이러한 보리심을 갖고 있습니까?

선인입니까, 아니면 욕계천입니까? 범천입니까?

저들은 자신의 해탈을 위한 것일지라도 일찍이 꿈에서조차 보리심을

---

31 이 게송에서 '두통을 치료한다(療愈頭疾)'라는 말은 인도 공안에서 나오는 말이다. 예전에 친우녀親友女라는 상단의 우두머리가 있었다. 그의 조상은 대대로 바다에 보물을 구하러 갔다가 죽었다. 나중에 그 역시 조상의 업을 계승하여 바다로 보물을 구하러 갈 준비를 하고 있었는데, 그의 어머니가 적극적으로 이를 말렸다. 친우녀는 어머니의 말이 길하지 못하다고 여겨 화를 내며 어머니의 머리를 걷어찼다. 이로 인해 그는 바다로 나간 후 근변지옥近邊地獄에 떨어져 회전하는 철 수레에 머리가 쪼개지는 극형을 받았다. 한순간 그는 이것이 자기의 업보임을 깨닫고 뉘우치며 '윤회 속에서 나처럼 어머니를 때린 불효자가 적지 않을 텐데 그들은 이 고통을 어떻게 견딜까? 나 혼자 그들의 고통을 받고 그들은 영원히 업보를 받지 않길 원하옵나이다.'라고 기도했다. 바로 이 찰나 그는 해탈을 얻어 33천에 태어났다.

발한 적이 없는데,

하물며 다른 중생을 위하여 보리심을 낼 수 있겠습니까?

남을 위해서는 물론 자신의 이익을 위해서도 보리심이 일어나지 않는데

진귀한 이 원보리심을 일으킬 수 있다면, 진실로 희유한 일입니다!

  부친이든 모친이든지 혹은 가족 친지 중에 있어서 누가 이 같은 이타의 마음을 갖추고 있는가? 근본적으로 없다. 부모가 자식을 사랑하는 마음이 아무리 깊은 것이라 할지라도, 그 사랑을 일체중생들에게까지 확대하여 모든 중생들의 고통을 없애주고 안락을 얻게 하고자 하는 원심을 일으키기란 어려운 일이다.

  천인·선인 혹은 범천들은 이러한 마음을 갖추고 있는가? 그들도 마찬가지이다. 『현관장엄론現觀莊嚴論』에 이르되 "보살이 보리심을 내어 일체중생을 성불시키고자 함은 부모를 위하고 자식을 위하며 자기 자신을 위하는 것보다 크게 수승하다."라고 하였다. 중생들이 자아 해탈을 목적으로 한 것일지라도 일찍이 꿈속에서조차 보리심을 낸 적이 없는데, 하물며 중생을 이롭게 하는 넉넉한 보리심을 낼 수 있겠는가? 일체중생을 이롭게 하는 진귀한 이 원보리심(願心)을 일으킬 수 있다면, 이는 진실로 희유한 일이다.

## (2) 가행加行의 수승함(행보리심의 수승함)

珍貴菩提心, 衆生安樂因, 진귀보리심, 중생안락인,

除苦妙甘露, 其福何能量? 제고묘감로, 기복하능량?

이 진귀한 보리심은 모든 행복의 근원이며,
고통을 없애주는 미묘한 감로인데, 그 공덕을 어찌 능히 헤아릴 수
있겠습니까?

　일체중생이 누리는 행복의 근원이자 중생의 고통을 제거하는 묘약인
보리심의 복덕을 어찌 능히 알 수 있겠는가? 『용시청문경勇施請問
經』에서 말하길 "보리심을 낸 복덕은 그 모양으로 보면 모든 허공계를
가득 채우고도 넘쳐흘러 더 이상 받아들일 수 없는 것과 같다."라고
하였다.
　허공은 끝이 없어 그 누구도 헤아리지 못한다. 그러나 발심한 공덕은
허공보다도 더 넓으니, 어떻게 헤아리겠는가?

僅思利衆生, 福勝供諸佛, 근사리중생, 복승공제불,
何況勤精進, 利樂諸有情. 하황근정진, 이락제유정.
중생의 이익을 위한 한 생각만으로 얻은 복덕도 제불께 공양하는
것보다 수승하거늘,
하물며 부지런히 정진하여 일체 유정을 이롭고 안락하게 함은 더
말할 필요도 없습니다.

　그저 중생을 이롭게 하겠다는 생각을 하는 것만으로도 붓다께 공양
올리는 것보다 수승한데, 전심전력을 다해 일체중생의 안락을 위하여
행한다면 그 수승함은 헤아릴 방법이 없다.
　『삼매왕경三昧王經』에서 말하기를 "날마다 한량없는 국토에 가득

찬 칠보로 모든 부처님들께 공양을 올려도, 중생에게 베푼 크고 자애로운 마음의 공덕에 미치지 못한다."라고 하였다.


衆生欲除苦, 反行痛苦因, 중생욕제고, 반행통고인,

愚人雖求樂, 毀樂如滅仇. 우인수구락, 훼락여멸구.

于諸乏樂者, 多苦諸衆生, 우제핍락자, 다고제중생,

足以衆安樂, 斷彼一切苦. 족이중안락, 단피일체고.

更復盡其癡, 寧有等此善! 갱복진기치, 녕유등차선!

安得似此友! 豈有如此福! 안득사차우! 기유여차복!

중생이 고통을 여의고자 하나 고통의 원인만 만들며

어리석은 사람은 비록 안락을 구하지만 자기 안락을 원수 보듯 부숴버리기만 합니다.

안락이 다하여 고난에 가득 찬 중생들에게

무량한 안락을 주고 일체 고통을 여의게 하며

어리석음 역시 없애주려 한다면 이와 견줄 만한 선행이 어디에 있겠습니까!

이와 같은 친구를 어찌 얻겠습니까! 이보다 큰 복이 어디에 있겠습니까!


중생이 고통을 여의려 해도 고통의 원인이 불선업인 줄 알지 못하고 나쁜 습관의 압박으로 인해 도리어 고통 속으로 내달리고, 행복을 원하지만 무명의 어리석음 때문에 선업을 버리고 안락의 인연을 원수처럼 부숴버린다.

행복이 다하여 고난으로 가득 찬 중생들에게 무량한 안락을 가져다

62

주고, 대자비심으로 그들의 일체 고통을 여의게 하며, 큰 지혜로 고통의 원인에 대한 무지를 없애주려 한다면, 이런 행보리심과 견줄만한 선업이 어디에 있겠는가? 행보리심처럼 그들을 도울 수 있는 선지식이 어디에 있는가? 이보다 더 크고 넓은 복덕이 생기게 할 선행이 있을 수 있는가?

## 6. 발심 중생을 찬탄함

### 1) 스스로 보살행을 실천함

若人酬恩施, 尙且應稱讚, 약인수은시, 상차응칭찬,
何況未受托, 菩薩自樂爲. 하황미수탁, 보살자락위.

만약 어떤 사람이 은혜를 알아 보답을 하면 세상 사람들이 칭찬하는데, 하물며 부탁을 받지도 않았는데 중생의 안락을 위하는 보살은 어떠하겠습니까.

은혜를 갚으려 사례를 하고자 하면 세상 사람들은 그를 '은혜를 아는 사람'이라고 칭찬한다. 그런즉, 그 누구의 충고나 부탁도 없이 윤회의 고통 속에서 허덕이는 중생을 위해 대비심을 낸 대승불자의 경우에는 어떠하겠는가? 더더욱 찬미하고 정례해도 공경심을 표하기엔 부족할 것이다.

### 2) 보시의 수승함

偶備微劣食, 嗟施少衆生, 우비미열식, 차시소중생,

令得半日飽, 人敬爲善士. 영득반일포, 인경위선사.

何況恒施與, 無邊有情衆, 하황항시여, 무변유정중,

善逝無上樂, 滿彼一切願. 선서무상락, 만피일체원.

우연히 양도 적고 맛없는 음식을 몇몇 중생에게 경멸하듯 보시하여 겨우 반나절 배부르게 해주었을 뿐인데도 사람들은 그가 덕행을 쌓았다고 칭송하는데,

하물며 긴 세월 동안 허공보다 많은 중생에게 온갖 보시를 하며 일체소원을 만족시키고,

그들이 원만한 깨달음을 얻도록 인도하는 보살은 어떠하겠습니까.

어떤 사람이 일 년 혹은 한 달에 한 번 보잘 것 없는 음식을 몇몇 중생들에게 잘난 척하며 보시하여 겨우 반나절 배부르게 해주어도, 세상 사람들은 그를 두고 덕을 베풀었다고 칭송한다. 그런즉, 허공보다 더 많은 중생들을 공경하며 온갖 보시를 행하고, 그들의 일체 소원을 만족시키며 그들이 원만한 깨달음을 얻도록 인도하는 보살에 대하여는 어떠하겠는가?

이 게송에 쓰인 '항恒'자는 보살이 중생을 이익 되게 하는 시간이 영원함을 뜻한다. 보살의 발심은 윤회의 중생계가 끝나지 않는 한 변함이 없다. 그 발심의 대상은 '끝없는 유정(無邊有情衆)'으로, 법계 일체중생이라고 말할 수 있으며, 그가 행하는 보시물은 '온갖 보시'로 중생의 일체 선원善願을 만족시키는 것이다.

### 3) 수승한 복전이 됨

博施諸佛子, 若人生惡心, 박시제불자, 약인생악심,

佛言彼墮獄, 長如心數劫. 불언피타옥, 장여심수겁.

若人生淨信, 得果較前勝. 약인생정신, 득과교전승.

넓게 보시하는 보살에 대해 누가 행여 나쁜 생각을 일으킨다면 그는 반드시 지옥에 떨어져 수 겁을 머문다고 부처님께서 말씀하셨습니다.

보살에 대해 청정한 믿음을 낸다면 그 선과는 보살의 보시 공덕을 뛰어넘습니다.

　어떤 중생이 널리 중생에게 이익이 있도록 보시하는 보살에 대하여 나쁜 생각을 일으켰다면, 단지 한순간 동안 악념을 일으켰을 뿐일지라도 그만큼의 겁 동안 그는 지옥에 있을 것이다. 『적정정환경寂靜定幻經』에서 부처님께서 말씀하시길 "문수여! 만약 보살이 보살에 대해 성내고 오만한 마음을 낸다면, 보살도 이 낸 마음과 동등한 시간만큼의 겁이 지나도록 지옥에서 머물러야만 한다."라고 하였다.

　반대로 어떤 사람이 보살의 보시에 청정한 믿음을 일으킨다면, 그가 얻을 선과善果는 크고 오래가서 그 보시공덕을 훨씬 뛰어넘는다. 『추입정부정수인경趣入定不定手印經』에서 설하시되 "문수여! 가령 어떤 사람이 시방세계 일체 유정들의 눈을 뽑아 만겁萬劫에 이르렀다. 또 어떤 착한 남자와 착한 여자가 저 같은 유정들에게 불쌍히 여기는 마음이 일어나 그 눈을 처음대로 회복시켜 놓은 것이 만겁에 이르렀다. 문수여! 어떤 사람이 잠시 동안 대승을 실천하고 수행하는 보살을

우러러 뵙고 수회한 복덕은 앞의 것보다 아승기수阿僧祗數의 배가
넘는다."라고 하였다.

### 4) 고통도 보살에게 해를 주지 못함

佛子雖逢難, 善增罪不生. 불자수봉난, 선증죄불생.

보살이 비록 어려움을 만나더라도 선법은 늘어나고 죄를 짓지 않게
됩니다.

　보리심은 보살이 선을 행할 때 비록 많은 고통과 장애를 만나더라도
화내고 악심을 품는 죄를 짓지 않게 한다. 뿐만 아니라 도리어 이런
바깥 인연의 힘에 의지해 선법이 저절로 늘어나게 된다.『반야섭송般若
攝頌』에서도 "비록 많은 참기 어려운 악연을 만날지라도, 저 보살의
마음은 동요가 없다. 인내하는 힘은 견고하고 더욱 부지런하게 수승한
보리를 믿고 수행한다."라고 하였다.

### 5) 정례를 받는 귀의처가 됨

何人生此心, 我禮彼人身, 하인생차심, 아례피인신,

加害結樂緣, 歸依樂源尊. 가해결락연, 귀의락원존.

어떤 사람이 이 보리심을 일으켰다면 나는 그 보살에게 정례하며,
해치려는 자에게도 안락을 주는 기쁨의 원천인 당신께 귀의합니다.

　『보적경寶積經』에 이르되 "국왕에게 잘생긴 왕자가 태어나면 그
일국의 사람들이 스스로 보리심을 내고, 천인天人도 세간의 예로 청정

한 마음을 내어 상을 갖춘 태자를 존중한다."라고 하였듯이, 누가 이 보리심을 일으킨다면 저자인 적천보살께서 공경스럽게 그 보살께 정례하겠다는 것이다.

우리는 자신을 해치려는 자에게도 안락의 인연을 맺어주는 보살께 귀의해야 한다. 보리심을 갖춘 불자는 설령 그가 해침을 당해도 해를 끼친 사람들로 하여금 안락을 얻는 인연을 맺게 할 수 있다. 티베트에는 "보살과 악연 맺는 것도 윤회를 맺는 인연이 된다."라는 말이 있다. 보살은 이 악업을 지은 중생에 대하여 특별한 자비심을 갖고 있기 때문에 온갖 선교방편으로 그들을 제도하여 그들로 하여금 가능한 한 빨리 윤회의 고통에서 벗어나게 하는 것이다.

혹자는 이러한 설법이 "널리 중생에게 이익이 있도록 보시하는 보살에게 나쁜 마음을 먹으면, 반드시 지옥에 떨어져 죄의 과보를 길게 받는다고 부처님은 말씀하신다."라고 한 앞 게송과 서로 어긋나는 것이 아닌지 의심한다. 하지만 앞의 게송은 악심의 과보를 말하는 것이고, 여기에서는 해악을 짓는 자를 관용한다는 것이다. 이는 마치 자력왕慈力王의 보살이 다섯 명의 나찰을 안락하게 해줌과 같다.[32]

– 제1품의 석釋을 마침.

---

[32] 『불본생경佛本生經』에 있는 공안이다. 당시 다섯 명의 야차가 자력국왕 보살의 피와 고기를 다 먹었다. 나중에 그들은 지옥에 떨어졌으나, 보살의 가피를 입어 빠르게 제도 받아 해탈을 얻었다.

# IV. 제2품 죄업을 참회함[33]

## 1. 발심을 결택함[34]

### 1) 발심의 본질

모든 대덕들의 논전을 자세하게 분석해 보면 대승도가 포함하는 일체 마음이 곧 발심이라는 것을 알게 된다. 여기에서 발심의 본질은 바로 『현관장엄론現觀莊嚴論』에서 설한 것처럼 "남을 이롭게 하며, 정등보리正等菩提를 구하는 것"이다.

### 2) 발심의 분류

통상적으로 지계地界의 각도에서 분류하면 발심에는 범부신해행발심凡夫信解行發心,[35] 불청정칠지수승의락발심不淸淨七地殊勝意樂發心, 삼청정지이숙발심三淸淨地異熟發心 및 불지단장발심佛地斷障發心 네 가

---

33 여기에서 '발심을 결택함'과 '발심을 행지함' 부분은 제2품을 주석하기 전에 무착 대사가 직접 정리하여 설한 내용이다.

34 '결택(決擇, 산스크리트어 nirvedha)'은 결단하고 가려서 사유한다는 뜻이다.

35 '해행발심'은 법성에 따라 육바라밀을 닦는 것이다.

지 종류가 있다.[36] 『경장엄론經莊嚴論』에 이르되 "모든 지위의 신해행 발심, 증상생의 청정한 의락 발심, 삼청 정지 이숙의 발심, 업장을 끊는 발심 등 네 가지 발심이다."라고 하였다.

얻는 방식을 따라서 발심을 나누면, 이름과 겉모양(名相)으로써 얻음이 있고, 법성法性으로써 얻음이 있어서 두 종류가 된다. 또한 인연하는 경계의 각도에 따라 세속과 승의 두 종류의 발심이 있고, 원력과 가행의 각도에 따라 원보리심과 행보리심의 두 종류가 있다. 이곳에 맞는 분류는 가장 마지막 분류인 원보리심과 행보리심이다.[37]

## 2. 발심을 행지行持함

### 1) 계를 받는(受戒) 방법

### (1) 계를 내리는 스승

『보살별해탈경菩薩別解脫經』에 이르되 "전승, 율의를 받는 것은 보살학 처를 수호하는 진실한 계율을 갖춘 분을 좇아서 받는다."라고 하였다.

---

36 『대승기신론大乘起信論』에 따르면 발심에는 '신성취발심信成就發心, 해행발심解行發心, 증발심證發心' 세 가지가 있다. 불교 수행 과정은 대체로 다음과 같이 나눈다. 우선 가르침을 믿고(信), 깊은 사유를 통해 이해한 다음(解), 결실을 보기 위해 직접 실천해서(行), 스스로 체험을 통해 증득하게 된다(證). 이에 따라 발심도 신·해·행·증이 있기에 『대승기신론』에서도 이러한 용어를 쓰되, 해·행을 묶어서 '해행발심'이라 했고, 신을 '신성취信成就'로 표현했다. '신성취'는 믿음이 성취되었다는 의미이다.

37 원顯보리심은 완전한 붓다를 이루기 위한 사유로, 행行보리심은 실제로 그 목적을 이루기 위한 행동으로 본다.

『보살계이십송菩薩戒二十頌』에서는 "계율을 받을 때는 지혜를 갖추고 법력을 갖춘 상사님 앞에서 계를 받는다."라고 하면서 이어 설하되 "목숨을 버리는 한이 있어도 수계를 여의지 않아야 하니, 이것이 선묘善妙한 대승의 뜻이고 청정한 율의에 안주함이니 진귀한 선지식이다."라고 하였다.

만일 실로 이 같은 선지식을 찾지 못하면『보살지론菩薩地論』에서 설한 바와 같이 삼보 앞에서 계를 받아야 한다. 『학집론學集論』에서 설하길 "만약 선지식이 없으면 곧 가능한 바를 다하여 시방세계에 안주하는 제불보살님이 현전하기를 관상하면서 계를 받는다."라고 하였다.

### (2) 계를 받는 수행자

보살계를 받을 수 있는 수행자에 대하여『보리도등론菩提道燈論』[38]에서는 "항상 나머지 일곱 가지를 갖추고 별해탈계[39]를 갖춘 자가 보살계를 받을 수 있으며, 그 외는 보살계의 선근이 있지 아니하다."라고 하였다.

---

38 『보리도등론菩提道燈論』은 인도의 아티샤(982~1054) 존자가 지은 불교 서적이다. 아티샤는 동인도 출신으로, 코르레왕의 초청으로 1042년 티베트에 들어가 토링사(寺)에서 티베트 왕족의 부탁을 받고 이 책을 썼다. 여기에 담긴 아티샤의 교학은 카담파를 거쳐 총카파에게 이어져『보리도차제론菩提道次第論』의 기본이 되었고 티베트 밀교의 교학을 형성하는 데 큰 영향을 끼쳤다.

39 '별해탈계(산스크리트어 prātimk)'는 비구·비구니가 지켜야 하는 계戒를 말한다. 율장律藏의 규정에 의하여 비구·비구니가 출가하여 구족계具足戒를 받고 지켜가야 하는 계율의 조문이 적혀 있는데, 이것을 수계受戒나 포살布薩의 의식 때 읽어 내려간다.

그러나 만일 보살계를 받기 위해 필요한 조건이 반드시 성문별해탈계聲
聞別解脫戒를 구족하는 것이라면, 청정찰토淸靜刹土의[40] 보살은 보살계
를 갖추지 못하는 것이 되며, 또한 사망할 때에 보살계를 잃어버리게
되는 등 많은 과실이 생긴다. 이러한 점에 관한 것은 『석론釋論』에도
자세히 언급되어 있다.

생각해 보면 아티샤 존자는 대승 법의 삼장을 손바닥 뒤집듯이
이해하셨던 분으로, 보살계의 요구조건으로써 반드시 별해탈계를
구족해야 한다는 것을 절대로 인정하지 않으셨다. 그러나 아티샤
존자께서 그와 같이 말씀하신 것은 당시 많은 사람이 별해탈계도
지키지 못하면서 오히려 보살계를 구족했다고 자만하며 보살계의
뜻을 가볍게 여겨 과소평가하거나, 계의 조목이 번잡하게 많다는
등의 분별을 가지는 경우가 많았기 때문이다. 이를 막기 위한 방편으로
별해탈계를 갖춰야만 보살계를 구족할 수 있다고 하신 것이다. 『도등론
자석道燈論自釋』에서 말씀하시길 "다만 의지할 바의 계율이 수승한
점을 설하기 위한 것이니, 그 밖의 다른 것에 의지하는 것으로도
보살계체를 생기게 할 수 있다."라고 하였다. 이로써 보건대 별해탈계
를 구족했거나 구족하지 못했거나 모두 보살계를 구족하는 것이 가능
하다. 다만 '비심悲心, 신심信心, 수계를 원함' 등의 세 가지 조건은
반드시 갖추어야 한다.

---

40 '찰토'는 불가佛家에서 국토를 이르는 말이다.

## (3) 수계의 의궤

『보살지론菩薩地論』에서 원보리심 의궤를 설한 바가 없고, 법우法友 존자 등도 원보리심은 의궤를 갖출 필요가 없다고 생각하였다. 다만 아티샤 존자께서 차례에 의거하여 원·행보리심 의궤를 지은 바가 있다. 본 논고는 『석론釋論』의 관점에 비추어서 강설하는데, 이는 수승한 보특가라補特伽羅의 견지에서 원행보리심 의궤를 받는 것을 말한다.

나빠와(那波瓦) 존자가 말씀하시되 "원보리심은 발심이며, 행보리 심은 보살계이다."라고 하였다. 이는 혜원慧源 존자의 생각과 같다. 이러한 견해는 원·행보리심을 차제(순서)에 따라 받거나 혹은 동시에 받는 것 두 가지 의궤를 모두 인정하고 있다.

여러 의견이 분분하나, 자세히 분석해 보면 원보리심은 의궤를 의지하지 않고 생기며, 보살계가 성립되는 상황 또한 분명하지 않다. 그러나 의궤에 의지해서 생긴다는 견해 또한 틀린 것이 아니니, 만일 의궤에 의지해서 보리를 증득하기 전에 일체 끊을 것을 끊고자 하는 마음을 갖추면 이 또한 곧 보살계를 이룬다. 이를 일러 본 논고에서 "악심을 끊어 다할 때에 계의 바라밀이 원만하다."라고 말한 것이다.

당연히 행보리심은 보살계에 포함되며, 순서대로 혹은 동시에 원행 보리심을 받는 것이 모두 가능하며, 경론에도 이 두 가지 계를 받는 방법이 모두 설명되어 있다. 본래 계를 받는 방법에는 여러 가지가 있으나, 여기에서는 본 논고에서 강의한 바에 따라 가행加行, 정행正行 및 후행後行에 따라 받는다.

## 2) 계를 지키는(護戒) 방법

보살은 일체 끊어야 할 것은 끊어버리고 배워야 할 것은 다 배워야
한다. 끊어야 할 것에는『보살지론』에서 설한 바 4종류의 타승죄他勝罪
와 45종류의 악작죄惡作罪가 있다.

『허공장경虛空藏經』에서 설한 14계를『학집론學集論』에서 귀납하여
게송으로 설하길 "삼보 재물을 훔치고 빼앗으면 타승죄가 된다네.
미묘微妙한 법을 버리는 것은 붓다께서 제2조로 설하시었네. 파계
비구에 관하여 그를 때리고 가사를 빼앗으며 감옥에 가두고 환속하게
하여 죽음에 이르게 하는 것을 제3조로 하셨네. 오무간죄를 지었네.
사견을 집착하고 지녔네."라고 하였다. 이것은 '국왕의 오정죄(國王五
定罪)'를 설한 것이다. "저 게송의 앞 네 가지 조항에 성성城을 무너뜨리는
것을 부가하면 부처님이 설하신 근본죄가 된다."라고 하니, 이것은
'대신의 오정죄(大臣五定罪)'를 설한 것이다.

"마음을 닦지 않은 대중에게 공성법空性法을 설하고, 불자들의 원만
한 보리심을 퇴보하게 하고, 별해탈계를 저버린 채 대승법을 수행하고,
소승법에 집착하여 탐심을 끊지 못하고 다른 사람도 이와 같게 하고,
자신의 공덕을 자랑하고 자기의 이익을 위해 타인을 헐뜯으며, 인욕忍
辱을 행한다고 하면서 거꾸로 하고, 사문을 징벌하고 삼보재물을 횡령
하며 부정한 재물을 받고, 선정수행을 버리게 하고 수행하는 자의
모든 생활용품을 문사자聞思者에게 베푼다. 이러한 근본죄는 중생들로
하여금 큰 지옥으로 떨어지게 하는 원인이 된다." 이러한 설법에 의거하
면 보살계를 범하는 죄에는 국왕과 대신이 공유하는 십정죄에 초학자
들의 팔정죄, 원보리심을 버리는 죄 등 모두 19종이 있다.

『밀의장엄론密意莊嚴論』에서 설한 18조목은『보살지론菩薩地論』에서 설한 4조목으로 정리될 수 있다. 개괄적으로 말하면 보살계에는 끊을 바를 끊어버리는 '엄금악행계嚴禁惡行戒'(섭율의계), 육바라밀을 행하는 '섭집선법계攝集善法戒', 일체중생의 이익을 도모하는 '요익유정계饒益有情戒' 등의 삼계가 있다.

간략히 말하면 보살의 학처學處[41]는 자타를 해롭게 하는 일체를 끊는 것이며, 자기와 남을 모두 이롭게 하는 것들을 실제로 실천하는 것이다. 이로움이 되는지 아닌지 그 판단에 대해서는『보살계이십송菩薩戒二十頌』에서 설하되 "자타와 관계없이 일체의 이로움은 마땅히 다 행하고, 비록 마음에 즐거울지라도 이익이 되지 않으면 행하지 말 것이다."라고 하였다.

마음에 착한 뜻을 두면 행위가 선묘하고 절대 계를 범하지 않게 되며, 마음에 나쁜 뜻을 품으면 행위가 악렬하고 죄를 범하게 된다. 또한 좋은 마음 좋은 뜻이면 곧 밖으로 표현되는 행위가 그릇되지 않게 되어 단지 형상만으로 죄를 범하는 것처럼 보일 뿐이며, 반대로 마음이 불량하면 행위상에서 드러나는 것은 도 닦는 모양일지라도 죄를 범하지 않는 형상을 보이는 것에 불과하게 된다.

## 3) 계를 정화하는 방법

『보살계이십송菩薩戒二十頌』에서 설하길 "죄를 크게 범하면 다시 계를 받아야 한다. 중간 정도로 범하면 세 사람 앞에서 참회하며, 남은

---

41 '학처'는 배워 지켜야 할 사항을 말한다.

소소한 죄는 한사람 앞에서 참회하는데, 오염됨이 있고 없고는 자기의 마음을 의지하여 판단한다."라고 하였다. 『학집론學集論』에서는 "꿈속에서는 허공장보살 앞에서 참회한다."라고 하였으며, 본 논고에서는 "주야로 각기 세 때에 삼취경을 독송하며 붓다와 보리심을 의지하고 계를 범한 것을 참회한다."라고 설하였다.


## 3. 죄업을 참회함

가. 가행加行

### 1) 죄업을 정화함

### (1) 공양

#### ①삼보에 헌공함

爲持珍寶心, 我今供如來, 위지진보심, 아금공여래,

無垢妙法寶, 佛子功德海. 무구묘법보, 불자공덕해.

보물 같은 이 마음을 지키기 위해 나는 지금 여래와,

티 없는 오묘한 법보와, 공덕의 바다인 대승 보살님들께 공양을 올립니다.


진귀한 원행보리심을 수지하기 위하여 여래와, 실實과 무실無實의 분별이 없는 티 없는 모든 법보와, 무량무변의 바다와 같은 공덕을 갖춘 모든 대승 보살에게, 곧 불법승 삼보 앞에 공양을 올린다. 공양을 올릴 때 갖춰야 하는 여섯 가지 조건, 곧 불과의 성취를 얻고자 하는 마음, 일체 유정을 이롭게 하고자 하는 의지, 진귀하고 마음에 드는 공양물, 삼륜이 청정함,[42] 청정함을 오염시킴이 없음,[43] 대보리에 회향함 등 여섯 가지의 방식을 갖춰 공양을 올린다.

## ② 주인 없는 물건無主物을 공양함

鮮花與珍果, 種種諸良藥, 선화여진과, 종종제양약,

世間珍寶物, 悅意澄淨水. 세간진보물, 열의징정수.

신선한 꽃과 진귀한 과일, 온갖 좋은 약,

세간의 진귀한 보물, 기쁨으로 올리는 청정수.

『등지왕경等持王經』에 이르되 "시방세계의 청정수와 모든 신선한 꽃과 과일·갖가지 좋은 약·세상의 진귀한 보물들로 공양을 올리되, 다른 사람의 소유가 아닌 것들을 사용한다."라고 하였다. 온갖 향·과일·진귀한 보물 등 재물을 사용하는 것이 반드시 갖추어야 하는 조건이라고 생각하지는 않지만, 청정수를 공양하는 것은 누구든지 할 수 있는 것이므로 참회의 자량을 쌓고 싶은 사람은 항상 이를 올려 공양해야 한다.

巍巍珍寶山, 靜謐宜人林, 외외진보산, 정밀의인림,

花嚴妙寶樹, 珍果垂枝樹. 화엄묘보수, 진과수지수.

世間妙芳香, 如意妙寶樹, 세간묘방향, 여의묘보수,

自生諸莊稼, 及余諸珍飾, 자생제장가, 급여제진식,

---

42 공양 올리는 사람, 공양물, 공양 올리는 곳 세 가지가 청정해야 함을 말한다.

43 탐욕·성냄 등 깨끗하지 않은 마음을 끊는 것을 말한다.

76

蓮花諸湖泊, 悅吟美天鵝. 연화제호박, 열음미천아.

浩瀚虛空界, 一切無主物, 호한허공계, 일체무주물,

意緣敬奉獻, 牟尼諸佛子, 의연경봉헌, 모니제불자,

祈請勝福田, 悲愍納吾供. 기청승복전, 비민납오공.

우뚝우뚝 솟아 있는 진귀한 금산, 외진 곳의 조용하고 편안한 산림, 꽃이 피어 아름다운 미묘한 보배 나무, 귀한 과일이 주렁주렁 달린 나무.

세간에 미묘하게 퍼지는 향, 여의보배 달린 나무,

저절로 자라나는 농작물들, 기타 진귀한 장신구들,

연꽃 피어난 크고 작은 호수, 기쁜 소리를 내는 백조들.

넓고 넓은 허공계를 가득 채울 일체 주인 없는 아름다운 사물을 마음으로 관하며 삼가 봉헌하오니, 석가모니부처님과 삼세제불님, 수승한 복전 내려주시길 청하옵니다. 불쌍히 여기시어 제 공양을 받아 주소서.


우리는 끝없이 넓은 허공계를 관상하면서 천계·인간계에서 용궁에 이르기까지 전체 물질세계(器世界)의 주인 없는 일체 아름다운 사물을 보고 기억할 수 있다. 이들을 전부 생각으로 끌어 모아 아주 공손하게 제불보살과 상사 앞에 공양 올린다.


福薄我貧窮, 無余堪供財, 복박아빈궁, 무여감공재,

祈求慈怙主, 利我受此供. 기구자호주, 이아수차공.

제가 박복하여 빈궁한지라 공양드릴만한 마땅한 재물 없으니,

자비로운 귀의처 세존께 청하옵니다. 저를 위하여 이 공양을 받아 주소서.

전생에 복을 쌓지 않았기에 현재 나는 매우 가난하여, 이 같은 공양품 외에 삼보께 공양 올릴 기타의 다른 재물이 없다. 하지만 관상으로는 물질세계의 모든 아름다운 외물을 취하여 아주 공경한 마음으로 삼보께 공양 올릴 수 있다.

어디에 있건 장엄한 산과 바다, 아름다운 자연을 만나 마음이 기쁠 때에는 가장 진실한 마음으로 제불보살과 상사께 이 일체를 받아 주시길 기도하며 공양 올린다. 이를 두고 『선교방편경善巧方便經』에서 이르되 "대보살은 지혜의 마음을 써서 시방의 신선한 꽃·화만華鬘[44]·묘향·산림·산하·여의보 등 모든 주인 없는 물건을 끌어 모아 제불께 공양하니, 무량한 공덕이 있다."라고 한 것이다.

### ③신체를 공양함

願以吾身心, 恒獻佛佛子, 원이오신심, 항헌불불자,

懇請哀納受, 我願爲尊仆. 간청애납수, 아원위존부.

尊旣慈攝護, 利生無怯顧, 존기자섭호, 이생무겁고,

遠罪淨身心, 誓斷諸惡業! 원죄정신심, 서단제악업!

원컨대 나의 몸과 마음을 영원히 제불보살께 바치오니

받아 주시길 간청하나이다. 불보살들의 충실한 하인이 되길 원하옵니다.

---

44 '화만'은 불전을 장엄하는 장신구의 하나이다.

이미 제불보살께서 자비로이 나를 섭수하여 보호하시니
조금도 두려움 없이 중생을 이롭게 할 것이며
묵은 죄를 벗고 몸과 마음을 청정하게 하여
앞으로 다시는 어떤 악업도 짓지 않을 것을 맹세합니다!

사마四摩를 승복시킨 부처님과 모든 불자들 앞에 내 몸을 바치기를
발원하는 것은 범부의 공양 가운데 가장 수승한 공양이다. 제불보살들
의 충실한 하인이 되고자 하였으니 몸과 말과 뜻으로 전력을 다해
삼보의 뜻을 받들어야 한다.

대비 성존들의 가피에 의지해야만 비로소 물러서는 마음 없이 중생
들을 이롭게 할 수 있다. 내 죄가 막중하면 뭇 중생들을 이롭게 할
방법이 없으니, 우리는 진정으로 이미 지은 죄를 참회하고 앞으로
다시는 죄를 짓지 않겠다고 다짐해야 한다.

### ④의환意幻으로 12가지를 공양함[45]

馥郁一淨室, 晶地亮瑩瑩, 복욱일정실, 정지량형형,

---

45 관상으로 목욕, 찰식擦拭(몸을 닦는 것), 의복, 장식품, 향수, 꽃, 향, 음식물,
보등寶燈, 지면地面(향수와 꽃으로 장식한 땅), 궁전, 보산寶傘 등 12가지를 공양
올리는 것을 말한다. 공양에는 의연意緣 공양과 의환意幻 공양이 있다. 의연
공양은 마음의 인연에 따라 외부의 실물을 취하여 공양 올리는 것이고, 의환
공양은 실제의 물질로 공양을 올리는 것이 아니라 관상으로 공양을 올리는
것을 말한다. 삼계 만물은 모두 마음의 환현幻現이다. 우리가 매우 진지하게
마음을 모아서 모종의 사물을 관상하여 성존들께 공양을 올리는 것은 실물을
공양하는 것과 사실상 구별이 없다.

寶柱生悅意, 珠蓋頻閃爍. 보주생열의, 주개빈섬삭.

備諸珍寶甁, 盛滿妙香水, 비제진보병, 성만묘향수,

洋溢美歌樂, 請佛佛子浴. 양일미가락, 청불불자욕.

미묘한 향기 가득한 깨끗한 욕실, 밝게 빛나는 수정이 깔린 바닥,
보석으로 빛나는 찬란한 기둥, 드높이 드리워진 눈부신 진주 꽃다발
장식,
여러 종류의 진귀한 보병에 가득 채운 기쁨이 샘솟는 향수,
아름다운 노랫가락 가득 넘치는 곳에 제불보살님 오셔서 목욕하시기
를 청하옵니다.

　미묘한 전단 향기 가득 찬 깨끗한 욕실을 관상한다. 밝게 빛나는
수정이 깔린 정결하게 잘 닦인 바닥과 보석으로 빛나는 찬란한 기둥과
거기에 높이 매달려 눈부신 광채를 발하는 진주 꽃다발 장식이 있다.
여러 종류의 진귀한 보배 병에는 몸에 닿으면 기쁨이 샘솟는 향수를
채우고 꽃잎을 뿌렸으며 아름답고 우아한 노랫가락이 울려나온다.
이렇듯 고귀하고 아름다운 곳에 제불보살이 오셔서 목욕하시길 청
한다.

香薰極潔淨, 浴巾拭其身, 향훈극결정, 욕건식기신,

拭已復獻上, 香極妙色衣, 식이부헌상, 향극묘색의.

목욕을 마치면 미묘한 향으로 수건을 정결히 하여 그 몸을 닦아 드리고,
깨끗한 의복을 바치나니 향기 가득한 미묘한 색의 의복입니다.

목욕이 끝나면 미묘한 향으로 수건을 아주 정결히 하여 성존의
몸을 닦아 드린다. 그 후 출가 신분의 불보살에게는 그에 적합한
가사 일습을 올리고, 재가 신분의 성인들께는 가장 향기롭고 미묘하며
색채가 장엄한 복장을 바친다.

亦以細柔服, 最勝莊嚴物, 역이세유복, 최승장엄물,
莊嚴普賢尊, 文殊觀自在. 장엄보현존, 문수관자재.
섬세하고 부드러운 옷과 수승하고 화려한 장신구로
보현보살, 문수보살, 관자재보살님을 장엄합니다.

섬세하고 부드러운 재질의 옷과 진귀한 보석이 박힌 수많은 장신구
로 거룩한 보현보살, 문수보살, 관자재보살, 금강수보살, 미륵보살님
을 장식해 드린다.

香遍三千界, 妙香塗敷彼, 향변삼천계, 묘향도부피,
猶如純煉金, 發光諸佛身. 유여순련금, 발광제불신.
향이 삼천대천세계에 두루 퍼지니 미묘한 향내 덮이네,
정련을 거친 순금처럼 찬란한 빛을 내는 제불 몸에.

제불보살께 향수 공양을 올리는 것을 관상한다. 그 향기가 삼천대천
세계에 두루 퍼진다. 천녀가 이 묘향을 성존의 몸에 골고루 바른다.
열여섯 번 정련을 거친 순금처럼 찬란한 빛을 내는 제불 몸에 미묘한
향내가 끼치니, 그 몸이 더더욱 장엄하고 미묘하여 눈부신 빛이 난다.

삼천대천세계는 『구사론俱舍論』에 비교적 자세한 설명이 있다. 수미산을 중심으로 해·달·사대주四大洲·욕천계欲天界·초선천初禪天이 한 세계인데, 이 세계의 천 배의 세계가 소천小天세계이고, 소천세계의 천 배가 중천中天세계이며, 중천세계의 천 배가 대천大天세계이다. 소천·중천·대천을 다 갖추었기 때문에 '삼천대천세계'라고 부른다.

于諸勝供處, 供以香蓮花, 우제승공처, 공이향연화,
曼陀青蓮花, 及諸妙花鬘. 만타청련화, 급제묘화만.
수승한 공양처인 제불보살 앞에 향기로운 연꽃,
만다라 꽃, 청색 연꽃과 그윽하고 아름다운 꽃 타래로 공양 올리나이다.

수승한 공양처 앞에 향기로운 연꽃, 만다라 꽃, 청색 연꽃과 그윽하고 아름다운 꽃 타래 공양을 올린다.

亦獻最勝香, 香溢結香雲, 역헌최승향, 향일결향운,
復獻諸神饈, 種種妙飲食. 부헌제신수, 종종묘음식.
가장 좋은 향을 바치나니 향기가 넘쳐흘러 구름을 이루옵니다.
또한 갖가지 신령스러우며 비할 데 없이 맛있고 오묘한 음식을 올리나이다.

갖가지 미묘한 향공양을 관상한다. 이 향이 타면서 삼천세계에 넘쳐나는 향기를 발산하며, 향기 구름을 이루어 성존들께 공양을 올리는 모습을 관상한다. 또한 각종 신령스러운 음식[46]과 천상의 각종

비할 데 없이 맛있고 아름다운 백탕·복숭아 즙 등과 같은 음식을
공양 올린다.


亦獻金蓮花, 齊列珍寶燈, 역헌금련화, 제열진보등,
香敷地面上, 散布悅意花. 향부지면상, 산포열의화.
황금빛 연꽃처럼 나란히 배열된 진귀한 보배 등을 올리오며
묘향으로 칠한 바닥 위에 향기로운 꽃송이를 뿌리옵니다.


　황금 연꽃 사이로 나란히 배열된 진귀한 보배 등燈을 바친다. 또한
묘향이 배인 땅 위에 향기로운 꽃송이를 뿌려 공양 올린다.


廣廈揚贊歌, 懸珠耀光澤, 광하양찬가, 현주요광택,
嚴空無量飾, 亦獻大悲主. 엄공무량식, 역헌대비주.
아리따운 찬탄의 노래 흘러넘치고 매달린 진주 구슬 찬란하게 빛나며,
무량한 장식들이 허공을 장엄한 청정 궁전을 대자비의 주인께 바치나
이다.


　공덕장엄을 갖춘 한없이 넓은 궁전을 관상한다. 천자天子·천녀天女
가 부르는 아리따운 찬탄가 가락이 흘러넘치고, 공중에 매달려 있는

---

46 근휘 린포체의 강의에 의하면, '신령스러운 음식'에는 '세 가지 흰 것(三白)'과
　'세 가지 단 것(三甛)'이 있다. 곧 우유·요구르트·소나 양의 기름·백설탕·황설
　탕·꿀 등이다. 제불보살에게 식품을 공양하는 것은 자신과 중생들로 하여금
　선정식禪定食을 얻게 하고, 보리심을 증장시키는 가피가 있다.

진주와 보당寶幢[47]·미묘한 장신구들은 밝은 빛을 찬란하게 뿜으면서 무한한 허공 법계를 장엄하고 있다. 이 수승한 청정 궁전을 모든 여래께 공양 올린다.

金柄撐寶傘, 周邊綴美飾, 금병탱보산, 주변철미식,

形妙極莊嚴, 亦展獻諸佛. 형묘극장엄, 역전헌제불.

금 자루 달린 보물 우산의 가장자리에 아름다운 장식이 매달려 있고 오묘하고 장엄한 모양의 보배 우산을 펼치어 제불께 공양 올리나이다.

진주 같은 장식품으로 꾸며진 금 자루가 달린 보배 우산(寶傘)을 제불보살께 공양 올린다. 우산 끝을 따라 아름다운 장식이 단장되어 보는 사람들로 하여금 환희심을 불러일으키는데, 그 모양은 미묘하면서 장엄하기 그지없다.[48]

#### ⑤ 발원 공양

別此亦獻供, 悅耳美歌樂, 별차역헌공, 열이미가락,

願息有情苦, 樂雲常住留. 원식유정고, 낙운상주류.

惟願珍寶花, 如雨續降淋, 유원진보화, 여우속강림,

一切妙法寶, 靈塔佛身前. 일체묘법보, 영탑불신전.

---

47 '보당'은 보배 구슬로 꾸민 짐대이다. 도량을 장엄하는 데 쓴다.

48 보배 우산은 삼보가 무량한 지혜와 자비로 일체중생을 보호함을 상징한다. 우리는 삼계 윤회 속에서 뜨거운 번뇌 독의 불꽃에 휩싸여 있어 불법 보산에 의지해야만 모든 뜨거운 번뇌를 없애고 위없는 안락을 얻을 수 있다.

이외에 또 듣기 좋은 아름다운 가락을 공양 올리나니,
중생들이 잠시나마 고통을 잊고 즐거움이 구름처럼 항상 머무르길
원하옵니다.
다만 바라옵나니, 진귀한 보석과 꽃이 숲속에 내리는 비처럼
일체의 수승한 법보와 불탑, 불상 앞에 내리기를 원하옵니다.

　이상에서 거론한 공양품 외에, 가장 듣기 좋은 음악을 연주하여
모든 법보와 성존께 공양 올리고자 한다. 좋은 음악이 중생의 일체
고통을 없애주고, 행복을 가져다주는 특수한 구름이 오래도록 제불성
중 앞에 머물기를 기원한다. 진귀한 보석과 오묘한 꽃비가 숲속을
적시는 비처럼 끊임없이 일체 수승한 법보와 불탑과 불상 위로 내리기
를 발원한다.

### ⑥무상無上 공양

猶如妙吉祥, 昔日供諸佛, 유여묘길상, 석일공제불,
吾亦如是供, 如來諸佛子. 오역여시공, 여래제불자.
문수, 보현보살님들께서 예전에 허공을 두루 채운 길상한 공양을
불전에 올린 것처럼
나 또한 이와 같이 모든 여래와 보살들께 공양을 올리나이다.

　문수, 보현 등 대보살께서 예전에 허공을 두루 채운 묘한 공양을
시방 제불 전에 공양 올린 것처럼, 나 역시 이와 같이 모든 여래와
보살에게 공양을 올린다.[49] 『보협경寶篋經』에 이르되 "여러 종류의

생화로 만든 꽃 타래와 오색의 화려한 꽃과 각기 다르게 꽃꽂이한
꽃을 구세주 세존께 공양 올린다."라고 하심과 같다.


#### ⑦ 찬탄 공양

**我以海潮音, 贊佛功德海**, 아이해조음, 찬불공덕해,
**願妙贊歌雲, 飄臨彼等前**. 원묘찬가운, 표임피등전.

바다의 조수 음처럼 감동적인 소리로 부처님의 공덕의 바다를 찬탄합
니다.
아름다운 이 미묘한 찬가가 구름처럼 제불보살 전에 흘러가기를 원하
옵니다.


　　바다의 파도 소리처럼 끝도 없고 다함이 없는 찬가로 바다 같은
제불보살의 공덕을 찬송하면서, 이와 같은 아름답고 오묘한 찬가가
구름처럼 제불보살 면전에 흘러가기를 발원한다.[50]

---

49 문수사리 보살은 광대한 지혜로 여러 불보살을 공양하였다. 또 보현보살은
　 끊임없는 광대한 행함으로 제불보살께 공양을 올렸는데, 이 공양을 '보현운공普
　 賢雲供'이라 부른다. 보현보살의 가슴에서 무량한 빛이 나온다. 매 빛의 끝에는
　 한 분의 보현보살이 환화되어 나오는데, 이 환화된 보현보살마다 또 가슴에서
　 무한한 빛이 나오고, 한 묶음의 빛은 또 공양하는 천녀를 무량하게 환화해
　 낸다. 천녀들은 각각 시방삼세의 모든 제불보살들에게 미묘한 공양을 올리고
　 있다.
50 우아하고 듣기 좋은 진언염송 소리가 불당을 울리는 것을 관상하라. 삼보
　 공덕을 찬탄하는 미묘한 음악이 구름처럼 허공에 떠다니며 제불성존을 기쁘게
　 하나니, 우리에게 업장 소멸의 가피를 내리신다.

86

## (2) 정례頂禮

化身微塵數, 匍匐我頂禮, 화신미진수, 포복아정례,

三世一切佛, 正法最勝僧, 삼세일체불, 정법최승승,

敬禮佛靈塔, 菩提心根本, 경례불영탑, 보리심근본,

亦禮戒勝者, 堪布阿闍黎. 역례계승자, 감포아사리.

무수히 많은 화신을 만들어 오체투지하나니

삼세 일체 제불과 정법, 거룩한 승단에게 엎드려 정례하나이다.

부처님의 영탑인 보리심의 근본에 정례를 올리며

수승한 계율을 갖춘 모든 법사와 아사리께 정례를 올리나이다.

　먼지처럼 수많은 자신의 화신이 삼세제불, 법보, 승보 앞을 가득
메우고 있다고 관상하며 매우 공경스런 태도로 오체투지 정례를 올린
다. 또한 보리심의 근본[51], 불상, 대승 법장, 불탑, 계가 수승한 사람[52],
법을 전해주는 켄뽀(堪布), 아사리阿闍黎[53] 등께 정례를 올리며 우리
마음의 흐름 가운데 수승한 보리심이 일어나도록 가피 주시기를 기도
한다.

---

[51] '보리심의 근본'은 석가모니부처님이 태어나시고, 도를 이루고, 설법하시고,
　　열반하신 곳을 말한다. 이 4성지는 일체 보리심의 발원지이다.
[52] '계가 수승한 사람'은 재가자로서 닦아 증득함을 성취한 유가사瑜伽士를 말한다.
[53] '켄뽀(堪布)'는 법사나 율사를 가리킨다. '강백講伯'이라고도 한다. '아사리阿闍梨'
　　는 제자를 가르치고 제자의 행위를 바르게 지도하여 그 모범이 될 수 있는
　　승려를 말하는데, 상사라고도 불린다. 여기에서의 켄뽀와 아사리는 소승과
　　대승, 금강승을 구별하지 않는다.

## (3) 귀의歸依

**乃至菩提果, 歸依諸佛陀**, 내지보리과, 귀의제불타,

**亦依正法寶, 菩薩諸聖衆.** 역의정법보, 보살제성중.

무상보리 이룰 때까지 세세생생 제불께 귀의하오며,

또한 청정 무루無漏한 정법보正法寶와 보살 성중께 귀의합니다.


윤회 고통에 시달리는 공포를 제거하기 위하여 귀의처에 의지한다. 귀의에는 세간귀의世間歸依와 출세간귀의出世間歸依가 있으며, 출세간귀의는 다시 대승귀의大乘歸依와 소승귀의小乘歸依로 나뉜다.

세간귀의는 어떠한 두려움에서 벗어나기 위하여 세간의 천신 등에게 귀의하는 것으로, 이것은 수승한 귀의가 아니다. 『승당경勝幢經』에서 이르되 "두렵고 무서운 장소에 처해서 대다수는 숲속이나 사원의 나무·불탑에 의지하지만, 그것은 주요한 귀의처가 아니며 그러한 귀의처에 의지하는 것으로는 큰 고통에서 벗어나지 못한다."라고 하였다.

스스로 윤회의 고통에서 벗어나기 위하여 살아있는 동안 삼보에 귀의하면 이것은 소승의 귀의이다. 대비심을 일으켜 일체유정을 고통에서 벗어나게 하고, 스스로는 불과를 얻고자 하며, 보리의 결과를 얻을 때까지 줄곧 귀의하는 것, 이것이 대승의 세 가지 귀의이다.

경에 이르되 "불보에 귀의한 자는 진실한 거사가 되어 한순간이라도 다른 천신에게 귀의하지 않는다. 정법에 귀의한 자는 중생을 해하는 마음을 멀리 여읜다. 승중에 귀의한 자는 외도와 교류하지 않는다."라고 하였다.

스승의 앞에서 귀의계를 받은 후에는 이렇듯 경에서 설한 바를

따라 언제나 성실한 마음으로 삼보에 의지하여 공경하는 뜻을 품고 정진해야 하며, 어떠한 중생도 해치지 아니하고 악한 벗을 사귀지 않아야 한다. 일단 귀의계를 범하면, 곧 다시 수계를 받는 방식을 통해서 죄업을 끊어야 공덕이 늘어나게 된다.

## (4) 참회

네 가지 종류의 대치력[54]을 갖추면 죄업을 정화시킬 수 있다. 독극물을 마신 자로 예를 들어 보자. 자신의 잘못을 깨닫고 후회막급 하는 것이 염환대치력厭患對治力이다. 독극물을 마신 자가 훌륭한 의사와 좋은 약을 찾아 치료하고자 하는 것처럼, 악업에 대하여 걱정과 근심이 일어나면 그에 대처하여 죄업을 벗어날 방법에 의지하는 것이 소의대치력所依對治力이다. 그 다음 약을 복용하는 것처럼 선법을 봉행하는 것이 현행대치력現行對治力이고, 생명의 위험에 닥쳐도 다시는 독극물을 마시지 않는 것이 반회대치력返回對治力이다.

『선설사법경宣設四法經』에 이르되 "미륵이여! 보살이 만약 네 가지 법칙을 갖추면 일체의 지은 바 죄업을 청정하게 한다. 무엇이 네 가지 법인가? 곧 염환대치, 의지보리심(소의대치), 현행대치, 반회대치이다."라고 하였다.

---

54 '대치對治'는 참회 등의 수행을 통해 악업을 소멸하고 선업을 증장시키는 것을 말한다. 참회를 위해서는 기본적으로 참회할 대상(계율을 정하신 부처님과 자신의 죄로 피해를 입은 일체중생들)을 알고, 죄를 지은 것을 강하게 후회하고, 죄를 다시는 짓지 않겠다고 결심하고, 절을 하거나 경전을 읽는 등 악업을 다스리는 행을 행해야 한다. 이 네 가지가 모두 갖추어진 상태에서 참회해야만 진정으로 참회가 되고 업장이 소멸되기에 이를 일러 4대치력이라 하는 것이다.

참회에는 가행, 정행, 후행의 단계가 있다. 가행은 귀의와 발심이고, 정행은 4종 대치력을 구족하고 참회문을 염송하거나 업장 소멸을 관하고 닦는 것이며, 후행은 참회의 대상이 되는 성존들의 가피에 의지하는 것을 관상하고 일체죄업을 청정하게 하며 회향을 짓는 것이다. 이것은 모든 선지식의 비결이다.

**①삼보 전에 죄를 고하며 참회함**

我于十方佛, 及具菩提心, 아우시방불, 급구보리심,

大悲諸聖衆, 合掌如是白. 대비제성중, 합장여시백.

無始輪回起, 此世或他生, 무시윤회기, 차세혹타생,

無知犯諸罪, 或勸他作惡; 무지범제죄, 혹권타작악;

或因癡所牽, 隨喜彼所爲, 혹인치소견, 수희피소위,

見此罪過已, 對佛誠懺悔. 견차죄과이, 대불성참회.

시방세계 부처님 및 보리심을 갖추신

대비보살 성중께 두 손 모아 아뢰옵니다.

무시이래 윤회에서 금생 혹은 과거 생을 막론하고

무지에서 범한 일체 죄업, 다른 사람에게 짓도록 권유한 죄업,

스스로 어리석음에 이끌려 다른 사람의 악행을 따라 지은 죄업,

이러한 죄업들의 잘못을 깨닫고 제불성존 앞에서 간절하게 발로참회합니다.

시방의 모든 대자대비하오신 원만정각 불타 및 보살 성존 앞에서 안주하고 합장하며 입으로는 다음과 같이 염송한다.

'무시이래 세세생중 윤회하며 금생에 이르기까지 죄업의 과환過患[55]을 밝게 이해하지 못하여 제 스스로 악을 짓거나 남을 교사하여 죄를 지었습니다. 제 자신의 무지몽매로 인하여 남들이 악업을 짓는 것을 좋아했습니다. 이러한 죄과를 알아차리고 제 지은 모든 업을 제불보살 성존 앞에 낱낱이 발로 참회하나이다.'

## ② 염환대치력

惑催身語意, 于親及父母, 혹최신어의, 우친급부모,
師長或餘人, 造作諸傷害. 사장혹여인, 조작제상해.
因昔犯衆過, 今成有罪人, 인석범중과, 금성유죄인,
一切難恕罪, 佛前悉懺悔. 일체난서죄, 불전실참회.

무명 번뇌의 책동에 취해 몸과 말과 뜻으로 친척 및 부모,
스승님, 여타 다른 사람들을 해치는 많은 일들을 저질렀나이다.
과거의 많은 잘못으로 인해 지금 죄업이 매우 무거운 죄인이 되었으니
이 모든 용서받기 어려운 죄업을 부처님 앞에 남김없이 참회합니다.

번뇌에 사로잡혀 우리는 삼보, 스승과 어른(師長), 부모 등 가까운 사람들을 신구의 삼업으로 해치는 악업을 짓는다. 탐욕 등 허다하게 많은 죄업과 나쁜 습관에 물든 것 등 용서받기 어려운 모든 악업을 나를 이끌어 주시는 스승님과 제불보살 앞에 하나하나 드러내어 고하고 참회해야 한다.

---

55 과환, 곧 과실(過)과 근심(患)은 4성제 가운데 집제와 고제를 통칭하는 말이다. '과過'는 원인으로서 집제를 말하고, '환患'은 괴로움 즉 고제를 뜻한다.

### ③ 소의대치력

㉮ 죽음의 무상함을 사유하며 귀의함

罪業未淨前, 吾身或先亡, 죄업미정전, 오신혹선망,

云何脫此罪, 故祈速救護! 운하탈차죄, 고기속구호!

죄업이 아직 깨끗해지기 전에 제가 먼저 죽을 수 있는데,
그전에 어찌 이 업보에서 벗어날 수 있겠습니까? 간절히 기도하나니
속히 저를 구원하소서!

　

왜 정근하며 참회를 해야 하는가? 우리는 우리가 지은 죄업을 청정하게 하기 전에 죽을 수 있다. 죽음에 임하여 자신의 업력에 따라 악도에 떨어진다면, 어찌 참회 수행을 하며 죄업에서 벗어날 기회를 가질 수 있겠는가? 이 때문에 우리는 시방삼세 제불 앞에서 간절하게 참회하며 신속한 가호를 기원해야 한다.

　

死神不足信, 不待罪淨否, 사신부족신, 부대죄정부,

無論病未病, 壽暫不可恃. 무론병미병, 수잠불가시.

죽음의 사자는 믿을 수 없나니, 죄업이 청정해졌는지 아닌지
병이 들었거나 병들지 않았든 간에 기다려주지 않으니 목숨은 잠시라도 믿을 것이 못 되옵니다.

　

왜 이리도 급하게 귀의해야 하는가? 저승사자는 믿을 수 없다. 그는 당신의 죄업이 청정해졌는지 아닌지, 할 일을 다 마쳤는지 아닌지 상관하지 않으며, 당신이 병이 났는지 아닌지에 상관없이 언제든

내려올 것이다. 돌연히 숨이 멈춰 죽지 않는다는 것을 보증하지 못하니, 우리는 수명을 조금도 믿을 수 없다.


因吾不了知, 死時捨一切, 인오불료지, 사시사일체,
故爲親與仇, 造種種罪業. 고위친여구, 조종종죄업.
죽을 때 모든 것을 버리고 혼자 떠나야 함을 알지 못하였기에
친척과 친구들을 위하여 각종 죄업을 지었습니다.


　죽음의 순간에는 친구든 원수이든 그 모두를 버리고 혈혈단신 떠나야 한다. 하지만 사람들은 이토록 자명한 사실을 깨닫지 못하고 가족이나 친척, 친구들로 인해 악업을 짓는다.


仇敵化虛無, 諸親亦煙滅, 구적화허무, 제친역연멸,
吾身必死亡, 一切終歸無. 오신필사망, 일체종귀무.
원수도 죽어 허무로 변하고 모든 친척들도 연기처럼 사라지며
내 몸도 분명 죽음을 면치 못할 것이니, 세상 모든 것이 다 빈 곳으로
돌아갑니다.


　원수들은 이미 죽어 다시 돌아오지 못하고, 친척들도 발자취조차 찾을 수 없다. 나 역시 예외가 아니니 종국에는 죽어 모든 것이 하나도 남아 있지 않는다. 사랑과 재산 등 나로 하여금 죄를 짓게 만들었던 모든 것들은 구름이나 연기와 다를 바 없이 잠시의 환상일 뿐, 조금이라도 실제적인 의미가 없다.

人生如夢幻, 無論何事物, 인생여몽환, 무론하사물,

受已成念境, 往事不復見. 수이성념경, 왕사불부견.

인생은 꿈과 같으니, 어떠한 사물을 막론하고

발생 후 기억의 잔영만 남을 뿐, 지나간 모든 것은 다시 볼 수 없습니다.

　어떤 이들은 "친구들을 기쁘게 하면 이후에 그들이 우리를 따를 것이므로 실재적인 의미가 있다"고 생각한다. 그러나 실제로는 이러한 쾌락만이 아니라 은혜를 은혜로 갚거나 원수를 원수로 갚는 것, 득의와 실의, 세정世情의 변화 등 현재 내가 누리고 지니고 있는 모든 것이 지나가면 추억의 대상일 뿐, 다시 눈으로 보고 몸소 느낄 수 없다. 과거는 이미 지나가서 단지 허공과 같고 어젯밤 꿈과 같으니, 다른 어떤 의의가 있을 수 없는 것이다.

復次於此生, 親仇半已逝, 부차어차생, 친구반이서,

造罪苦果報, 點滴候在前. 조죄고과보, 점적후재전.

이 잠깐 동안의 일생에서 친한 이든 원수든 대부분이 이미 세상을 떠났으나

그들로 인해 지은 죄업과 습기과보는 사라지지 않고 앞에 남아 기다립니다.

　세세생생은 차치하고 잠시의 짧은 금생에 대해 돌이켜 한번 생각해 보면, 친한 사람도 세상을 떠났고, 원수도 세상을 떠나 대부분 이미 무상함에 통째로 먹혀졌다. 그럼에도 불구하고 많은 사람들은 친한

사람 혹은 원수들로 인해 끊임없이 악업을 짓는다. 그들이 임종할 때 남은 것은 조금도 어김이 없는 죄업뿐으로, 스스로 업보 받기를 기다릴 뿐이다.

因吾不甚解: 命終如是驟, 인오불심해: 명종여시취,
故起貪嗔癡, 造作諸惡業. 고기탐진치, 조작제악업.
나는 아직도 체득하지 못하였습니다, 생명 마침이 이처럼 갑작스럽고 무상한 것임을.
탐욕·성냄·어리석음으로 번뇌를 일으켜 수많은 죄업만 짓고 있습니다.

생명의 종결인 죽음이 이처럼 갑작스럽고 무상하다는 것을 아직 깊이 체득하지 못했기 때문에, 탐욕·성냄·어리석음 등 삼독 번뇌를 일으켜 많은 죄업만 지었다. 만일 금생에 이 죄업들을 청정하게 정화하고자 하면 반드시 번개나 바람 같은 속도로 닦아 제거해야 한다.

晝夜不暫留, 此生恒衰減, 주야불잠류, 차생항쇠감,
額外無復增, 吾命豈不亡? 액외무부증, 오명기불망?
주야로 한 찰나에도 쉬지 않고 금생은 계속 삭아서 줄어만 가고 늘거나 회복할 수 없으니 어찌 난들 죽지 않을 수 있겠습니까?

아침저녁은 흘러갈 뿐 단 일각도 멈추지 않는다. 사람의 한 생도 이와 같아서 일분일초 수명이 줄어들 뿐 절대 늘어나지 않으니, 어찌 죽지 않을 수 있겠는가? 정해진 죽음은 의심할 바가 없다.

㉝죽음의 두려움을 사유하며 귀의함

臨終彌留際, 衆親雖圍繞, 임종미류제, 중친수위요,

命絕諸苦痛, 唯吾一人受. 명절제고통, 유오일인수.

임종에 거의 닿아 설령 친한 이들이 주위를 에워싸 있어도
생명이 끊어지는 고통은 오직 나 혼자 감당할 뿐입니다.

   사람들은 생각한다. "반드시 죽는다는 것은 의심할 바 없지만, 사망
의 순간에는 여전히 친우나 친척이 필요한 것 아닌가."라고.

   임종의 순간에 직면하여 나는 침상에 누워 있고 모든 친우들이
사방을 에워싸고 있다 하더라도, 숨이 끊어지는 고통은 나 홀로 받아들
여야 하는 것일 뿐 그 어느 누구도 분담해 줄 수가 없다.

魔使來執時, 親朋有何益? 마사래집시, 친붕유하익?

唯福能救護, 然我未曾修. 유복능구호, 연아미증수.

저승사자가 나를 잡으러 올 때 친척과 친구가 무슨 도움이 되겠습니까?
복덕만이 능히 나 자신을 구원해 줄 터인데도, 나는 아직 수행 공덕을
쌓지 못했습니다.

   저승사자가 나를 잡으러 왔을 때, 친척과 친우들이 무슨 작용을
할 수 있겠는가? 근본적으로 아무런 도움이 되지 않는다. 그렇다면
무엇이 나를 도와줄 수 있을 것인가? 임종에 직면해서는 단지 복덕만이
나를 구원할 수 있을 뿐이다. 그러나 유감스럽게도 나는 선을 쌓고
복을 지어 놓은 것이 없다.

放逸吾未知, 死亡如是怖, 방일오미지, 사망여시포,
故爲無常身, 親造諸多罪. 고위무상신, 친조제다죄.
방일하여 나는 몰랐습니다, 죽음이 이다지도 공포라는 것을.
그러기에 무상한 이 몸을 위하여 스스로 많은 죄업을 지었습니다.

그래서 우리는 슬피 울며 다음과 같이 울부짖을 수밖에 없다.
"제불보살이시여! 선을 쌓고 복을 지어 놓은 것이 없습니다. 법을 지키지 못하였고, 방일하여 죽음이 이렇듯 갑작스럽고 두려운 것인지 몰랐습니다. 무상한 현세에서 이 몸이 친히 죄업만 누누이 지었습니다."

若今赴刑場, 罪犯猶驚怖, 약금부형장, 죄범유경포,
口干眼凸出, 形貌異故昔. 구간안철출, 형모이고석.
何況形恐怖, 魔使所執持, 하황형공포, 마사소집지,
大怖憂苦纏, 苦極不待言. 대포우고전, 고극부대언.
만약 지금 형장에 끌려간다면, 죄를 범한 것으로 인해 공포에 떨며 입은 마르고 눈은 튀어나와 몰골이 완전히 변할 것입니다.
하물며 흉악하게 생긴 무서운 저승사자에게 잡혀갈 때
큰 공포와 두려움, 고통의 오랏줄, 그 극한 고통은 말로 형언할 수 있겠습니까.

예를 들어 지금 형장으로 끌려가는 범죄자가 있다고 하자. 두려움에 떨며 입안은 바짝 마르고 두 눈은 튀어나와 그 몰골에서 예전의 모습을

찾을 수 없을 것이다. 하물며 염라대왕에게 끌려갈 때 그 두려움은
얼마나 핍진하겠는가? 감내할 수 없는 고통에 처해 있는 그 가련하고
비참한 정경은 말로 형언할 수 없는 것이다.


誰能救護我, 離此大怖畏, 수능구호아, 이차대포외,
睜大凸怖眼, 四方尋救護, 정대철포안, 사방심구호,
四方遍尋覓, 無依心懊喪, 사방편심멱, 무의심오상,
彼處若無依, 惶惶何所從? 피처약무의, 황황하소종?
그때 누가 나를 구호하여 이 큰 공포에서 벗어나게 할 수 있겠습니까?
두려움에 놀란 눈을 부릅뜨고 사방으로 구원자를 찾으며
사방팔방을 보아도 의지할 곳이 없어 매우 상심하는데
어떠한 귀의처도 찾지 못하고 두려움에 떠는 나는 어디로 가야 합니까?


그때를 당하여, 누가 있어 능히 나를 구호하고 그 크나큰 공포에서
나를 벗어나게 해줄 것인가? 나는 부득불 두려움과 불안에 사로잡혀
부릅뜬 눈으로 사방팔방 나를 구원해줄 존재를 찾아 헤맬 것이지만,
결국에는 그 어디에도 나를 구원해줄 곳이 없음을 깨닫고 억장이
무너지며 크게 실망할 수밖에 없는 것이다. 이와 같이 의지할 곳도
기댈 곳도 없는 지경에 당하여 나는 어디로 가야 할 것인가? 그야말로
속수무책이다.

㉡ 귀의의 대상

㉠ 공동共同 귀의 대상인 불법승 삼보

佛爲衆怙主, 慈悲勤護生, 불위중호주, 자비근호생,

力能除衆懼, 故我今歸依. 역능제중구, 고아금귀의.

如是亦歸依, 能除輪回怖, 여시역귀의, 능제윤회포,

我佛所悟法, 及菩薩聖衆. 아불소오법, 급보살 성중.

부처님은 중생의 수호자이시고 대자비로 중생을 지켜주시고
대위덕력大威德力으로 능히 중생의 두려움을 없애주시니, 저는 이제
부처님께 귀의합니다.
이와 같이 또 귀의합니다, 윤회의 공포를 없애주시는
부처님이 직접 증득하신 위없는 묘법과 모든 보살 성중들께.

의지하여 죄를 닦을 곳이 없을 때 일체중생의 수호자이신 부처님께
서 대자대비로써 중생을 구호하시며, 그 대위덕력大威德力은 모든
중생의 두려움을 없애주시므로 이로부터 부처님께 귀의한다. 마찬가
지로 본사 석가모니부처님께서 직접 증득한 견처見處, 윤회의 공포를
없앨 수 있는 위없는 묘법 및 모든 보살 성중께 귀의한다. 이렇듯
삼보에 귀의함으로써 죄업을 참회하는 소의대치력所依對治力으로 삼
는다.

㉡ 중생구제의 원력을 원만히 갖춘 보살

因怖驚顫栗, 將身奉普賢, 인포경전율, 장신봉보현,

亦復以此身, 敬獻文殊尊. 역부이차신, 경헌문수존.

공포에 놀라고 두려움에 온몸을 떨면서 보현보살께 자신을 바치나이다. 문수보살께도 또한 이 몸을 올리나이다.

지옥의 고통을 생각하니 두렵고 불안하여 몸이 부들부들 떨릴 때, 자기 자신을 보현보살께 봉헌하며 또한 자신의 몸을 문수보살께 바친다.[56]

哀號力呼求, 不昧大悲行, 애호력호구, 불매대비행,
慈尊觀世音, 救贖罪人我! 자존관세음, 구속죄인아!
슬프고 간절하게 부르옵니다. 거짓 없는 대비행을 갖추신
자비하신 관세음보살님이시여, 속죄하는 저를 구원하소서!

감내할 수 없는 고통에 울부짖으며 대자대비하오신 구호주 관세음보살을 있는 힘껏 부르니, 이 어찌된 일인가? 크나큰 죄업에서 자신을 구원해주시기를 기도하는 것이다.[57]

復于虛空藏, 及地藏王等, 부우허공장, 급지장왕등,

---

56 보현보살은 그 광대한 행원으로 중생들을 여래 공덕을 성취하도록 인도하신다. 삼세제불 지혜의 본체이신 문수보살은 그 위없는 지혜로 일체중생의 어리석음을 없애주신다.

57 관음보살은 삼세제불 대비 자성의 화현이다. 그는 보장寶藏여래 앞에서 보리심을 내고 오랜 겁 동안 대지혜·대자비로 중생을 비추어 관하면서 조금의 늦음도 없이 일체중생의 고난을 없애준다.

100

一切大悲尊, 由衷祈救護. 일체대비존, 유충기구호.

허공장보살, 지장왕보살 등

일체 대비보살 성존이시여, 저를 구호해주시길 충심으로 기도하나이다.

  또한 마찬가지로 허공장보살, 지장왕보살, 미륵보살, 재개장보살
등 모든 대자대비한 성존들께 구호를 요청하는 간절한 기도를 지심으
로 올린다.[58]

歸依金剛手, 懷嗔閻魔使, 귀의금강수, 회진염마사,

見彼心畏懼, 四方速逃逸. 견피심외구, 사방속도일.

금강수보살께 귀의하나니, 성내며 분노 품은 염라 사자는
금강수보살을 두려워하며 사방으로 줄달음칩니다.

---

58 허공장보살은 초학자가 업장을 소멸할 때 가장 쉽게 호응해주시는 힘 있는
  본존이시다. 허공장보살이 지금 내 앞에 나타나 나를 지켜주고 위로해주면서
  나의 죄업이 이미 청정해졌다고 알려주는 것을 관상한다. 지장보살은 그 불공不
  共의 원력으로 세출세간의 모든 중생의 희망을 만족시켜 줄 성존이시다. 특히
  수행자가 별해탈계를 지니고 지장보살께 기도하면 계 범하는 것을 막을 수
  있고, 이미 범한 사람이라도 청정함을 얻어 지옥에 떨어지는 것을 면할 수
  있다. 이외에도 미륵보살·제개장보살·대세지보살 등 제불보살 성중은 모두
  불가사의한 위력과 공덕을 가지고 있다. 이 중 제개장보살은 밀교 태장계
  제개장원除蓋障院의 주존으로, 왼손에 연꽃을 들었고 연꽃 위엔 여의주가 놓여
  있으며, 오른손은 무외인을 맺고 계시다. 번뇌를 여읜 금강 같은 보리심으로
  중생원을 만족시켜 준다는 의미를 지닌 보살이시다.

나는 또한 중생을 두려움에 떨게 하는 저승사자도 그 얼굴을 한 번 보기만 하면 사방팔방 달아나는 금강수보살[59]께 귀의한다.


㉒ 귀의하는 방법

**昔違尊聖教, 今生大憂懼.** 석위존성교, 금생대우구.

**願以歸命尊, 求速除怖畏!** 원이귀명존, 구속제포외!

일찍이 불보살의 가르침을 어겨 금생에 큰 근심과 두려움을 겪고 있으니

목숨 바쳐 당신께 귀의하오니 속히 이 두려움을 없애주소서!


이리하여 세세생생 불타의 가르침을 어긴 죄업의 과보가 이와 같이 두려움을 깊이 깨닫고, 제불보살께 귀의하여 신속하게 두려움을 없애 주시기를 기원한다.


**④현행대치력**

㉮정진해야 하는 이유

㉠환자의 비유로 설명함

**若懼尋常疾, 尚需遵醫囑,** 약구심상질, 상수준의촉,

**何況貪等患, 百罪恒纏身.** 하황탐등환, 백죄항전신.

가벼운 병에 걸려도 의사의 말을 따라야 하는데,

---

59 밀적금강·금강역사라고도 이름하며, 손에 금강저를 들었다. 여래 신구의 3밀의 금강살타를 말한다. 시방삼세제불의 용맹한 힘의 총체이신 금강수보살은 발심 에서부터 도를 증득하고, 법을 전하며 열반에 들 때까지의 수호자이시다.

하물며 탐욕 같은 고질병을 끊임없이 짓고 있으니 말해 무엇 하겠습니까.

   풍병이나 담병 같이 일상적인 질병에 걸려도 의사의 말을 따라 약을 써서 정성으로 치료해야 하는데, 탐욕 등과 같은 수많은 허물의 고질병을 끊임없이 짓고 있으니 여래의 가르침에 따라 정진수행하고 대치해야 함은 말할 필요가 없다. 하늘을 덮는 큰 중증 죄업은 실로 치료하기 어렵기 때문이다.

一嗔若能毁, 瞻部一切人, 일진약능훼, 섬부일체인,
療惑諸藥方, 遍尋若不得. 요혹제약방, 편심약부득.
醫王一切智, 拔苦諸聖敎, 의왕일체지, 발고제성교,
知己若不行, 癡極應訶責. 지기약불행, 치극응가책.

단 한 번의 성냄으로도 남섬부주 모든 사람의 안락을 깨뜨릴 수 있으나,
이 질병을 치료하는 처방은 세속에서는 찾을 수 없습니다.
의왕이신 일체지지자 여래께서 설하신, 이 고통을 뽑아버릴 수 있는
성스러운 가르침을
알아도 따라 행하지 않으니 지극히 어리석고 부족할 뿐입니다.

   탐욕과 분노 같은 번뇌라는 질병은 남섬부주 모든 사람의 안락을 깨뜨릴 수 있으나, 이 번뇌질병을 치료하는 처방은 세속에서는 찾을 수 없다. 오직 영단묘약靈丹妙藥과 같은 가르침인 여래의 일체종지一切種智에 의지해야만 이 고통의 근원을 뽑아버릴 수 있는 바, 이를 알면서도 가르침에 따라 행하지 않는다면 지극히 어리석고 부족한 사람인

것이다.


ⓒ 위험에 처한 상황에 비유하여 설명함

若遇尋常險, 猶須愼防護, 약우심상험, 유수신방호,

況墮千由旬, 長劫險難處. 황타천유순, 장겁험난처.

자그마한 위험을 만날지라도 신중하게 방비해야 하는데,

하물며 천 길이나 되는 번뇌의 낭떠러지는 말해 무엇 하겠습니까.


우연히 평범하고 소소한 위험에 처하게 되더라도 사람들은 거기에
빠지지 않으려고 조심하고 삼간다. 하물며 매우 고통스럽고 오랫동안
벗어나기 어려우며 천 길이나 깊은 악도의 낭떠러지에 떨어지지 않기
위해서는 미세한 점까지 조심해야 한다.


㉯ 신속하게 정진함

㉠ 수명은 의지할 바가 못 됨

若思今不死, 安逸此非理, 약사금불사, 안일차비리,

吾生終歸盡, 死期必降臨. 오생종귀진, 사기필강림.

오늘 당장 죽지 않는다고 생각해서 안일하게 지내는 것은 불합리한
일입니다.

내 삶은 반드시 끝이 있으니 내가 죽어야만 하는 그 순간은 반드시
올 것입니다.


사람들은 흔히 큰 죄를 지었다 하더라도 참회하면 된다고 생각한다.

사실상 오늘 죽지 않았다고 안일하게 지내는 것은 불합리하다. 죽어야
하는 그 순간은 틀림없이 오는 법이기 때문이다.


誰賜我無懼? 云何定脫苦? 수사아무구? 운하정탈고?
倘若必死亡, 爲何今安逸? 당약필사망, 위하금안일?
누가 나의 두려움을 없애주겠습니까? 어찌해야 죽음의 고통에서 벗어
날 수 있겠습니까?
반드시 죽음에 이르고야 말 것인데 어찌 안일할 수가 있겠습니까?


　누가 나의 죽음의 두려움을 없애줄 수 있겠는가? 어떻게 해야 죽음의
고통에서 벗어날 수 있겠는가? 근본적으로 죽지 않을 수는 없다.
반드시 죽는다는 것이 의심할 바가 없는 것이라면 어찌하여 마음을
고요히 하고 죄업을 닦는 일을 하지 않는가?


ⓛ 향유하고 있는 것(受用)들은 의지할 바가 못 됨
除憶昔經歷, 今吾復何餘? 제억석경력, 금오부하여?
然因執著彼, 屢違上師敎. 연인집착피, 누위상사교.
지난 날 즐겼던 향락의 기억을 제외하곤 지금 나에게 남은 것이 무엇이
있습니까?
그것들에 집착함으로써 누차 상사의 가르침을 어겼습니다.


　돌이켜 보면 지난날 내가 누렸던 것 중에서 지금 나에게 남은 것이
무엇인가? 나는 내가 향유하고 있는 것들에 대한 집착으로 선지식의

가르침을 어기는 어리석음을 범한 바 있다. 이후로 다시는 이런 어리석음을 범하지 않기를 원한다.

ⓒ 친지와 친구는 의지할 바가 못 됨

**此生若須捨, 親友亦如是,** 차생약수사, 친우역여시,

**獨行無定所, 何須結親仇?** 독행무정소, 하수결친구?

죽을 때 이생을 버리는 것처럼 친구 또한 버리고

혼자 중음으로 정처 없이 떠나가야 하나니, 친구 또는 원수의 인연을 어찌 맺어야 하겠습니까?

내가 향유하고 사용하던 것들뿐만 아니라, 내가 살아가는 금생에서 조석으로 만나던 친구들을 모두 버리고 외롭게 홀몸 단신으로 다음 생으로 정처 없이 떠나가야 하니, 무슨 필요가 있어 사람들과 친구 맺고 원수를 맺겠는가? 이러한 것들을 탐하고 집착하는 것은 정말로 아무런 의의가 없는 것이다.

ⓓ 정진하는 방법을 논함

**不善生諸苦, 云何得脫除?** 불선생제고, 운하득탈제?

**故吾當一心, 日夜思除苦.** 고오당일심, 일야사제고.

불선不善에서 모든 고통이 생기나니, 어찌하면 그에서 벗어날 수 있겠습니까?

응당 한마음으로 밤낮으로 쉬지 않고 고통을 끊는 도를 사유해야만 합니다.

일체 고통은 선하지 않은 업으로부터 생겨난다. 이 때문에 우리는 마땅히 밤낮으로 쉬지 않고 항상 인과의 도리를 사유해야만 고통에서 벗어날 수 있다.

吾因無明癡, 犯諸自性罪, 오인무명치, 범제자성죄,
或佛所制罪, 如是衆過罪, 혹불소제죄, 여시중과죄,
合掌怙主前, 以畏罪苦心, 합장호주전, 이외죄고심,
再三禮諸佛, 懺除一切罪. 재삼례제불, 참제일체죄.

무명과 어리석음으로 인해 자성죄,
혹은 불제죄와 같은 많은 죄를 지었나이다.
보호 성존 앞에서 합장하고, 죄업의 고통을 두려워하는 마음으로
부처님께 삼배를 올리며 일체 죄업을 참회하나이다.

나는 우매하고 무지하여 많은 죄를 지었다. 누구든 범하면 죄업이 되는 자성죄自性罪와 수계를 받은 자가 범하면 죄업이 되는 불제죄佛制罪를 지었다.[60] 이처럼 쌓아 놓은 많은 죄업을 나는 지금 보호주이신 제불보살 앞에 나아가 공손히 합장하고, 고통을 두려워하는 마음을

---

60 윤회 속에서 무명의 어리석음으로 인해 짓는 죄업은 크게 자성죄와 불제죄 두 종류로 나뉠 수 있다. 자성죄는 살생·강도·음란함 등 열 가지 불선업不善業을 포괄하는 것으로, 누구를 막론하고 지으면 죄가 되는 것이다. 불제죄는 계를 받은 거사나 출가자가 지으면 업이 되는 것을 말한다. 수계자가 살생을 하면 자성죄와 불제죄 모두를 지은 것이다. 그러나 출가자가 오후불식의 계를 범하면 이것은 불제죄이지 자성죄는 아니다. 자성죄와 불제죄를 성죄性罪와 차죄遮罪라고도 한다.

품고 세 번 예경하며 성심으로 참회한다.

### ⑤ 반회대치력

諸佛祈寬恕, 往昔所造罪, 제불기관서, 왕석소조죄,

此旣非善行, 爾後誓不爲! 차기비선행, 이후서불위!

제가 지난날 지은 모든 죄업을 제불성존께서 용서해 주시기를 기도합
니다.

그것은 선한 행위가 아니니 이후로는 다시 짓지 않겠습니다.


　부처님께 자비로써 제가 지난날 지은 모든 죄업을 용서해주기를
기도 올리니, 이 같은 죄업은 착한 행위가 아니므로 앞으로 다시는
짓지 않을 것을 맹세한다.


- 제2품의 석釋을 마침.

# V. 제3품 보리심을 수지受持함[61]

## (5) 수희隨喜

### ① 세간의 선업을 수희함

欣樂而隨喜, 一切衆有情, 흔락이수희, 일체중유정,

息苦諸善行, 得樂諸福報. 식고제선행, 득락제복보.

즐겁고 행복하게 함께 기뻐하나니, 모든 중생들이

삼악도의 고통을 쉬게 하는 선행을 닦고 안락한 복덕을 얻는 것을

수희찬탄합니다.


일체중생들이 삼악도의 고통을 소멸시키는 선업을 받들어 행하고,

선행을 쌓아 고통에서 벗어나 안락한 복덕을 향수하는 것을 매우

---

61 보리심의 공덕을 이해한 후에는 마음속에서 계속 보리심이 생겨나기를 바라야
한다. 보리심을 일으키는 발심發心 과정은 전행前行(가행加行이라고도 함), 정행正
行, 후행後行으로 나뉘는데, 칠지七支공양에 귀의歸依를 더한 것이 전행이다.
칠지공양은 제2품에서 언급한 공양지, 정례지, 참회지, 회향지 등 4지四支에
제3품에서 언급할 공덕을 기뻐하는 수희지, 부처님께 법을 설해주실 것을 청하는
권청법지, 부처님께 이 땅에 머물러 주시기를 청하는 소청주세지를 합쳐 이른다.

즐거운 마음으로 수희찬탄한다.[62]

## ②출세간의 선업을 수희함

隨喜積善行: 彼爲菩提因. 수희적선행: 피위보리인.

隨喜衆有情: 實脫輪回苦. 수희중유정: 실탈윤회고.

선행을 쌓는 것을 수희하오니 이것은 보리의 인이 되기 때문이고
모든 중생들을 수희하오니 진실로 윤회의 고통에서 벗어날 것이기
때문입니다.

　소승의 선행을 수희하는 것은 인因과 과果 두 가지를 포함한다.
'인因을 수희함'은 성문·연각·보리의 인이 되는 선행이 쌓여가는 것을
기쁘게 수희하는 것이고, '과果를 수희함'은 중생이 진실로 윤회의
고통에서 벗어나 아라한 과위를 획득함을 수희하는 것이다.[63]

隨喜佛菩提, 佛子地諸果. 수희불보리, 불자지제과.

亦復樂隨喜: 能與有情樂, 역복락수희: 능여유정락,

發心福善海, 及諸饒益行. 발심복선해, 급제요익행.

---

62　이것은 하사도下士道의 수희이다. 하사도는 삼악도에 떨어지는 공포에서 벗어나
　　인천의 과보를 얻는 단계의 수행을 뜻한다. 선행을 닦는 것은 하사도 수행의
　　인因이고, 안락한 복덕을 얻는 것은 하사도 수행의 과果이다. 발보리심하는
　　수행자는 모름지기 하사도의 인과 과에 대해 수희찬탄하는 자세를 지녀야
　　한다.

63　이것은 중사도中士道의 수희이다. 중사도의 단계에서는 삼계로부터 자아 해탈을
　　얻어 성문·연각의 아라한과를 획득한다.

부처님께서 증득하신 무상보리와 보살들이 증득하신 여러 과위를
수희합니다.
또한 모든 중생들에게 안락을 주고 보리심을 내는
복덕의 큰 바다와 중생을 이롭게 하는 모든 선행을 수희찬찬합니다.

대승의 선행을 수희하는 것은 인因과 과果 두 가지를 포함한다.
'인因을 수희함'은 바다와 같이 크나큰 발심으로 유정들을 행복하게
해주고 중생을 이익 되게 하는 선행을 기쁘게 수희하는 것이고, '과果를
수희함'은 부처님께서 증득하신 무상보리와 보살들이 수행하여 증득
하신 각각의 과위를 수희하는 것이다.[64]

## (6) 법륜을 굴리시기를 요청함(청전법륜淸轉法輪)

我于十方佛, 合掌誠祈請, 아우시방불, 합장성기청,
爲苦惑迷衆, 燃亮正法燈. 위고혹미중, 연량정법등.
시방 삼세 부처님께 합장하고 간절히 청하오니,
무명의 고통 속에서 헤매는 중생들을 위하여 정법의 등불을 밝혀주소서.

나는 시방삼세 부처님께 합장하며 간절히 청한다. 어두운 무명의
고통 속에서 허덕이며, 무명에 덮인 줄도 모른 채 정도를 몰라 헤매는
유정들을 위하여 정법의 등불을 밝히시어 바른 길로 인도해주시기를

---

64 이것은 상사도上士道의 수희이다. 상사도는 일체중생들로 하여금 삼계 윤회에서
  해탈하여 구경과를 증득하게 하는 도로서, 초지에서 십지까지의 보살과菩薩果와
  불과佛果를 얻는다.

기도 올린다.


**(7) 부처님께 세상에 머물러 주시기를 요청함(기청불열祈請不涅)**

若佛欲涅槃, 合掌速祈請, 약불욕열반, 합장속기청,

住世無量劫, 莫遺世間迷. 주세무량겁, 막유세간미.

부처님께서 열반에 드시려 할 때 합장하고 신속히 청하오니,

무량겁을 이 세상에 머무르셔서 눈먼 중생을 미혹 속에 두지 마소서.


　　부처님이 열반에 들려하시는 것을 알았을 때 합장하고 간절히 청한다. 무량겁을 이 세상에 머무시고 열반에 들지 마소서! 세간 중생으로 하여금 무지하고 아득한 미혹 가운데에 처하지 않게 하소서!


**(8) 복덕을 회향함**

**①총회향**

如是諸觀行, 所積一切善, 여시제관행, 소적일체선,

以彼願消除, 有情一切苦. 이피원소제, 유정일체고.

이와 같이 관상하고 수행하며 쌓아온 모든 공덕으로

중생의 일체 고통이 모두 남김없이 없어지기를 바라옵니다.


　　이와 같이 관상하며 수행하며, 공양·정례·기청주세 등 여러 선행으로 쌓아온 일체의 공덕을 윤회하는 중생들에게 회향한다. 그들의 일체 고통이 모두 없어지기를 발원한다.

② **개별회향**

㉮ 환자에게 회향함

乃至衆生疾, 尚未療愈前, 내지중생질, 상미료유전,

願爲醫與藥, 并作看護士. 원위의여약, 병작간호사.

세간 모든 중생들의 질병이 아직 치료되기 전이오니

의사가 되고 약이 되고 또한 간호사가 되기를 원하나이다.


중생들이 갖가지 질병에 시달릴 때, 의사나 약물 또는 간호사가
되어 그들에게 위안이 되기를 발원한다.[65]


㉯ 목마른 자에게 회향함

盼天降食雨, 解除飢渴難, 반천강식우, 해제기갈난,

于彼災荒劫, 願成充飢食! 우피재황겁, 원성충기식!

---

65 『본사전백론本師傳白蓮論』에는 석가세존께서 일세에 연화왕蓮花王으로 태어난
기록이 있다. 그때 남섬부주 중생들이 매우 심각한 질병에 감염되어 있어서
'약합달어若合達漁'의 고기를 먹어야만 치료될 수 있었는데, 이 물고기를 구할
방도가 없었다. 이때 연화왕이 "내 생명을 버리고 약이 되어 중생을 구제하겠다."
라고 발원하면서 연못 속으로 뛰어들었다. 그 후 그는 큰 바다에서 커다란
한 마리 약합달어로 나타나, 연안에 누워 사람들을 불러 자신의 몸을 갈라
먹고 병을 치료하게 하였다. 무구광無垢光 존자께서는 "사람이 병이 났을 때
약을 먹어야만 하는데, 나는 이 약물이 틀림없이 불보살의 불가사의한 공덕이
변화된 것이라 생각한다."라고 말씀하신 바 있고, 아티샤(阿底峽) 존자께서는
"병상에 오래 있는 환자를 돌보고, 나이 든 부모를 봉양하고, 먼 곳에서 온
나그네를 돕는 이 세 가지 공덕은 똑같이 대비공성大悲空性의 요체를 닦는
자량이 된다."라고 설하신 바가 있다.

먹을 것과 마실 것의 비가 되어 굶주리고 목마른 자의 고통을 없애주며, 기근의 재난 속에서는 기갈을 해소시켜 주는 음식이 되길 기원하나이다.

하늘에서 온갖 음식의 비가 내려 일체 기아 중생을 배부르게 해주길 기원하며, 기근의 재난겁災難劫이 들 때 자기 자신이 먹고 마실 것이 되어 중생 기아의 고통을 없애주기를 발원한다.

㉣ 가난한 자에게 회향함

爲濟貧困者, 願成無盡藏, 위제빈곤자, 원성무진장,
願諸資生物, 悉現彼等前. 원제자생물, 실현피등전.

궁핍하고 가난한 중생들을 구제하기 위하여 다함없는 보물의 곳간이
되고
필요한 모든 것이 되어 그들 앞에 나타나길 기원하나이다.

빈곤한 이를 구제하기 위하여 써도 다함없는 무진장의 보배창고가 되어, 각종 구호물자로 저들 앞에 나타나기를 기원한다.

## 2) 이타利他를 위하여 마음을 닦음
### (1) 보시를 할 수 있는 것들

爲利有情故, 不悋盡施捨, 위리유정고, 불린진시사,
身及諸受用, 三世一切善. 신급제수용, 삼세일체선.

모든 중생들을 이롭게 하기 위하여 아낌없이 베풉니다.
몸과 재물 등 모든 향유하는 것들과 삼세에 쌓아 올린 모든 선업을!

일체 유정들을 이롭게 하기 위하여 자신의 몸과 소유한 온갖 재물, 삼세 동안 닦은 일체 선근을 아낌없이 베푼다.[66]

## (2) 보시를 하는 이유

捨盡則脫苦, 吾心成涅槃, 사진즉탈고, 오심성열반,

死時旣須捨, 何若生盡施. 사시기수사, 하약생진시.

모든 것을 버림으로써 고통에서 벗어나고 내 마음도 열반을 성취하나이다.

죽음에 이르면 모든 것을 버리지 않을 수 없나니, 어찌 생전에 보시하는 것만 하겠습니까.

일체를 다 보시할 수 있으면 모든 고통에서 벗어날 수 있고, 마음으로 자타이리自他二利를 행하면 곧 열반을 이룬다. 죽을 때에는 몸과 일체를 버리지 않을 수 없거늘, 어찌 생전에 일체를 보시하지 않겠는가! 보시야말로 능히 자기와 타인에게 큰 이익이 되는 것이다.

## (3) 신체를 무조건 보시함

吾旣將此身, 隨意施有情, 오기장차신, 수의시유정,

---

66 우리는 태어나서는 줄곧 신체에 집착한다. 조금 자라서는 재산 등 소유물에 집착한다. 선근을 닦고 덕을 쌓는 도리를 조금 이해한 후에는 복덕 선근에 강렬하게 집착한다. 바로 이러한 일련의 집착 때문에 삼계를 전전하게 되므로, 윤회에서 벗어나고자 한다면 이러한 집착의 대상이 되는 모든 것을 중생에게 보시하여야 한다.

一任彼歡喜, 恒常打罵殺. 일임피환희, 항상타매살.

이미 이 몸을 중생의 뜻에 따라 보시하였으니

나를 죽이거나 욕하거나 때리더라도 그들이 좋아하는 대로 맡기겠나이다.

내가 이미 이 몸을 일체 유정들의 뜻에 따라 보시했으므로 저 중생들이 원한다면 나를 때리거나 욕하거나 죽이든 항상 맡길 것이다.[67]

縱人戲我身, 侵侮幷譏諷, 종인희아신, 침모병기풍,

吾身旣已施, 云何復珍惜? 오신기이시, 운하복진석?

一切無害業, 令身盡順受. 일체무해업, 영신진순수.

중생들이 내 몸을 희롱하고 모욕하며 경멸할지라도

이 몸은 이미 보시한 것이니, 어찌 몸을 아껴 애석하다 여기겠습니까?

중생을 해롭게 하지 않는 일이라면 몸으로 하여금 그 모든 것을 다 받게 하겠나이다.[68]

가령 중생들이 나의 몸을 희롱하거나 나를 모욕하며 비난할지라도, 이미 내 몸을 그들에게 보시했으니 어찌 이 몸을 아껴서 그들과 다투겠

---

67 몸 보시는 특히 자아 집착을 끊고 무아 지혜를 얻는 첩경이 된다. 이는 『성경』에서 "누구든지 네 오른편 뺨을 치거든 왼편도 돌려대며(마태복음)"라고 하신 구절과도 상통한다.

68 '일체무해업一切無害業'은 중생에게 해가 없고, 또한 잠시·구경 간에 이익이 되는 일체 선법을 가리키는 것으로 대승불자 육바라밀과 사섭법 등을 포괄한다.

는가? 그저 일시적인 업이든 장구한 업이든 중생에게 해가 되지 않도록 오직 그들이 편할 대로 맡길 뿐이다.

## (4) 중생에게 이익이 되기를 발원함

**願彼緣我者, 悉獲衆利益.** 원피연아자, 실획중이익.

나와 인연 있는 일체 중생이 모두 온갖 이익을 얻기를 원하옵니다.

나와 인연된 일체중생이 모두 영원히 행복을 얻고, 무한한 이익을 얻기를 발원한다.

### ① 모든 의락意樂이 소원성취 인연이 되기를 발원함

**若人因見我, 生起信憎心,** 약인인견아, 생기신증심,

**願彼恒成爲, 成辦衆利因.** 원피항성위, 성판중리인.

누군가가 저로 인하여 믿는 마음이나 화내는 마음이 생겨난다면 그로 인하여 항상 그들의 모든 이익이 성취되게 하소서.

나와 인연된 모든 중생이, 그들이 나에게 화를 내거나 혹은 나를 믿는 마음이 생겨나거나에 관계없이, 그 자체가 시시각각 그들의 일체소원이 모두 성취되는 인연이 되기를 항상 발원한다.

### ② 모든 행위가 무상보리를 얻는 인연이 되기를 발원함

**願彼毀我者, 及余害我者,** 원피훼아자, 급여해아자,

**乃至辱我者, 皆具菩提緣!** 내지욕아자, 개구보리연!

118

나를 폄하하든지, 나에게 손해를 끼치든지,
나를 모욕하든지 간에 그 모든 행위가 깨달음을 증득하는 인연이
되게 하소서!

어떤 중생이든 나에게 욕을 하거나 나를 폄하하는 말을 하는 것,
기타 다른 방법으로 나를 해치거나 나에게 모욕을 주고 고통을 주는
행위를 하는 것, 그 모든 것들이 무상보리를 증득하는 원인이 되기를
발원한다!

### (5) 중생을 이롭게 하는 인연에 회향함

路人無怙依, 願爲彼引導, 노인무호의, 원위피인도,
幷作渡者舟, 船筏與橋梁. 병작도자주, 선벌여교량.

나그네와 의지할 곳이 없는 사람들의 안내자가 되게 하여 주소서!
또한 강 건너는 자들의 배가 되고 뗏목이 되고 다리가 되게 하여
주소서!

모든 의지할 데 없는 사람들의 의지처가 되고, 나그네들의 안내자가
되길 원한다. 또한 물을 건너는 사람의 배가 되고, 뗏목이 되고 교량이
되길 발원한다.[69]

---

69 도와주는 이 없고 의지할 데 없는 사람들을 마주해서 보살은 그들의 의지처와
   인도자가 되어 어려움을 해결해주길 발원한다. 현재 세계 각지에는 강과 해협을
   가로지르는 대교가 있고, 배들은 점점 크게 만들어져 더욱 견고하고 안전하다.
   수다지 켄뽀는 이러한 것들을 보살들이 중생을 불쌍히 여기는 마음으로 크게

求島卽成島, 欲燈化爲燈, 覓床變作床, 구도즉성도, 욕등화위등, 멱상변
작상,

凡需仆從者, 我願成彼仆. 범수부종자, 아원성피부.

섬을 구하는 자에게는 제가 섬이 되어 주길 원하옵니다.

등을 구하는 자에게는 제가 등이 되어 주길 원하옵니다.

침상을 구하는 자에게는 제가 침상으로 변하길 원하옵니다.

하인을 필요로 하는 모든 사람들 앞에서는 제가 하인이 되어 엎드리길
원하나이다.


나는 섬을 구하는 자에게는 섬이 되어 나타나고, 등불을 구하는
자에게는 밝은 등불이 되어 주며, 침대를 구하는 자에게는 침대가
되어 주고, 하인을 필요로 하는 사람에게는 그의 하인이 되어 주기를
발원한다.[70]


願成如意牛, 妙瓶如意寶, 원성여의우, 묘병여의보,

明咒及靈藥, 如意諸寶樹. 명주급영약, 여의제보수.

원하옵나니 여의우가 되고 묘병이 되고 여의보가 되며,

---

발원하여 이루어진 것이라고 생각한다.

70 석가모니부처님께서는 『부자상회경父子相會經』에서 "대왕이시여, 저는 세상의
등·광명·큰 배·안내자·상인이 되길 발원합니다."라고 말씀하셨다. 보살은 모
든 중생을 이롭게 할 수 있는 유정·무정물로 화현되기를 발원해야 한다. 무아의
지혜를 깨달은 뒤에는 진실로 이처럼 화현하여 모든 중생의 필요를 만족시킬
수 있다.

밝은 주문과 영약, 여의수가 되어 중생이 소원을 이루게 하소서.

나는 중생의 소원을 만족시켜줄 수 있는 여의우·여의보·묘병이 되길 원한다. 모든 일을 성취시켜주는 밝은 주문·질병을 치료해주는 영약·뜻대로 소원을 이루어주는 여의보수가 되길 발원한다.[71]

如空及四大, 願我恒成爲, 여공급사대, 원아항성위,
無量衆有情, 資生大根本. 무량중유정, 자생대근본.
지수화풍의 사대 원소 및 허공처럼, 내 항상
한량없는 중생들의 삶의 근원이 되길 원하옵니다.

공기·물·불·대지의 사대원소와 허공이 일체중생의 생존의 근본이 되는 것처럼, 나도 수많은 형상으로 무량중생이 의지하여 생존하는

---

71 여의우如意牛는 태초에 사람들이 지은 복으로 받는 좋은 과보로, 욕계천인과 서구야니주에도 있었다. 사람들에게 재물과 필수품을 가져다준다. 묘병은 대장보병大藏寶瓶을 말하는 것으로 이익을 원만하게 얻게 한다. 여의보는 중생의 소원을 이루어주는 것이며, 질병과 고난 같은 재난도 구제한다. 중생을 널리 이롭게 하는 많은 고등대덕들이 여의보로 불리어진 바 있다. 밝은 주문(진언)은 제불보살들의 지혜가 화현한 것이며, 여의보수는 욕계 천인의 보물 나무인데, 겁초에는 인간들도 가지고 있었던 것으로서 중생들에게 안락을 주는 재물을 만들어낸다. 수행자들은 모름지기 자신이 세세생생 일체중생의 여의보가 되고, 수승한 진언처럼 유정들에게 이로운 존재가 되며, 질병을 치료하는 영약으로 화현하여 세상 사람들을 구제할 수 있게 되기를 발원해야 한다. 여의보수가 되어 중생을 잠시 풍족하게 해주는 한편, 그들을 정법 해탈의 도로 인도하기를 발원해야 한다.

근본원인이 되기를 발원한다.[72]

迨至盡空際, 有情種種界, 태지진공제, 유정종종계,

殊途悉涅槃, 願成資生因. 수도실열반, 원성자생인.

허공계의 모든 유정들이

열반을 얻을 때까지 제가 그들의 생명을 유지하게 하는 원인이 되게

하소서.

허공계에 가득한 온갖 유정들이 열반을 얻기 전까지는 내가 그들의 생명을 유지하는 근본이 되기를 발원한다.

여기까지 보리심을 내는 전 단계 행동에 대한 설명을 하였다. 먼저 발심의 공덕을 이해한 후, 칠지공 수행으로 업장 참회를 이끌어낸다. 칠지공 수행을 하며 자량을 쌓고 순연을 닦아 지닌다. 이러한 기초를 닦은 후에 이타행을 위한 마음 수행으로 들어간다. 몸과 재산의 모든 선근을 중생에게 베풀고, 스스로가 일체중생의 이익과 즐거움(利樂)의 원인이 되기를 발원한다.

---

72 『구사론』 같은 경론의 관점에 따르면, 세간 만물을 모두 지·수·화·풍·공의 5대 원소로 이루어져 있다. 허공은 장애 없이 두루 받아들이는 능력을 갖고 있다. 땅은 견실하여 의지할 만하다. 물은 결합시키는 능력을, 불은 성숙시키는 능력을, 바람은 움직이고 썩지 않게 하는 능력을 갖고 있다. 보살은 이러한 5대 원소로 변화하여 일체중생을 이롭게 하고 그들과 선연 맺기를 발원해야 한다.

이러한 전행의 내용은 불문에 처음 들어온 수행자들에게는 매우 중요한 의미를 지닌다. 만약 이 전행을 분명하게 이해할 수 없다면 보리심을 내지 못한다. 이해했다면 부지런히 수행해야 한다. 한편으로는 상사 삼보의 가피를 힘껏 구하고, 다른 한편으로는 있는 힘을 다해 업장을 참회하고 자량을 쌓아 "중생을 이롭게 하기 위하여 내 몸 일체를 버리기를 원하옵니다."와 같은 서원이 일어나도록 힘껏 닦아 나가야 한다.

나. 정행正行

如昔諸善逝, 先發菩提心, 여석제선서, 선발보리심,
復此循序住, 菩薩諸學處. 복차순서주, 보살제학처.
如是爲利生, 我發菩提心, 여시위리생, 아발보리심,
復于諸學處, 次第勤修學. 복우제학처, 차제근수학.
과거의 모든 부처님들이 먼저 보리심을 일으키시고
보살의 모든 수행단계(學處)를 순서대로 잘 밟아가며 머무셨듯이
저 역시 중생들을 이롭게 하기 위해 보리심을 일으키고
제불보살의 모든 수행 단계를 순서대로 부지런히 닦고 배우겠습니다.

예전의 모든 부처님들이 일체중생을 이롭게 하기 위하여 불과를 얻고자 보리심을 내고 순서에 따라 보살계의 모든 조항을 실행하신 것처럼, 우리도 또한 일체중생에게 이익을 주기 위하여 보리심을 내고 보살의 학처를 순서대로 부지런히 닦아가야 한다.

우리가 아사리(대화상) 앞에서 보살계를 받을 때 먼저 "시방제불과

보살님들께서 보살펴주시기를 기도드립니다."라고 염송한다. 원행보
리심의 보살계를 나누어 받을 때에는 "예전에 모든 부처님이 먼저
원보리심 일으키신 것처럼, 저도 중생을 위해서 보리심을 냅니다."라
고 세 번 염송하고 원보리심계를 받으며 "예전에 제불께서 차제次第로
보살계를 지키셨듯이 저도 이같이 닦고 배움의 순서에 따라 보살의
제반 학처에 머뭅니다."라고 세 번 염송하고 행보리심 보살계를 받는
다. 이런 연후에 시방제불세존과 십지보살, 대보살님들, 금강상사님
께 보살계를 잘 수지할 수 있도록 가피주시고 보살펴주시기를 기도드
린다.

## 다. 후행後行

智者如是持, 淸淨覺心已, 지자여시지, 청정각심이,

復爲增長故, 如是贊發心. 복위증장고, 여시찬발심.

지혜로운 사람들은 이와 같이 청정한 보리심을 수지한 후

그것을 유지하고 더 넓게 키우기 위해 마음을 이렇게 북돋아 찬미합니다.

　지혜로운 사람은 이와 같이 청정한 보리심을 수지한 후, 발심이
후퇴하지 않고 넓게 증장되도록 이처럼 발심을 찬미한다.

## 1) 자리自利로 인하여 환희심을 냄

今生吾獲福, 善得此人身, 금생오획복, 선득차인신.

復生佛家族, 今成如來子. 부생불가족, 금성여래자.

금생에서 나는 복을 받아 이와 같은 사람 몸을 얻었고
또한 부처님의 가족으로 태어나 지금 불자가 되었나이다.

이생에서 나는 큰 복의 과보를 원만하게 받은 사람이다. 왜냐하면
사람의 몸을 얻었고 또한 부처님 법을 신봉하는 가족으로 태어나
지금 불자가 되었기 때문이다.

爾後我當爲, 宜乎佛族業, 이후아당위, 의호불족업,
愼莫染汚此, 無垢尊貴種. 신막염오차, 무구존귀종.
이후부터 저는 당연히 부처님의 가문에 합당한 일을 하며
무구청정하고 존귀한 여래 종자를 오염시키지 않을 것입니다.

이러하므로 지금부터 내가 반드시 힘을 다해 해야만 하는 일은
신구의를 통틀어 불가의 사업에 참여하고, 처음이나 중간이나 마지막
까지 청정무구함을 지키고, 악행의 허물로써 순결하고 존귀한 여래
종성을 절대로 오염시키지 않는 것이다.

猶如目盲人, 廢聚獲至寶, 유여목맹인, 폐취획지보,
生此菩提心, 如是我何幸! 생차보리심, 여시아하행!
가난한 맹인이 쓰레기 더미에서 진귀한 보물을 얻은 것처럼
이와 같은 보리심을 내었으니, 이 얼마나 큰 행운입니까!

두 눈을 잃은 맹인이 쓰레기 더미에서 진귀한 보물을 얻는 것이

매우 희유한 일인 것처럼, 내가 이러한 보리심을 내었으니 얼마나 크디큰 행운인가!

## 2) 이타利他로 인하여 환희심을 냄

滅死勝甘露, 卽此菩提心, 멸사승감로, 즉차보리심,

除貧無盡藏, 卽此菩提心, 제빈무진장, 즉차보리심

療疾最勝藥, 亦此菩提心. 요질최승약, 역차보리심.

중생의 죽음을 없애는 수승한 감로도 이 보리심이며

중생의 가난을 없애는 다함없는 보배창고도 이 보리심이며

세상의 병을 치료하는 최고의 영약도 이 보리심입니다.

중생으로 하여금 죽음의 고통을 떠나 죽음을 초월하게 하는 가장 수승한 감로수가 바로 이 귀한 보리심이고, 중생의 모든 빈곤을 없애주는 다함없는 보물창고(寶藏) 또한 이 귀한 보리심이며, 중생의 온갖 질환을 치료하는 가장 수승한 묘약도 바로 이 귀한 보리심이다.

彼爲泊世途, 衆生休憩樹, 피위박세도, 중생휴게수,

復是出苦橋, 度衆離惡趣. 부시출고교, 도중리악취.

저 보리심은 윤회의 길에서 지친 중생들이 쉴 수 있는 나무이며, 또한 고해를 건너는 다리가 되니, 중생들을 악도에서 벗어나게 합니다.

보리심은 윤회의 길을 헤매며 죄업의 과보로 견디기 어려운 고통을 받는 중생들이 편히 쉴 수 있도록 시원한 그늘을 드리워 주는 나무이

126

며, 악도를 벗어나게 하는 사다리이고, 고해를 건너가게 하는 큰 다리이다.[73]

彼是除腦熱, 東升心明月. 피시제뇌열, 동승심명월.
復是璀璨日, 能驅無知霾. 부시최찬일, 능구무지매.
是拌正法乳, 所出妙醍醐. 시반정법유, 소출묘제호.

보리심은 동쪽 하늘에서 떠오르는 마음의 밝은 달로 번뇌의 열을 없애나이다.
또한 보리심은 중생의 무명을 다 몰아내는 찬란한 태양이며,
정법의 우유를 휘저어서 얻은 오묘한 제호입니다.

  보리심은 번뇌 업장(번뇌장煩惱障)의 뜨거운 열을 몰아내려는 마음 가운데 떠오르는 밝은 달이며, 중생의 어두운 무명(소지장所知障)이라는 짙은 안개를 다 몰아낼 수 있는 붉고 찬란한 태양이다.[74] 또한 보리심은 문·사·수 3혜의 막대기로 정법이라는 신선한 우유를 휘저어서 얻은 정교하고 아름다운 제호[75]이다.

───────────────

73 티베트에 "해탈의 인연은 오직 선지식(上師)일 뿐, 강은 건너는 데에는 반드시 다리에 의지할 뿐"이라는 속담이 있다. 윤회의 바다를 건너는 데에는 반드시 견고한 다리가 필요한데, 이 다리가 바로 보리심이다. 각각의 윤회에서 유정 중생들은 보리심에 의지하여 성불 피안에 도달할 수 있다.
74 보리심이 어떻게 번뇌장과 소지장을 끊어 없애는가는 제9품에서 자세히 논한다.
75 제호상미醍醐上味의 준말인 '제호'는 우유를 휘저어서 추출하는 마지막 과정에서 얻는 것으로, 모든 병에 묘약으로 쓰이는 약제를 뜻한다. 불교에서는 열반, 부처가 될 성품(佛性) 등을 비유하며 가장 숭고한 깨달음의 경지를 가리키는

于諸漂泊客, 欲享福樂者, 우제표박객, 욕향복락자,

**此心能足彼, 令住最勝樂.** 차심능족피, 영주최승락.

삼유를 떠돌며 행복과 안락을 향유하고자 하는 중생들에게
보리심은 능히 그들의 소원을 만족시켜 가장 수승한 안락 속에 머물게
합니다.

보리심은 능히 행복과 안락을 추구하며 삼유三有[76]를 떠도는 중생이
라는 여행객들을 가장 수승한 안락 속에 머물게 해주며 그들의 모든
소원을 만족시켜준다.

## 3) 다른 존재로 하여금 환희심을 내게 함

今于怙主前, 筵衆爲上賓, 금우호주전, 연중위상빈,

**宴饗成佛樂, 普願皆歡喜.** 연향성불락, 보원개환희.

지금 제불보살 보호주 앞에서 최상의 손님으로 청하옵나니,
삼계 유정들이시여 이 향연에서 성불의 큰 즐거움을 누리옵소서.

나는 지금 내가 믿고 의지하는 보호주 앞에서 제불보살 성중들이
증명해주시기를 청하며, 구경에 성불하는 안락과 잠시 동안의 세간
안락의 향연에 모든 삼계 유정들을 귀빈으로 초대하니, 천인天人·비인
非人 등 모든 중생이 각종 복락을 흠향하고 크게 환희심을 내기를

---

의미로 쓰인다. 정법이라는 우유의 팔만사천법문을 듣고, 사유하고, 수행하는
과정을 통해 가장 마지막에 얻는 정묘한 제호가 바로 보리심이다.

[76] '삼유'는 욕계, 색계, 무색계를 말한다.

기원한다.


## 4. 보리심 수행의식 염송문[77]

### (1) 보살펴 주시기를 기도드림(기청수념祈請垂念)

祈請十方一切出有壞正等覺及 기청시방일체출유괴정등각급

十地菩薩摩訶薩衆及 諸位大金剛持上師垂念我

십지보살마하살중급 제위대금강지상사수념아

시방제불 세존께 기도드립니다.

십지보살, 대보살님들, 금강상사님, 저희들을 보살펴주시옵소서.


### (2) 귀의歸依(3번 낭송)

乃至菩提果 歸依諸如來 내지보리과 귀의제여래

正法菩薩衆 如是亦歸依 정법보살중 여시역귀의

성불에 이르기까지 제불여래에게 귀의합니다.

정법과 보살 성중께도 귀의합니다.


### (3) 정식으로 보리심을 일으킴(正式發心)(3번 낭송)

如昔諸善逝, 先發菩提心, 여석제선서, 선발보리심,

復此循序住, 菩薩諸學處. 부차순서주, 보살제학처.

---

77 이 부분은 『선설해』 원문에는 없는 것으로, 불자들의 수행을 돕기 위해 편역자가 넣었다.

如是爲利生, 我發菩提心, 여시위리생, 아발보리심,

復于諸學處, 次第勤修學. 복우제학처, 차제근수학.

과거의 모든 부처님들이 먼저 보리심을 일으키시고

보살의 모든 수행단계(學處)를 순서대로 잘 밟아가며 머무셨듯이

저 역시 중생들을 이롭게 하기 위해 보리심을 일으키고

제불보살 모든 수행 단계를 순서대로 부지런히 닦아가나이다.

## (4) 스스로 환희심을 냄(自生喜)

今生吾獲福, 善得此人身, 금생오획복, 선득차인신.

復生佛家族, 今成如來子. 부생불가족, 금성여래자.

爾後我當爲, 宜乎佛族業, 이후아당위, 의호불족업,

愼莫染汚此, 無垢尊貴種. 신막염오차, 무구존귀종.

猶如目盲人, 廢聚獲至寶, 유여목맹인, 폐취획지보,

生此菩提心, 如是我何幸! 생차보리심, 여시아하행!

금생에서 나는 복을 받아 이와 같은 사람 몸을 얻었나이다.

또한 부처님의 가족으로 태어나 지금 불자가 되었습니다.

이후부터 저는 당연히 부처님의 가문에 합당한 일을 하며

무구청정하고 존귀한 여래 종자를 오염시키지 않을 것입니다.

가난한 맹인이 쓰레기 더미에서 진귀한 보물을 얻은 것처럼

이와 같은 보리심을 내었으니, 이 얼마나 다행한 일입니까!

## (5) 다른 사람에게 환희심을 내게 함

今于一切怙主前 금우일체호주전

懇請衆生爲貴賓 간청중생위귀빈

宴饗成佛及余樂 연향성불급여락

願天非天皆歡喜 원천비천개환희

지금 제불보살 보호주 앞에서

중생을 귀빈으로 청하옵나니,

성불 및 세간 안락을 흠향하시고

모든 중생들 큰 즐거움을 누리기를 바라나이다.


## (6) 발원

勝寶菩提心未生者願生 승보보제심미생자원생

已生願不退日日其增上 이생원불퇴일일기증상

願不捨覺心委身菩提行 원불사각심위신보리행

諸佛恒提携斷盡諸魔業 제불항제휴단진제마업

願菩薩如願成辦衆生利 원보살여원성판중생리

願有情悉得怙主慈護念 원유정실득호주자호념

願衆生得樂諸惡趣永盡 원중생득락제악취영진

願登地菩薩彼願皆成就 원등지보살피원개성취

수승한 보배의 보리심을 아직 내지 않은 사람이 발원하기를 원하옵니다.

이미 낸 사람은 물러서지 않고 나날이 늘어나기를 원하옵니다.

깨닫는 마음을 버리지 않고 보리행에 몸을 맡기기를 원하옵니다.

제불께서 항상 이끄시어 여러 마장을 끊기를 원하옵니다.

보살이 원하는 대로 중생에게 이로운 일을 하기를 원하옵니다.

유정들이 모두 믿고 의지하는 세존의 자비로운 보호 얻기를 원하옵니다.

중생들이 안락을 얻어 모든 악도가 영원히 없어지기를 원하옵니다.
경지에 오른 보살들의 그 소원이 모두 성취되기를 원하옵니다.


- 제3품의 석釋을 마침.

# VI. 제4품 불방일不放逸

## 1. 불방일의 의의

佛子旣如是, 堅持菩提心, 불자기여시, 견지보리심,

恒勤勿懈怠, 莫違諸學處. 항근물해태, 막위제학처.

보살들은 이와 같이 보리심을 굳게 지니고

항상 정진하며 게으르지 말고 가르침을 벗어나지 않아야 합니다.

　보살들은 가행, 정행, 후행의 방식으로 보리심을 변함없이 굳게 지니고 항상 정진하며 산만하지 않고 보살계의 제반 학처를 위배하지 않아야 한다.

　불방일의 근본은 취사取捨를 신중하게 하는 것이다. 『학집론學集論』에서 이르길 "무엇이 불방일인가? 이는 즉 탐심貪心·진심嗔心·치심癡心이 없이 일체의 선법을 정진 수행하여 일체의 유루법에서 마음을 잘 보호하는 것이다."라고 하였다.

　불방일은 일체 선법의 방편이 된다. 이는 『삼마지왕경三摩地王經』에서 "일체의 모든 선법의 근본은 불방일이다."라고 한 바와 같다.

## 2. 발보리심 수행법을 삼가 배움

### 1) 보리심의 인연을 버리지 아니 함

遇事不愼思, 率爾未經意, 우사불신사, 솔이미경의,

雖已誓成辦, 後宜思取捨. 수이서성판, 후의사취사.

어떤 일을 신중하게 생각하지 않고 경솔하게 시작했다면
비록 이미 하겠다고 맹세했을지라도 취사선택 여부를 생각해 보아야
합니다.

어떤 일을 함에 잘 생각하지 않았거나 혹은 대략적으로만 관찰하고
신중히 분석하지 않았다면, 비록 하겠다고 맹서하였더라도 좀 더
자세히 관찰한 후에 행동해야 할지를 결정하는 것이 이치에 합당하다.

諸佛及佛子, 大慧所觀察, 제불급불자, 대혜소관찰,

吾亦屢思擇, 云何捨誓戒? 오역루사택, 운하사서계?

제불보살들께서 큰 지혜로 관찰하셨고,
나 역시 누차 심사숙고하여 선택했으니, 이 서원을 어찌 저버리겠습니까?

그러나 보리심을 수지한 불자라면 그렇게 하지 않는다. 일체 제불보
살이 크신 지혜로 자세히 관찰하셨고, 나 또한 스스로 자세히 관찰하고
분석하며 여러 번 깊이 생각하여 선택한 이 발심의 서원을 어찌 중도에
저버릴 수 있겠는가? 그것은 절대로 불가능하다.

## 2) 보리심을 버리면 겪게 되는 과환過患

### (1) 이숙과보를 받아 악도에 떨어짐

若誓利衆生, 而不勤踐履, 약서리중생, 이불근천리,

則爲欺有情, 來生何所似! 즉위기유정, 내생하소사!

중생을 이롭게 하겠다고 서원하고서 부지런히 실천하지 않는다면
중생을 속이는 것이니 내생에 가는 곳이 어떤 곳이랴!

보리심을 발할 때 중생을 이롭게 하겠다고 맹세하고서 신구의 삼문의 행동거지가 그 약속한 바를 부지런히 이행하지 않는다면, 모든 중생을 속이는 것이니 내생에 어디로 떨어지겠는가? 악도에 떨어짐을 피치 못할 것이라는 점은 쉽게 알 수 있다.[78]

意若思布施, 微少凡常物, 의약사보시, 미소범상물,

因慳未施與, 經說墮餓鬼. 인간미시여, 경설타아귀.

아무리 사소한 물건이라도 마음속으로 보시하겠다고 생각하고서
인색하여 그것을 보시하지 않으면 아귀로 떨어진다고 경전에서 말씀
하셨습니다.

아무리 사소한 물건이라도 마음속으로 보시하겠다고 생각한 후,
마음이 인색해져서 실행하지 않는다면 아귀도에 떨어지는 인因이

---

78 『지장십륜경地藏十輪經』에서는 "만약 어떤 사람이 제불보살 앞에서 발원을 한
후에 열 가지 선업 중에서 하나의 선업도 실행하지 않고 결국 보리심을 버린다면,
이는 중생을 속인 것이니 반드시 사도에 떨어질 것이다."라고 설한다.

된다고 경전에서 설하셨다. 『정법념처경正法念處經』에서 이르되 "단지 보시할까 생각만 할 따름이었으나 나중에 그것이 아까워서 베풀지 않으면 아귀도에 떨어지고, 이미 보시하겠다고 서원을 한 후에 베풀지 않으면 지옥도에 떨어진다."라고 하셨다.

況請衆生赴, 無上安樂宴, 황청중생부, 무상안락연,
後反欺衆生, 云何生善趣? 후반기중생, 운하생선취?
하물며 중생들을 무상보리의 안락에 머물도록 하겠다고 발원하고서
나중에 중생들을 속인다면 어떻게 선취에 날 수 있겠는가?

　하물며 중생들로 하여금 무상보리의 안락을 누리도록 하겠다고 지성으로 발원하고서, 훗날에 그 서원을 지키지 못하여 모든 중생을 속인 꼴이 된다면 이런 사람이 어찌 좋은 곳(善趣)에 태어날 수 있겠는가?[79]

有人捨覺心, 却辨解脫果, 유인사각심, 각판해탈과,
彼業不克思, 知唯一切智. 피업불극사, 지유일체지.
어떤 이는 보리심을 버리고도 최후에 해탈과를 얻었지만
이것은 불가사의한 일이라 오직 일체지를 증득하신 부처님만이 아시

---

[79] 『혜해청문경』의 비유에 따르면, 어떤 사람이 국왕과 대신·백성을 초대하여 많은 보시를 하겠다고 해서 많은 손님들이 운집하였는데 정작 아무 것도 내놓지 않은 것보다도, 보리심을 낸 사람이 그 계를 무너뜨리는 것이 더 엄한 결과를 불러온다고 한다.

는 일입니다.

    사람들은 묻는다. 보리심을 버리는 것이 중생을 속이는 것이라서 선취를 얻을 수 없다면, 이는 경전에서 설해진 바와 다르지 않는가?

    불경에 다음과 같은 기록이 있다. 사리불 존자가 과거 60겁 중에서 보살행을 수지한 후, 월광月光 국왕으로 태어났다. 당시 마귀가 월광 국왕의 오른손을 요구하자, 국왕은 곧 스스로 오른손을 잘라서 그에게 왼손으로 오른손을 주려고 했다. 이에 마귀가 불손하다고 말하였다.[80] 이때 사리자는 마음속으로 '왼손만 남아 있어서 이렇게 할 수 밖에 없는데 어찌 만족하지 않는 것인가?' 하고 화가 나서 보리심을 잃어버렸다. 하지만 그는 악도에 떨어지지 않고 아라한과를 증득하였다. 금색金色 존자도 과거 생에서 보살도를 행하다가 악연을 만나 보살도를 버린 적이 있으나 전생하여 연각의 과위를 얻었다.

    그러나 이 공안은 정법에 어긋나는 것이 아니다. 『보명론普明論』과 『석론釋論』에서는 이것은 우리 같은 범부가 가히 사유할 수 있는 것이 아니고, 오직 일체지를 증득한 부처님만이 분명히 알 수 있는 것이라 하였다.

    선천善天 존자는 이에 대해 다음과 같이 설명한다. "비록 방편으로는 보리심을 버렸지만, 진실 되게 보살계를 수지하였기에 능히 중생으로 하여금 해탈도를 얻게 할 수 있었다." 또한 포포달包包達 논사는 "사리불이 세속보리심은 버렸지만 승의勝義보리심은 버리지 않았다."라고

---

80 인도의 관습에 따르면, 왼손으로 물건을 건네는 것은 공경의 방식이 아니다.

138

말씀하셨다. 나는 이 설명이 합리적이라고 여긴다. 비록 이타심(세속
보리심)은 버렸을지라도 무아의 지혜에 대한 깨달음(승의보리심)은
버리지 않았기에 악취에 떨어지지 않을 수 있었다. 그러나 이러한
불가사의한 일에 대해서 단지 그것을 심사숙고하는 것이 무슨 소용이
있겠는가?[81]

**(2) 중생의 이익을 해치는 악업을 지음**

菩薩戒墮中, 此罪最嚴重, 보살계타중, 차죄최엄중,

因彼心若生, 將損衆生利. 인피심약생, 장손중생리.

보살의 타락 중에서도 보리심을 버리는 것이 가장 엄중한 죄입니다.
그런 마음을 내는 것은 모든 중생의 이익을 훼손시키기 때문입니다.

　보살이 계를 범하는 일 중에서 보리심을 버리는 것이 가장 엄중한
죄가 된다. 『반야섭송般若攝頌』에 이르기를 "설령 백천 겁 동안 십선업
도十善業道를 수행했을지라도 연각緣覺 아라한과阿羅漢果를 구하고자
하는 마음을 낸다면 그 즉시 보살계의 율의律儀를 어긴 것이니, 이런
마음을 내는 것은 다른 어떤 것보다 죄가 엄중하다."라고 하였다.
왜냐하면 보리심을 버리면 버린 사람 자신이 해탈의 기회를 잃을

---

81 여기에서 논의의 요점은 사리불 존자가 보리심을 버린 뒤에 나한과를 증득한
　일에 대해 관찰하는 것이 아니라, 부처님의 가르침에 의지해야 한다는 것이다.
　불가사의한 업과는 오직 부처님의 지혜만이 알 수 있는 것이다. 우리는 자신의
　지혜가 미치지 못하는 것을 함부로 억측해서는 안 되고 오직 부처님의 바른
　가르침을 따라야 할 뿐이다.

뿐 아니라, 중생들도 이로 인해 제도 받을 수 있는 기회를 상실하기에 일체중생의 이익을 위하는 효과가 크게 줄어드는 것이기 때문이다.

雖僅一刹那, 障碍此福德, 수근일찰나, 장애차복덕,
因損有情利, 惡趣報無邊. 인손유정리, 악취보무변.
단 한순간이라도 보살의 덕행을 가로막아
중생들의 이익에 손해를 끼친다면 악취에 태어나는 과보를 끝없이
받을 것입니다.

　짧은 한순간이라도 보살의 덕행을 가로막아 중생들의 이익에 손해를
끼친다면 끝없이 악취의 과보를 받을 것이다.

毀一有情樂, 自身且遭損, 훼일유정락, 자신차조손,
況毀盡空際, 有情衆安樂. 황훼진공제, 유정중안락.
단 한 중생의 안락을 훼손해도 자기 자신 역시 쇠퇴하게 되는데
하물며 허공처럼 끝없는 중생들의 안락을 훼손함에 있어서랴!

　단 한 중생의 안락을 무너뜨려도 자신도 쇠퇴하게 되는데, 하물며
보살이 선을 행하는 데 장애를 끼쳐 허공계에 가득한 수많은 중생의
끝없는 안락이 훼손되면 어떻게 되겠는가?『적멸결정신변경寂滅決定
神變經』에서 이르기를 "만약 어떤 사람이 남섬부주南贍部洲의 모든
중생의 재물을 훔치고 그 목숨도 빼앗았고, 또 다른 어떤 사람은
보살의 선법 행하심을 가로막아 작게는 축생에게 음식물을 주는 선행

140

을 훼방하였다고 할 때, 뒤의 죄가 앞의 죄보다 무겁기가 헤아릴
수 없다. 불과의 선업을 쌓는데 장애를 일으켰기 때문이다.”라고 하
셨다.[82]

**(3) 해탈도에 들어가는 데 장애가 됨**

故雜罪墮力, 菩提心力者, 고잡죄타력, 보리심력자,
升沈輪回故, 等地久蹉跎. 승침윤회고, 등지구차타.
죄업을 짓는 일과 보리심을 내는 일을
윤회계에서 번갈아 반복하게 되면 보살지에 오르는 데 많은 시간이
걸리게 됩니다.

이처럼 죄과와 보리심의 공덕이 윤회계에서 섞여 반복되면, 반드시
많은 세월이 걸려서야 보살지에 이르게 된다.[83]

---

82 여기에서 '菩薩戒墮中보살계타중' 게송은 불자로서 보리심을 버리는 것이 직접적
으로 중생의 이익에 손해를 끼치는 일임을 말하고 있고, '雖僅一刹那수근일찰나'
게송은 간접적으로 중생의 이익에 손해를 끼치더라도 끝없는 악도의 보응이
있을 것임을 설하고 있다. '毁一有情樂훼일유정락' 게송은 단 한 명의 중생에게
손해를 끼치더라도 큰 과보를 받을 것인데, 하물며 일체중생의 이익에 손해를
끼치게 하면 그 과보가 어떻겠는가를 말하고 있는 것이다.

83 계를 범한 업력은 악도에 떨어지도록 이끌고, 계를 받은 공덕은 선도에 올라가도
록 이끈다. 이 두 역량은 번갈아 흘러가며 끌어들여 생사윤회 속에서 오랜
기간 전전한다. 이는 마치 두 사람이 수레를 끄는데, 한 사람은 동쪽으로 다른
한 사람은 서쪽으로 수레를 끌어서 그 어느 누구도 목적지에 도달하지 못하는
것과 같다. 그러기에 우리는 보살계를 받은 후에는 근수취자 린포체가 “태어나서
보살계를 받은 후에는 생명을 버릴지언정 보리심을 버리지 않는다.”라고 말한

## (4) 보리심을 포기하지 말 것을 강조함

故如所立誓, 我當恭敬行, 고여소입서, 아당공경행,

今後若不勉, 定當趨下流. 금후약불면, 정당추하류.

그러므로 나는 맹세한 대로 마땅히 공경하며 행할 것이니,

만약 앞으로 힘써 행하지 않는다면 점점 더 깊은 악도로 떨어지게

될 것입니다.

그러므로 나는 발심한 맹세대로 서원을 실행하는 데에 헌신해야

한다. 발심을 한 후에 보살행을 힘써 실천하지 않는다면 곧바로 끊임없

이 점점 더 깊은 악취에 떨어질 것이다.

饒益衆有情, 無量佛已逝, 요익중유정, 무량불이서,

然我因昔過, 未得佛化育. 연아인석과, 미득불화육.

모든 중생들을 이롭게 하기 위하여 헤아릴 수 없이 많은 부처님들께서

지나가셨지만

지난날의 죄로 인하여 나는 그 구원의 대상에 들지 못하였습니다.

사람들은 "부처님께서 지켜주시기에 (설령 방일의 잘못을 범하더라

도) 나에게 그런 일(악도로 떨어지는 일)은 일어나지 않을 것이다."라고

생각한다. 그러나 모든 중생에게 이익을 주기 위하여 헤아릴 수 없는

부처님이 이미 지나가셨지만, 지난날의 죄로 인하여 나는 여전히

---

것처럼 해야 하는 것이다.

142

그 구원의 대상에 들지 못하였다.[84]

若今依舊犯, 如是將反覆, 약금의구범, 여시장반복,
惡趣中領受, 病縛剖割苦. 악취중영수, 병박부할고.
앞으로도 계속해서 죄를 저질러 이와 같이 반복한다면
악취에 태어나서 병들고 얽매이고 살이 베이고 잘리는 온갖 고통을
겪게 될 것입니다.

　　내가 만일 예전처럼 또 죄를 저질러 교화를 받지 못하는 운명을
반복한다면, 악취에 떨어져 고통을 받을 것이다. 설령 선취에 나게
되더라도 병들고 얽매이고 살이 베이며 잘리는 고통을 받을 것이다.

### 3. 가만暇滿의 기회를 의지함

#### 1) 가만난득暇滿難得[85]
如値佛出世, 爲人信佛法, 여치불출세, 위인신불법,
宜修善稀有, 何日復得此? 의수선희유, 하일부득차?

---

84 태양이 떠올라 연꽃을 피우는 것처럼, 부처님이 세상에 오시어 오직 인연
　있는 중생을 제도할 뿐이다. 이는『현관장엄론現觀莊嚴論·법신품法身品』에서
　"이를테면 하늘이 비를 내릴지라도 종자가 썩었으면 싹이 나지 않는 것처럼,
　여러 부처님이 세상에 오셨을지라도 뿌리가 없으면 선을 얻지 못한다."라고
　설한 것과 같다. 그러므로 윤회의 고통을 벗어나고 싶으면 오직 스스로 수행
　정진해야 할 뿐이다.
85 '가만난득'의 의미는 제1품에 설명되어 있다.

여래께서 출현하고 사람의 몸을 얻어 불법을 믿으며,
선업을 닦는 일은 희유한 것이니 언제 다시 이런 기회를 얻을 수
있으리오.

여래가 출현하고 불법을 믿고 사람의 몸을 얻게 되더라도, 선법을
닦는 기회를 얻기란 매우 어려운 것이다. 열여덟 가지 가만의 조건을
완전히 구족한 사람의 몸을 얻는 것은 실로 희유하고 진귀하며 다시
오기 쉽지 않은 일이니, 언제 다시 이런 기회를 얻을 수 있겠는가?

縱似今無病, 足食無損傷, 종사금무병, 족식무손상,

然壽刹那逝, 身猶須臾質. 연수찰나서, 신유수유질.

설령 오늘은 병이 없고 먹을 것이 풍족하고 해로움이 없다고 하더라도
이 목숨은 순식간에 죽음에 이를 것이니, 이 몸은 잠시 빌려온 물질과
같을 뿐입니다.

다행히도 이미 가만한 사람 몸을 얻어서 지금은 병 없고 음식이
풍족하고 해로움이 없다 해도, 목숨은 믿을 수 없어서 순식간에 죽음에
이르니 완전히 속고 있는 것이다. 이 몸은 잠시 빌려온 물질과 같아
스스로 지배할 권한이 없다.

## 2) 가만을 얻지 못하는 과환

### (1) 악도에 떨어짐

凭吾此行素, 復難得人身, 빙오차행소, 부난득인신,

若不得人身, 徒惡乏善行. 약부득인신, 도악핍선행.

이와 같은 방일한 행동으로는 사람 몸을 다시 얻기 어려우리니 인간의 몸을 다시 얻지 못한다면 악업을 지을 뿐 선업을 닦지 못하게 됩니다.

　나의 현재 이런 방일한 행동으로는 후세에 다시 사람 몸을 얻기 어렵다. 사람 몸을 얻지 못해 악도에 떨어지면 계속하여 죄업만 지을 뿐 선업을 닦을 능력과 기회가 없게 된다.

如具行善緣, 而我未爲善, 여구행선연, 이아미위선,
惡趣衆苦愚, 彼時復何爲? 악취중고우, 피시부하위?

선업을 쌓기 좋은 이 기회에 선업을 짓지 않는다면
악도에 떨어져 고통에 허덕일 때 다시 무엇을 할 수 있겠습니까?

　선업을 쌓기 좋은 이 같은 기회에 정진하여 선업을 쌓지 않는다면 후세에 악도의 고통에 핍박받고 어리석음이 가득하게 되니, 그때 나는 또 무엇을 할 수 있겠는가? 선법을 닦을 기회조차 갖지 못하게 된다.

## (2) 선취에 나지 못함

旣未行諸善, 復集衆惡業, 기미행제선, 부집중악업,
縱歷一億劫, 不聞善趣名. 종력일억겁, 불문선취명.

악도에 떨어지면 선업은 짓지 못하고 악업만 거듭 쌓이게 되니 일억 겁의 긴 시간이 지나더라도 선취의 이름조차 듣지 못할 것입니다.

악도에 떨어진 후에는 선법을 닦을 기회는 없고 악업은 쌓이고 쌓여, 일억 겁의 긴 시간이 흘러도 선취라는 말조차 들을 수 없을 것인데, 어찌 선취에 태어날 수 있겠는가?

### (3) 과환을 받게 되는 근거

#### ① 교증教證으로 설명함

是故世尊說, 人身極難得, 시고세존설, 인신극난득,

如海中盲龜, 頸入乾木孔. 여해중맹귀, 경입액목공.

그러므로 세존께서 말씀하시길, 사람 몸은 매우 얻기 어려우니 큰 바다에서 눈 먼 거북이가 떠다니는 나무 구멍에 목을 끼우는 것 같다고 하셨습니다.

어찌 해서 사람 몸으로 오기가 쉽지 않다고 하는가? 세존께서 『잡아함경雜阿含經』에서 '맹귀입목액盲龜入木軛' 비유를 드신 바 있다. 삼천 대천세계와 같이 광활한 큰 바다 위에 구멍 뚫린 나무가 바람에 흔들리며 끊임없이 떠다닌다. 한편 바다 속의 눈 먼 거북이 한 마리가 백 년에 한 번씩 수면 위로 떠오르는데, 어느 순간 그 떠다니는 나무를 만나 거북이가 머리를 그 나무 구멍에 넣게 된다. 원만한 사람 몸을 얻는 것은 이처럼 어렵다.

## ②이증理證으로 설명함

刹那造重罪, 歷劫住無間, 찰나조중죄, 역겁주무간,

何況無始罪, 積重失善趣. 하황무시죄, 적중실선취.

한순간에 지은 악업만으로도 무간지옥에서 일 겁 동안 머물게 된다고
하는데

무시이래 윤회 속에서 쌓아온 죄과로 선취를 잃는 것은 말할 필요도
없습니다.

여기에서 '찰나에 중죄를 짓는다(刹那造重罪)'는 것은 오무간죄五無
間罪나 법을 비방하는 죄, 대승 선지식을 비방하는 죄 등과 같이,
비록 죄 짓는 시간이 매우 짧더라도 그 과보로 무간지옥에 떨어져
장기간의 고통을 받게 되는 큰 중죄를 짓는 것을 말한다. 한 찰나
지은 죄업에도 이처럼 엄중한 과보가 있는데, 무시이래 윤회 속에서
쌓아 온 죄업으로 인해 선취를 얻지 못하고 악취에 떨어진다는 것은
말할 필요조차 없다.

然僅受彼報, 苦猶不得脫, 연근수피보, 고유부득탈,

因受惡報時, 復生余多罪. 인수악보시, 부생여다죄.

이러한 과보를 받으면서도 악취의 고통을 벗어나지 못하는 것은
죄과를 받고 있는 동안에도 또 다른 죄업을 거듭 짓기 때문입니다.

과거에 지은 죄의 과보를 하나하나 감수하는 데에도 악도의 고통에
서 벗어나지 못하는 것은, 죄과를 치르는 동안에도 거듭하여 새로운

죄업을 짓기 때문이다.


## 4. 방일함의 과환

旣得此閑暇, 若我不修善, 기득차한가, 약아불수선,
自欺莫勝此, 亦無過此愚. 자기막승차, 역무과차우.
이미 수행하기 알맞은 몸을 얻었는데 방일하여 선법을 닦지 않는다면
스스로를 속임에 이보다 심한 것 없으며, 이 어리석음을 뛰어넘는
것 역시 없습니다.


이미 이처럼 수행하기 알맞은 사람 몸을 얻고도 방일하여 선법을
닦지 않는다면 스스로 속임이 이보다 심할 수 없으며, 이보다 더한
어리석음도 없다.


### 1) 지옥 과보의 고통을 받음

若我已解此, 因痴復怠惰, 약아이해차, 인치부태타,
則于臨終時, 定生大憂苦. 즉우임종시, 정생대우고.
이러한 이치를 알면서도 어리석음으로 인하여 선법을 닦는 데 게으르
다면
임종 시에 반드시 크나큰 근심과 고통을 겪게 될 것입니다.


이 이치를 알았는데도 무명無明의 어리석음 때문에 선법을 닦는
데에 게으르면, 임종 시에 반드시 근심스러운 고뇌가 크게 일어날

148

것이다.[86]

難忍地獄火, 長久燒身時, 난인지옥화, 장구소신시,
悔火亦炙燃, 吾心必痛苦. 회화역자연, 오심필통고.
참기 어려운 지옥의 불에서 장구한 세월 동안 자신의 몸이 불타게
될 때
후회의 불길 역시 타올라 내 마음이 반드시 고통스러울 것입니다.

　죽은 후에 지옥의 불길이 오랫동안 자신의 몸을 태워 견디기 어려울
때, 참기 어려운 후회의 불길도 타올라 틀림없이 우리 마음을 고통스럽
게 할 것이다.

## 2) 본래 마음을 잃어버림

難得此益身, 今旣僥倖得, 난득차익신, 금기요행득,
亦復具智慧, 若仍墮地獄, 역부구지혜, 약잉타지옥,
則如呪所惑, 令我心失迷. 즉여주소혹, 영아심실미.
惑患無所知? 何蠱藏心耶? 혹환무소지? 하고장심야?
이와 같이 이로운 사람 몸은 얻기 어려운데 이번 기회에 요행히 얻었고

---

86 석가모니부처님께서 『염주경念住經』에서 "일단 임종이 다가오면 마음에 고뇌가
크게 일어난다."라고 말씀하셨다. 근휙 린포체도 불법을 듣고서 열심히 습기를
닦지 않은 사람은 중음 상태에 이르렀을 때 후회하는 마음이 강렬하게 생긴다고
하였다. 우리는 이러한 두려운 고통을 반복해서 사유하는 데 노력을 기울이고,
자유자재로 법 닦을 수 있는 지금의 기회를 귀중하게 이용하여야 한다.

또한 지혜를 갖추고도 여전히 마음이 지옥으로 이끌린다면
주술에 미혹되어 내 마음을 잃어버린 것입니다.
무엇이 미혹되게 한 것인지 알지 못합니까? 마음속에 어떤 독이 숨겨져
있는 것입니까?

극히 얻기 어렵고 또한 큰 이익을 이룰 수 있는 원만한 사람 몸을
요행히 이미 얻었고 선악공과를 명료하게 할 수 있는 지혜도 갖추었는
데, 아직도 미혹하여 깨닫지 못하고 자기 마음을 훗날 지옥에 떨어지게
끔 이끌고 있다면, 그것은 분명히 주술에 마음이 현혹되어 정신이
완전히 통제를 잃은 상태에 빠진 것이다.


## 5. 번뇌를 끊음

### 1) 번뇌의 과환
#### (1) 번뇌의 해악
嗔貪等諸敵, 無手也無足, 진탐등제적, 무수야무족,
非勇非精明, 役我怎如奴? 비용비정명, 역아즘여노?
탐진치와 같은 적들은 손도 없고 발도 없으며
용기도 없고 지혜도 없는데, 어떻게 나를 노예처럼 부릴 수 있는
것인가?

성냄·탐욕·어리석음·아만·질투 등 번뇌라는 적은 손도 없고 발도
없으며 힘써 정진하는 용기도 없고 참과 거짓을 구별하는 지혜도

없는데, 어떻게 나를 노예처럼 구속하고 부리고 있는 것일까?[87]

惑住我心中, 任意傷害我, 혹주아심중, 임의상해아,
猶忍不嗔彼, 非當應訶責. 유인부진피, 비당응가책.

번뇌가 내 마음속에 자리 잡고 마음대로 나를 망치고 있는데도,
그들에게 분노하지 않고 참고 있다면 이는 옳지 않은 것이니 응당
질책해야 합니다.

번뇌는 우리 마음속에 진지를 구축해 숨어 있다가 마음대로 우리를
해친다. 나는 이에 화내고 분노하지 않고 도리어 참고 있다. 번뇌는
인욕의 대상이 아닌데도 그것을 참기만 할 뿐 분한 마음을 내어 싸우지
않는다면 이는 옳지 않은 인내이니, 부처님과 지혜로운 스승께서
마땅히 꾸짖으실 일이다.[88]

---

87 수행인에게 번뇌는 상·중·하 세 등급으로 나뉜다. 수행에 정밀하게 나아간
사람은 자신에게 번뇌가 많다고 느낄 것이다. 수행이 중등인 사람은 자신의
번뇌도 중등이라고 느낄 것이다. 게으른 사람은 번뇌를 인식하지 못하여 마음속
번뇌와 투쟁을 한 경험이 없으며, 번뇌가 깊고 무거워도 자신은 청정하다고
여긴다. 진정으로 번뇌가 깊고 무거운 것임을 깨달은 사람은 수행이 점점
좋아질 것이다. 수행이 점점 깊어질수록 번뇌라는 적은 그것을 기뻐하지 않기
때문에 각종 수단으로 악연과 장애를 만든다. 반대로 수행에 조금도 힘쓰지
않으면 번뇌는 그것을 매우 좋아하여 가볍고 편안한 환경을 만들어 준다.
이때 번뇌라는 적과 같은 계통의 마왕들도 이 게으른 사람을 특별히 보살펴서
그로 하여금 태평무사하다고 느끼게 한다. 결국 그는 순리대로 악도에 떨어지게
된다.
88 상사 여의보께서는 말씀하신다. "탐내는 마음과 성내는 마음이라는 번뇌가

## (2) 번뇌 해악의 심각성

縱使天非天, 齊來敵對我, 종사천비천, 제래적대아,

然彼也不能, 擲我入無間. 연피야불능, 척아입무간.

强力煩惱敵, 擲我入獄火, 강력번뇌적, 척아입옥화,

須彌若遇之, 灰燼亦無餘. 수미약우지, 회신역무여.

가령 모든 천신과 아수라가 일제히 나의 적이 되더라도

그들은 나를 무간지옥에 빠뜨리지 못합니다.

그러나 사납기 짝이 없는 번뇌라는 적은 지옥의 불구덩이로 나를 던져버리고

수미산도 재 하나 남김없이 다 태워버립니다.


모든 천신과 아수라가 나의 적이 되더라도 재산을 빼앗기거나 신체에 손상을 입는 것 외에는 위험이 되지 못한다. 가장 흉악한 적을 만나도 목숨을 한 번 잃는 것에 그칠 뿐이다. 그러나 이런 고통은 지옥의 고통에 비하면 고통이라고 칠 만한 것도 아니다.

번뇌라는 적은 한 찰나에 우리를 지옥의 불구덩이 고통 속으로 던져버릴 수 있다. 어떤 사람은 한순간 번뇌의 충동으로 살인과 금강상사 비방 등과 같은 오무간죄를 짓는다. 한순간의 번뇌가 무수겁의 지옥 고통을 불러 오는 것이다.

세간의 적에게 받는 고통은 길어야 한평생이다. 그러나 지옥의

---

일어났을 때, 돌이나 몽둥이로 자신을 한번 힘껏 때려 번뇌라는 원수에게 깊은 교훈을 주어야 한다. 그렇게 번뇌를 온순하게 만들고 조금도 수월한 기회를 주지 말아야 한다."

고통은 천백억 년, 십억 겁에 미친다. 뿐만 아니라 그 고통의 정도도
세간의 것에 비교할 만한 것이 아니다.

吾心煩惱敵, 長住無盡期, 오심번뇌적, 장주무진기,
其餘世間敵, 命不如是久. 기여세간적, 명불여시구.
마음속 번뇌의 적은 시작도 끝도 없이 오랜 세월 동안 머물고 있으며,
그 밖의 다른 어떤 원수도 이렇게 오래갈 수가 없습니다.

세간의 적이 우리를 해치는 기간은 길어야 몇 년, 몇 십 년에 불과할
뿐이다. 그러나 세세생생 윤회 이래로 번뇌는 모든 중생의 마음속에
깊이 숨어서 끊임없이 중생을 해치고 있다.[89]

## 2) 번뇌에 휘둘림을 경계함

若我順侍敵, 敵或利樂我, 약아순시적, 적혹리락아,
若隨諸煩惱, 徒遭傷害苦. 약수제번뇌, 도조상해고.

---

89 불법을 배우고 번뇌의 습기를 다스리는 수행의 과정은 물을 거슬러 배를 젓는
것과 같아서, 나아가지 않으면 물러난다. 번뇌의 습관은 힘차게 아래로 흘러가기
때문에 긴장을 늦추어 다소 방일하면 바로 번뇌에 역전당하여 앞서 닦은 공이
다 없어지고 마는 것이다. 오로지 한 발자국 한 발자국 끊임없는 노력 정진만이
번뇌를 항복시키고 진정한 성취를 가져온다. 바로 겔룩파의 거둥레빠(噶登惹巴)
강백께서 "나는 11살부터 경론을 듣고 생각하기 시작하여 지금 70세에 이르렀다.
그동안 매일 경론에 대한 문사 수행을 중단한 적이 없었다. 60여 년의 노력을
통해 결국 불법의 심오한 뜻을 진정으로 증득하였다."라고 말씀하신 바와 같은
것이다.

비록 적일지라도 순순히 따르면 이익과 안락을 가져다줄 수 있으나, 번뇌를 따르면 헛되이 상해의 고통을 만날 뿐입니다.

내가 만약 마음을 맞춰주고 그 뜻을 따라준다면 원수일지라도 나에게 이익을 가져다줄 수 있지만, 번뇌는 잘 따른다 해도 아무 이익이 없다. 훗날에 오는 건 상처와 고통뿐이다.

### 3) 번뇌에 휘둘리지 않을 것을 다짐함

無始相續敵, 蘗禍唯一因, 무시상속적, 얼화유일인,

若久住我心, 生死怎無懼? 약구주아심, 생사즘무구?

무시이래 계속 이어진 번뇌의 적이 화를 기르는 유일한 원인이 되어 오래도록 내 마음속에 머문다면 어찌 생사의 윤회가 두렵지 않겠습니까?

이처럼 무시이래로 끊임없이 해를 가하는 원수이자 일체 손해의 유일한 원인인 번뇌라는 적이 오래도록 내 마음속에 거주한다면, 어찌 윤회가 두렵지 않을 수 있겠는가? 이는 불가능한 일이다.

生死牢獄卒, 地獄劊子手, 생사뢰옥졸, 지옥회자수,

若皆住我心, 安樂何能有? 약개주아심, 안락하능유?

생사윤회의 감옥을 지키는 옥졸과 지옥의 형을 집행하는 망나니들이 내 마음속에 머문다면 어찌 안락이 가능할 수 있겠습니까?

생사윤회의 감옥에서 우리를 벗어나지 못하게 하는 옥졸과 지옥의
형을 집행하는 망나니[90]가 내 마음속 탐욕의 그물 안에 계속 머문다
면, 어떻게 안락을 누릴 수 있겠는가? 신중하게 생각하지 않을 수
없다.[91]

## 4) 번뇌를 끊어냄

### (1) 피갑정진被甲精進[92]을 다짐함

乃至吾未能, 親滅此惑敵, 내지오미능, 친멸차혹적,

盡吾此一生, 不應捨精進. 진오차일생, 불응사정진.

그러므로 나는 이 번뇌 원수를 눈앞에서 확실히 없앨 때까지
일생동안 정진하는 것을 포기하지 않겠습니다.


于他微小害, 尙起嗔惱心, 우타미소해, 상기진뇌심,

是故未滅彼, 壯士不成眠. 시고미멸피, 장사불성면.

여타의 자질구레한 손해에도 성내는 마음을 일으키는데
저 적들을 소멸시키지 못한다면 대장부로서 어찌 잠을 이룰 수 있으리오.

---

90 이 게송에서 '옥졸'과 '지옥의 망나니'는 번뇌를 비유한 말이다.

91 번뇌는 한시도 우리 곁을 떠나지 않고 시시각각 기회를 틈타 우리는 해친다.
이렇게 무서운 환경에서 어찌 안락을 누릴 수 있겠는가? 근수취자 린포체께서는
이를 비유하여 "번뇌는 이리와 같고, 중생은 양과 같아, 양의 무리에 한 마리
이리가 있다면 양들은 틀림없이 안락하지 않을 것이다."라고 설하신다.

92 '피갑정진'은 병사가 갑옷을 입고 진지에 들어가 전투를 하되 추호의 공포심도
없이 싸우는 것과 같이 정진하는 것을 말한다.

만약 어떤 사람이 나에게 해를 끼친다면 그 해가 그다지 중대하지 않더라도 나는 화를 내며 그에게 보복을 하려 들 것이다. 그렇다면 무시이래 해를 끼쳐온 번뇌의 적은 왜 철저하게 제거하려 들지 않는가? 진정으로 영웅의 기개를 지닌 대장부라면 이 번뇌의 치욕을 씻지 않고 어찌 편히 잠들 수 있겠는가? 진정한 대장부로서 번뇌의 적을 무너뜨리기 위해 정진해야 함은 말할 필요도 없다.

## (2) 정진의 어려움을 두려워하지 않음

列陳激戰場, 奮力欲滅除, 열진격전장, 분력욕멸제,

終必自老死, 生諸苦惱敵, 종필자노사, 생제고뇌적,

僅此尙不顧, 箭矛著身苦, 근차상불고, 전모저신고,

未達目的已, 不向後逃逸. 미달목적이, 불향후도일.

격렬한 전장 터에서 진을 치고 힘을 다해 절멸시키고자 하는 적들은 종국에는 그들 스스로 늙어 죽는 것이니, 모든 고통을 주는 번뇌라는 적에 대해서는
활과 창에 찔리는 고통을 돌아보지 말고
번뇌를 멸하겠다는 목적을 달성할 때까지 절대로 물러서지 말아야 합니다.

이 게송은 양군 진영이 교전을 벌이는 것에 비유하면서 번뇌와 싸워 물러서서는 안 됨을 이야기하고 있다.

격렬한 전쟁터에서 병사들은 진열을 정비하고 힘을 다해 싸우며 적의 항복을 받기를 원한다. 화살과 창에 상처 입는 고통도 돌보지

않은 채 목적을 달성하기 위해로 물러서지 않는다. 그러나 사실상 그 적들이 전장에서 죽지 않았다 하더라도 세월이 흐르면 자연히 늙어 죽게 될 것이다. 그들 역시 번뇌 깊고 고난 가득한 연민의 대상일 뿐이다. 이러한 적을 대하여서도 피투성이가 되도록 싸우며 생사를 서로 다투는데, 번뇌라는 적군과 싸움을 벌일 때 어찌 분투하지 않을 수 있겠는가.

況吾正精進, 決志欲滅盡, 황오정정진, 결지욕멸진,
恒爲痛苦因, 自然煩惱敵. 항위통고인, 자연번뇌적.
故今雖遭致, 百般諸痛苦, 고금수조치, 백반제통고,
然終不應當, 喪志生懈怠. 연종불응당, 상지생해태.
하물며 바르게 정진하면서 뜻을 세워
고통의 원인이 되는 번뇌라는 적을 절멸하고자 함에 있어서라.
지금 여러 가지 악연을 만나 갖가지 고통을 겪고 있다 할지라도
끝까지 투지를 상실하거나 나태해져서는 안 됩니다.

하물며 늘 고통의 원인이 되는 자성의 번뇌 원수를 대하여서라! 비록 지금 여러 가지 고통의 악연을 만났을지라도, 반드시 투지를 굳게 하고 조금도 겁내지 말고 번뇌를 없앰에 나태해져서는 안 된다.

## (3) 번뇌를 대치하는 공덕을 관찰함
壯士爲微利, 赴戰遭敵傷, 장사위미리, 부전조적상,
戰歸炫身傷, 猶如配勳章. 전귀현신상, 유여배훈장.

吾今爲大利, 修行勤精進, 오금위대리, 수행근정진,

所生暫時苦, 云何能害我? 소생잠시고, 운하능해아?

자그마한 세간 이익을 위해 전장에 나가 몸에 상처를 남긴 것도
장수들은 자랑스럽게 훈장처럼 달고 다닙니다.
나는 성불이라는 위대한 목적을 위해 수행 정진하는데
그 때문에 생기는 잠깐의 고통이 어찌 해가 되겠습니까.

세상 사람들은 조금도 의미 없는 일을 위해 전쟁에 나아가고, 전장에
서 입은 상처를 훈장처럼 달고 다니며 용맹의 표상인 양 자랑한다.
지금 나는 성불하여 일체중생을 제도한다는 중생의 큰 이익을 위하여
수행 정진하는데, 그 때문에 생기는 잠깐의 고통이 어찌 나에게 해가
되겠는가? 상처를 입어 온몸에 상처가 나더라도 그것은 크나큰 영광의
상징일 것이다. 우리는 어떠한 고통 앞에서도 나약해져서는 안 된다.

漁夫與屠戶, 農牧等凡俗, 어부여도호, 농목등범속,

唯念己自身, 求活維生計, 유념기자신, 구활유생계,

猶忍寒與熱, 疲困諸艱辛. 유인한여열, 피곤제간신.

我今爲衆樂, 云何不稍忍? 아금위중락, 운하불초인?

어부·백정·농부 등 평범한 사람들도
오직 자신의 삶에 전념하면서 생계를 잇기 위해
추위·더위·피곤함 등 많은 괴로움을 참아내는데
중생의 안락을 위하려는 내가 어찌 고난을 참지 못하겠습니까?

　어부·도축업자·농부 등 많은 사람들은 생계를 유지하기 위하여 겨울에는 살을 에는 추위를 참아야 하고 여름에는 혹독한 더위를 견뎌내야 한다. 굶주림과 고단함 등 각양각색의 고통을 겪으면서 밤낮으로 열심히 일해야 한다. 그렇게 열심히 일하면서도 궁극적으로 무엇을 위해 일하는지 잘 알지도 못한다.

　우리는 현재 이미 제불보살의 가르침을 듣고 운회 고통에서 해탈하는 것이 궁극의 안락을 얻는 것임을 알았다. 이 위대한 목표를 위하여 수행의 작은 고통을 어찌 참지 못하겠는가?

　오명불학원 수행인들은 생활하는 데 약간의 고생을 겪는다. 먹을 것이 부족하고 연료도 부족하다. 방에 물이 새기도 한다. 어떤 사람들은 이 때문에 법을 구하고자 하는 결심이 후퇴하기도 한다. 하지만 진정으로 불법을 수행하는 사람은 약간의 음식을 먹고, 몸에는 떨어진 옷일망정 걸치고, 밤 12시부터 4시까지 이불에 싸여 한숨 자는 것 외에는 다른 어떤 일에도 관여할 필요가 없다. 위없는 감로 법미를 누리며 사는 이러한 날들은 인연 없는 사람들은 누릴 방법이 없는 쾌락이지, 고생이 아님을 알아야 한다.


## (4) 스스로 빨리 깨달음을 얻기를 서원함

雖曾竝此誓, 欲于十方際, 수증입차서, 욕우시방제,
度衆出煩惱, 然我未離惑. 도중출번뇌, 연아미리혹.
出言不量力, 云何非顚狂? 출언불량력, 운하비전광?
시방세계 가득한 모든 중생을 번뇌에서 해방시키겠다고 서원해 놓고 아직 나 자신은 온갖 번뇌에서 벗어나지 못했습니다.

역량을 헤아리지 못하고 말부터 뱉었으니, 어찌 미치광이가 아니겠습니까?

시방 허공계의 중생들을 번뇌에서 해방시키겠다는 서원을 세운 내 자신도 아직 번뇌를 떠나지 못하였다. 나 자신 스스로의 역량을 헤아리지 못하고 말부터 하였으니, 이 어찌 분수를 모르는 미치광이가 아니겠는가? 중생의 번뇌를 제도하겠다는 맹세를 실현하기 위해서는 우리 자신이 먼저 깨달음을 증득하여야 한다.[93]

### (5) 방일을 멀리하여 번뇌를 결연히 끊어냄

故于滅煩惱, 應恒不退怯. 고우멸번뇌, 응항불퇴겁.

吾應樂修斷, 懷恨與彼戰, 오응락수단, 회한여피전,

似嗔煩惱心, 唯能滅煩惱. 사진번뇌심, 유능멸번뇌.

그러므로 번뇌를 멸하기 위해 결단코 물러서지 않을 것입니다.

어떤 번뇌에 대해서든 기꺼이 원한을 품고 싸우리니

마치 성내는 것 같은 이러한 마음만이 번뇌를 멸할 수 있습니다.

---

93 중생을 제도하겠다는 발원은 스스로 계속해 나가는 데 커다란 가피가 있다. 이 서원을 견고하게 하고 실현시키기 위하여 용맹스럽게 자기 마음속 번뇌와 전쟁을 벌여야만 원만하게 이타 능력을 얻을 수 있다. 『현관장엄론』에서 설하길 만약 누군가가 중생이 다 제도되기 전에는 성불하지 않겠다고 발원했다면, 이 발심에는 수승한 공덕이 있다. 이것은 결코 그가 일체중생이 모두 해탈하여야 비로소 성불한다는 것을 의미하는 것은 아니다. 이렇게 진심으로 발심한 힘으로 아주 빠르게 불과를 증득할 수 있는 것이다.

160

그러므로 우리는 번뇌를 끊는 일에 대하여 물러섬이 없어야 한다. 기꺼이 모든 번뇌에 집착하고 그것을 모두 미워해야 하며, 원한을 품듯 번뇌와 싸워 온힘을 다해 일망타진하기를 기원해야 한다.

여기에서 '번뇌에 집착하고 성을 내는 번뇌'는 일체 번뇌를 항복시키는 원인이 되기에 지금은 당분간 끊지 않지만, 이 역시 최종적으로는 제거해야 한다. 기타 주석에서도 "이러한 집착과 화냄은 잠시 표면상 번뇌로써 유용한 방편을 삼는다."라고 하였다.[94]

吾寧被燒殺, 或遭斷頭苦, 오녕피소살, 혹조단두고,
然心終不屈, 順就煩惱敵. 연심종불굴, 순취번뇌적.
불에 타서 죽거나 머리가 베이는 고통을 당할지언정
번뇌라는 적에게는 결코 굴복하지 않으리.

차라리 불태워 죽임을 당하거나 머리가 베이는 고통을 당할지언정, 마음만은 끝내 번뇌라는 적에게 굴복하여 순종하지 않겠다. 이렇듯 죽어도 번뇌에 굴복하지 않겠다는 결심이 서면, 우리는 반드시 번뇌를

---

94 성내는 것 같은 이 마음만이 번뇌를 없앨 수 있다. 번뇌라는 적을 상대하여 성내는 마음은 표면적으로 보면 진심瞋心의 습기習氣로서의 번뇌와 비슷하나, 이러한 마음을 일으키는 것은 악도에 떨어지는 원인이 되지 않고 오히려 안락으로 들어가는 원인이 된다. 『원각경圓覺經』에서 말한 "말뚝으로 말뚝을 몰아낸다(以橛治橛)."는 것처럼 방편 번뇌로 본래 번뇌를 다스리니, 이 둘은 끊는 것과 끊겨지는 것으로 최후에는 둘 다 법계에서 사라진다. 번뇌라는 원수를 다스리는 이 유사 번뇌는 바로 윤회를 끊어버리는 수승한 지혜와 방편이기에 이를 일러 "번뇌가 바로 보리이다."라고 하는 것이다.

끊을 수 있다.

## (6) 반야지혜로 번뇌를 끊어내어 기쁨을 누림

常敵受驅逐, 仍可據他鄕, 상적수구축, 잉가거타향,

力足旋復返, 惑賊不如是. 역족선부반, 혹적불여시.

보통의 적들은 한번 패하면 다른 곳에 모여 전열을 정비하고
힘을 키워 다시 반격해오지만 번뇌라는 적은 그렇지 않습니다.


일상의 적들은 일차로 패하여 물러가도 다른 곳에서 모여 전열을
정비하고 힘이 충분해지면 다시 반격하여 해를 입힌다. 하지만 번뇌라
는 적은 형태가 달라 한번 근본적으로 끊어내면 다시 일어나 괴롭히는
것이 불가능하다.[95]


惑爲慧眼斷, 逐已何所住? 혹위혜안단, 축이하소주?

云何返害我, 然我乏精進. 운하반해아, 연아핍정진.

반야 지혜의 눈에 의해 끊어져 마음에서 사라지면 번뇌가 어디로
가겠습니까?

어찌 다시 돌아와 나를 해치겠는가? 단지 나의 정진이 부족할 따름입

---

[95] 우리가 만약 부처님의 가르침을 따라 진정한 지혜를 증득하였다면, 근본에서부
터 번뇌를 제거한 것이고, 따라서 번뇌가 다시 생기지 않을 것이다. 이는 『석량론
釋量論』과 『양리보장론量理寶藏論』에서 "만약 씨앗이 이미 다 타버렸다면 절대로
싹이 다시 날 수 없다."라고 한 것과 같다. 그러므로 어찌 전력을 다해 번뇌를
없애지 않겠는가?

162

니다.

그렇다면 번뇌를 어떻게 제거할 수 있겠는가? 자세히 분석하면 번뇌는 쉽게 무너뜨릴 수 있다. 번뇌가 무아를 증득한 반야 지혜에 의해 끊어지면 마음에서 사라져 어디로 가겠는가? 반드시 갈 곳이 없이 소멸된다. 번뇌가 역량을 회복하여 다시 돌아와 나를 해칠 수 있겠는가? 기회를 틈타 다시 온다고 해도 나를 해치지 못한다. 정진의 힘이 나약해지지 않으면 번뇌를 쉽게 제거할 수 있다.[96]

惑非住外境, 非住根身間, 혹비주외경, 비주근신간,
亦非其他處, 云何害衆生? 역비기타처, 운하해중생?
번뇌는 대상에도 없고 감각에도 없으며, 그 중간이나
다른 어떤 곳에도 존재하지 않는데, 어찌 중생에게 해가 되겠습니까?

사람들은 묻는다. "어떻게 지혜의 눈으로 번뇌를 관찰할 것인가?"라고. 번뇌는 바깥대상에 주하는 것도 아니고 육근의 감각에 머무는 것도 아니다. 그렇다고 육근과 외경의 중간에 있는 것도 아니고 이외의

---

96 여기에서 번뇌를 타파하는 지혜의 눈은 중관의 공의 지혜를 말한다. 공성 지혜의 밝고 정확한 눈으로 번뇌를 꿰뚫어보면 번뇌를 송두리째 끊어버릴 수 있다. 왜냐하면 번뇌는 우리의 잘못된 인식, 곧 전도된 관념으로 인해 생겨난 것이기 때문이다. 그 근원 상태를 명확히 인식하면 번뇌는 곧 법계에서 사라져 다시는 생겨나는 인연을 갖지 못한다. 이럼에도 불구하고 우리는 오랜 기간 지혜와 자신감이 부족하여 번뇌의 위세에 굴복당하고 정진이 결핍된 싸움으로 지금껏 번뇌에서 해탈하지 못하고 있는 것이다.

다른 곳에 있는 것도 아니다.

결단코 번뇌를 얻을 수 있는 인연이란 없다. 이렇게 관찰해 본다면, 이 번뇌라는 것이 도대체 어디에 머물면서 중생에게 해를 끼친다고 할 수 있겠는가? 위의 논증으로 번뇌가 성립되지 못함을 알게 되므로 설사 번뇌가 해를 끼친다 하더라도 그것은 환술과 같아 실답지 못한 것이다.[97]

惑幻心莫懼, 爲智應精進. 혹환심막구, 위지응정진.
何苦于地獄, 無義受傷害? 하고우지옥, 무의수상해?
번뇌는 다만 환영일 뿐이니, 이제는 두려움을 버리고 지혜를 위해 정진해야 하리.

---

**97** 이 게송은 중관 공혜로 번뇌를 관찰하는 방법을 이르고 있다. 우선 번뇌가 외부의 어떤 사람이 있는 곳에 있는지를 관찰해 보자. 만약 외부의 어떤 곳에 실제로 어떤 번뇌가 존재한다면, 누구든 그곳을 만나면 같은 번뇌를 일으켜야 한다. 분명히 이러한 것은 있지 않다. 번뇌가 외부에 존재하는 것이 아니라면, 우리의 감각기관 곧 육근 안에 존재하는 것일까? 번뇌가 우리의 감각기관 안에 존재하는 것이라면 우리의 감각기관이 존재하는 한 번뇌도 사라지지 않을 것이다. 하지만 이 역시 성립할 수 없다. 탐욕이나 성냄과 같은 번뇌는 나타나기도 하고 숨어 있기도 하는데, 육근이 나타나기도 하고 사라지기도 하는 것은 아니지 않는가? 번뇌가 이렇듯 외부와 육근에 존재하는 것이 아니라면, 외부와 육근 그 중간에 존재하는가? 그 중간은 허공뿐이다. 만약 허공에 번뇌가 존재한다면 허공에 접촉하는 모든 사람에게 번뇌가 일어나야 하므로 이 역시 성립할 수가 없다. 이렇듯 관찰을 해보면 번뇌가 그 어디에도 존재하지 않는다는 것을 알 수 있다. 존재하지 않는 번뇌가 도대체 어디에서 우리를 해친다는 것인가?

쓸 데 없이 지옥에서 왜 해를 입어야만 합니까?

번뇌는 허망한 환상처럼 실체가 없는 것이니, 번뇌를 끊을 방법이 없다는 두려움을 버리고 지혜를 얻기 위해 정진할 뿐이다. 만일 이러한 지혜가 있다면 왜 아무런 의미 없이 지옥 같은 데서 해로움을 받겠는가? 사실상 지옥에 떨어지려고 해야 떨어질 수가 없는 것이다.


## 6. 결론 및 권고

思己當盡力, 圓滿諸學處, 사이당진력, 원만제학처,

若不遵醫囑, 病患何能愈? 약부준의촉, 병환하능유?

이와 같이 깊이 살펴보았으니 가르침을 성취하기 위하여 노력하겠습니다.

의사의 말을 듣지 않는다면 환자가 어떻게 치료될 수 있으리오.


이상으로 불방일의 다양한 의의를 설하신 것을 짚어본다면, 보살행의 가르침을 받들 때 반드시 불방일을 실천하도록 노력해야 한다. 만약 의사가 환자를 꼼꼼히 진단하고 병의 원인을 지적하여 처방을 해주는데도 환자가 의사의 처방을 따르지 않는다면 어떻게 병이 나을 수 있겠는가?

『학집론學集論』에서 이르기를 "어떻게 하면 타락하지 않을 수 있는가하는 그 핵심은, 자기의 몸과 소유물 그리고 삼세 동안 지은 모든 선행을 중생에게 모두 보시하고 청정함을 지져 꾸준히 정진함에 달려

있다."라고 하였다. 이 교증에 의지하여 정진에 힘쓰는 것에 불방일의
의의가 있음을 밝힌다.


- 제4품의 석釋을 마침.

# VII. 제5품 정지정념正知正念

제5품의 주요 내용은 어떻게 보살계를 지키고 행할 것인가에 관한 것이다. 마음(心意)은 행위의 인도자이므로 자신의 마음을 잘 지키는 사람이 보살학처를 잘 지킬 수 있는데, 마음을 잘 지키기 위해서는 반드시 바른 앎(正知)과 바른 생각(正念)이 있어야 한다. 여기에서 '바른 앎'은 끊어야 할 것과 수행해야 할 것 모든 일에 정통함을 가리키고, '바른 생각'은 자신의 수행에 있어서 끊어야 할 것과 행할 것을 늘 마음속에 새기는 것을 말한다.


## 1. 마음을 지킴으로써(護心) 계율을 지킴(護戒)

欲護學處者, 策勵當護心, 욕호학처자, 책려당호심,

若不護此心, 不能護學處. 약불호차심, 불능호학처.

학처(계율)를 지키고자 하는 사람은 자신의 마음을 잘 지켜야 합니다. 이 마음을 지키지 못한다면 보살계를 지킬 수 없기 때문입니다.


　보살계를 지키고자 하는 사람은 마음을 산란하게 유혹하는 대상 경계를 잘 방어하여 마음이 동요하지 않도록 해야 한다. 마음을 바르게 안주시키지 못한다면 보살계를 지킬 수 없기 때문이다.

## 1) 마음을 지키지 않은 과환

若縱狂象心, 受難無間獄, 약종광상심, 수난무간옥,
未馴大狂象, 爲患不及此. 미순대광상, 위환불급차.
마음의 코끼리를 방종하게 내버려둔다면 무간지옥에 떨어져 수난을 겪게 됩니다.
길들이지 못한 미친 코끼리가 아무리 위험하다 하더라도 이에 견줄 바가 되지 못합니다.

조복되지 않은 마음의 위험과 해로움은 난폭한 코끼리가 미쳐 날뛰며 해를 입히는 것과는 비교할 수 없을 정도로 크다. 미친 코끼리가 아무리 사납더라도 그 힘은 건축물을 부수거나 인간을 죽일 수 있을 뿐이다. 그러나 방종한 마음은 비록 한 찰나일지라도 무서운 악업을 지어 자신과 타인에게 끝없는 지옥 고통을 가져다준다.

## 2) 마음을 지켜야 하는 이유

若以正念索, 緊拴心狂象, 약이정념삭, 긴전심광상,
怖畏盡消除, 福善悉獲至. 포외진소제, 복선실획지.
바른 생각이라는 밧줄로 성난 코끼리 같은 마음을 선법의 기둥에 질끈 묶어둔다면
악업 고통의 두려움을 남김없이 없애고 일체 복덕 선근을 지을 수

있습니다.

　'바른 생각'이라는 밧줄로 마음을 정법에 묶어두어 각종 세간법에 산란하지 않게 한다면, 삼문의 일체 악업이 끊어지고 이생과 내생의 모든 번뇌 고통도 자연히 없어질 것이다. 그리고 지혜 자량도 끊임없이 쌓여 복덕 선근 또한 순리대로 얻을 수 있다.[98]

## (1) 공포와 두려움에서 벗어남

虎獅大象熊, 蛇及一切敵, 호사대상웅, 사급일체적,

有情地獄卒, 惡神幷羅刹, 유정지옥졸, 악신병나찰,

唯由系此心, 卽攝彼一切, 유유계차심, 즉섭피일체,

調伏此一心, 一切皆馴服. 조복차일심, 일체개순복.

호랑이·사자·코끼리·곰, 그리고 뱀 등 모든 적들이나

유정 지옥의 옥졸과 야차와 나찰들이라 하더라도

이 마음 하나 묶어둘 수 있다면 그 모든 것들을 붙들어 매게 되고

이 마음만 조복하면 이들 모두를 조복하게 됩니다.

---

98 이 비유는 매우 구체적으로 수행과정을 설명하고 있다. 우리는 수행할 때 반드시 '바른 앎'으로 신구의 삼문을 살펴보아 삼문이 하는 행위가 여법한지를 주시해야 한다. 그리고 '바른 생각'으로 늘 삼문을 선법에 안주시켜야 한다. 대개 우리들은 아침부터 저녁까지 정신이 하나도 없다. 아침에 일어나 눈을 씻고는 곧장 밖으로 뛰어나가 허풍을 떨며 돌아다니는 데 시간을 써버린다. 그리고 저녁이 되면 돌아와 머리 박고 자버린다. 화지 린포체는 이러한 사람에 대하여 마구간 속의 야크와 별반 다를 바가 없다고 하셨다. 그리고 그 결과는 악도의 고통만 남을 것이다.

만약 자기의 마음을 묶어둘 수 있다면 호랑이·사자·코끼리·곰·뱀 등 모든 형태의 적과, 유정 지옥의 옥졸·야차와 나찰 등 해를 입히는 모든 것들을 매어둘 수 있으며, 이 마음 하나 다룰 수 있으면 이 모든 것들의 항복을 받게 된다. 이는 『본생전本生傳』에 이르되 "자성의 대자비심으로 물이 스며들 듯 젖게 하면 서로 해치는 마음이 없고 맹수의 마음도 수행자의 마음이 된다."라고 함과 같다.[99]

實語者佛言: 一切諸怖畏, 실어자불언: 일체제포외,

無量衆苦痛, 皆從心所生. 무량중고통, 개종심소생.

진실을 말씀하시는 분이신 부처님께서 말씀하셨습니다. 세상의 모든 두려움,

헤아릴 수 없는 모든 고통은 모두 마음에서 생겨나는 것이라고.

---

[99] 티베트 불교사에서 매우 유명한 즈메겅덩 국왕이 두르허샹 지역에서 수행할 때 현지의 많은 맹수들이 감화되어 그이 앞에서 정례하고 법을 들었다. 인도의 대 성취자인 샹허빠는 늘 사나운 코끼리를 탈것으로 삼고 독사를 안장 묶는 끈으로 삼았다. 무착 보살이 있는 곳에서는 맹수와 양이 같이 놀았다. 근현대사 한국불교의 그림자 없는 성자라 일컬어지는 수월水月도 마찬가지였다. 산에 앉아 있으면 노루며 토끼며 꿩들이 모여들었고, 들길을 걸으면 까치가 어깨 위에 내려앉았으며 밤이면 눈에 불을 켠 호랑이가 수월의 방문 앞에 누워 있었다고 한다. 수월은 자신의 둘레를 맴도는 호랑이에게 가끔 이렇게 말했다고 한다. "야야, 저쪽으로 가서 놀아라." 그럴 때마다 호랑이는 법당 뒤에 있는 소나무 곁에 가서 입이 찢어져라 크게 하품을 하며 누워서 강아지처럼 뒹굴며 재롱을 부렸다고 한다.〈수월 선사 이야기는 『물속을 걸어가는 달』(김진태 지음. 학고재)에서 인용함.〉

세상의 일체 두려움, 중생의 헤아릴 수 없는 갖가지 고통은 모두 자기의 뒤바뀐 마음속에서 생겨나는 것이다. 이는 진실을 말씀하시는 분이신 부처님께서 일러주셨다. 『보운경寶雲經』에 의하면 "마음이 자재自在하면 모든 법에 자재함을 얻는다."라고 하였다. 또는 이르되 중생의 각기 다른 선업 혹은 불선업은 모두 자신의 마음으로 인해 쌓이는 것이라고 하였다.[100] 『섭정법경攝正法經』에서는 이르되 "제법은 자기 마음에 의뢌한다."라고 하였다.

有情獄兵器, 何人故意造? 유정옥병기, 하인고의조?
誰制燒鐵地? 女衆從何出? 수제소철지? 여중종하출?
佛說彼一切, 皆由惡心造, 불설피일체, 개유악심조,
是故三界中, 恐怖莫甚心. 시고삼계중, 공포막심심.
유정 지옥의 무기들은 누가 만든 것입니까?
시뻘건 철판의 지옥은 누가 만들었습니까? 철주산 지옥의 여인들은 어디에서 나왔습니까?
부처님은 설하십니다, 이 일체 고통이 모두 악한 마음이 만든 것이라고.
그러므로 삼계 안에서 마음보다 더 무서운 것은 없습니다.

---

100 예전에 우리가 계를 지키고 복을 닦아 현재 사람 몸을 얻었다. 이것은 과果이다. 그런데 이 과는 서로 같지만, 각자의 상황은 천차만별이다. 이것은 서로 업業이 다른 보報이다. 또한 중생은 공동의 업 때문에 같은 고통을 가지고 있다. 예를 들어 2천 명이 한 도시에서 사는데, 도시에서 지진이 일어나 그들 모두가 똑같이 두려움에 떨어야 한다면 그것은 공업이 불러온 고통이다. 무시이래로 중생은 마음이 청정치 못하여 의식이 혼란스러웠기 때문에 각종 업을 짓게 된 것이다.

『염주경念住經』에서 설하되 "마음이 바로 적중의 적으로, 마음 밖에는 적이 없다." 마음은 모든 적중에서 가장 무서운 적이며, 모든 적의 진정한 막후 조종자이므로 우리는 마땅히 마음을 조복해야 한다.[101]

## (2) 육바라밀을 성취함
### ① 마음에 의지하여 보시를 행함

若除衆生貧, 始圓施度者, 약제중생빈, 시원시도자,

今猶見飢貧, 昔佛云何成? 금유견기빈, 석불운하성?

身財及果德, 捨予衆生心, 신재급과덕 사여중생심

---

101 이 게송은 마음을 조복시키면 일체 번뇌를 조복시킬 수 있음을 논증하고 있는 것이다. 지옥에는 수없이 많은 형벌 기구가 있다. 그것을 인간이 만든 것이라면 누가, 어디에서, 무엇으로 만들어낸 것일까? 철판 지옥은 그 면적이 불가사의할 정도로 크다. 철판의 용량은 삼천대천세계 만큼이다. 이렇게 크고 뜨겁게 불타오를 수 있는 강철을 어떤 회사가 만들어낼 수 있을까? 계율을 깨뜨린 출가자, 청정 행을 손상시키고 사음한 중생이 철 기둥 지옥에 떨어져 칼에 찔리고 철새에 쪼아 먹히는 고통을 겪을 때 무서운 철녀가 나타나 그들 머리를 입속에 넣어 씹는다. 자동으로 이런 일이 일어나는 게 어떻게 가능할까? 이러한 점을 논리적으로 사유해 보면 지옥 고통은 결코 실체하는 존재가 있는 것이 아니라, 단지 중생의 업력에 기초하여 나타난 환상일 뿐이라는 점이 자명해진다.

중생은 자신의 업력이 짓는 대로 지옥을 경험한다. 즉 자옥 중생은 자신의 업력에 따라 마음이 지은 환영을 실체라고 여기게 되는 것이다. 그러므로 삼계의 어떤 것도 악한 마음이 만든 죄보다 더 무서운 것은 없다. 중생이 진정 두려워해야 하는 것은 외부에 있는 것이 아니라 자신의 마음에 있다. 때문에 고통과 두려움을 여의려면 마음을 잘 지켜야 한다. 마음을 잘 지켜 악업에 오염되지 않게 하면 일체 고난을 제거할 수 있다.

經說施度圓, 故施唯依心. 경설시도원, 고시유의심.

중생의 가난을 구제하여 보시바라밀을 원만히 성취했다고 하지만 지금도 여전히 가난한 사람들을 볼 수 있는데, 과거의 부처님들이 어떻게 보시바라밀을 완성하셨겠습니까?
자신의 몸과 재물과 선업 과보의 모든 공덕을 남김없이 중생에게 주겠다는 마음,
그것을 일러 원만한 보시바라밀이라고 설하셨으니, 보시는 오직 마음에 달린 것입니다.

재물을 베풀어서 일제 중생의 곤궁함을 구제하는 것으로써 보시바라밀이 원만해지는 것이라면, 부처님께서 세상에 나투셨을 때에도 가난한 사람들이 많이 있었고, 지금도 여전히 가난한 중생들이 많이 있는데, 과거의 부처님들이 어떻게 피안에 이르렀겠는가?

아끼고 탐하는 마음을 여의고 자신의 몸과 재물과 공덕의 선한 과보를 기꺼이 중생들에게 주어서 구경의 법을 수습하게 한다면, 이 베푸는 행이 곧 보시바라밀을 원만하게 하는 것이다. 이것이 바로 『무진혜경無盡慧經』에서 "무엇이 보시바라밀인가? 곧 일체 재물과 성취한 법을 보시하는 마음이다. 그러므로 보시는 마음 그 자체를 의지한다."라고 설한 바이다.

## ② 마음에 의지하여 계를 청정하게 함

遣魚至何方, 始得不遭傷? 견어지하방, 시득부조상?
獲斷惡心時, 說爲戒度圓. 획단악심시, 설위계도원.

물고기 등을 다른 어떤 곳으로 보내야만 비로소 그들이 상해를 만나지
않겠는가?
살생과 같은 악심을 끊어버렸을 때 비로소 지계바라밀이 원만 성취된
다고 설하셨습니다.

지계바라밀의 성취를 외적 환경에 기인하는 것으로 이해하면 아주
큰 곤란이 생길 것이다. 불살생의 계율을 지키려면 모든 벌레·미생물
들을 안전 지역으로 보내야 한다. 그렇지 않으면 밥을 먹고 길을
걸을 때 수시로 그들을 죽일 것이다. 불투도의 계율을 지키려면 탐하는
마음을 생기게 하는 물질을 전부 다른 곳으로 옮겨야 하며, 불사음계를
지키려면 매력적인 이성을 전부 다른 곳으로 치워버려야 한다. 불망어
계를 지키려면 말을 할 줄 아는 사람들을 전부 사라지게 해야 한다.
이렇듯 어떤 대상에게 손해를 입히지 않는 것을 지계바라밀의 성취
로 이해한다면, 과거 붓다의 지계바라밀 또한 원만하지 못했다고
할 수 있다. 부처님께서는 왜 살해를 면하기 어려운 모든 중생들을
다른 세계로 옮기지 않으셨는가?[102]
지계 수행은 오직 자신의 마음에 의지하여 원만하게 하는 것이다.
즉 계를 지키는 사람이 살생 등 중생들에게 해를 끼치는 악한 생각을

---

102 석가모니부처님께서 세상에 계실 때 욕실 청소를 담당한 비구가 욕실을 청소하
면서 그 안에 많은 벌레가 있는 것을 발견했다. 부처님께 어떻게 해야 하는지를
여쭈니, 부처님께서는 단지 청소를 깨끗이 하라고 대답하셨다. 살생계를 범할
까 두려워 청소를 할 수 없다고 다시 여쭈자, 부처님께서는 욕실을 깨끗하게
청소하는 것이지 살생하는 것이 아니라고 말씀하셨다.

끊어버렸을 때 지계바라밀의 서원을 원만하게 한다고 일컫는다. 이를 일러 경전에 설하길 "어떻게 지계바라밀을 이루는가? 다른 중생을 해치려는 마음을 끊어냄이다."라고 하였다.

### ③ 마음에 의지하여 인욕함

頑者如虛空, 豈能盡制彼? 완자여허공, 기능진제피?

若息此嗔心, 則同滅衆敵. 약식차진심, 즉동멸중적.

난폭한 중생들이 허공처럼 많은데 어떻게 모두를 정복할 수 있겠습니까? 화내는 이 마음 하나만 잘 조복하면 곧 모든 적들을 다 소멸시킨 것과 같습니다.

인욕바라밀 수행이 원만해졌음을 알려주는 표시가 화를 불러일으키는 외부 대상이 전부 청정하게 되는 것에 있다면, 이 역시 성립될 방법이 없다. 안인安忍은 외부의 악연과 원수를 평정하여 성내는 마음을 불러일으키는 환경을 전부 소멸시키는 데에 있는 것이 아니다. 난폭한 중생들이 허공처럼 많은데 그들 모두를 어떻게 조복할 것인가? 오직 화내는 이 마음 하나 극복하면 모든 적들을 소멸시킬 수 있다.

자신의 마음이 고요히 움직이지 않는 경계에 안주해야만 어떠한 적이나 해악에 괴로워하거나 마음이 흔들리지 않을 것이다. 더 이상 마음속으로부터 성냄의 해침을 느끼지 않는다면 외부 원수를 완전히 조복시키고 모든 악연을 제거한 것과 같다.

何需足量革, 盡覆此大地, 하수족량혁, 진복차대지,

176

片革墊靴底, 則同覆大地. 편혁점화저, 즉동복대지.

如是吾不克, 盡制諸外敵, 여시오불극, 진제제외적,

唯應伏此心, 何勞制其餘? 유응복차심, 하로제기여?

이 대지를 다 덮을 가죽을 어떻게 구할 수가 있겠습니까?

신발 바닥에 가죽을 붙이면 온 세상을 다 덮은 것과 같은 것입니다.

마찬가지로 외부의 모든 적을 제압하기란 불가능한 것입니다.

오직 이 마음을 조복하면 되나니, 어찌 수고롭게 그 나머지를 제압할

필요가 있습니까?

길을 가면서 발을 다치는 것을 피하기 위해 온 대지를 가죽으로
덮으려 한다면, 이는 얼마나 어리석은 생각인가? 단지 신발 바닥을
가죽으로 댄다면 모든 땅을 다 덮은 것과 같다. 이와 마찬가지로
외부의 모든 적을 전부 조복하기는 불가능하다. 단지 마음을 조복한다
면 외부의 어떤 적도 나를 해치지 못할 것이니, 다른 외부의 적들은
제압할 필요가 없는 것이다.

### ④마음에 의지하여 정진함

生一明定心, 亦得梵天果, 생일명정심, 역득범천과,

身口善縱勤, 心弱難成就. 신구선종근, 심약난성취.

밝게 안정된 마음 하나를 일으켜서 범천에 태어나는 선과를 얻습니다.
몸과 입으로는 부지런히 닦아도 마음이 미약하면 그러한 성취를 얻지
못합니다.

정진은 주로 '명정심明定心'과 관련되는데, 이는 선정에 들어 얻은 밝은 마음으로몸과 말의 업이 없는 것을 말한다. 명정심 마음 하나를 일으킨 과보로도 범천에 태어나는 결과를 얻는다. 몸과 입으로 지은 과보만으로는 행위가 미약하여 그와 같은 결과를 얻을 수 없다.

만약 자신의 마음이 산만하여 선법을 실천하지 못한다면, 몸과 입으로 더없이 부지런히 선법을 행하더라도 미약한 선과를 얻을 수 있을 뿐, 힘 있는 선심 일념이 얻는 선과에는 미치지 못한다. 반면에 보통 사람일지라도 청정하고 굳건한 바른 마음 일념을 일으키면, 이것으로써 범천에 태어나는 선과를 얻을 수 있다.

### ⑤ 마음에 의지하여 선정에 듦

雖久習念誦, 及餘衆苦行, 수구습염송, 급여중고행,
然心散它處, 佛說彼無益. 연심산타처, 불설피무익.

비록 오랫동안 진언을 염송하고 온갖 고행을 행하였다 하더라도 마음이 다른 곳에 가 있어 산란하다면 아무 이익이 없다고 부처님께서 말씀하셨습니다.

선정바라밀 역시 마음에 의지하여야만 원만해지는 것이다. 진언을 외우고 온갖 고행을 오랫동안 했을지라도 산란한 마음으로 했다면 무익하다고 붓다께서 말씀하셨다. 계율을 수행하는 사람의 마음이 외부 여러 인연으로 분산되거나, 혼침·수면 등과 같은 번뇌로 인해 산란해지면 어떠한 수행도 의미가 없다. 『섭등지경攝等持經』에서 이르길 "여러 비구들이여! 만약 마음이 밖으로 분산되면 고행이나 염송이

178

모두 효과가 없다."라고 하였으며, 『반야경般若經』에서도 "마음이 산란
하면 자신을 이롭게 하는 것도 이루지 못하는데, 어찌 남을 이롭게
하겠는가?"라고 설하였다.

## ⑥마음에 의지하여 반야지혜를 이룸

若不知此心, 奧秘法中尊, 약부지차심, 오비법중존,
求樂或避苦, 無義終漂泊. 구락혹피고, 무의종표박.
불법의 가장 심오한 비밀인 이 마음을 모른다면
아무리 행복을 얻고 고통을 없애려 해도 헛되이 표류하게 됩니다.

불법의 가장 빼어난 가르침은 마음의 비밀이 곧 자성공성에 있다는
것에 있다. 『석론釋論』에서 말하되 "무아의 진여는 자기의 마음에
숨겨져 있다."라고 하며, "만약 우리가 마음의 오묘한 비밀인 자성공성
을 통달하지 못한다면 행복을 얻고 고통을 여의려 해도 여전히 의미
없이 삼계 윤회에서 표류하게 될 뿐"이라고 하였다.

우리 모든 수행은 최후에 자신의 마음을 관찰하고 증득하는 것으로
돌아오는 것이다. 자신의 마음에 의지하지 않고서 원만한 지혜를
증득할 방법이 없으며, 원만한 지혜를 얻지 못하면 나와 남을 윤회에서
해탈하게 할 방법도 없다. 이를 일러 『화엄경華嚴經』에서 "모든 보살이
보리심을 행하는 것은 자기 마음에 의지한다. 끝없는 중생을 제도하는
것 역시 자기 마음에 의지한다."라고 한 것이다.

## (3) 맺음말

故吾當善持, 善護此道心, 고오당선지, 선호차도심,

除此護心戒, 何勞戒其餘? 제차호심계, 하노계기여?

그러므로 나는 응당 이 마음을 정지정념으로 잘 지켜야 합니다. 마음을 지키는 맹세가 없다면 그 밖의 계율들이 무슨 소용이 있겠습니까?

보살계를 원만하게 하고자 한다면 반드시 마음을 청정하게 닦는 것에 의지해야 한다. 바른 앎과 바른 생각을 수지하고 시시각각 자기 마음을 관찰하여 산란함을 멀리하는 것이 수행의 요체이다.

## 3) 마음을 지키는 방법

如處亂衆中, 人皆愼護瘡, 여처난중중, 인개신호창,

置身惡人群, 常護此心傷. 치신악인군, 상호차심상.

난폭한 군중들 속에 있을 때 조심스레 몸의 상처를 돌봐야 하듯이 악인의 무리 속에 있을 때에 마음의 상처를 잘 보호하여야 합니다.

산만하고 위의가 없는 군중들 속에 있을 경우, 몸에 상처를 입은 사람들이 자신의 상처를 보호하는 것처럼 마음을 조심해야 한다. 악한 사람들 속에 있을 때에도 마찬가지이다. 마음의 상처를 잘 보호하지 않으면 바로 고통이 생기므로, 번뇌를 일으키는 외연 경계에 처할 때 항상 마음을 잘 지켜야 한다.[103]

若懼小瘡痛, 猶愼護瘡傷, 약구소창통, 유신호창상,

畏山夾毀者, 何不護心傷? 외산협훼자, 하불호심상?

몸에 난 상처의 조그마한 고통도 벌벌 떨며 잘 치료하면서
중합지옥에 끼이는 고통을 두려워하는 자가 어찌 마음의 상처는 돌보
지 않는 것입니까?

　조그만 상처의 통증이 두려워서 몸의 상처를 보살핀다면, 마땅히
중합지옥衆合地獄[104]에 몸이 끼이는 큰 고통도 두려워해야만 한다.
작은 허물을 막아 지키지 못하면 그 허물의 해침을 크게 당하게 되는
것이 이치이니, 마음을 잘 보호하고 마음의 상처를 조심스럽게 돌보아
야 한다. 상사 여의보의 말씀대로 "정법이 아닌 일을 할 때 즉시 바른
앎과 바른 생각으로 미친 코끼리 같은 마음을 꽉 붙잡아 두어야 하는"
것이다.

[103] 수행자라면 모름지기 자기 마음을 잘 지켜서 외부 환경의 영향으로 자신의
청정 보리심이 해를 입지 않도록 해야 한다. 오늘날 많은 사람들이 몸에
난 상처는 잘 치료하면서도 자기 마음은 잘 지키려는 생각이 없어 각종 악독한
번뇌가 마음을 해치게 한다. 사실 신체상의 상처는 잠깐의 통증을 줄 뿐이다.
하지만 마음을 지키지 못하며 삼악도의 큰 고통을 겪어야만 한다.

[104] 살생계를 범하면 중합지옥에 떨어진다. 두 개의 큰 산이 나타나는데, 살생한
사람은 그 사이에 끼여 두 산의 맹렬한 마찰 속에서 고통에 몸부림치게 된다.
온몸이 부스러진 후에야 두 산이 떨어지는데, 살생한 사람은 곧 다시 부활하여
재차 두 산의 충돌을 받아 온몸이 가루처럼 부서진다.

## 4) 마음을 지키는 공덕

行爲若如斯, 縱住惡人群. 행위약여사, 종주악인군,

抑處女人窩, 勤律終不退. 억처녀인와, 근율종불퇴.

이렇게 언제나 마음을 잘 지킬 수 있다면 악인들 무리 속에서 살거나 젊은 여인들 무리에 있게 되더라도 계율에 힘써 끝끝내 수행이 후퇴하지 않게 됩니다.

늘 바른 앎과 바른 생각으로 계율을 잘 지켜 물러서지 않을 경지에 이르면, 맹렬한 악인들 무리 속에서 살아도 끝내 계율을 파하지 않게 된다. 혜능 대사는 사냥꾼과 몇 십 년을 같이 살아도 자기 마음을 오염시키지 않고 도리어 그 냉혹한 사냥꾼들을 감화시켰으며, 대가섭 존자는 금색 비구니와 12년을 함께 살았어도 줄곧 청정하지 않은 행위나 마음이 없었다.

## 5) 마음을 지킬 것을 다짐함

吾寧失利養, 資身衆活計, 오녕실이양, 자신중활계,

亦寧失餘善, 終不損此心. 역녕실여선, 종불손차심.

차라리 모든 명예와 이익, 재산과

나머지 선법을 잃을지언정 이 마음을 훼손시키지 않겠습니다.

이 게송에서 '나머지 선법(餘善)'은 불법의 근본인 보리심에 순응하지 않는 여타의 선행이나 선법을 말하며, '이 마음(此心)'은 보리심을 말한다. 『보명론普明論』에서 설하길 "차라리 이익이나 명예, 몸을 유지

하고 생계를 유지하는 데 필요한 재물들, 타인의 공경과 우러름, 몸과
말을 바르게 행하는 여분의 선법을 잃기를 원할지언정, 절대로 보리심
은 손상시키지 않는다."라고 하였다. 『교왕경教王經』에서는 "신체를
보호하기 위하여 재산을 버릴 수 있고, 생명을 보존하기 위하여 재산과
신체를 버릴 수 있다. 그러나 정법을 위해서는 재산과 신체와 생명을
모두 버릴 수 있다."라고 설했다. 수행인은 어떤 환경에서도 이러한
굳건한 신념과 결심을 지켜야 한다. 이 점이 해탈을 성취하는 데
중요한 담보가 된다.

## 2. 정지정념을 지킴으로써 마음을 지킴

### 1) 정지정념을 굳게 지키기를 권면함

合掌誠勸請, 欲護自心者, 합장성권청, 욕호자심자,
致力恒守護, 正念與正知. 치력항수호, 정념여정지.
합장하고 간절히 바라옵나니, 마음을 지키려고 하는 모든 이들이
지극한 노력으로 항상 정지와 정념을 지키게 하옵소서.

　　지극한 마음과 뜻으로 다음과 같이 권면한다. 마음을 지키려는
사람들이여! 비록 생명의 위험을 만날지라도 바른 인과를 취사선택하
는 정념을 잊지 않고, 자기 마음의 상태를 잘 관찰하여 선악을 분명하게
가려 아는 정지를 행하오시라.

## 2) 정지정념을 지키지 못하는 과환

身疾所困者, 無力爲諸業, 신질소곤자, 무력위제업,

如是惑擾心, 無力成善業. 여시혹요심, 무력성선업.

몸에 질병이 있어 곤궁한 사람은 어떤 일도 할 힘이 없듯이
마음이 미혹하고 혼란스러운 사람은 선업을 이룰 힘이 없습니다.

질병에 시달리는 사람이 어떤 일을 할 힘이 없는 것처럼, 우매하고
무지하여 선악인과의 취사를 알지 못하고 마음이 요동치는 사람은
선한 일들을 성취할 힘을 갖지 못한다.

정지정념으로 자기 마음을 지키지 않는다면, 번뇌가 일어났을 때
마치 신체 면역기능이 질병 앞에서 방어능력을 상실한 것처럼 나약하
고 무기력해져서 어떤 선업도 짓기 힘들게 된다. 때문에 수행자는
모름지기 번뇌로 마음이 어지러워지기 시작할 때 바로 이를 알아차리
고 마음을 정지정념에 묶어 정법 닦는 좋은 기회를 잃지 말아야 한다.

## (1) 바른 앎(正知)을 지키지 못하는 과환

### ①지혜를 잃음

心無正知者, 聞思修所得, 심무정지자, 문사수소득,

如漏瓶中水, 不復住正念. 여루병중수, 불부주정념.

마음에 바른 앎이 없는 사람은 문사수 수행을 한다고 하더라도
새는 병에 물을 담아 놓은 것처럼 바른 생각에 머물 수가 없게 됩니다.

마음에 바른 앎을 갖추지 못하면 듣고 사유하고 수행하면서 생긴 지혜가 증대하기는커녕 점차로 사라져 버린다. 들어서 생긴 지혜는 경의 가르침을 들음으로써 마음속에 생긴 지혜이다. 사유하여 생긴 지혜는 여러 차례 정법을 사유하여 분명한 이해를 획득한 지혜이다. 수행에서 생겨난 지혜는 듣고 사유하여 얻은 법을 여러 차례 명상하여 해가 동편에 높이 떠올라 운무를 다 몰아내는 것처럼 마음의 흐름 속에서 생겨난 지혜이다. 각자가 듣고 사유하고 수행하는 것을 얼마나 많이 하든지 간에, 정지정념이 없으면 깨진 병에 담가 놓은 물이 점점 다 새나가는 것처럼 바른 법을 통달하여 지니지 못하게 된다.

## ②계율을 잃음

縱信復多聞, 數數勤精進, 종신부다문, 수수근정진,

然因無正知, 終染犯墮垢. 연인무정지, 종염범타구.

설령 신심 있고 가르침을 들을 줄 알며 부지런히 정진하더라도 바른 앎이 없으면 결국에는 타락하여 오염되게 됩니다.

신심을 구족하고 불법에 박학다문하며 부지런히 정진하고 스승을 공경하더라도, 자신의 신구의 삼문의 허물을 관찰하는 '바른 앎'을 갖추지 못하면 끝내 과오를 초래하게 되어 계율을 범하고 타락하게 된다.[105]

---

105 바른 앎이 없으면 자기 삼문을 관찰할 방법이 없기 때문에 번뇌가 침범하여 마음을 오염시키기 쉽다. 뿐만 아니라 이러한 사람은 가볍게 오염을 바꿀 수 없다. 바른 앎이 없어 자기 결점을 깨끗하게 할 방법이 없고 참회의 의지를

## (2) 바른 생각(正念)을 지키지 못하는 과환

### ① 번뇌가 복덕 자량을 앗아감

惑賊無正知, 尾隨念失後, 혹적무정지, 미수념실후,

盜昔所聚福, 令墮諸惡趣. 도석소취복, 영타제악취.

바른 앎이 없으면 번뇌 도적이 바른 생각을 잃어버린 자의 뒤를 밟아서
옛적에 쌓아놓은 복덕을 다 취하고 그를 악취에 떨어지게 합니다.

바른 앎이 없는 번뇌의 도적은 바른 생각을 놓아버린 자의 뒤를
계속 따라가면서, 도적이 재물을 탈취하는 것처럼 예전에 쌓은 복덕을
단번에 쓸어내 없애고 그로 하여금 악취로 떨어지게 한다.[106]

### ② 번뇌가 지혜자량을 앗아감

此群煩惱賊, 尋隙欲打劫, 차군번뇌적, 심극욕타겁,

得便奪善財, 復毀善趣命. 득편탈선재, 부훼선취명.

이 번뇌라는 도적의 무리들은 호시탐탐 기회를 노리고 있다가
일단 틈을 얻으면 선업을 훔쳐가고 나아가 선취의 목숨까지 훼손합니다.

---

내기도 매우 어렵기 때문이다. 신심·다문·정진을 구족하고 그 가운데 바른
앎을 지닌 사람이어야 제때에 번뇌의 침입을 관찰하고 그것을 다스려서 불법
수행의 복연을 이어가는 것이다.

[106] 평상시에는 바른 앎이라는 호위병이 수행하는 동안의 복덕을 지키고 있어서
번뇌의 좀도둑이 기회를 엿보고 있어도 그것을 싹 쓸어가기 어렵다. 그러나
바른 앎이 없으면 이제 이 호위병들이 자리에서 쫓겨난 꼴이 되어 좀도둑들이
바로 기회를 잡아 수행인들이 지난날 쌓아놓은 복덕 자량을 깡그리 털어간다.
남는 것은 오직 삼악도로 떨어질 뿐이다.

번뇌는 좀도둑처럼 우리의 복덕 자량을 몰래 훔쳐갈 뿐만 아니라, 때로는 강도처럼 선취를 얻는 근본 목숨까지도 흉악하게 빼앗아간다. 여섯 가지 근본번뇌[107]와 이에서 파생된 스무 가지 수번뇌[108]는 악연에 의지하여 강렬하게 재난을 일으켜 우리의 선법 재물을 훔쳐갈 뿐만 아니라, 인과에 대한 바른 견해 같은 지혜 자량도 무너뜨려서 이로 말미암아 선취에 환생할 수 없게 만들기 때문이다.

### 3) 정지정념을 지키는 방법

#### (1) 정념을 지키는 방법

故終不稍縱, 正念離意門, 고종불초종, 정념이의문,

離則思諸患, 復住于正念. 이즉사제환, 부주우정념.

그러므로 결단코 마음의 문에서 바른 마음집중을 잃지 않도록 해야 합니다.

바른 생각을 여의면 바로 악취의 과환을 기억해서 다시 돌아와 안주해야 합니다.

바른 생각을 지키지 못하면 반드시 많은 재난이 생기므로 결단코

---

107 탐(貪: 탐욕)·진(瞋: 성냄)·치(癡: 어리석음)·만(慢: 아만심)·견(見: 진리에 어긋나는 잘못된 견해인 부정견不正見)·의(疑: 의심)의 여섯 가지 번뇌를 말한다. 『유가사지론瑜伽師地論』에서는 이중 탐·진·치를 3종 근본번뇌라고 칭하고 있다. 근본번뇌를 수면隨眠이라고도 한다.

108 수번뇌隨煩惱는 근본번뇌를 따라 일어난 2차적인 번뇌를 뜻한다. 예를 들어 '질(嫉: 시기, 질투)'은 근본번뇌 가운데 진瞋에서 생겨나는 수번뇌이다.

마음의 문에서 바른 생각이 떠나지 않도록 해야 한다. 만일 바른 생각을 이미 여의었다면 악취의 불행을 기억하여 거듭 바른 생각에 마음을 안주시켜야 한다.

보리심을 지속시키는 바른 생각은 자비와 지혜의 빛을 내어 삼독의 어둠을 깨끗이 없앤다. 그러므로 수행자는 반드시 바른 생각이 마음에서 계속되고 있는가를 관찰하여야 하며, 만약 있지 않으면 방편을 이용하여 그것이 끊이지 않도록 해야 한다.[109]

### ①정념을 일으키는 인因

**恒隨上師尊, 堪布賜開示**, 항수상사존, 감포사개시,

**畏敬有緣者, 恒易生正念**. 외경유연자, 항이생정념.

항상 스승님을 잘 모시며 스승님이 설하시는 바른 법을 배우고 윤회를 두려워하며 스승님 선연善緣에 헌신한다면 정념은 쉽게 일어납니다.

바른 생각을 일으키려고 한다면 반드시 마음과 외부 환경이라는 두 가지 인연에 따라야 하는데, 이 게송은 우선 외재적 인연을 설하고

---

109 바른 앎은 자기 삼문의 상태를 관찰하여 청정함을 위하고 악을 버리는 것이며, 바른 생각은 정법을 기억하고 악을 단절하며 선을 수행하는 것을 한시도 잊지 않는 것이다. 그런데 바른 생각은 정법을 계속해서 관조하는 바른 앎이 증강되어야 연속될 수 있다. 역으로 바른 생각이 끊이지 않고 청정심을 밝힐 때 또한 바른 앎도 지속된다. 바른 생각은 바른 앎의 분명함을 기억할 수 있고, 바른 앎은 바른 생각의 지속적 흐름을 관찰할 수 있다. 두 가지는 상호작용하여 계속됨을 유지한다.

있다.

수행자는 모름지기 스승과 정법을 수행하는 도반에게 의지해야
한다. 그들은 언제나 바른 법을 설하실 것이며, 만일 내가 인과취사를
어긴다면 그분들이 꾸짖어 주실 것이다. 이렇듯 악업을 두려워하고
윤회를 싫어하며 큰 스승의 선연善緣의 가르침에 수순한다면 정념은
쉽게 일어난다.


佛及菩薩衆, 無碍見一切, 불급보살중, 무애견일체,
故吾諸言行, 必現彼等前. 고오제언행, 필현피등전.
如是思維已, 則生慚敬畏. 여시사유이, 즉생참경외.
부처님과 보살님은 어디서든 걸림 없이 일체를 보고 계시니
나의 모든 언행은 그분들 앞에 반드시 드러날 것입니다.
이처럼 사유하면 곧 부끄러움과 공경심과 두려움이 일어납니다.[110]


여기에서는 바른 생각을 일으키는 내심의 인연을 설하고 있다.
모든 부처님과 보살님이 항상 장애 없는 혜안으로 자신을 보고
계시고 자신의 모든 언행과 마음이 그분들이 현전한 그 앞에 드러나
있다는 생각에 이르게 되면, 부끄러움과 공경과 외구심이 일어나게
되어 자연스럽게 정념을 구족하게 된다. 이는 『본생전本生傳』에서

---

110 여법하게 상사에 의지하여 정법을 배워 익히면 자신의 과거와 현재의 모든
   그릇됨에 부끄러움이 자연스럽게 일어나게 된다. 또한 제불보살을 존경하고
   우러르는 마음이 생기고, 인과는 허망하지 않다는 정확한 인식을 하게 되어
   계율을 위반하여 타락하는 것을 두려워하게 된다.

이르되 "숨어서 남에게 발견되지 않게 죄를 짓는 것은 독은 먹은 것처럼 마음을 불안하게 만들며, 천인과 유가사의 청정혜안에 반드시 드러나게 된다."라고 함과 같다.

## ②정념을 지키는 과果

循此復極易, 殷殷隨念佛. 순차복극이, 은은수념불.

爲護心意門, 安住正念已, 위호심의문, 안주정념이,

正知卽隨臨, 逝者亦復返. 정지즉수임, 서자역부반.

이와 같이 반복하면 매우 쉽게 부처님에 대한 생각이 계속해서 일어나게 됩니다.

어느 때이든 정념이 마음의 대문을 지키고 안주하게 되면

정지 역시 자연스럽게 임하게 되며, 떠났다가도 곧 되돌아오게 됩니다.

점점 이런 생각들을 따라서 자연스레 부처님을 그리는 생각이 계속하여 마음에서 일어나게 된다. 바른 생각이 언제나 마음의 문 앞을 줄곧 지키고 안주하면 번뇌가 허점을 틈타 들어오는 것을 방지하여 바른 앎도 함께 생겨나게 되며, 설령 바른 앎을 잃어버렸어도 신속하게 회복시킬 수 있다.

## (2) 정지를 지키는 방법

### ①율의계를 지킴

㉮마음의 허물을 바로 알아차림

心意初生際, 知其有過已, 심의초생제, 지기유과이,

190

卽時當穩重, 堅持住如樹. 즉시당온중, 견지주여수.

마음이 처음 일어나는 순간 허물임을 바로 알아차리고
그때 큰 나무처럼 진중하게 안주해야 합니다.

　어떻게 하면 바른 앎과 바른 생각으로 보살계를 지킬 수 있는가?
수행자는 자기의 마음이 움직이기 시작했을 때 즉시 바른 앎으로
자기 마음을 관찰해야 한다. 그 마음이 탐진치에 오염된 것이라면
바로 행위를 버리고 한 그루의 큰 나무처럼 신중하고 굳건하게 바른
생각에 안주해야 한다.[111]

㉯삼문三門의 상태를 관찰함
㉠몸이 짓는 바를 관찰함
吾終不應當, 無義散漫望, 오종불응당, 무의산만망,
決志當恒常, 垂眼向下看. 결지당항상, 수안향하간.

결단코 나는 쓸데없이 산만하게 두리번거리는 것을 하지 않으리라.
굳건한 의지로 마음을 모아 시선을 아래로 모으리라.

---

111 번뇌 악연은 면하기가 어렵다. 바른 앎으로 관조할 수 없고 선악을 분별하여
바른 생각으로 자기 마음을 매어둘 수 없다면 한 번의 화내는 번뇌로도 백만
장애의 문이 열린다. 그러므로 근훠 린포체는 "번뇌가 일어나도 마음이 그것에
따라가서는 안 된다. 신체가 그것을 따라 움직여서도 안 되고 말을 해서도
안 된다. 잠시 자신의 번뇌를 강제하여 인내한 후 점점 안주한다. 이것이
나무처럼 안주한다는 것이다."라고 설하시는 것이다.

　어떻게 바른 앎과 바른 생각으로 몸가짐을 여법하게 할 것인가? 수행자는 쓸데없이 산만하게 두리번거리는 것을 하지 말아야 한다. 아무 의미 없이 이리저리 둘러보면 그 마음이 외부 환경에 산란해져서 분별심을 일으키게 된다.[112] 따라서 굳건한 의지로 인과의 도리를 따라 선악을 가리는 것에 정신을 모으고, 항시 시선을 코끝에서부터 앞쪽 아래 방향을 향하여 내려다본다.[113]

蘇息吾眼故, 偶宜顧四方, 소식오안고, 우의고사방,

若見有人至, 正視道善來. 약견유인지, 정시도선래.

눈을 쉬게 하기 위해 가끔은 사방을 둘러보다가

눈길에 들어오는 사람이 있으면 바로 보며 "어서 오라"고 인사합니다.

　줄곧 머리를 숙이고 앞쪽 아래 방향 한 자 정도 떨어진 곳을 주시하며 가다보면 눈과 몸이 피곤해진다. 이럴 때면 반드시 가는 것을 멈추고 고개를 들어 먼 곳을 바라본다. 이때 마침 눈길에 들어오는 사람이 있으면 기쁜 얼굴로 상대를 바라보며 "잘 오셨습니다."라고 인사한다.

爲察道途險, 四處頻觀望, 위찰도도험, 사처빈관망,

憩時宜回顧, 背面細檢索. 게시의회고, 배면세검색.

---

112 화지 린포체는 이를 일러 "눈은 색깔을 탐하고 나방은 등불 안에서 죽는다."라고 하였다.

113 『반야섭송』에 이르되 "행주좌와에 바른 생각을 갖고 있어서 시선을 대상에 집중해 마음이 산란하지 않는다."라고 하였다.

길에 위험이 없는지 살피기 위해 가끔 사방을 둘러보아야 하며 휴식을 취할 때는 주변을 살피고 뒤쪽도 세심히 살펴보아야 합니다.

먼 길을 갈 때에는 길을 잘못 든 것은 아닌지, 도적은 없는지 등을 살피기 위해 전후 사방을 천천히 잘 보아야 한다. 휴식을 취할 때에도 반드시 주변을 살피고 특히 뒤쪽에 위험이 없는지 잘 살펴야 한다. 이러한 관찰과 조심은 악연을 예방하여 피하게 해준다.

前後視察已, 續行或折返, 전후시찰이, 속행혹절반,
故于一切時, 應視所需行. 고우일체시, 응시소수행.
전후 사방을 잘 살펴보고 앞으로 가거나 혹은 되돌아옵니다.
이처럼 모든 상황에서 마땅히 필요한 것을 살펴보고 행해야 합니다.

앞뒤로 자세히 거듭 확인한 후에야 계속 앞으로 가거나 혹은 되돌아간다. 행주좌와의 모든 상황에서 해야 할지 말지 판단하고 행해야 한다. 요컨대 어느 때 어느 곳에 있건 간에 자신의 삼문을 관찰한 뒤에 나아가야 하는 것이다.

欲身如是住, 安妥威儀已, 욕신여시주, 안타위의이,
時時應細察, 此身云何住. 시시응세찰, 차신운하주.
몸이 어떤 상태에 안주하거나 혹은 어떤 위의에 안주했을 때 수시로 자기 몸의 자세가 여법한지를 살펴보아야 합니다.

수행인은 언제 어느 곳을 막론하고 바른 앎을 지켜서 자기 몸을 관찰하여야 한다. 필요한 일을 하거나 혹은 어떤 위의에 안주할 때 마음의 상태를 분명하게 알고 일을 시작하여야 하며, 수시로 몸의 이러한 자세가 여법한지 자세하게 살펴보아야 한다.[114]

ⓛ마음의 움직임을 관찰함

盡力遍觀察, 此若狂象心, 진력편관찰, 차약광상심,
緊系念法柱, 已拴未失否? 긴계념법주, 이전미실부?

미친 코끼리 같은 이 마음을 정법의 기둥에 꽁꽁 묶어두고
잃어버렸는지 안 잃어버렸는지 온 힘을 다해 관찰해야 합니다.

우리 마음은 한 마리 난폭한 야생 코끼리 같아서 조복시키지 않으면 탐진치 악업을 지어 이생과 내생에 무량한 고통을 가져다준다. 그러므로 우리는 바른 앎이라는 밧줄을 이용하여 난폭한 코끼리 같은 자신의 마음을 자리이타의 정법이라는 큰 기둥에 풀리지 않게 잘 묶어놓고, 마음이 전도되어 바른 생각을 잃어버렸는지 아닌지를 전력을 다해 관찰해야만 한다.

---

114 예를 들면, 수행자가 삼매를 닦을 때 방석에 앉아 마음속으로 자신이 비로7법에 안주해야 한다고 사유한다. 이것이 '몸이 어떤 상태에 안주하려고 하기 전'의 준비이다. 그리고 신체를 이러한 상태에 안주시켜 잘 앉는다. 이것이 '어떤 위의에 이미 안주했을 때'이다. 이 두 과정을 반드시 바른 앎과 바른 생각으로 자세히 관찰해야 한다.

精進習定者, 刹那勿弛散, 정진습정자, 찰나물이산,
念念恒伺察, 吾意何所之? 염념항사찰, 오의하소지?
선정을 수행하는 사람은 한 찰나도 마음이 흐트러지지 않도록
지금 내 뜻이 어디로 가고 있는지 매 순간 살펴야 합니다.

　전심전력으로 선정을 수행하며 정진하는 사람은 한 찰나라도 마음이
전도된 대상 경계를 따라 흐트러지지 않도록 지금 자기 마음이 '선'과
'불선'의 어떤 대상 경계에 닿아 있는지 늘 살펴야 한다.[115]

ⓒ 개차법을 적용할 수 있음[116]
危難喜慶時, 心散亦應安, 위난희경시, 심산역응안,
經說行施時, 可捨微細戒. 경설행시시, 가사미세계.
위험이나 곤란함 혹은 경사스러운 일을 만나 마음이 흩어져도 받아들
일 수 있으니,
경에서 설하시길 보시를 행할 때 소소한 계율은 잠시 버려둘 수 있다
하셨습니다.

---

115 자기 마음이 선업을 지었다면 수희하고 계속해서 늘어나게 한다. 자기 마음이
　　악업에 빠졌다면 반드시 끊어버리고 새롭게 선을 향하게 해야 한다. 수행은
　　이렇듯 한 방울의 물이 바윗돌을 뚫듯이 해야 한다.
116 부득이 계율을 다 지킬 수 없을 때에는 순서대로 지킨다. 이것이 열고 닫는
　　'개차법開遮法'이다. 예를 들면 제1계인 생명을 살리기 위해 피치 못할 사정으로
　　2~10번 등의 계를 지키지 못할 경우가 있다.

생명을 해치는 위험이 있는 상황에 처했거나 불전에 헌공할 때, 불보살님 성탄 같은 축제에 참여할 때, 혹은 중생의 큰 이익을 위할 때, 만약 엄격한 위의에 맞게 바른 앎으로 마음을 단속하여 관상을 계속할 수 없다면 그 장소의 형편을 고려하여 가능한 방면으로 합당하게 처신할 수 있다.

『무진혜청문경無盡慧請問經』에서 설하길 "보시를 행할 때 어떤 계율을 잠시 보류할 수 있다."라고 했는데, 예를 들면 죽임을 당하는 중생을 위하여 무외시를 베풀어 숨겨줘야 할 때에는 보지 못했다고 거짓으로 둘러대도 되는 것 등이다.[117]

ⓔ 마음을 전일하게 함

思已欲爲時, 莫更思他事, 사이욕위시, 막갱사타사,

心志應專一, 且善成辦彼. 심지응전일, 차선성판피.

如是事皆成, 否則俱不成. 여시사개성, 부즉구불성.

隨眠不正知, 由是不增盛. 수면부정지, 유시부증성.

심사숙고한 후에 어떤 일을 하기로 했으면 다른 일은 생각해서는 안 되며

---

117 이러한 허락은 어디까지나 생명의 위험을 만나 긴급 대응 수단을 요청해야 할 때나 삼보에 공양하는 특별법회에서 식량·재물을 보시하는 등과 같은 특수한 상황에서 부수적인 규율에만 국한되는 것임을 알아야 한다. 수행자는 모름지기 근본 율의에 대해서는 결코 허락된 바가 없음을 기억하고, 이 게송을 구실로 방일하게 굴고 자기 마음이 산란하여 율의를 버리게 두어서는 안 된다.

오롯이 마음을 한군데에 쏟아야 그 일을 원만하게 성취할 수 있습니다. 이와 같이 하면 어떤 일이든 이룰 수 있으나 그렇지 않으면 아무 일도 이루지 못하며

마음을 전일하게 하면 바르지 않은 앎(不正知)의 수면번뇌도 증대하지 못합니다.

엇비슷한 역량이 요구되는 사업들을 추진할 때는 먼저 어떤 일을 하는 것이 더 타당한지를 고려하여 하나를 선택하여 시작하여야 한다. 다른 일은 일단 뒤로 미루고 한 가지 일을 마친 뒤에 하도록 한다. 전심으로 집중해야만 짧은 시간에 그 일을 원만하게 성취할 수 있는 것이니, 이렇게 중요한 일을 먼저 마친 후에 남은 일도 처리하면 두 가지 일을 다 잘할 수 있다. 반대로 두 가지 일을 한꺼번에 하면 어떤 일도 원만하게 성공할 수 없는 법이다. 원칙에 따라 순서대로 선법 사업을 해 나가면 부정지不正知로 말미암은 수면(隨眠: 근본번뇌) 도 늘어나지 않을 것이다

㉰삼문을 관찰 후 원만하게 끊음
㉠잡다하고 무의미하며 번뇌를 불러일으키는 일을 끊음
無義衆閑談, 諸多賞心劇, 무의중한담, 제다상심극,
臨彼境界時, 當斷意貪着. 임피경계시, 당단의탐착.
쓸데없는 잡담이나 진귀한 구경거리 등
마음을 들뜨게 하는 경계를 만났을 때 그에 대한 애착을 버려야 합니다.

수행자는 의미 없는 잡담이나 세간법에 관한 화제, 마음을 혹하게 만드는 영화나 텔레비전 프로그램 등과 같은 마음을 산란하게 하는 대상을 멀리하여야 한다. 수행인의 마음이 이런 외부 환경에 쏠려 있으면 탐진치 번뇌에 오염되어 바른 앎과 바른 생각을 놓치기 쉽기 때문이다.[118]

---

118 예전에 사리불과 목건련 존자가 아직 부처님을 만나지 않았을 때 모두 유명한 지자였다. 당시 사리불의 이름은 네자이고 목건련의 이름은 방나제였는데, 두 사람은 제 각기 상대방의 이름을 듣고 서로를 앙모했지만 만난 적은 없었다. 그러다가 어느 날현지 사람들이 매우 융성한 오락 활동을 열었다. 네자와 방나제는 이런 상황을 좋아하지 않았지만 부모의 명령에 따라 부득불 참가하였는데, 공교롭게도 두 사람이 나란히 앉게 되었다. 희극이 좀 상연된 뒤 네자가 옆 좌석의 방나제에게 물었다.

"무대 위의 희극을 보고 있습니까?"

"그렇습니다."

"당신이 보기엔 무대 위의 희극이 아주 훌륭합니까?"

"연기자들이 전부 죽음에 가까운 사람들인데 시체와 아무런 차이가 없습니다. 자세히 관찰해 보면 아무런 훌륭한 것이 없습니다."

네자는 상대가 매우 대단한 지자라는 것을 느끼고 바로 물었다.

"혹시 당신은 방나제 아니십니까?"

"세간 사람들이 나를 그렇게 부릅니다."

네자는 매우 기뻐하며 방나제를 수희찬탄하였다.

방나제도 네자에게 물었다.

"무대 위의 프로그램을 지금 보고 있습니까? 당신이 보기엔 어떠합니까?"

네자가 대답했다.

"보기도 했고 또 듣기도 했지만, 허위의 장신구들로 꾸민 연기자들이 거짓의 모습을 연기하고 있어서 아무런 흥취가 없습니다."

이번엔 방나제가 기뻐 말했다.

無義掘控割, 于地繪圖時, 무의굴알할, 우지회도시,
當憶如來敎, 懼罪捨彼行. 당억여래교, 구죄사피행.

의미 없이 땅을 파거나 초목을 베거나 땅바닥에 그림을 그리다가도
마땅히 여래의 가르침을 기억하고 죄를 두려워하며 그만두어야 합니다.

　아무런 의미도 없이 땅을 파거나, 초목을 벤다든가, 땅바닥에 그림을
그리다가도, 이런 쓸데없는 일들을 하지 말라는 여래의 계율조목을
기억하고 계율을 어기는 죄를 두려워하며 이러한 행위들을 버려야
한다.

　율장에서는 집을 짓거나 절을 보수하는 등 특별히 허가된 경우가
아니면 땅을 파고 풀을 자르는 행위를 엄격하게 금지하고 있다. 이러한
행위는 중생에게 이득이 없을 뿐만 아니라 작은 생명을 해쳐서 여래의
가르침을 위반하는 죄업을 쌓게 하기 때문이다.

若身欲移動, 或口欲出言, 약신욕이동, 혹구욕출언,
應先觀自心, 安穩如理行. 응선관자심, 안온여리행.

몸을 움직이거나 혹은 말을 하고 싶은 때
먼저 자기 마음을 관찰하여 안온한 마음으로 여법하게 행해야 합니다.

---

　"아, 당신이 네자이지요?"
　"세간 사람들이 나를 그렇게 부릅니다."
　이 당시 네자와 방나제는 아직 출가 전이라 성과를 증득하지 못한 상태이지만,
이러한 외부 환경이 무상하고 꿈같고 환상 같은 것이라는 본질을 꿰뚫어보고
있었던 것이다.(지엄 편역, 『입보살행론광석 上』, 보드가야, p.515에서 인용)

몸을 움직일 때뿐만 아니라 입을 열어 말하고자 할 때도, 먼저 자기 마음의 동기를 관찰하여 절대 번뇌를 따라 휩쓸리지 말고 신중하고 합당하게 선법을 받들어 행해야 한다.[119]

吾意正生貪, 或欲嗔恨時, 오의정생탐, 혹욕진한시,

言行應暫止, 如樹安穩住. 언행응잠지, 여수안온주.

탐하는 마음이 일어날 때, 성내는 마음이 일어날 때,

언행을 잠시 멈추고 나무처럼 안온하게 머물러야 합니다.

자기 마음속에 애착과 성내는 마음이 일어나면 그 순간 그러한 마음 상태로 인하여 불선의 업을 짓게 되므로, 언행을 멈추고 일체법이 작위가 없음을 알아 한 그루의 나무처럼 지음 없는 상태에 머물러야 한다.[120]

掉擧與諷刺, 傲慢或驕矜, 도거여풍자, 오만혹교긍,

或欲評論他, 或思僞與詐, 혹욕평론타, 혹사위여사,

或思勤自贊, 或欲詆毀他, 혹사근자찬, 혹욕저훼타,

---

119 모든 언행이 청정 보리심에서 나와 견고하며 번뇌에 오염되지 않는 대승불자를 '안온자安穩者'라고 부른다.

120 상사 여의보는 다음과 같이 말씀하신다. "탐심이 사납게 일어나면 잠시 그것을 극복하려고 해라. 성내는 마음이 강렬할 때도 마찬가지이다. 10분 동안 움직이지 말고 말도 안하고 있다가 천천히 말하고 움직이기 시작하면, 어떤 나쁜 업보도 발생하지 않을 것이다."

粗言幷離間, 如樹應安住. 조언병이간, 여수응안주.

마음이 들뜨고 산만할 때, 남을 비꼴 때, 오만하거나 잘난 척할 때, 다른 이의 잘못을 들추려 할 때, 마음속에 허위가 가득 찰 때, 남을 속이려 할 때,

자화자찬하고 싶을 때, 남을 얕보고 업신여기려 할 때,

조악한 말로 남을 나무랄 때, 이간질하고 싶을 때에는 나무처럼 머물러 야 합니다.

마음이 들떠 산란하고, 남을 비방하고, 오만하거나 교만하고, 재물을 탐애하고 집착하며, 타인의 허물을 들춰내 말하려고 하고, 위선과 속임수로 남을 속이려고 하며, 스스로를 칭찬하고, 남을 얕보고 업신여기며, 거친 말로 남을 나무라고 다툼을 일으키려고 하는 등 이런 나쁜 생각들이 들 때는 큰 나무처럼 꿈쩍도 하지 말아야 한다.

或思名利敬, 若欲差僕役, 혹사명리경, 약욕차복역,

若欲人侍奉, 如樹應安住. 약욕인시봉, 여수응안주.

명예와 이익과 공경을 원할 때, 하인으로 부릴 사람을 찾고자 할 때, 다른 사람이 나를 시봉해주기를 원할 때에는 나무처럼 머물러야 합니다.

명예와 이익을 탐하고 공경스런 대우를 받고자 하며, 하인을 두고 싶어 하거나, 남의 시중을 받기 바라는 등과 같은 심리상태가 나타날 때에는 응당 한 그루 나무처럼 머물러야 한다.

欲削棄他利, 或欲圖己利, 욕삭기타리, 혹욕도기리,

因是欲語時, 如樹應安住. 인시욕어시, 여수응안주.

이타행을 포기하고 싶을 때, 자기의 이익을 도모하려고 할 때,

그러한 생각들을 말하고자 싶어질 때에는 나무처럼 머물러야 합니다.


나쁜 생각이 일어났을 때 그것을 언행으로 드러내서는 안 된다. 사사로운 이익을 탐하며 이타행을 포기하고자 하는 생각이 일어나고, 그것을 말로 표출하고자 하는 충동이 일 때에는 한 그루 나무처럼 머물러야 한다.[121]


不耐懶與懼, 無恥言無義, 불내나여구, 무치언무의,

親友愛若生, 如樹應安住. 친우애약생, 여수응안주.

참을성 없이 게으르고 두려움이 일 때, 부끄러움이 없고 무의미한 말을 할 때,

벗을 가까이하고 사랑하는 마음이 생겼을 때는 나무처럼 머물러야 합니다.


참을성 없고, 게으르고, 대승 보살행이 필요로 하는 강인한 의지나 고행·수행의 장애 등에 대한 두려움이 일며, 염치가 없고 허튼소리를 일삼고, 벗에 집착하고 애정을 갈구하는 탐욕심이 일어날 때 또한

---

[121] 용수보살은 설한다. "마음속의 번뇌는 지혜로운 사람과 어리석은 사람이 기본적으로 차이가 없다. 그러나 지혜로운 사람은 그것을 언행으로 드러내지 않을 수 있어서 불량한 업보를 적게 만든다."

반드시 한 그루 나무처럼 처신해야 한다.

應觀此染汚, 好行無義心, 응관차염오, 호행무의심,
知己當對治, 堅持守此意. 지기당대치, 견지수차의.

이처럼 번뇌에 물들어 있거나 무의미한 일을 행하기 좋아하는 마음을 관찰하여
바로 알아차리고 적절하게 대치하여 청정 보리심을 견고하게 지켜가야 합니다.

우리는 응당 이처럼 마음이 번뇌에 오염되어 부질없는 일을 열심히 하는 것은 아닌지 잘 살피고,[122] 이럴 때에는 바로 엄격하게 다스려 청정 보리심을 굳게 지켜야 한다.[123]

---

122 이상의 게송에서 전부 27가지 번뇌를 나열하고 있다. 탐욕, 성냄, 도거(마음이 들뜨고 산란한 것), 멸시, 오만(자기를 믿고 남을 업신여기는 것), 교만(밖으로 드러나지는 않고 속으로 자기에 대한 집착이 강한 나쁜 마음), 남을 평가하기, 허위, 사기, 자화자찬, 다른 사람의 잘못을 헐뜯기, 거친 말, 이간질, 명예를 추구하기, 이익을 생각하기, 공경 받기를 원하기, 사람을 부리고 싶은 것, 남의 시중을 바라는 것, 남의 이익을 깎아내리기, 자기의 이익을 도모하기, 그러한 마음을 말로 표출하기, 참지 못하는 것, 나태함, 두려움, 부끄러움이 없는 것, 무의미한 말을 하기, 벗을 가까이하고 애정을 일으키는 것 등이다. 게송에서 말하는 '나무처럼 머무름'은 이러한 번뇌가 일어났을 때 바로 알아차리고 바른 생각을 견지하여 신구의 삼문을 나무처럼 움직이지 않게 하는 것을 말한다. 그리 하여야 마음속 번뇌가 자라나 악업으로 변하는 것을 막을 수 있다.

123 번뇌를 다스리는 것에 대하여는 대승경론에서 여러 가지 비결을 설하고 있다.

ⓛ마땅히 해야 할 일을 실천함

深信極肯定, 堅穩恭有禮, 심신극긍정, 견온공유례,

知慚畏因果, 寂靜勤予樂. 지참외인과, 적정근여락.

매우 깊은 신심을 지니며 상사 삼보의 공덕을 긍정하고, 굳세고 의연하게 모든 이에게 공손하고 예의바르게 대하며,

부끄러움을 알고 인과업보를 두려워하며, 고요하게 머무르고 남을 기쁘게 하고자 노력해야 합니다.

이 게송에서는 대승수행인이 갖춰야 하는 덕목을 총괄하여 말하고 있다.

상사 삼보에 대한 깊은 신심을 바탕으로 굳건하게 서원을 세워 선을 행하며, 선법의 공덕을 보면 뛸 듯이 기뻐하고, 의지를 굳세고 의연하게 하여 곤란을 당하여도 퇴보하지 않고, 공경심이 가득한 마음으로 예의바르게 예배를 올린다. 악행을 경계하고 안팎으로 부끄러워할 줄 알아 인과 업보를 두려워하며, 육근을 지키고 위의를 고요하게 조절하여 남을 기쁘게 하고자 노력해야 한다. 악업에 대하여 수치를 느끼지 못하여 악습을 바꿀 수 없으면 자량을 쌓을 방법이 없다.

---

예를 들어 탐심이 일어나면 부정관으로 대치한다. 성내는 마음이 일어났을 때에는 무시이래 모든 중생이 자기 부모임을 관상하고 그 은덕을 관상한다. 어리석은 마음은 연기의 깊은 뜻을 사유하여 대치한다. 번뇌는 제어할 수 없는 것이 아니다. 선지식에 의지하여 미혹되고 환상에 불과한 마음을 두려워하지 않는 경지에 통달하면 모든 번뇌를 철저하게 끊을 수 있음을 명심해야 한다.

愚稚意不合, 心且莫生厭, 우치의불합, 심차막생염,

彼乃惑所生, 思已應懷慈. 피내혹소생, 사이응회자.

어리석은 사람들과 뜻이 맞지 않는다고 마음에 역겨움을 내어서는
안 됩니다.

번뇌로 인해 그들에게 그런 마음이 생긴 것임을 생각하고 자비로운
마음을 품어야 합니다.


　선법을 수행하는 과정에서 어리석은 범부들에게 책망이나 비방을
듣게 되더라도 싫은 마음을 일으켜 대승 보살행을 그만두어서는 안
된다. 각종 번뇌가 일어나 중생들이 자기를 주재하지 못하고 해칠
마음이 생겨 그리하는 것을 알아 그들을 불쌍히 여기는 생각을 일으켜
야 한다.

　『경장엄론經莊嚴論』에 "중생은 자재하는 힘이 없어 항상 죄를 짓는
다. 지혜 있는 이는 그것에 집착하여 그것을 과실로 여기지 않는다.
중생들이 주재함이 없는 중에 전도망상으로 그릇된 행을 지은 것임을
알아 더 크게 불쌍히 여기는 마음을 낸다."라고 하였다.


爲自及有情, 移行不犯罪, 위자급유정, 이행불범죄,

更以幻化觀, 恒常守此意. 갱이환화관, 항상수차의.

자기 자신과 중생들을 위하여 행동하고 악업을 범하지 않으며
모든 것을 몽환과 같은 것으로 보는 마음을 항상 지녀야 합니다.


　자기 자신과 일체유정의 이익을 위하여 청정하게 수행하고, 자기와

중생의 관점을 분별하여 부끄러움을 설한다. 자신이 짓고 행하는 모든 것이 몽환과 같음을 알아 아만 없이 그 마음을 항상 지켜야 한다.[124]

ⓒ 신체의 무상함을 사유하여 번뇌를 대치함

吾當再三思, 歷劫得暇滿, 오당재삼사, 역겁득가만,
故應持此心, 不動如須彌. 고응지차심, 부동여수미.

오랜 겁 복덕을 쌓아 가만한 사람 몸을 얻었음을 재차삼차 사유하고 이러한 마음을 수미산처럼 흔들림 없도록 지켜야 합니다.

응당 수차례 반복하여 생각하면 오랜 겁 동안 복덕을 쌓아 겨우 운 좋게 사람 몸을 얻었음을 알 수 있다. 가만난득의 사람 몸을 얻어 바른 생각·바른 앎으로 불법을 닦고자 하는 청정심을 내고, 수미산처럼 조금도 흔들리지 않게 그 마음을 지켜야 한다.

禿鷹貪食肉, 爭奪扯我尸, 독응탐식육, 쟁탈차아시,

---

124 대승 수행의 핵심은 나와 남을 이롭게 하는 것에 있다. 수행자는 모름지기 자신과 남에게 이롭지 않은 일을 절대 행해서는 안 된다. 이것만이 수행자로 하여금 죄를 짓는 것에서 멀어지게 한다. 그런데 불법을 닦는 사람이라면 여기에서 한 걸음 더 나아가야 한다. 불이不二 지혜로써 윤회와 열반의 만법을 관찰하여 일체가 자성이 없는 몽환 같은 빈 그림자임을 깨달아야 한다. 이를 두고 근수취자는 다음과 같이 설한다. "중생을 이롭게 하는 마음과 행위를 자랑삼아 오만함이 일어났다면 그 이타행은 조금도 의미가 없다. 그러므로 환영 같고 꿈같다는 관념으로써 자긍심을 대치하여야 한다."

若汝不經意, 云何今愛惜? 약여불경의, 운하금애석?

독수리가 고기를 탐하여 내 시신을 이리저리 쪼아댈 때

전혀 개의치 않을 것이라면, 어찌하여 지금 이 육신을 아까워합니까?

선천 존자가 말씀하신 것처럼 보리심은 반드시 마음에 지녀야 하는 것이지만, 신체는 아껴 보호해야 하는 대상이 아니다. 신체는 자신의 해탈 이익을 위해서 어떤 역할도 할 수 없기 때문이다.

감히 묻건대 그대는 왜 지금 그 몸을 보호하는가? 나중에 죽어서 독수리가 그대의 시체를 이리저리 쪼아댈 때 마음속으로 조금도 개의치 않고 아무런 반응도 보이지 않을 것이라면, 지금 자기 육신을 안달복달하며 지키고 몸의 부림을 받는 것이 어찌 합리적인 행동일 수 있겠는가? 우리의 신체는 단지 마음속 습기가 견고하게 습관을 이룬 가짜 모습에 불과할 뿐이다.

意汝與此身, 何故執且護? 의여여차신, 하고집차호?

汝彼旣各別, 于汝何所需? 여피기각별, 우여하소수?

마음 그대여, 어째서 이 몸을 집착하고 지키려고 합니까?

그대와 몸이 이미 별개의 것인데 몸이 그대에게 무슨 소용이 있겠습니까?

마음이여! 어째서 그대는 육신을 내 것이라고 집착하면서 보호하고 지키고자 하는가? 내(마음)가 그것(육신)을 필요로 한다고 여기는가? 마음이여! 그대와 육신이 각각 별개의 것일진대, 육신이 그대에게 무슨 소용이 있겠는가?[125]

癡意汝云何, 不護淨樹身, 치의여운하, 불호정수신,

何故勤守護, 腐朽臭皮囊? 하고근수호, 부후취피낭?

어리석은 마음이여, 그대는 어찌하여 깨끗한 나무토막은 지키지 않고 썩어 냄새나는 가죽 주머니인 몸을 이리 힘들게 보호하고자 합니까?

많은 사람들이 다음과 같이 생각한다. 의식은 반드시 신체에 의지해 야 존재할 수 있다고. 나와 신체는 별개의 것이지만 의지처가 필요하여 이 몸에 집착한다고. 그렇다면 그대 어리석은 마음이여! 기왕에 의지처 를 찾고자 한다면 어째서 깨끗한 나무토막을 간직하지 않고, 더러운 것들이 모여 썩어가는 가죽 주머니인 몸을 보호하고자 하는가?[126]

---

125 의식과 육체는 별개의 것이다. 우리의 육체는 부모의 정기와 피에 지수화풍의 4대 요소가 결합하여 이루어진 것이다. 그러나 의식은 중음신의 경계를 넘어서 온다. 비유하자면 몸은 여관이고, 의식은 그 여관을 찾아온 나그네인 것이다. 때문에 우리는 정법을 닦기 위해 잠시 몸을 손상되지 않게 보호하는 것 외에는 근본적으로 몸에 집착하고 그것을 아까워할 필요가 없다. 이러한 이치를 모르고 몸에 집착한다면 악업을 짓게 될 뿐 수행의 바른 도에 들어갈 방도가 없다.

126 의식이 굳이 의지처를 찾고자 한다면 나무나 유리 등으로 만든 신체를 찾는 것이 더 나았을 것이다. 당연히 살과 뼈보다 더 튼튼하고 견고하며, 매일 먹고 마실 필요가 없으니 매일 똥오줌을 배출할 필요도 없었을 것이다. 수행자 는 모름지기 자신의 육신을 관찰할 줄 알아야 한다. 우리의 육신은 모발·치아· 손톱·발톱·가죽·살·근육·뼈 등 깨끗하지 못한 물질의 조합체이며, 매일 9개 의 구멍이 외부를 향하여 각종 오염 물질을 배출하고 있다. 이렇듯 똥주머니에 불과한 몸을 애써 가꾸며 나의 집이라고 집착을 하니, 이 얼마나 어리석은 일인가?

首當以意觀, 析出表皮層, 수당이의관, 석출표피층,
此以智慧劍, 剔肉離身骨. 차이지혜검, 척육리신골.
마음속으로 먼저 피부와 살을 분리해내고
지혜의 칼로 뼈와 살을 갈라내어 관찰해 보십시오.

　혹자는 다음과 같은 질문을 할 수 있다. 신체가 깨끗한 것이 아니라면 왜 깨끗하지 않은 것인가? 우리는 지혜의 칼을 이용하여 자기 몸이 집착할 만한 가치가 있는 정교하고 아름다운 물건인지 아닌지를 관찰할 수 있다.
　먼저 마음속으로 피부와 살을 분리한 후 뼈로부터 살을 발라내어 관찰해 본다. 현미경으로 확대해서 보면 온몸에 8만 4천 개의 모공이 두로 퍼져 있어 냄새를 발산하고 있다. 그 아래 근육은 마치 무더기 거품처럼 보이고, 근육 안에의 작은 관에는 비릿한 혈액들이 가득 차 있다. 이렇듯 자세히 보면 볼수록 혐오감이 일 뿐, 그곳에서 어떤 정묘한 무엇인가를 얻을 수 없다.

復解諸骨骼, 審觀至于髓, 부해제골격, 심관지우수,
當自如是究, 何處見精妙. 당자여시구, 하처견정묘.
이어서 모든 뼈마디를 갈라 골수 속까지 자세히 관찰하여 보십시오.
몸 안 어디에 청청하고 오묘한 것이 있는지 깊이 탐구해 보십시오.

　인체에는 206개의 뼈가 있는데, 뼈는 골막·골질·골수로 구성되어

있다. 자세히 보면 이 역시 칼슘·피·고름 등 사람들에게 혐오감을
주는 것들이다. 피부와 살·뼈 외에도 사람 몸에는 내장·혈액 등이
있는데 이것 역시 마찬가지로 아름답고 정교한 그 무엇이 아니다.
결국 우리가 내릴 수 있는 결론은 인간의 몸은 온갖 비린내 나고
냄새나는 물질로 구성되어 있을 뿐, 집착할 만한 것이 전혀 아니라는
것이다.

如是勤尋覓, 若未見精妙, 여시근심멱, 약미견정묘,
何故猶貪着, 愛護此垢身? 하고유탐착, 애호차구신?
이렇게 노력해서 찾아보아도 청정하고 오묘한 것을 보지 못하는데
무엇 때문에 욕심내고 집착하며 이 더러운 몸을 아끼고 보호해온
것입니까?

　이렇게 애써 노력해서 찾아보아도 결과적으로 신체에서 청정한
그 무엇을 보지 못하는데, 지금껏 우리는 무엇 때문에 이를 깨닫지
못하고 이 더러운 몸을 집착하며 정성스럽게 아끼고 지켜왔는가?
수쟈 린포체는 말한다. "이러한 사람은 여관에서 단지 하룻밤 머물러
가면서 전 재산을 들여 여관방을 호화롭게 치장하는 것과 같다."

若垢不堪食, 身血不宜飮, 약구불감식, 신혈불의음,
腸胃不適吮, 身復何所需? 장위부적연, 신부하소수?
貪身唯一因, 爲護狐鷲食. 탐신유일인, 위호호취식.

더러운 살은 먹지 못하고, 피는 마땅히 마실 수 없으며,
장과 위도 삼킬 수 없다면, 신체는 도대체 무슨 쓰임이 있겠습니까?
신체에 탐욕을 내는 것은 오로지 여우와 독수리의 먹이를 위한 것일
뿐입니다.

故應惜此身, 獨爲修諸善! 고응석차신, 독위수제선!
縱汝護如此, 死神不留情, 종여호여차, 사신불류정,
奪已施鷲狗, 届時復何如? 탈이시취구, 계시부하여?

육신을 아끼는 이유는 오직 그것을 이용하여 선법을 닦음에 있을
뿐입니다!
아무리 애지중지 몸을 보호하더라도 죽음의 신은 무자비하게
우리의 몸을 앗아가서 독수리와 들개에게 내던지는데 그때는 어찌할
것입니까?

若僕不堪使, 主不與衣食, 약복불감사, 주불여의식,
養身而它去, 爲何善養護? 양신이타거, 위하선양호?

주인의 부림을 따르지 않는 하인에게는 옷과 음식을 제공하지 않는
법인데,
잘 부양하여도 결국엔 다른 곳으로 가버리고 마는 육신을 어찌하여
애지중지하는 것입니까?

　이 게송은 비유를 들어 육신에 탐착하여서는 안 됨을 이야기하고
있다. 하인이 주인의 말을 듣지 않고 시키는 일을 하지 않는다면

주인은 그를 더 이상 고용하지 않을 것이다. 마음은 육신의 주인이다. 사람들은 일평생 먹고 마시고 치장하며 자신의 몸을 양육한다. 그러나 그것은 주인의 명을 듣지 않고 선업을 닦지 않다가 최후에는 주인을 버리고 죽어버린다. 이런 배은망덕한 신체를 양육할 필요가 있는가?

卽酬彼薪資, 當令辦吾利, 즉수피신자, 당령판오리,

無益則于彼, 一切不應與. 무익즉우피, 일체불응여.

육신에게 보수를 주었다면 육신은 마땅히 나와 타인을 이롭게 해야 하는데

이롭게 하지 못한다면 몸에 무언가를 줄 필요가 조금도 없습니다.

우리는 마땅히 자기 육신에 적당한 음식과 의복·휴식을 주어야 한다. 그러나 이렇게 하는 것은 육신으로 하여금 우리를 위한 일을 하게 하기 위함이다. 수행자의 입장에서 그것은 선업을 닦아 일체중생에게 이로움이 있도록 하는 것이다. 중생을 이롭게 하고 일체중생을 구제하는 것, 이것이야말로 육신을 잘 양육하는 유일한 이유가 된다.

念身如舟楫, 唯充去來依, 염신여주즙, 유충거래의,

爲辦有情利, 修成如意身. 위판유정리, 수성여의신.

육신을 나룻배로 여겨서 가고 오는 데 의지하였으면 충분하다 생각하십시오.

모든 중생을 이롭게 하기 위하여 수행 정진하여 여의신을 성취하여야 합니다.

우리는 마땅히 우리의 육신을 고해를 건너는 배로 삼아야 한다. 육도윤회 중에서 인간의 몸은 불법을 듣고 선업을 쌓아 윤회를 건너는 가장 좋은 도구가 된다. 수행자는 모름지기 이 육신을 바탕으로 수행 정진하여 여의신如意身을 성취하여야 한다.

우리는 대승 불법을 닦아 일체중생을 해탈시키고자 정등보리를 원만하게 증득하고자 하는 서원을 세웠다. 이를 위해 수행자는 모름지기 부지런히 선업을 닦아 공덕이 원만한 청정 불신佛身을 이룬 뒤, 중생의 원에 의지하여 중생의 업연에 따라 무량국토에 끊임없는 화신으로 나타나 일체중생을 이익 되게 하는 여의보가 되어야 하는 것이다.

## ②선법계를 지킴
### ㉮ 평소 행위를 고요하고 바르게 함
自主己身心, 恒常露笑顔, 자주기신심, 항상로소안,
平息怒紋眉, 衆友正實語. 평식노문미, 중우정실어.
자신의 몸과 마음의 주인이 되어 항상 얼굴엔 웃음을 띠고
찌푸리거나 성난 모습을 보이지 말며 중생의 친구가 되어 정확하고
진실한 말을 해야 합니다.

앞서 먼저 선법을 닦는 데 악연이 되는 것을 끊음을 설했다. 이제 선법을 잘 닦는 방편을 진술한다.

이 게송은 수행인은 모름지기 신구의 행동거지를 점잖게 하여 타인과 화목하게 지내야 함을 말하고 있다. 그러기 위해서는 먼저 자신의 마음을 조복하고, 언행과 태도를 온화하고 자애롭게 해야 한다. 악연을

만든 중생에게도 이처럼 대하여야 한다. 찡그린 얼굴과 기쁘지 않은 내색을 보여서는 안 된다. 탐심이 들어가 있는 '친함'과 성내는 마음이 들어간 '소원함'을 멀리하고 일체중생을 평등 선심으로 대하는 사무량심捨無量心을 행해야 하는 것이다. 또한 수행자는 '정확하고 진실한 말', 곧 실제에 부합하여 타인을 이롭게 할 수 있는 말을 하여야 한다.

移座勿隨意, 至發大音聲, 이좌물수의, 지발대음성,
開門勿粗暴, 常喜寂靜行. 개문물조폭, 상희적정행.
水鷗猫盜賊, 無聲行隱蔽, 수구묘도적, 무성행은폐,
故成所欲事, 能仁如是行. 고성소욕사, 능인[127]여시행.

의자 같은 기물을 옮길 때 부주의하여 큰소리가 나게 해서는 안 되며 문을 열 때에도 거칠게 하지 말고 늘 고요하고 정밀하게 행동해야 합니다.
물새와 고양이와 도둑이 소리 없이 은밀하게 행동하여
자기가 원하는 바를 얻듯이, 수행자 역시 이와 같아야 합니다.

대중 속에서 생활하는 수행자는 반드시 일상의 소소한 행동 속에서 고요함을 유지하여 다른 사람에게 방해가 되어서는 안 된다. 기물을 옮길 때 시끄러운 소음을 내어서는 안 되고, 남의 방을 찾아갈 때에는 가볍게 노크를 하고 자신의 신분과 찾아온 이유를 밝힌 후 상대방의

---

127 '능인'은 부처님의 명호 중의 하나로, 청정하고 단련이 잘 되어 있어 고행을 행할 수 있는 마음을 가리킨다. 그런데 여기에서 능인은 부처님을 말하는 것이 아니라 대승 불법을 닦는 수행자를 가리킨다.

대답을 듣고 조용히 문을 열고 들어가야 한다. 이처럼 행주좌와 모든 행동에서 여법함을 지켜 고요함과 온유함을 유지해야 방일하여 악업을 짓는 것을 미연에 방지할 수 있다.


④ 타인을 수희찬탄隨喜讚嘆함

**宜善勸勉人, 未請饒益語,** 의선권면인, 미청요익어,
**恭敬且頂戴, 恒爲衆人徒.** 공경차정대, 항위중인도.
지혜롭게 남을 잘 권면하고, 청하지 않았어도 해주는 충고는 공경하고 정례로써 받들며, 항상 누구에게나 배워야 합니다.


　이 게송에서 '지혜롭게 남을 잘 권면한다'는 것은 방편을 잘 설정하여 다른 사람으로 하여금 악을 끊고 선을 행하도록 권면하는 것을 말한다.
　수행자는 모름지기 가르침을 청한 바 없어도 누군가가 자신에게 좋은 뜻으로 충고를 한다면 그것을 공경의 마음으로 들어야 한다. 지혜롭게 판단하여 자기 자신이나 중생에게 이로움이 있는 가르침이라면 공경의 마음으로 정례의 예를 올려야 하는 것이다.
　나아가 대승 수행자는 겸허함을 지켜 모든 중생의 제자가 되어야 한다. 다른 사람의 장점은 배워야 하며, 다른 사람의 단점은 자신에게 비추어 자신을 변화, 발전시키는 거울로 삼는다. 이를 일러 샤까빤디따는 "지혜로운 사람은 그 앎이 넓고 깊어도 타인의 미미한 덕까지 취한다."고 한 것이다.


**一切妙雋語, 皆贊爲善說,** 일체묘준어, 개찬위선설,

見人行福善, 贊嘆生歡喜. 견인행복선, 찬탄생환희.

다른 사람의 바른 말은 항상 좋은 말이라고 칭찬하고,

복덕을 쌓고 선행을 하는 것을 보면 찬탄하며 기뻐하는 마음을 내야

합니다.

 

일상생활에서 우리는 각 방면으로부터 좋은 말을 많이 들을 수

있다. 어떤 사람을 막론하고 인간의 발전을 권면하고, 인류의 아름다운

정서를 계발하며, 인격을 선량하게 하는 말을 한다면 그것을 찬탄해야

한다. 선천 논사는 '번뇌를 다스릴 수 있는 모든 좋은 말은 사실 부처님

의 가피이다. 부처님께서 직접 말씀하신 것과 다르지 않으므로 찬탄하

여야 한다."라고 하였다.

또한 누군가가 선법을 행하고, 삼보에 공양하고, 방생이나 절과

탑을 짓는 등 불사를 하여 복덕 자량 쌓는 것을 보았을 때 진실로

그것을 기뻐하고 진솔한 언어로 그 공덕을 찬양해야 한다. 우리는

일쑤 질투심에 사로잡혀 다른 사람의 공덕을 수희하기가 쉽지 않다.

이러한 측면을 고치지 않으면 자량을 쌓는 데 큰 장애가 됨을 알아야

한다.

 

暗稱他人功, 隨和他人德, 암칭타인공, 수화타인덕,

聞人稱己德, 應曉知德者. 문인칭기덕, 응효지덕자.

남모르게 다른 사람의 공덕을 찬미하고, 누가 다른 사람의 공덕을

칭찬하면 같이 찬탄하고

자신의 공덕이 칭찬받는 것을 들으면 자신에게 마땅히 그런 덕이

있는지 살펴봅니다.

　타인의 공덕을 찬탄할 때 그 사람이 없는 곳에서 하는 것이 좋다. 직접 있는 자리에서 공덕을 찬탄한다면 아첨이 되기 쉽기 때문이다. 누군가가 어떤 사람의 공덕을 칭찬하면 질투하지 말고 같이 수희찬탄 한다. 반면에 누군가가 나의 공덕을 칭찬하면 자만하지 말고 스스로에 게 정말로 그러한 공덕이 있는지 잘 살피며, 그 공덕이 상사 삼보의 가피임을 알아야 한다.

一切行爲喜, 此喜價難估, 일체행위희, 차희가난고,
故當依他德, 安享隨喜樂. 고당의타덕, 안향수희락.
남들의 모든 선한 행위는 나에게 기쁨을 주며, 이러한 환희는 돈으로 사기 어려운 것입니다.
이 때문에 반드시 타인의 선 닦는 공덕에 의지하여 수희의 기쁨을 누려야 합니다.

如是今無損, 來世樂亦多, 여시금무손, 내세락역다,
反之因嗔苦, 後世苦更增. 반지인진고, 후세고갱증.
이와 같이 하면 금생에서 어떠한 손해도 없고 내세에서도 많은 안락을 얻을 수 있으나
반대로 타인의 공덕에 성내는 마음을 내면 금생에서도 괴롭고 내세에 서도 더 큰 고통을 받게 됩니다.

어떤 누군가가 선법을 행하는 것을 보고 기뻐하며 찬탄한다면 나 자신에게 어떠한 손해도 없을 뿐만 아니라 그 덕에 복덕이 늘어난다. 그러한 선법 수행자들에게 의지하여 자신도 발전시키고자 하는 마음이 일어나며 그 덕에 내세에서 인천복보를 얻거나 무상안락의 불과를 이룰 수 있다.

반면에 다른 사람이 선법을 행하여 기쁨을 누리는 것을 보고 질투가 일거나 미움이 생긴다면 자신의 공덕에 전혀 이익이 없을 뿐만 아니라 내세에서도 악업의 성숙으로 인해 더욱 큰 고통을 받게 된다.

일체중생이 안락을 얻기를 기원하는 수행자는 다른 사람의 행복에 대해 종종 환희심을 일으킨다. 이 때문에 다른 사람의 복덕이 그의 마음속에서도 똑같이 일어나게 된다. 이러한 사람의 복덕 자량이 어찌 신속하게 늘어나지 않고 원만해지지 않을 수 있겠는가.

㉱ 자신의 일을 잘 닦음

出言當稱意, 意明語相關, 출언당칭의, 의명어상관,
悅意離貪嗔, 柔和調適中. 열의이탐진, 유화조적중.

다른 사람과 대화를 할 때에는 상대방의 마음과 부합하고 뜻이 분명하며 앞뒤가 이어져야 하고
다른 사람을 기쁘게 하고 탐냄과 성냄을 멀리하며, 어조는 부드럽게 하고 발음의 고저와 속도는 적당하게 해야 합니다.

간략한 이 게송에는 석가모니부처님이 제자들에게 전수한 말과 관련된 좋은 방편이 다 드러나 있다.

대승 수행자들은 다른 사람과 대화할 때 내용과 방식, 기교에 주의해야 한다. 먼저 말하는 내용과 방식은 중생의 근기와 취향에 적합해야한다. 부처님의 십대 제자 중 설법 제일인 부르나 존자는 의사를보면 의사에게 적합한 말을 했고, 관리를 보면 관리에게 적합한 말을했으며, 농부를 보면 농부에게 적합한 말을 했다. 이렇듯 상황에 맞게적절한 가르침을 펼 수 있어야 한다.

또한 수행자는 거친 말, 사실이 아닌 말, 탐욕적이고 비열한 말,성을 내며 남을 해치는 말 등 바르지 않은 말을 멀리해야 한다. 말을할 때에는 분명한 주제로 앞뒤의 말을 서로 연관되게 해서 듣는 사람이그 말의 의미를 분명하게 이해할 수 있게 한다. 어조와 고저, 성량,속도 등도 적절하면서도 온화하고 자애롭게 해서 듣는 사람을 기쁘게한다. 이것이 보살 사섭법四攝法 중의 하나인 '애어愛語'이니,[128] 일상생활에서 이러한 것들을 세심하게 관찰하고 사유하면서 스스로 닦아나가야 한다.

眼見有情時, 誠慈而視之, 안견유정시, 성자이시지,

念我依于彼, 乃能成佛道. 염아의우피, 내능성불도.

중생들을 대면할 때에는 정성스럽고 자애로운 눈으로 보아야 하고,

---

128 '사섭법'은 보살이 중생을 제도할 때에 취하는 네 가지 기본적인 태도를 말한다.
첫째는 보시이고, 둘째는 다른 사람을 이롭게 하는(饒益衆生) 애어이며, 셋째는
이행利行, 곧 선행으로 사람들에게 이익을 주는 일이고, 넷째는 동사同事,
곧 자타自他가 일심동체가 되어 협력하며 중생과 사업을 같이 하여 제도하는
일을 말한다.

그들에 의지하여야 불도를 이룰 수 있다고 생각해야 합니다.

중생은 성불의 인연이다. 대승 수행자는 위없는 보리심을 발하고, 육바라밀을 닦아 자량을 쌓고, 궁극적으로 원만대정각을 성취하기까지 모두 중생에 의지하고 있다. 중생이 없으면 보리심을 발할 기초가 없어지며, 보시와 인욕의 복덕 자량을 쌓을 방법도 없어지니 당연히 불과도 성취할 길이 없어지는 것이다. 이 때문에 이르기를 일체 유정은 나의 성불을 돕는 생불이라고 하는 것이다.

이러한 이치를 이해하고 대승 수행자는 중생을 볼 때 정성과 자비의 눈으로 대해야 한다.『보살보만론』에서 "일체중생을 볼 때 마땅히 부모 형제의 마음을 내어야 한다."고 말하였다. 조금의 허위도 없이 중생을 평등하게 부모로 보거나, 혹은 나아가 부처님 성존으로 보게 된다면 애쓰지 않아도 거대한 복덕 자량이 쌓일 것이다.

### ③요익중생계를 지킴
㉮ 선업을 이룸

恒依强欲樂, 或依對治引. 항의강욕락, 혹의대치인.

以恩悲福田, 成就大福善. 이은비복전, 성취대복선.

환희심이 솟구치는 믿음이나 대치법에 의지하여 선행을 이끌어내고 은전恩田과 비전悲田, 복전福田에 공양하고 보시하면 큰 선업을 이룰 수 있습니다.

이 게송은 대복덕 선근을 성취하는 몇 가지 조건을 언급하고 있다.

항상 분발하여 환희심에 의지하거나 대치법에 의지하여 선법을 닦고, 은전과 비전, 복전[129]에 공양과 보시를 올리면 큰 복덕 선근을 성취할 수 있다. 즉 원願보리심을 일으키고, 꾸준하게 정진하며, 업장을 참회하고, 삼보를 정례공양하며 중생을 가엾게 여기며 선법을 닦아 나가는 것은 공덕을 쌓아나가는 매우 수승한 자량이 되는 것이다.

善巧具信已, 卽當常修善, 선교구신이, 즉당상수선,
衆善己應爲, 誰亦不仰仗. 중선기응위, 수역불앙장.
부처님의 가르침을 분명하게 이해하고 믿음을 갖추었으면 곧 마땅히 선법을 닦아야 합니다.
일체 선법은 능동적으로 닦아야 하나니, 그 누구에게 의지하겠습니까?

부처님의 지혜방편을 명확하게 통달하고 믿음을 구족한 뒤, 늘 자신과 타인을 이익 되게 하는 선법을 닦아야 한다. 일체 선법은 능동적으로 힘을 다해 닦아야만 하고 남에게 의지하지 말아야 한다. 즉 대승 수행자로서 우리는 중생의 고통을 보았을 때 다른 누군가가 그를 구제하겠거니 하는 기대를 가져서는 안 되며, 반드시 자발적으로 그들을 구제해야 한다.

---

129 '은전'은 나를 낳아주고 길러준 부모를 말한다. 무시이래 모든 중생은 언젠가는 다 나를 낳아 길러준 부모중생이었다. 비전은 기아·빈곤 등 각종 고난에 빠진 중생을 가리키며, 마지막으로 복전은 상사 삼보를 말한다. 수행자는 이러한 은비복전에 공양을 올리거나 보시를 행함으로써 복덕 자량을 쌓아갈 수 있다.

施等波羅蜜, 層層漸升進, 시등바라밀, 층층점승진,

勿因小失大, 大處思利他. 물인소실대, 대처사리타.

육바라밀 수행은 순서와 단계에 따라 점진적으로 나아가야 합니다.
작은 것으로 인하여 큰 것을 잃어버려서는 안 되니, 큰 것은 다른
사람을 이롭게 하는 것을 말합니다.

보시·인욕·지계·정진·선정·지혜 등의 육바라밀 수행은 순서와
단계에 따라 점차적으로 힘써 수행해야 한다. 육바라밀은 뒤로 갈수록
수승하기 때문에 응당 끝까지 수행하여 나아가야 한다. 또한 아주
작은 덕행에 구속되어 비교적 큰 선법을 버려서는 안 된다. 예를
들면 작은 계율 때문에 큰 보시를 방치해서는 안 되는 것이다. 선법의
크고 작음은 다른 사람을 이롭게 하는 면에서 고려되어야 한다.

④ 부지런히 다른 사람을 이롭게 함

前理既已明, 應勤饒益他, 전리기이명, 응근요익타,

慧遠具悲者, 佛亦開諸遮. 혜원구비자, 불역개제차.

위에서 설명한 도리를 분명하게 안 다음에는 마땅히 힘써 중생을
이롭게 해야 합니다.
대자대비를 구족하신 지혜로운 자, 부처님께서는 개차법을 열어놓으
셨습니다.

위에서 설명한 도리를 분명하게 안 뒤에는 시시각각으로 쉬지 않고
타인을 이익 되게 하는 데 정근해야 한다. 그런데 만약 타인을 이롭게

하기 위하여 계율을 범한다면 지옥에 떨어질 것인가?

깊고도 높은 지혜를 갖추시고 인과취사를 통달하신 대자대비하신 붓다께서는 진실로 중생을 이롭게 하는 중에 부득불 몸과 입의 율의를 위반하는 것을 허락하셨다. 『선교방편경』에서는 한 상단商團의 우두머리가 대자대비로 어떤 악인을 죽여, 그 악인이 수백 명을 죽이는 죄를 짓는 것을 막아 다겁 생사의 윤회(流轉)를 끊게 해준 고사를 인용하여 진실로 중생을 이롭게 하는 것이 어떤 것인가를 말하고 있다.[130]

㉲ 다른 사람을 이롭게 하는 방법

㉠ 재보시財報施

---

[130] 본사 석가모니불이 보살 수행 시에 대자비를 갖춘 상단의 우두머리로 환생하여 보살행을 행하셨다. 그때 어떤 사람이 짧은 창을 들고 500명의 보살을 죽이려고 모의하였다. 그러한 악행으로 인하여 그가 지옥에 떨어지는 것을 막기 위해 대자대비한 상주는 차라리 자신이 지옥에 가길 발원하고 그를 죽였다. 이 용맹한 발심에 의지하여 상주는 십만 대겁의 자량을 원만하게 하였다.

그러나 이러한 허락은 부처님께서 멀고 깊은 지혜로써 세밀하고 오묘한 인과를 관찰하여 내리신 것임을 알아야 한다. 이것은 반드시 진실 되고 굳세게 중생을 이롭게 하는 마음에 의지하여야 한다. 이러한 물들지 않은 청정한 보리심을 얻은 보살행의 경지는 매우 미세하여 행하기 어려운 것으로, 일반 수행자는 다만 불쌍히 여기는 마음을 내는 것에 불과하기가 쉽다.

이 때문에 수행자는 모름지기 자기 마음을 잘 살펴서 자기가 이러한 능력과 경계를 구족하지 않았다면 성실하게 율의계를 따라야 한다. 뿐만 아니라 수행자는 반드시 이러한 허락은 다만 몸과 입의 율의에 제한될 뿐, 마음에 대한 것은 어느 때와 장소를 막론하고 허락되지 않음을 주의해야 한다.

食當與墮者, 無怙住戒者, 식당여타자, 무호주계자,

己食唯適量; 三衣餘盡施. 기식유적량; 삼의여진시.

음식은 마땅히 악도에 떨어진 중생, 의지할 곳 없는 사람, 청정계에 안주한 수행자들에게 나눠주고

다만 적당한 양만을 먹어야 합니다. 삼의三衣 외에 나머지는 전부 보시합니다.

 

평상시 자기 식사의 몫에서 음식물을 덜어 악도에 떨어진 축생과 아귀 및 의지할 곳 없는 가난한 사람과 청정한 계에 안주한 사람에게 나눠 주고, 자신은 다만 적당 분량의 음식을 먹어야 한다.[131] 『친우서』에서 "밥을 먹는 것은 약을 먹는 것과 같아서 양을 알아 탐욕과 성냄을 없애야 하니, 교만을 살찌우지 않고 몸을 지키는 데 안주하여야 한다."고 말하였다.

음식물을 먹을 때 적당히 먹어야 하며 너무 많이 먹어서는 안 된다.

---

131 약간의 음식물이라도 손에 들어오면 네 몫으로 나눠야 한다. 우선 상사 상보에게 신선하고 정결한 새것을 공양 올린다. 이것을 '헌신'이라고 한다. 그 다음 '청정한 계에 안주한 사람'에게 보시하는데, 이들은 계율을 지키는 수행자, 탁발하는 승려, 산에 머물면서 고행하는 유가사 등을 말한다. '의지 가지 없는 사람들'은 복덕 자량을 쌓은 것이 없어 현재 매우 가난한 사람들을 말하며, '악도에 떨어진 중생들'은 축생이나 아귀·지옥 중생들을 말한다. 축생들에게 먹이를 줄 때에는 경을 외우면서 그들이 축생의 고통에서 벗어나기를 발원하며 공덕을 회향하고, 아귀나 중음 중생을 위하여 먹을 것을 베풀 때에는 의궤주를 염하면서 악도에서 벗어나도록 가피를 해준다. 이렇게 위로 보시하고 아래로 보시한 뒤 남은 음식물을 본인이 먹는다.

너무 많이 먹으면 몸이 살찔 것이고 이 때문에 게으른 마음이 일어날 것이니, 『월등경』에서 말하되 "탁발하여 얻은 좋은 음식을 공양하고 수행하는 데 쓰지 않으면 음식이 독이 되며, 송아지가 더러운 연근을 먹는 것과 같다."라고 하였다.

이 외에도 출가자는 삼의, 발우, 경서, 법구(요령鈴·금강저杵·법고手鼓 등 법을 닦는 필수 용품) 외에, 나머지 일체는 보시하여야만 한다. 다만 출가자의 삼의, 곧 가사는 보시할 수 없는데, 이는 계율에서 허락을 한 적이 없기 때문이다.

ⓛ 몸보시(身報施)

**修行正法身, 莫爲小故傷,** 수행정법신, 막위소고상,

**行此衆生願, 迅速得圓滿.** 행차중생원, 신속득원만.

정법을 수행하는 신체를 사소한 이유로 손상시켜서는 안 됩니다. 사람 몸에 의지하는 정법 수행이야말로 중생들의 소원을 빠르게 성취시켜주는 길이 됩니다.

정법을 수행하는 데 활용해야 하는 몸을 자질구레한 작은 선을 위하여 손상시켜서는 안 된다. 우리가 정법을 닦는 데 수승한 사람 몸을 타고 난 것은 과거 여러 겁 동안 계를 지키고 복덕을 쌓아 얻은 선과善果인 것이다. 이러한 신체에 의지하여 정법을 수행해 나가면 신속하게 중생의 소원을 만족시키는 능력을 얻을 수 있다. 『사백론』에 이르되 "비록 몸을 원수같이 봐야 하나, 응당 신체를 보호하고 계율을 갖추어 오래도록 수도하면 능히 대복덕을 짓는다."라고 하였다.

悲願未淸淨, 不應施此身, 비원미청정, 불응시차신,

今世或他生, 利大乃可捨. 금세혹타생, 이대내가사.

대비심이 아직 청정해지지 않았는데 몸을 보시하여서는 안 됩니다.
금생이나 내생의 큰 이익을 위해서만 가히 몸을 버릴 수 있습니다.

청정의락 경지에 이르러 자타 평등의 대비심이 청정해지기 전에는
멋대로 자기 신체를 보시하면 안 된다. 다른 대중에게 이익을 줄
수 없을뿐더러 후회가 일어나 발심이 퇴보하고 선법의 장애가 될
수 있기 때문이다.

『석론釋論』에서 이르길, 금생이나 내생·세세생생 가운데 중생에게
큰 이익이 되는 일을 이루고 난 후, 마음이 청정해지는 경지에 이르러야
몸 버리는 것이 가능하다고 하였다.[132]

ⓒ 법보시法報施

無病而覆頭, 纏頭或撑傘, 무병이복두, 전두혹탱산,

手持刀兵杖, 不敬勿說法. 수지도병장, 불경물설법.

병이 없으면서도 머리에 모자나 수건을 쓰고 있거나 스카프로 감싸고
있는 사람, 혹은 양산을 들고 있는 사람,
손에 무기를 들고 있는 사람 등 상사와 정법을 공경하지 않는 사람에게
법을 말해서는 안 됩니다.

---

132 많은 상사들의 가르침에 의하면 이러한 청정 대비심은 초지 이상의 보살이어야
    갖추게 된다.

226

상사 삼보에 대한 신심信心이 없어 위의가 구족하지 않은 사람에게
법을 설해서는 안 된다. 병이 없으면서도 머리에 모자를 쓰거나 수건을
두른 것이 그 예이다. 또한 상사와 정법을 공경하지 않는 사람에게도
법을 전할 수 없다. 병장기를 손에 들고 있는 경우에는 말할 것도
없다. 또한 노천에서 상사의 법을 들을 때에 태양이 심하게 내리쬐거나
비가 오더라도 상사의 허락이 없으면 양산이나 우산을 펼칠 수 없다.
이렇듯 법을 듣는 사람은 반드시 신심과 존경심을 갖추고 있어야
함을 잘 알고 그들에게 법보시를 행하도록 한다.

莫示無伴女, 慧淺莫言深, 막시무반녀, 혜천막언심,
于諸淺深法, 等敬漸修習. 우제천심법, 등경점수습.
동행하는 사람이 없는 부녀자에게 법을 설해서는 안 되고, 지혜가
얕은 사람에게 심오한 법을 설해서도 안 됩니다.
모든 불법을 동등하게 공경하고 순서에 따라 전수하고 닦으십시오.

이 게송은 불법을 전수하는 과정에서 주의해야 하는 세 가지를
밝히고 있다.
첫째, 출가한 법사는 동행하는 사람이 없는 부녀자에게는 법을
설하지 않는다. 동행자가 없는 여인 앞에서 법을 설하는 것은 비구계의
부정죄를 범하는 것이며, 타인의 비방을 받아 삼보를 오염시키는
것이기 때문이다.
둘째, 지혜가 천박한 사람에게 깊고 넓은 법의를 설명하지 않는다.
'공성'이나 '여래장 광명'과 같이 심오한 대승 법의를 근기가 열악한

사람에게 설하면 듣는 사람이 신심을 내지도 않을뿐더러 삿된 견해를 내어 악업을 지을 가능성이 있기 때문이다. 『섭제법경攝諸法經』에 이르되 "문수보살이여, 어떤 이는 여래께서 설하신 법에 희유함을 느끼지만 어떤 이는 폄하하는 생각을 내니, 그로써 이미 정법을 버린 것이 된다."라고 한다.

셋째, 성문 소승과 수승한 대승 불법을 동등하게 공경하고, 아울러 순서에 따라 전수받고 닦는다. 본사 석가모니불은 중생의 근기에 따라 각기 다른 법문을 폈다. 어느 교파인가를 막론하고 소승·대승·금강승의 모든 불법은 원융하다. 수행자는 마땅히 모든 교법을 평등하게 관하고 천정하게 공경해야 한다. 이것이 진정으로 불법을 홍양하고 부처님의 혜명을 잇는 것이다.

于諸利根器, 不應與淺法, 우제리근기, 불응여천법,
不應捨律行, 經呪誑惑人. 불응사율행, 경주광혹인.
대승의 가르침을 받고 싶어 하는 사람을 소승으로 인도하지 마십시오. 율의계를 버리지 말아야 하고, 경이나 만트라로 중생을 속여서는 안 됩니다.

대승 근기의 학인에게는 성문 연각의 소승 불법만 가르쳐서는 안 된다. 『보적경寶積經』에서 이르되 "소승 법기에게 대승 불법을 설하는 것은 보살의 실수이고, 대승 법기에게 소승의 법을 설하는 것도 보살의 잘못이다."라고 한다. 또한 어느 곳에서든 보살의 율의계를 버리지 말아야 하고,[133] 어떤 경전(經)이나 어떠한 주문(呪)이 해탈을 성취하는

수행의 전부인 양 속여서도 안 된다. 대승 보살은 널리 듣고 많이
배워 갖가지 선교의 방편을 장악한 뒤 각기 다른 중생을 대하여 다른
방편의 법을 써야만 한다. 곧 대상에 따라 가르침을 달리 펴야 하는
것이다.

㉣ 세간의 신뢰를 떨어뜨리는 행위를 끊음
**牙木與唾涕, 棄時應掩蔽**, 아목여타체, 기시응엄폐,
**用水及淨地, 不應棄屎尿**. 용수급정지, 불응기시뇨.
사용한 이쑤시개나 콧물·침·가래침 등은 흙으로 가려 묻어야 합니다.
사용 중인 수원水源이나 청정한 풀밭에 대소변을 버려서는 안 됩니다.

요익중생계에는 위엄 있는 행위로 중생을 이롭게 하는 것이 포함된
다. 대승 수행자는 여법한 위의로써 환경을 청정하게 보호하여야
한다. 대승 수행자가 위의를 구족하면 다른 사람이 보고 그것을 보고
청정한 믿음을 일으킬 것이니, 그로 인하여 중생에게 이로움이 있는
것이다.

**食時莫滿口, 出聲與咧嘴**, 식시막만구, 출성여렬취,

---

133 『섭결택보살지』에서 이르되 "섭율의계, 섭선법계, 요익유정계는 율의계를
  섭지하는 것을 통하여 다 화합하게 하는 것이다. 율의계를 정진하여 지킬
  수 있다면 나머지 둘을 정진하여 지킬 수 있다. 이것을 지킬 수 없다면 나머지
  둘도 지킬 수 없다. 그러므로 율의계를 범한다면 보살의 일체 율의를 무너뜨리
  는 것이 된다."라고 하였다.

坐時勿伸足, 雙手莫揉搓. 좌시물신족, 쌍수막유차.

식사를 할 때 음식물을 입에 가득 채워서는 안 되고, 씹는 소리를
내거나 입을 크게 벌려 먹어서도 안 됩니다.
바닥에 앉을 때도 양다리를 쭉 펴고 앉지 말아야 하며, (손을 씻을
때에) 양손을 힘껏 비벼 소리를 내서는 안 됩니다.


車床幽隱處, 莫會他人婦, 차상유은처, 막회타인부,
世間所不信, 觀詢而捨棄. 세간소불신, 관순이사기.

마차나 침대 등 은밀한 곳에서 다른 사람의 아내와 함께 있어서는
안 됩니다.
세간의 불신을 야기할 행위는 관찰하고 물어서 버려야 합니다.


　출가인이든 재가 수행자든 마차나 침대 같은 은밀한 곳에서 다른
사람의 아내와 단독으로 같이 있어서는 안 된다. 총괄하면, 세상 사람들
로 하여금 삼보에 대한 신심과 공경심을 잃게 할 수 있는 모든 행위는
자세하게 관찰하고 지혜 있는 분에게 조언을 얻어 삼가야 한다.


單指莫示意, 心當懷恭敬, 단지막시의, 심당회공경,
平伸右手掌, 示路亦如是. 평신우수장, 시로역여시.

한 손가락으로 뜻을 표하지 말고, 마음에 공경을 담아 하십시오.
오른손을 평평하게 펴서, 길을 알려줄 때에도 이와 같이 하십시오.


　타인에게 길을 알려 주거나 의사를 나타낼 때, 예의 없이 왼손으로

230

하거나 한 손가락을 사용해서는 안 된다. 항상 공경의 마음을 담아, 손바닥이 위로 향하게 오른손을 펴서 손가락을 모으고 손끝이 가리키는 곳을 향하게 해야 한다.

肩臂莫揮擺, 示意以微動, 견비막휘파, 시의이미동,
出聲及彈指, 否則易失儀. 출성급탄지, 부즉역실의.
크게 팔을 휘두르지 말고, 의사표시를 할 때는 작은 동작,
가벼운 소리 및 손가락 튕기기로 하십시오. 그렇지 않으면 위의를 잃게 됩니다.

　손으로 의사표시를 할 때는 크게 팔을 휘두르지 말고 작은 동작이나 가벼운 소리 혹은 손가락을 튕기는 정도로 해야 한다. 불필요한 상황에서 남에게 경솔하게 굴거나 거친 행동을 보이면 장중한 위의를 잃기 쉽다. 세간 속인의 신심을 잃게 되면 이타의 사업이 성공하기 어려우니, 대승 수행자는 무슨 일을 하든지 행동거지가 고요하고 장중해야 한다.

睡如佛涅槃, 應朝欲方臥, 수여불열반, 응조욕방와,
正知幷決志, 覺已速起身. 정지병결지, 각이속기신.
잠을 잘 때에는 부처님께서 열반에 드실 때처럼 오른쪽 옆구리로 누워야 합니다.
정지정념을 유지하고 아울러 잠에서 깨어나면 즉시 일어나겠다고 다짐합니다.

밤에 잠잘 때에 가장 좋은 것은 앉아서 자는 것이다. 이럴 수가 없다면 사자가 누운 자세로 자야 하는데, 그것이 바로 부처님이 열반하실 때의 길상와吉祥臥 자세이다. 오른쪽 옆구리를 바닥에 대고, 오른손은 얼굴 오른쪽 볼 아래 두며, 왼손은 왼쪽 다리 위에 놓고 눕는다. 잠들기 전에는 바른 앎을 유지하며, 아울러 선행을 위해 깬 뒤 즉각 일어나야 한다고 생각하고 광명을 생각하며 잠든다.[134] 이러한 자세를 취하여 자는 데에는 깊고 미묘한 도리가 있다.[135]

㉮ 마음의 장애를 이루는 것을 정화하여 없앰

菩薩諸行儀, 經說無有盡. 보살제행의, 경설무유진.
然當盡己力, 修持淨心行. 연당진기력, 수지정심행.

보살의 모든 행동과 위의에 대해 경전에서 수없이 말씀하셨듯이 힘을 다하여 마음을 정화하고 다스리는 수행을 해야 합니다.

보살의 모든 행위에 관해서 경전에서 수없이 많은 분류로 말씀하셨다. 이것을 하나하나 모두 실행하기는 어렵지만 우리는 반드시 힘을

---

134 꿈 광명의 수행법이 있다. 잠자기 전에 침실 안에 광명이 충만해 있음을 관상하거나 석가모니부처님의 광명이 자신을 비추고 있음을 관상하고 광명의 경계에서 편안하게 잠든다.

135 경전에서 말하길, 사자의 눕는 방식을 취하면 다음과 같은 공덕이 있다. 첫째, 잠잘 때 몸이 매우 느슨하여 충분한 휴식을 취할 수 있다. 둘째, 잠잘 때 바른 마음집중을 잊지 않을 수 있다. 셋째, 잠든 후에도 깊은 혼침에 빠지지 않아 정신이 맑고 깨어 있는 상태에 있을 수 있다. 넷째, 악몽을 꾸지 않고 길몽과 청정한 꿈을 꿀 수 있다.

232

다해 마음을 정화하는 행위를 닦아야 한다.

畫夜當各三, 誦讀三聚經, 주야당각삼, 송독삼취경,
依佛菩提心, 悔除墮罪餘. 의불보리심, 회제타죄여.
매일 낮과 밤에 세 번씩 『삼취경三聚經』을 독송하고
부처님과 보리심에 의지하여 근본 타락죄 이외의 나머지 죄를 참회하
고 제거해야 합니다.

수행자는 매일 참회를 닦아 청정법으로 돌아가야 한다. 이를 위해
아침저녁으로 각각 세 차례[136] 죄업을 참회하고 복덕을 수희찬탄하며
보리심에 회향하는 내용인 『삼취경』을 독송해야 한다. 붓다에 귀의하
고, 보리심에 의지하고, 네 가지 대치력을 구족하는 수행에 의지하여
근본 타락죄 이외의 나머지 죄를 참회하고 제거해야 한다.

④ 원만학처를 배움
㉮ 학처를 배우는 공덕
爲自或爲他, 何時修何行, 위자혹위타, 하시수하행,
佛說諸學處, 皆當勤修習. 불설제학처, 개당근수습.
자기 자신을 위해서나 혹은 남을 위해서 언제 어떠한 수행을 하든지
간에
부처님께서 말씀하신 학처를 따라 부지런히 익히고 닦아야 합니다.

---

136 새벽, 오전, 오후, 초저녁, 저녁, 늦은 저녁 등 6차례를 말한다.

자신이나 타인의 이익을 위하여 어떤 상황에서 어떤 수행법을 수행하든 모두 붓다가 말한 보살계율에 따라 항상 힘써 정진 수행해야 한다.

**佛子不需學, 畢竟皆無有**, 불자불수학, 필경개무유,
**善學若如是, 福德焉不至?** 선학약여시, 복덕언부지?
불자들이 배우지 않아도 되는 것은 필경 하나도 없나니,
이와 같이 잘 닦는다면 어찌 복덕이 늘지 않겠습니까?

위없는 보리심을 발한 수행자에게 오명五明[137] 등 필요하지 않은 지식은 하나도 없다. 대승 보살은 보리심으로 섭지하여 배운 일체를 중생을 이롭게 하는 역량으로 바꿀 수 있다. 이렇듯 선한 방편으로 모든 학처를 배우고 닦는 수행자의 복덕이 어찌 신속하게 늘어나지 않을 것인가? 미륵보살께서도 『경관장엄론』에서 이르되 "만약 오명에 정통하지 못한다면 성자도 일체지지 과위를 얻지 못할 것이다."라고 하셨다.

㉮ 이타행을 실천하고 보리심에 회향함
**直接或間接, 所行唯利他**, 직접혹간접, 소행유리타,
**但爲有情利, 回向大菩提**. 단위유정리, 회향대보리.
직접적 행위이든 간접적 행위이든, 모든 행위는 중생을 이롭게 하는

---

137 불교학, 공예학, 의학, 천문학, 언어학 등을 말한다.

것이어야 합니다.
중생을 이롭게 하기 위하여 모든 공덕을 무상 대보리에 회향합니다.

　무상 보리심을 내어 대승 보살도로 들어간 뒤 수행자가 배우고
행하는 모든 것들은 중생을 이롭게 하고 윤회 중생이 해탈을 얻도록
하는 것이어야 한다. 또한 일체중생을 이롭게 하기 위하여 모든 공덕을
무상 대보리에 회향한다.

　직접적으로 중생을 이롭게 하는 것은 경을 강의하고 법을 전하여
중생으로 하여금 악을 끊고 선을 행하도록 인도하는 것이다. 재물을
보시하거나 방생을 통하여 살해되는 생명을 구하는 것도 이에 해당한
다. 간접적으로 중생을 이롭게 하는 것은 본인 스스로가 성실하게
보리심을 내고 법을 부지런히 듣고 사유하고 수행하는 것을 말한다.
이러한 모든 행위가 삼보의 불가사의한 가피와 자신의 청정 원력의
영향으로 중생을 이롭게 한다.

　공덕을 무상보리에 회향하는 것은 역량을 집중하여 신속하게 목표에
도달하게 할 뿐만 아니라, 자신의 공덕 선근이 훼멸되는 것을 막아준다.
보리를 얻기 전에 이 선근은 소실되지 않고 점점 늘어날 것이니,
이를 비유하여 『대집경』에서는 "하늘에서 내리는 빗방울 하나가 바다
에 떨어지면 그 방울이 비록 보잘 것 없지만 끝내 없어지지 않는다."라고
하였다.

㉣ 선지식에 의지함
捨命亦不離, 善巧大乘義, 사명역불리, 선교대승의,

安住淨律儀, 珍貴善知識. 안주정율의, 진귀선지식.

應如吉祥生, 修學侍師規, 응여길상생, 수학시사규,

차라리 목숨을 버릴지언정 대승 법의에 정통하고

청정한 율의에 안주하신 진귀한 선지식을 여의지 않아야 합니다.

길상생(덕생동자) 해탈법문에서처럼 스승을 모시는 법을 배워야 합니다.


대승 불법을 닦으려면 차라리 자신의 생명을 버릴지언정 대승 불법과 청정한 보살율의에 정통한 진귀한 선지식을 여의지 않아야 한다.

대승의 '승乘'은 그를 의지하여 수행한다는 뜻이다. 대승은 일곱 가지의 큰 특징을 갖춘다. 『대승장엄경론』에서 말하되 "소연所緣,[138] 수행, 지혜, 근면정진, 선교방편의 법, 진실한 성취, 붓다 사업 등과 같은 일곱 가지 큰 것을 갖춘 연고로 결정적으로 대승이라고 일컫는다."라고 한다. 이러한 대승 선지식은 보리도의 인도자시고, 가르침과 가피의 근본이며, 불법을 닦는 요점이다. 그러므로 부처님께서는 차라리 생명을 버릴지언정 스승을 여읠 수는 없다고 일러주시는 것이다.

길상생(덕생동자)은 선재동자가 참례한 53명 선지식 중의 한 분이다. 『화엄경』「입법계품」 경문에는 선재동자가 길상생자와 길상혜녀를 참방한 것이 기재되어 있다. 그들은 선재동자에게 어떻게 선지식에 의지하는가를 알려주었다. 선재동자는 그 가르침에 따라 많은 선지식을 참방하고 미륵보살의 비밀 탄청에 들어가며, 최후에는 또한 문수보살에 의지하여 모든 법문에 통달하게 된다. 그로써 선재동자는 선지식

---

138 '소연所緣'은 마음으로 인식하는 대상, 6식의 대상으로 인식되는 6경과 같은 것을 말한다.

에게 의지하는 무량공덕을 찬양한 것이다.

선재동자가 참방한 승시 바라문은 어리석은 마음을 나타내었고, 감로파 왕은 마왕의 모습으로 성내는 마음을 보여주었으며, 파수밀다는 기녀의 모습으로 세간에 나타났다. 우리의 근본상사가 이러한 모양으로 나타난다면 아마도 우리는 즉시 삿된 견해를 일으킬 것이다. 그러나 선재동자는 길상생이 전해준 바 스승을 섬기는 가르침을 굳게 지켜 조금도 삿된 견해를 내지 않고 청정심으로 여법하게 이들 선지식에 의지하여 결국 성취를 얻었다. 우리 수행자들 역시 이러한 청정심으로 스승께 의지한다면, 스승의 마음의 흐름 가운데의 일체 지혜가 자신 마음의 흐름 가운데에서도 신속하게 일어날 것이다.

㉑보살학처를 논하고 있는 경전을 전심으로 공부함

此及餘學處, 閱經卽能知. 차급여학처, 열경즉능지.

經中學處廣, 故應閱經藏. 경중학처광, 고응열경장.

선지식에 의지함을 배우는 것 이외에도 수행자는 대승 경전을 열독하며 보살의 여러 학처를 배워야 합니다.

광범위하게 경전에 설해져 있는 보살학처를 부지런히 읽어야 합니다.

首唐先閱覽, 尊聖虛空藏. 수당선열람, 존성허공장.

亦當勤閱讀, 學處衆集要, 역당근열독, 학처중집요,

佛子恒修行, 學集廣說故. 불자항수행, 학집광설고.

우선 먼저 『허공장경』[139]을 열람해야 합니다.

또한 『일체학처집요』[140]를 열독해야 하나니,

불자가 늘 수행해야 하는 바가 여기에 자세히 설해져 있기 때문입니다.


우선 먼저 근본 타락에 해당되는 파계 행위를 참회하여 정화하는 법을 상술한 『허공장경』을 열람해야만 한다. 또한 『일체학처집요』를 재차 삼차 읽고 연구해야 하는데, 보살이 늘 수학하는 율의가 여기에 자세히 서술되어 있다.


**或暫閱精簡, 一切經集要**. 혹잠열정간, 일체경집요.
**亦當偶披閱, 龍樹二論典**. 역당우피열, 용수이논전.

경전의 요점을 모아 간단하게 정리해 놓은 『일체경집요』[141]를 참고해 보아야 합니다.
또한 용수보살께서 지으신 『학집론學集論』과 『경집론經集論』을 부지런히 연구하고 보아야 합니다.

---

139 『허공장경』은 『허공장보살경虛空藏菩薩經』을 말한다. 후진 시대인 5세기 초 계빈국 출신의 학승 불타야사가 번역한 것으로, 허공장보살이 사람들의 어떠한 소원도 다 들어준다는 것과 소원 성취를 위해 축원하는 방법 및 그 이익에 대해 말하고 있다.

140 『일체학처집요』는 『대승집보살학론大乘集菩薩學論』이라고도 한다. 적천보살이 장경을 열독할 때 경전을 필사하신 것을 바탕으로 보살 수학 체계를 편집하여 완성하신 것이다. 『입보살행론』 내용의 대부분은 여기에서 끌어온 것이다. 『입보살행론』이 매우 간략하게 설해져 있는 것과는 달리 『일체학처집요』는 보살학처의 요간한 곳을 매우 자세하게 설명하고 있으므로, 진정으로 보살행의에 통달하고 싶은 사람은 여러 차례 읽어야 한다.

141 『일체경집요』는 적천보살이 지으신 것으로 사람 몸 얻기 어려움, 보리심의 진귀함, 여러 가지 마업 끊기 등을 설명하고 있다.

經論所未遮, 皆當勤修學. 경론소미차, 개당근수학.
爲護世人心, 知己卽當行. 위호세인심, 지기즉당행.
경론에서 계율로 금지하지 않은 것들은 모두 부지런히 배워야 합니다.
세상 사람들의 신심을 지키기 위하여 모든 학처를 성실하게 실천해야
합니다.

부처님께서 설하신 일체 경전은 그 목적이 일체중생으로 하여금
궁극의 이익을 얻게 하고, 대승 보살이 그것에 따라 중생을 인도하여
삼보에 대한 신심을 일으키고 해탈도에 들어가게 하도록 하는 것이다.
대승 수행자는 모름지기 이러한 세상 사람들의 신심을 유지하기 위하
여 보살학처를 전심으로 배우고 실천하여야 한다.

## 3. 정지정념의 가르침을 반드시 실행해야 함

再三宜深觀, 身心諸情狀, 재삼의심관, 신심제정상,
僅此簡言之, 卽護正知義. 근차간언지, 즉호정지의.
항상 밝은 지혜로 몸과 마음의 상태를 여러 차례 살펴야 합니다.
간단하게 말하면 이것이 바로 바른 앎을 지키는 것입니다.

선악의 인과를 판단하는 밝은 지혜로써 항상 자기의 몸과 말과
마음의 상태를 자주 살펴야 한다. 이것이 바로 바른 법을 지키는
마음의 요의이다.

**法應恭謹行, 徒說豈有益?** 법응공근행, 도설기유익?

**唯閱療病方, 疾患云何愈?** 유열료병방, 질환운하유?

법은 마땅히 공경하고 힘써 실행해야 하나니, 단지 말만 한다면 무슨 이익이 있겠습니까?

처방전을 단지 읽기만 한다면 질병이 어찌 치유될 수 있겠습니까?

   수행자는 모름지기 불법을 듣고 신심을 내고, 성실하게 그것을 실천해야 한다. 처방전을 읽고 보기만 한다면 병이 어찌 나을 수 있겠는가? 이를 두고 용수보살께서 설하되 "논을 많이 듣고 배웠을지라도 닦지 않으면 무익하다. 비록 밝은 등을 가지고 있을지라도 맹인에게는 이익이 없는 것이다."라고 하신 것이다.

                            – 제5품의 석釋을 마침.

# VIII. 제6품 인욕忍辱

앞서 5품에서 설한 것은 지계바라밀이다. 이어 6품에서는 인욕바라밀을 논한다. 인욕품의 주요 내용은 성냄 끊어버리기, 인욕행 닦기, 일체 유정을 공경하기 등이다.[142]

## 1. 마땅히 인욕을 닦음

### 1) 성냄의 과환

### (1) 드러나지 않은 과환

一嗔能摧毀, 千劫所積聚, 일진능최훼, 천겁소적취,

施供善逝等, 一切諸福善. 시공선서등, 일체제복선.

단 한 번의 성냄이 능히 수천 겁에 걸쳐

---

142 성냄은 모든 번뇌의 적들 중에서도 가장 맹렬하고 난폭한 적이다. 이러한 번뇌를 제어하기 위하여 인욕품에서는 134수의 게송을 이용하여 성냄을 다스리는 수승한 여러 방편들을 서술하고 있다. 이를 두고 맥팽 린포체는 『입보살행론』 인욕품의 갑옷을 걸치면 어떠한 분노의 적이 형형색색 마술로 변해 공격해 들어오더라도 자신의 지혜를 훼손시킬 수 없다고 한 바 있다.

부처님께 보시하고 공양하며 쌓아온 모든 복덕 선근을 훼손시킵니다.

  보살에게 성내는 마음 한 생각을 일으키기만 해도 천겁 동안 부처님 께 공양을 올리고 보시를 하며 계율을 청정하게 지키는 선행으로 쌓은 모든 복덕 선근이 훼손된다. 『문수유무경文殊游舞經』에서 이르길 "문수여, 화내는 마음은 능히 백겁 동안 쌓은 선을 무너뜨린다."라고 하였다.

  이와 관련된 사항은 해害를 입는 측면, 해를 가하는 측면, 선업을 훼손시키는 방식 등 세 가지 측면에서 논해볼 수 있다.

  먼저 '해를 입는(所毁) 측면'에서 볼 때, 해를 입게 되는 선법에는 세 가지가 있다. 방편지혜로 섭수되는 것이 아닌 복덕을 따르는 선법 (隨福德分善)이 그 하나이고, 나머지는 무아를 증오함으로써 얻어지 는 해탈을 따르는 선법(隨解脫分善), 방편지혜로써 섭수되는 대승선 법大乘善法 등이다. 여기서 가리키는 것은 첫 번째 '복덕을 따르는 선법'이다.[143]

  둘째, '해를 가하는 측면(能毁)'에서 보면, 수승한 대상에게 매우 강렬하게 성냄과 분노를 표출하고 난 후 후회와 참회의 대치법을 행하지 않는 경우를 말한다.[144]

---

143 선근은 복덕을 따르는 선근과 해탈을 따르는 선근으로 나뉜다. 복덕을 따르는
　 선근은 복덕 자량을, 해탈을 따르는 선근은 지혜 자량을 말한다. 지혜 자량이
　 훼손될 수 있는지 여부에 대하여는 많은 논란이 있는 반면에 많은 논사들이
　 복덕 자량은 훼손될 수 있음을 인정하고 있다. 원보리심이 섭수하는 선근은
　 성냄에 의해 훼손될 수 있고, 행보리심이 섭수하는 선근은 훼손될 수 없다.
144 성내는 대상은 일반적으로 네 가지가 있다. 상위 보살이 하위 보살에게 성내는

셋째, '선업이 훼손되는 방식'은 근본적으로 보리심의 종자를 해치는 것이 아니라 순차적으로 업을 받고 난 뒤에 순후업이 생기는 것을 말한다. 업의 무거운 과보는 점차적으로 성숙되고, 해를 입는 선근도 고정된 것이 없으며, 가해의 방식도 고정된 게 아니기 때문이다.

罪惡莫過嗔, 難行莫勝忍, 죄악막과진, 난행막승인,

故應以衆理, 努力修安忍. 고응이중리, 노력수안인.

성냄보다 더 악독한 죄과는 없고 인욕보다 더 어려운 고행은 없습니다. 그러므로 마땅히 바른 이치로써 인욕을 닦는 데 노력해야 합니다.

모든 죄악 중에 분노보다 악독한 죄과는 없고, 고행 중에 진심嗔心을 대치하는 인욕보다 더 어려운 것이 없다. 그러므로 온갖 바른 이치와 방편으로 인욕을 닦는 데 노력해야 한다.

## (2) 드러난 과환

若心執灼嗔, 意卽不寂靜, 약심집작진, 의즉불적정,

喜樂亦難生, 煩躁不成眠. 희락역난생, 번조불성면.

마음에 강렬한 분노가 있으면 뜻이 평정을 얻기가 어려우며, 즐거움 역시 생기기 어렵고 불안하여 잠도 못 이루게 됩니다.

---

것, 하위 보살이 상위 보살에게 성내는 것, 동등한 보살이 서로 성내는 것, 보살 아닌 사람이 보살에게 성내는 것이다. 여기에서 말하는 것은 하위 보살, 혹은 보살이 아닌 사람이 상위 보살에게 성내는 것이다.

치열하게 화내는 마음을 가지고 있으면 마음이 번뇌로 어지럽고 고통이 가득하여 그의 마음은 평정을 얻을 수 없다. 또한 심신의 안락과 기쁨도 얻기 어렵고, 잠이 오지 않으며 조급하고 불안하여 몸과 마음이 감당하기 어렵게 된다.

縱人以利敬, 恩施來依者, 종인이리경, 은시래의자,
施主若易瞋, 反遭彼弒害. 시주약이진, 반조피시해.
瞋令親友厭, 雖施亦不依. 진령친우염, 수시역불의.
재물이나 은혜를 베풀어주는 주인을 존경하며 의지하는 사람이라도 그가 쉽게 성낸다면 받는 사람이 오히려 그에게 대들고 죽이려 합니다. 성냄은 친지들로 하여금 나를 싫어하게 만들고 비록 베풀더라도 의지 하지 않게 합니다.

설령 재물이나 은혜를 베푼 주인을 존경하며 의지하던 사람들이라도, 주인이 쉽게 성을 낸다면 그에게 반항하고 대들며 주인을 죽이려 한다. 성냄은 친척과 친구들로 하여금 나를 싫어하게 만든다. 비록 보시를 베풀어 끌어들일지라도 화내는 마음에게 제압당해 있다면 그들이 친근하게 다가와 의지하려 하지 않는다.

若心有瞋恚, 安樂不久住. 약심유진에, 안락불구주.
瞋敵能招致, 如上諸苦患. 진적능초치, 여상제고환
마음에 성냄을 품으면 절대로 안락한 생활을 누리지 못합니다. 성냄이라는 적은 이와 같은 온갖 고통과 잘못을 불러옵니다.

요컨대, 만약 마음에 성냄을 품는다면 절대 안락한 생활을 가지지 못할 것이다. 성냄이라는 적은 위에서 말한 금생과 내생의 온갖 고통과 잘못을 불러오게 된다.

## 2) 인욕의 공덕

精勤滅嗔者, 享樂今後世. 정근멸진자, 향락금후세.

성냄의 번뇌를 소멸시키기 위해 부지런히 노력한 사람은
이생과 내세에서 안락을 누릴 수 있습니다.

마음의 흐름에서 성냄의 번뇌를 꺾어버릴 수 있다면 현생에서 즐겁게 생활할 수 있고, 내생에서도 선업 과보의 안락을 누릴 수 있다.[145]

## 2. 인욕을 닦는 법

### 1) 성냄을 자라게 하는 원인을 생각함

强行我不欲, 或撓吾所欲, 강행아불욕, 혹요오소욕,

得此不樂食, 嗔盛毁自己. 득차불락식, 진성훼자기.

원하지 않는 일을 강제로 하게 하거나 하고자 하는 일을 막는 등 성냄을 돕는 즐겁지 않은 '양식'을 만나면 성내는 마음이 크게 일어나 자기 자신을 해칩니다.

---

[145] 『반야섭송』에서도 "인욕의 갑옷을 입은 사람을 야만의 독화살이 어찌 해칠 수 있겠는가? 인욕의 덕은 화살을 꽃송이로 변화시키니, 저 사람의 아름다운 이름이 사방에 전해진다."라고 하였다.

성내는 마음을 자라게 하는 원인에는 두 가지가 있다. 하나는 누군가
가 나에게 하기 싫은 일을 억지로 시키는 것이다. 다른 하나는 내가
하고 싶은 일을 막는 것이다. 성냄이라는 번뇌는 이와 같은 두 가지
즐겁지 않은 '양식'을 만나면 바로 그 능력이 치성해져서 사람들을
무너뜨린다.[146]

## 2) 마땅히 성냄의 원인을 제거함

故當盡斷除, 嗔敵諸糧食, 고당진단제, 진적제양식,

此敵唯害我, 更無他餘事. 차적유해아, 갱무타여사.

그러므로 마땅히 성냄이라는 원수의 '양식'을 철저하게 끊어버려야
합니다.
이 원수는 나를 해치는 것 이외에 그 어떤 의미도 없기 때문입니다.

그러므로 나는 전력을 다해 우리를 해치고 괴롭히는 성냄이라는
원수의 '자양분'을 철저히 끊어버려야 한다. 왜냐하면 이 원수는 나를
해치는 것 이외에 그 어떤 의미도 지니지 않기 때문이다.[147]

---

146 바로 이때 자기 마음을 다스리지 못하면 성내는 마음이 불같이 일어나 자신과
타인의 공덕 선근을 불사르고 현생과 내세에서 끝없는 고통을 받게 되는
것이다. 반면에 성내는 마음을 자라게 하는 원인을 분명하게 알면, 그것들을
만났을 때 바른 앎과 바른 생각으로 자신의 마음을 조절하여 분별과 집착력에서
벗어나 마음의 평정을 유지할 수가 있게 된다.
147 수행자는 바른 앎과 바른 생각으로 집착 없는 마음 상태를 지켜 철저하게
성냄이라는 원수의 자양분을 끊어버려야 한다.

遭遇任何事, 莫撓歡喜心, 조우임하사, 막요환희심,

憂惱不濟事, 反失諸善行. 우뇌부제사, 반실제선행.

어떠한 일을 만나더라도 환희심이 흔들려서는 안 됩니다.

근심하고 걱정하는 마음은 일에 도움이 되지 않을 뿐더러 모든 선행을 시들게 합니다.


어떠한 역경과 장애를 만나더라도 환희의 정서를 어지럽히거나 불쾌한 마음을 일으키지 말아야 한다. 근심하고 걱정하는 마음은 일에 도움이 되지 않는다. 근본적으로 소원도 성취하지 못하게 될 뿐만 아니라 모든 고상한 선행도 시들게 한다.[148]


若事尚可改, 云何不歡喜, 약사상가개, 운하불환희,

若已不濟事, 憂惱有何益? 약이부제사, 우뇌유하익?

아직 일을 바로잡을 수 있는데 어찌 환희심을 내지 못하는 것입니까?

이미 일을 고칠 수 없다면 걱정하고 화를 낸들 무슨 이익이 있겠습니까?


아직 일을 바로잡을 여지가 있다면 왜 즐거운 마음을 유지하지

---

148 환희심은 불안함과 상반된 마음 상태로, 선업으로 인하여 삶을 이끄는 각종 유쾌한 안온심을 포괄하며 불법을 수념하여 일어난 신심과 승해심이라고 정의된다. 수행자들은 지난날 업력에 따라 법을 닦는 동안 여러 가지 역경과 고난을 만난다. 그러나 이러한 때가 바로 인욕바라밀을 수행하는 인연을 만난 때인 것이다. 어떠한 상황에 처하더라도 환희심을 유지할 수 있다면 성냄을 유발하는 불안한 정서에서도 멀어지게 되니, 모든 외부환경의 곤란함이 자신의 이해타산과 관계없는 것으로 변하게 된다.

못하는가? 이미 일을 고칠 수 없다면 화내고 우울해하는 것이 또한 무슨 소용이 있겠는가? 근본적으로 어떤 이익도 없는 것이니, 이 때문에 우울해하거나 불쾌해하는 것은 이치에 맞지 않다.

### 3) 성냄을 일으키는 대상을 분류함

不欲我與友, 歷苦遭輕蔑, 불욕아여우, 역고조경멸,

聞受粗鄙語, 于敵則相反. 문수조비어, 우적즉상반.

자기 자신과 친구들이 고통을 겪고 경멸을 받거나

거칠고 비방하는 말을 듣는 것을 원하지 않으나, 적에게는 이와 반대입 니다.

원수들은 우리 자신과 친구들로 하여금 고통을 받아 불행함을 만나 게 하고, 우리들을 백 가지로 경멸하여 이익을 얻지 못하게 하며, 면전에서 우리에게 거친 말과 비방하는 말을 하고, 명예를 훼손하는 자극적인 말을 한다. 우리들은 나와 내 친지들이 이 4가지 바라지 않는 경계를 만나길 원하지 않는다. 우리들의 원수에게는 이와 반대이 다. 이 12가지 원하지 않는 것으로 인하여 중생들은 성냄이라는 번뇌에 사로잡힌다.[149]

---

149 앞의 게송에서 성내는 마음을 자라게 하는 원인에는 하고자 하지 않는 일(不欲)을 하게 되는 것과 하고자 하는 일(所欲)이 방해를 받는 것이 있다고 했다. 이렇듯 불욕의 성냄 경계에 12가지가 있고, 소욕의 성냄 경계에 12가지가 있다. 하고자 하지 않는(불욕) 측면에서 보면 고통을 겪고 싶지 않고, 경멸을 받고 싶지 않으며, 거친 말을 듣고 싶지 않고, 비속한 말을 듣고 싶지 않다. 또한

## 4) 성냄을 타파함

## (1) 하고자 하지 않는 것을 만나서 화가 나는 것을 인욕함

### ① 내가 하고자 하지 않는 것을 만나서 화가 나는 것을 인욕함

㉮ 고통을 겪는 것에 화가 나는 것을 인욕함

㉠ 고통을 받아들임

ⓐ 윤회의 자성을 생각함

**樂因何其微, 苦因極繁多**. 낙인하기미, 고인극번다.

(윤회 속에서) 안락의 인은 매우 드물고 고통의 인은 매우 많습니다.

    윤회 속에서 안락의 인因이 되는 선업은 어쩌다 생기고 매우 드물며, 고통을 불러오는 원인인 불선의 업은 쉽게 만들어져 매우 많다. 이 때문에 고통이 생기는 것은 윤회의 자성, 곧 자연스러운 일이므로 응당 잘 인욕해야 한다.

---

    자기가 사랑하는 친지들 역시 이 4가지 일을 겪는 것을 원치 않는다. 이와 반대로 원수는 안락을 누리고, 존중을 받고, 사랑스러운 말을 듣고, 존경을 말을 듣는 것을 원치 않는다. 이것이 12가지 불욕경이다. 이 12가지 원하지 않는 경계에 처할 때 때 중생들은 성냄이라는 번뇌에 사로잡힌다.

    하고자 하는 측면(소욕)에서 본다면 안락을 누리고, 존중을 받고, 사랑스러운 말을 듣고, 존경의 말을 듣고자 한다. 자기가 사랑하는 친지들 역시 이 4가지 일을 겪기를 바란다. 이와 반대로 원수는 고통을 겪고, 경멸을 받고, 중상 모략하는 나쁜 말을 듣고, 명예를 훼손당하기를 바란다. 이것이 12가지의 소욕경이다. 이 12가지 원하는 바가 이루어지지 않을 때 또한 성냄이라는 번뇌에 사로잡힌다. 이러한 성냄의 경계를 이해하고 자신이 특별히 어느 것에 집착을 두고 있는지 그 근간을 찾아내면 그것을 제거할 수 있다.

250

ⓑ 출리出離의 인을 사유함

無苦無出離, 故心應堅忍. 무고무출리, 고심응견인.

苦行伽那巴, 無端忍燒割, 고행가나파, 무단인소할,

吾今求解脫, 何故反畏怯? 오금구해탈, 하고반외겁?

고통이 없으면 출리심도 없으니 마음은 응당 굳게 참고 견디어야
합니다.

고행하는 외도 자나빠伽那巴[150]는 의미 없이 몸을 태우고 칼로 베는
고통도 견디는데,

우리들은 지금 해탈을 구한다 하면서 어찌하여 반대로 고통을 두려워
합니까?


　고통이 없다면 윤회에 대한 싫어하는 마음이 일어나지 않기에 윤회
에서 빠져 나오고자 하는 출리심이 생길 수 없다. 고통의 필연성을
잘 사유하고 결연하게 마음으로부터 고통을 참아야 한다.

　고행을 하는 외도 자나빠는 아직도 의미 없이 신체를 태우거나
베이는 고통을 참는다. 이러한 고행이 선법 성취를 가져다주거나
업장을 없애주는 것이 아님에도 불구하고 그들은 대자재천의 은총을
얻기 위하여 갖가지 고통을 참고 견디는 것이다.

　그렇다면 자타 일체중생의 해탈이라는 큰 이익을 구하는 우리들이
어찌 고통받는 것을 두려워하겠는가? 불법을 닦는 과정에서 겪는
고난을 두려워하지 않고 선지식의 가르침에 의지하여 수행한다면

---

150 힌두교의 두르가 여신을 믿는 인도의 까르나빠(Karnapa) 사람들을 말한다.
　 이들은 고행을 수행의 척도로 삼아 자신의 신체 일부를 베거나 태운다.

반드시 자리이타의 사업을 성취할 수 있으니, 수행 중의 작은 고통과
해로움은 잘 참고 견뎌야 한다.

ⓒ 수행하고 관찰함으로써 인욕함

**久習不成易, 此事定非有;** 구습불성역, 차사정비유;
**漸習小害敵, 大難亦能忍.** 점습소해적, 대난역능인.

오랜 시간 익혔는데도 변하지 않은 일은 어디에도 없습니다.
작은 손해부터 점차로 인욕을 닦아 나가면 큰 고난이 닥쳐도 충분히
참을 수 있습니다.

긴 시간 습관을 들여 익숙해지면 어떤 일이든지 적응하기 쉽게
변하고 곤란도 없어진다. 어떤 참기 어려운 일이라도 작은 것부터
천천히 습관을 들여 나가면 큰 고난이 닥치더라도 쉽게 참을 수 있게
되는 것이다.

인욕에 습관이 들어 일정한 정도에 이르면 크고 작은 모든 역경이
더 이상 고통을 생기게 하지 않고 안락을 느끼게 한다. 이를 두고
『부자상회경父子相會經』에서 "세존에게는 모든 법 안락행이라 불리는
삼매가 있다. 만약 누군가 저 삼매를 증득하면 저 보살은 일체법에
따라 즐거움을 느낄 뿐 고통을 받지 않는다."라고 하였다.

**蛇及蚊蝱噬, 飢渴等苦受,** 사급문맹서, 기갈등고수,
**乃至疥瘡等, 豈非見慣耶?** 내지개창등, 기비견관야?

뱀이나 모기에게 물리거나 배고픔과 목마름의 고통을 겪고
옴에 옮는 것 등 이런 일상의 병통에 대해 어찌 습관이 되지 못하겠습
니까?

　우리는 일상생활에서 겪는 작은 고통은 습관화되어 잘 견딘다.
뱀이나 모기에게 물리거나 기아·갈증 또는 학질 등 늘 일상생활에서
의도 없이 만나는 고통에 대하여 이미 인내하는 습관이 들여져 있다.
이처럼 의도됨이 없는 고통을 잘 참을 수 있게 되는 것을 보면, 의도적인
고통도 우리는 마땅히 참을 수 있다. 선지식의 가르침에 의지하여
지혜로써 고통이 허망한 것임을 자꾸 관하면 모든 것을 참는 청정한
습관이 이루어지게 된다.

故于寒暑風, 病縛捶打等, 고우한서풍, 병박추타등,
不宜太嬌弱, 若嬌反增苦. 불의태교약, 약교반증고.
그러므로 추위·더위·비바람 등과 질병·속박·구타 등을
유약하고 겁이 많아 참지 못해서는 안 됩니다. 만약 참지 못한다면
해로움을 당하는 고통이 도리어 증가될 것입니다.

　삼계는 고난의 집합처이다. 추위와 더위·비바람·눈보라·질병·폭
력 등 온갖 고난이 끊이지 않는다. 하지만 똑같은 외부 환경이 각자의
마음이 다름에 따라 다른 느낌을 불러일으키는 것을 보면, 고통이
일종의 집착이거나 착각일 뿐 외부 환경과 필연적인 관계를 맺는
것이 아님을 알 수 있다.

그러므로 우리는 이러한 역경들을 만났을 때 결코 나약해서 그것들을 직시하는 용기를 잃어서는 안 된다. 나약하여 역경을 감당하지 못한다면 악연의 경계에 부닥쳤을 때 앞으로 나아갈 길이 없어지니 손상의 고통이 도리어 증가될 뿐이다.

有者見己血, 反增其堅勇, 유자견기혈, 반증기견용,
有人見他血, 驚慌復悶絶, 유인견타혈, 경황복민절,
此二大差別, 悉由勇怯致. 차이대차별, 실유용겁치.
어떤 이는 자신의 상처에서 피 흘리는 것을 보고 더욱 용기를 내어 참고,
어떤 이는 남이 피 흘리는 것을 보고 놀라 혼절합니다.
이 차이는 마음이 강인하거나 나약함에 따라 생기는 것입니다.

이 두 사람이 동시에 피를 보았지만 그 결과는 천양지차이다. 이것을 결코 외부 환경이 달라서 일어난 것이 아니다. 완전히 마음의 상태가 다름으로 인하여 야기된 것이다.

故應輕害苦, 莫爲諸苦毁. 고응경해고, 막위제고훼.
智者縱歷苦, 不亂心澄明. 지자종력고, 불란심징명.
그러므로 마땅히 모든 손해와 고통을 가볍게 여겨 일체 고통으로부터 해를 받지 않아야 합니다.
지혜로운 사람은 고난을 잘 참아 견디기에 마음속의 맑고 청명함이 흔들리지 않습니다.

　그러므로 수행자는 모름지기 수행의 과정에서 겪는 모든 손해와 고통을 가볍게 보아야 하지, 고통에 너무 집착하여 타격을 받아서는 안 된다. 고통을 가볍게 본다는 것은 굳세고 용감한 태도로 마음의 밝음을 잃지 않는 것이다. 이러한 지혜가 생기면 모든 고통 악연이 환상임을 알아 자신의 수행이 어떠한 고난에도 흔들리지 않을 것이다.

ⓓ 인욕의 공덕을 생각함

**奮戰諸煩惱, 雖生多害苦,** 분전제번뇌, 수생다해고,
**然應輕彼苦, 力克嗔等敵,** 연응경피고, 역극진등적,
**制惑眞勇士, 餘唯弑尸者.** 제혹진용사, 여유시시자.

번뇌와 힘껏 싸우면서 비록 많은 역경이 있을지라도
응당 그 모든 고난을 가볍게 보아 분투노력함으로써 성냄의 적을
항복시켜야 합니다.
번뇌의 적을 조복시킨 사람만이 진정한 용사라 일컬어지니, 그 나머지
세간의 용사들이란 단지 시체를 죽이는 자에 불과합니다.

　이 게송에서 분투노력하여 번뇌의 적을 항복시킨다는 것은 온갖 묘한 방편으로 번뇌를 다스려 굴복시키는 것을 말한다. 이렇게 번뇌를 조복할 수 있어야 비로소 참된 용사라 칭할 수 있다. 세간의 전쟁터에서 아무리 용맹을 쌓은 자라 하더라도 그들은 단지 시간이 흐르면 스스로 늙어 죽을 시체를 살해한 것에 지나지 않는다.

　세간에서 적을 죽이는 것은 매우 어리석은 자나 짐승도 할 수 있는 일이니 무슨 이익이 있겠는가? 큰 용기와 지혜로 번뇌라는 적을 조복시

킨 사람이야말로 무수한 중생들 속에서 마치 대낮의 별처럼 드물게 보이는 진정한 용사인 것이다.

苦害有諸德, 厭離除驕慢, 고해유제덕, 염리제교만,
悲愍生死衆, 羞惡樂行善. 비민생사중, 수오락행선.

손해와 고통은 많은 공덕을 지니고 있으니 출리심을 키워 교만과 오만을 제거하고,
생사고해 속에 빠져 있는 중생에 대해 불쌍히 여기는 마음이 생겨나게 하며, 악업 짓는 것을 부끄러워하고 선법을 행하는 것을 즐기게 합니다.

범부들은 고통과 손해를 단지 장애로만 여겨서 살면서 고통을 겪는 것을 원하지 않는다. 하지만 사실상 고통과 손해는 다음 다섯 가지 공덕을 지니고 있다.

첫째, 고통과 손해는 중생들로 하여금 세속의 삶에 출리심을 내어 수행의 길로 들어가게 한다.

둘째, 고통의 경험은 중생들의 교만을 제거해준다. 수행과정에서 고통에 좌절한 경험이 없다면 자신의 부족한 과실을 인식하기 어렵다. 좌절을 겪을 때 비로소 교만을 제거하고 겸손해질 수 있으며 이때 상사 삼보에 대한 공경심과 신심도 증강하는 것이다.

셋째, 고통은 수행자로 하여금 삼악도의 윤회 중생을 불쌍히 여기는 마음을 갖게 한다. 우리는 병이 난 뒤에야 비로소 병고를 가진 중생이 얼마나 도움과 위안을 필요로 하는지 알 수 있다. 즉 스스로 고통을 겪은 뒤에 자신의 마음을 미루어 남에게까지 미칠 수 있고 생사고해

속에 빠져 있는 부모중생에 대하여 참기 어려운 연민을 일으킬 수 있는 것이다.

넷째, 고통은 악 짓는 것을 부끄러워하게 한다. 살을 에는 고통을 겪는 뒤에 비로소 악업이 얼마나 무서운 업보를 가져다주는지 분명하게 알 수 있게 되는 것이다.

다섯째, 결과적으로 고통은 선행을 즐기게 한다. 고통을 겪음으로써 우리는 악업을 짓는 것을 부끄러워하고 선업을 닦는 것을 기꺼이 하게 되는 것이다.

진정한 불제자로서 안정된 마음을 유지할 수 있다면 안락한 환경이든 역경이든 모두 수행을 향상시키는 보조 인연이 될 것이다. 따라서 지금 어떠한 어려움을 겪고 있다 해도, 심심과 인욕을 단련하는 좋은 기회임을 알아 담담하게 직면해 나가야 한다.

ⓒ 정법에 안주함

ⓐ 해를 끼치는 것은 본래 자성이 없음을 관찰함

不嗔膽病等, 痛苦大淵藪, 부진담병등, 통고대연수,

云何嗔有情, 彼皆緣所成. 운하진유정, 피개연소성.

如人不欲病, 然病仍生起, 여인불욕병, 연병잉생기,

如是不欲惱, 煩惱强涌現. 여시불욕뇌, 번뇌강용현.

담병[151] 같은 고통을 생기게 하는 큰 근원에 대해서는 화를 내지 않으면서

---

151 '담병'은 몸의 분비액이 큰 열을 받아서 담이 생기는 병을 말한다.

어찌하여 중생들에게는 화를 냅니까. 그 모든 것 역시 연緣에 따라 이루어지는 것입니다.
병에 걸리고자 하지 않아도 여전히 병이 생기는 것처럼
번뇌를 겪고자 하지 않아도 번뇌는 강렬하게 솟구쳐 올라옵니다.

고통스러운 병에 걸렸을 때 병에게 화를 내지는 않으면서, 사람들은 왜 자신을 해치는 중생에게는 불같이 화를 내는가? 질병은 인연이 모여 생겨난 것일 뿐 그들 스스로가 주재한 것이 아니다. 마찬가지로 어떤 중생이 나에게 해를 끼치는 것 역시 단지 각종 번뇌의 바깥 인연으로써 생겨나 고통을 주는 것일 뿐이다. 병 앓기를 바라지 않을지라도 업의 과보로 감응하는 질병이 여전히 생기는 것처럼, 바라지 않아도 업연의 핍박 속에서 번뇌는 여전히 용솟음쳐 올라오는 것이다.

이렇듯 수행인은 질병처럼 번뇌 역시 자주적일 수가 없는 것임을 잘 살펴서 누군가가 자신에게 해를 끼치는 일을 저지를 때 그를 이해하고 연민하며 인욕해야 한다.

心雖不思嗔, 而人自然嗔. 심수불사진, 이인자연진.
如是未思生, 嗔惱猶自生. 여시미사생, 진뇌유자생.
마음에 화를 내고자 하는 생각이 없어도 사람들은 자연스럽게 화를 냅니다.
이와 같이 일으키겠다는 생각이 없어도 성냄이라는 번뇌는 저절로 일어납니다.

사람들이 화를 내겠다고 생각하기 때문에 화를 내게 되는 것이 아니다. 화를 내겠다는 생각이 없어도 사람들은 자연스럽게 화를 낸다. 마음에 성냄을 일으키겠다는 생각이 없어도 인연이 모였을 때 저절로 화는 일어나는 것이다.

이렇듯 성냄이라는 번뇌는 인연이 모여 일어나는 것일 뿐 거기에 어떤 실체나 주인이 있는 것이 아니다. 다만 무명 습기를 기다려 비로소 그러한 번뇌가 일어나는 것일 뿐이다.

所有衆過失, 種種諸罪惡, 소유중과실, 종종제죄악,
彼皆緣所生, 全然非自力. 피개연소생, 전연비자력.
크고 작은 과실 및 갖가지의 죄악들,
그것들은 모두 인연 따라 생겨나는 것일 뿐, 스스로의 힘이 전혀 없는 것입니다.

크고 작은 과실 및 그로 인하여 생긴 각양각색의 가볍고 무거운 죄악은 모두 바깥 인연의 힘으로 생겨나는 것이어서 자주적 역량이 전혀 없다.[152]

---

152 여기에서 '크고 작은 과실'은 다섯 가지 근본번뇌와 그에 따르는 20가지 지말번뇌를 말하고, '모든 죄악'은 살인·도적질 등 번뇌로 말미암은 온갖 죄업을 가리킨다. 모든 것은 단지 인연이 모여 구족된 것이며, 그 근원을 따라간다면 『원각경』에서 말한 바대로 "허공의 아지랑이처럼 공에서 생겨난다." 이렇듯 화가 나는 사건이 생겼을 때 그것이 연기법이며, 성내는 마음과 성내는 사람들에게 근본적으로 자주성이 없음을 잘 관찰하면 고요하고 평안하게 그것을 인욕할 수 있다.

彼等衆緣聚, 不思將生嗔, 피등중연취, 불사장생진,

所生諸嗔惱, 亦無已生想. 소생제진뇌, 역무이생상.

그것들(과실 및 죄악들)이 인연 따라 모였을 뿐 "장차 성냄을 일으키겠다."는 의지가 있는 것이 아닙니다.

성냄이라는 번뇌가 일어난 것 역시 "내가 이미 생겨났다."라는 주체적 생각이 없습니다.

죄를 생기게 하는 많은 바깥 인연이 "성냄을 생기게 하겠다."라는 의지를 갖는 것이 아니다. 인연이 일으킨 성냄 같은 번뇌 역시 "내가 이 바깥 인연을 의지하여 생긴다."는 주체적 생각이 없다.[153]

ⓑ 해를 끼치는 것이 자성이 있다는 논설을 타파함

앞의 여러 게송에서 '성냄'이 독립적이고 자주적으로 일어난 법이 아님을 분석하였다. 그러나 수론외도數論外道[154]나 승론외도勝論外道[155]

---

[153] 이 게송은 화나게 하는 인연이 책임이 있는지 없는지를 분석하며 결국 인연을 탓해서는 안 됨을 설명하고 있다. 성냄이라는 번뇌를 일으키는 온갖 인연은 '성냄'을 일으켜야 한다는 주체적 생각을 가지고 있지 않다. 성냄의 번뇌가 생겨난 뒤에도 마찬가지이다. '인연이 일으킨 성냄 같은 번뇌' 역시 "내가 이미 생기었다."라는 따위의 자아 주체 의지를 가지고 있지 않다. 비유하자면 건축 재료가 모여 집이 완성된 것일 뿐, 집 자체가 스스로 "나는 이미 다 건축된 집이다."라는 주체 관념을 가지고 있지 않는 것과 같은 것이다. "모든 법은 연기로 생겨난다." 부처님께서 이렇듯 실상을 알려주셨건만 우리는 오히려 무명으로 마음을 덮고 쌓아온 습관대로 원한을 일으키니, 자신의 무명을 찾아 이것을 책임지게 할 뿐이다.

[154] '수론외도數論外道'는 고대 인도 6파 철학의 하나로 상키야Samkhya 학파를

260

는 나와 일체 바깥 인연이 자기 주체를 말미암아 생김이 아니라는
것은 성립할 수 없다고 주장한다. 이하 아래에서는 주물主物[156]이나
신아神我가 적에게 해를 입히는 마음 등의 모든 과를 만든다고 주장하는
것을 논파한다.

縱許有主物, 施設所謂我, 종허유주물, 시설소위아,
主我不故思, 將生而生起, 주아불고사, 장생이생기,
不生故無果. 불생고무과.

---

말한다. 이들은 푸루샤Purusa와 프라크리티Prakrti의 두 가지 원리로부터 세계
가 창조되는 25가지의 순서를 주장하였다. 푸루샤는 순수하고 청정한 초월적
실체로서, 그 자체로서는 활동이 없는 신아神我이며, 프라크리티는 질료인質料
因, 즉 물질적 원인으로서 활동성이 있다. 보통 자성自性으로 번역되는 이
프라크리티에는 순질·격질·암질 3요소가 있는데, 이 세 가지 구성 요소가
평형 상태를 유지하고 있다가, 푸루샤의 관조를 받아 그 균형이 깨지면서
동요하기 시작한다. 처음에는 분별 의식이 생겨나고 그 다음에 '나'라는 자아의
식이 이어지면서 고통스러운 윤회가 시작된다.(출처: 네이버 지식백과, 상키야
학파.『인도사』, 정병조, 위키미디어 커먼즈, 2005)
155 고대 인도 6파 철학의 하나로 바이셰시카vaiśeṣika 학파를 말한다. 모든 현상은
실實·덕德·업業·동同·이異·화합和合의 육구의六句義에 의해 생성·소멸되며,
해탈에 이르기 위해서는 이 여섯 가지 원리를 이해하고 요가 수행을 해야
한다고 한다. '구의句義'는 원리·범주를 뜻하며, '실實'은 사물의 본질을 이루고
있는 지地·수水·화火·풍風·공空 등의 실체, '덕德'은 실체의 성질, '업業'은 실체
의 운동, '동同'은 사물에 서로 공통점을 있게 하는 원리, '이異'는 모든 사물에
차이점을 있게 하는 원리, '화합和合'은 실·덕·업·동·이를 융합시키는 원리를
뜻한다.(출처:『시공불교사전』)
156 주 154번의 '질료인質料因'을 말한다. 보통 불교서적에서 '원질原質'로 번역된다.

수론외도가 주장하는 소위 '주물'이나 '진아'라고 하는 것도
일부러 장차 생겨나겠다고 생각하고 생겨난 것은 아닙니다.
자성이 상주하여 생겨나지 않은 것임을 인정한다면 그것이 만든 과도
없습니다.

수론외도나 승론외도는 주물 및 만법을 주재하는 신아를 가정하고
"내가 고의적으로 가해하려 하여 화냄을 일으킨다."라고 생각한다.
일으킨다는 이것은 있을 수 없는 것인데(立宗[157]), 왜냐하면 '일으킴'이
없기 때문이며(因), 비유하자면 이는 돌 여인(石女)이 있을 수 없는
것과 같은 것이다.

이렇게 상유常有가 자재하다는 것을 가정하면 화냄이 생기지 않는
이유가 성립하게 된다. 만일 이미 생긴 것이라면, 드러난 모든 것은
상유자재가 아니라 무상하게 인연 따라 변하는 것이다. 만약 오히려
생긴 게 아니라면 이것은 근본적으로 존재할 수 없는데, 이 점은
일정한 것이다(반드시 입종이 성립함). 이와 같은 고로 해를 끼치는
결과가 생긴다는 주장은 존재할 수 없다.[158] 즉 자성(主物)이 상주하여

---

157 '입종立宗'은 불교 인식논리학에서 주장 명제나 판단을 내세움을 의미한다.
158 수론외도나 승론외도의 관점에서 보면 신아·자성은 항상 있는 법이며, 신아는
    고와 낙을 실로 있는 법으로 포괄할 수 있다고 한다. 하지만 이러한 관점은
    성립할 수가 없는 것이다. 주물과 신아가 늘 불변하는 법이라면, 그것은 항상
    변동이 없는 것이므로 갖가지 작용과 감각의 느낌이 있을 수 없기 때문이다.
    불변하는 주물과 신아가 탄생시키는 온갖 작용과 감각의 느낌이 있을 수
    있다면, 그것은 이미 무상하게 변화한 것이지 불변하는 법이 아니다. 따라서
    불변하는 주물과 신아가 자주적으로 '나는 성냄과 탐욕을 내려고 한다'는

생겨나지 않는 것임을 이미 인정한다면, 그것이 만든 과는 없는 것이다.

**常我欲享果, 于境則恒散,** 상아욕향과, 우경즉항산,
**彼執亦不息.** 피집역불식.

과果를 따르고자 하는 아我가 늘 불변하는 것이라면 그 아는 영원히 산란 경계에 집착할 것이며

이러한 집착은 또한 멈추지 않을 것입니다.

수론외도는, 신아는 주물을 의지해 지정된 분노의 대상을 가진다고 말한다. 이와 같다면 신아의 원수에 대한 집착 역시 응당 영원히 소멸되지 않을 것이다. 항상 있는 아我는 영원히 산란하게 적이라는 대상 경계에 집착할 것이기 때문이다. '역亦'자의 의미는 항상 불변한다는 주장 때문에 그에 어긋나는 대상 경계를 만드는 것은 인정될 수 없음을 말한다.[159]

**彼我若是常, 無作如虛空,** 피아약시상, 무작여허공,

---

뜻을 세우고 이로 말미암아 탐욕과 성냄 등의 법이 생겨난다고 할 수는 없는 것이다.

159 신아가 늘 있고 변하지 않는 상유법이며 불변의 법이라면, 그것은 또한 늘 불변되게 외부 환경에 집착하여 영원히 외부 환경을 받아들이고 있어야 한다. 그러나 실제로 어떤 외부 환경이 존재할 때 의식이 그것에 따라 집착할 뿐, 외부 환경이 없어지면 안식·이식·비식·설식 등도 그것에 따라 없어진다. 이것들은 모두 의식이 무상법이라는 것을 분명히 설명한다. 어떻게 항상 변하지 않는 신아 의식이 존재할 수 있겠는가?

저들의 '아我'가 항상 상주하고 불변하는 것이라면, 허공처럼 작용이 없어야 합니다.[160]

만약 승론외도가 인정하는 '아我'가 진정 상주하고 불변하는 것이라면, 이같이 항상 상주하는 '아我'는 분명히 화내는 마음을 일으키지 못할 것이다. 무심으로 항상 지속하는 '아我'는 마치 허공처럼 조금도 작용이 없어야 하는 것이기 때문이다.[161]

縱遇他緣時, 不動無變異. 종우타연시, 부동무변이.

作時亦如前, 則作有何用? 작시역여전, 즉작유하용?

謂作用卽此, 我作何相干? 위작용즉차, 아작하상간?

설령 다른 외연을 만나는 경우[162]에도 변함없음에는 변화가 없을 것입

---

160 각종 외도의 견해 중에 수론파와 승론파가 양대 주요 파이며, 기타 외도 종파는 이 둘을 기초로 성립되었다고 할 수 있다. 앞에서 성냄 등과 같은 모든 법에 신아인 주인이 있다는 수론외도의 관점을 논파했다. 이어 이 게송은 승론외도의 관점을 논파하는 것이다.

161 승론외도 역시 '상주하는 아常我'를 내세운다. 그들의 상아는 만법을 만든 자이고, 무정법이며, 불변의 법이다. 그들의 관점에 따르면 고통·쾌락·탐욕·성냄 등의 법은 '아로 말미암아 자주적으로 생겨나는 내무정법이다. 그러나 '아에게 성냄 번뇌를 일으키는 작용이 있다는 것을 인정한다면, '아가 상주한다는 관점은 성립할 수가 없다. '아가 상유법이라면, 그것은 무위법의 허공과 같을 것이며 어떠한 짓는 자와 지어진 것도 있을 수 없기 때문이다.

162 위에서 논박한 결함들을 보충하기 위해 승론외도는 '아는 상주하고 불변하는 무정법이지만 구생연俱生緣을 빌어 여러 가지 외부 환경법을 일으킬 수 있다고 주장한다. 그러나 이 역시 어불성설이다. 인연이 갖추어지지 않았을 때에는

니다.

인연을 만나 행할 때 '아'가 예전과 같다면, 이 행함이 무슨 소용이 있겠습니까?

행함과 소용을 일컬음이 이와 같다면, '아'와 행함이 무슨 상관이 있겠습니까?

외도가 말하되, 설령 기타 바깥 인연을 만났다 하더라도 그의 불변하는 자성에 영향을 끼치지 못할 것이라고 한다. 이런 주장 역시 이치에 맞지 않다.[163] 만일 자성이 이미 변함이 없다면, 어떻게 바깥 연緣을 의지하여 이전에 없던 차별이 생길 수 있는가? 근본적으로 이전과 같지 않은 바가 없을 것이다. 만약 인연을 만나 행할 때 '상아常我'가 예전과 같다면, 바깥 인연의 작용이 그에 대하여 전에 없던 어떤 변화의 특징을 지어낼 수 있겠는가? 근본적으로 새로 생기는 조작이 없을 것이다.

자성이 변하면 분명히 '항상 있음'을 잃게 된다. 예를 들어 만일 '상아常我'는 그쪽이고 작용을 함인 '작자作者'는 이쪽이라고 하면, 이 같은 '작용'과 '상아' 사이에 어떻게 이익을 주고받는 관계가 성립할

---

상주하는 불변법이었다가, 인연이 구족할 경우에는 바로 변동할 수 있는 무상법이 되어버리니 이 어찌 모순이 아니겠는가?

163 승론외도는 '아'가 인연을 만나 작용을 하여 외부 환경의 제법을 일으킬 때에도 여전히 상주하는 자성을 유지하고 있다고 주장한다. 그러나 불변하면서 늘 상주하는 '아'가 연을 만나 여전히 불변을 유지하면서 동시에 또 작용이 있는 것을 인정한다면, 그것은 '석녀石女가 인연을 만나 그 석녀의 본질은 변화시키지 않으면서 동시에 자식을 낳을 수 있다'고 하는 것과 무엇이 다르겠는가?

수 있겠는가?[164] 항상 있는 '아'는 바깥 연을 의지하여 작용을 일으킬
수 없으므로 이런 관점은 성립될 수 없다.[165]

是故一切法, 依他非自主, 시고일체법, 의타비자주,
知已不應瞋, 如幻如化事. 지이불응진, 여환여화사.

이와 같이 세상의 모든 것은 다른 조건들에 인연하는 것이지 독자적으
로 일어나는 것이 아닙니다.
이와 같이 알게 되면 응당 환영과 같은 세상의 인연 따라 일어난
일에 화를 내지 않게 됩니다.

---

164 승론외도의 주장대로 '아'가 상주하는 불변의 것이라면 허공처럼 인위적인
    작용이 없는 것이어야 한다. 그러므로 설령 수만 가지 인연이 허공 같은
    상주법과 만나더라도 허공 상주법에 대하여 작용을 일으킬 수 없다. 그러므로
    '아'는 변동이 없되, 인연을 만나 모든 법을 낼 수 있다는 승론외도의 주장은
    성립할 수가 없는 것이다. 이에 대해 승론외도는 또 억지로 말하길, 상주불변의
    '아'에 따르는 것은 불가사의한 대도로 그 작용 역시 불가사의하다고 말한다.
    그러나 그렇다면 수행인들의 이 불가사의한 작용과 '아'가 무슨 상관이 있겠는
    가? 작용이 '아'와 관계가 없다면 어떻게 '아'가 자주적으로 성냄 등과 같은
    법을 일으킬 수 있겠는가?
165 우리가 여기에서 외도들의 주장을 논파하는 것은 수행인이 외도의 관점을
    학습함으로써 생겨난 집착을 제거하기 위해서이며, 앞으로 온갖 무명의 삿된
    설을 접했을 때 그것을 잘 분별하기 위해서이다. 오늘날에도 온갖 외도의
    전도된 견해가 세상 사람들을 미혹시키고 있다. 수행인으로서 능숙하게 그
    삿된 견해를 논파할 수 있다면 중생을 이롭게 하는 사업에 큰 도움이 될
    것이다.

그러므로 모든 법은 다른 인연들의 힘에 의지해서 생기며, 일체 외연 또한 과거 인연의 힘으로 생겨나는 것으로서 자기 스스로 존재(自主)할 수 없는 것이다. 과거 인연의 범위가 무궁무진하기에 스스로 존재하는 어떤 일도 있을 수 없다. 우리가 이 점을 이해하게 된다면, 곧 실상이 아닌 가운데 나타나는 환 같은 일체 사물에 대해 화내지 않게 된다.[166]

ⓒ 성냄의 번뇌를 제거할 필요가 없다는 사견을 타파함

**由誰除何嗔, 除嗔不如理,** 유수제하진, 제진불여리,

**嗔除諸苦滅, 故非不應理.** 진제제고멸, 고비불응리.

(혹자들은) "누구를 말미암아 성냄 번뇌를 제거하는가? 성냄을 제거한다는 것은 이치에 맞지 않다."라고 묻습니다.

(이에 대답하기를) 성냄을 없애야 고통을 제거할 수 있으니, 이치에 맞지 않는 곳이 없습니다.

어떤 이는 "모든 것이 꿈같고 변화하는 것이고, 자신이 성내는 마음을 내는 것 역시 꿈같아 실체가 없는 것이라면 어떤 대치법에 의지해

---

166 이를 일러 『현관장엄론』에서 "모든 법이 환상 같다는 것을 알아 윤회의 태어남을 연극같이 관하면, 홍하고 쇠퇴할 때 번뇌 고통을 두려워하지 않는다."라고 한 것이다. 수행자는 모름지기 모든 법이 연기로 생긴 것이어서 그 자성이 공한 이치를 깨달아 악연이나 고난을 만났을 때 나약함이나 두려움을 가져서는 안 되고, 순연이나 안락함을 만났을 때 오만해서는 안 된다. 평안한 마음 상태를 유지하여 환상 같고 꿈같은 세계에 안주하여, 승찬 대사의 『신심명』에서 이른 바대로 '평상심이 한결같으면 망념이 스스로 다하여 깨끗해'질 것이다.

성냄 번뇌를 제거하는 것이 무슨 의미가 있는가? 모든 것이 공성이어서 실질적인 것이 없는데 성냄을 제거한다는 것은 이치에 안 맞는 것 아닌가?"라고 물어볼 수 있다. 이에 대해서 다음과 같이 답할 수 있다.

실상을 깨달은 경계(勝義諦)에서 드러난 모든 법은 환영이고 몽상이다. 그러나 집착의 습기가 진하고 두꺼운 우리 범부의 입장에서 말하자면, 모든 법이 환화 같다는 실상을 볼 방법이 없다. 법성이 공한 속에서 나타나는 삼라만상이 보통사람에게는 아주 실질적인 것이다. 특히 공성을 증득하기 전에 성냄 번뇌의 나쁜 습기가 가져다주는 고통은 그 나머지 모든 번뇌를 뛰어넘는다. 그러므로 세속제世俗諦 중에서는 대치법에 의지하여 성냄을 없앨 수 있고, 화냄의 모든 고통도 대치법에 의지해 제거할 수 있음이 이치에 어긋나는 것이 아니다. 비록 승의제勝義諦 중에서는 성냄을 제거하는 일이 필요하지 않더라도, 세속에서는 반드시 굳센 인욕 집착으로 성냄 번뇌의 고통을 없애야 한다. 환상 같고 꿈같은 세계에서 환상 같고 꿈같은 인욕으로 환상 같고 꿈같은 성냄을 다스려야 하는 것이다.

ⓓ 마무리

**故見怨或親, 非理妄加害,** 고견원혹친, 비리망가해,
**思此乃緣生, 受之甘如飴.** 사차내연생, 수지감여이.
그러므로 원수나 친구들이 이유 없이 망령되이 나를 해칠 때
인연 따라 생긴 것임을 생각하고 흔쾌히 그것을 받아들여야 합니다.

그러므로 원수나 친구가 이유 없이 나를 해치려 할 때, 나는 즉시

"이러한 이치에 맞지 않는 일들이 생기는 것은 나 자신도 어쩔 수
없고, 그저 바깥 인연이 모여서 생겨난 것이다."라고 생각하여야 한다.
마음이 산란해지면 안 되고, 흔연히 안락을 만난 것처럼 그것을 받아들
여야 한다.

若苦由自取, 而人皆厭苦, 약고유자취, 이인개염고,
以是諸有情, 皆當無苦楚. 이시제유정, 개당무고초.
만약 고통을 자기 뜻대로 선택할 수 있다면 사람들은 모두 고통을
싫어할 것이며
그렇다면 모든 유정들에게 마땅히 고초가 없어야 할 것입니다.

　만약 고통이 인연으로 생기는 것이 아니고 자기 뜻대로 조절할
수 있는 것이라면, 사람들은 모두 고통을 원치 않을 것이므로 일체
유정들에게 고통이 없어야만 맞으나, 사실은 이와 정반대이다.[167]

ⓒ 해를 끼치는 것들을 인욕함
ⓐ 해를 끼치는 것들에 대해 대비심을 발휘함
或因己不愼, 以刺自戮傷, 혹인기불신, 이자자륙상,

---

[167] 모든 사람의 심신은 안팎으로 온갖 고통을 가지고 있어 번뇌를 일으키고
압박받으며 근본적으로 자유로운 역량은 털끝만큼도 없다. 그러므로 중생들이
일으키는 악업의 해 끼침을 만날 때, 상대가 번뇌의 부린 바 되어 자기 뜻대로
조절할 방법이 없음을 이해하고 그에 대하여 성냄이나 원한을 품지 말아야
할 것이다.

或爲得婦心, 憂傷復絶食 혹위득부심, 우상복절식,

縱崖或自縊, 呑服毒害食 종애혹자액, 탄복독해식,

妄以自虐行, 于己作損傷. 망이자학행, 우기작손상.

어떤 이는 스스로 조심하지 않기에 칼이나 가시에 찔려 상처를 입고
어떤 이는 여심을 얻고자 근심하며 식음을 전폐합니다.
어떤 이는 절벽에서 뛰어내리거나 스스로 목을 매고, 독약이나 해로운
음식을 섭취합니다.
이렇듯 망령되게 스스로를 학대하는 행동으로 자기 자신에게 손상을
입힙니다.

사람들은 자신의 신체와 생명을 가장 귀한 것으로 여겨 집착한다.
그러나 업력으로 인해 강한 번뇌에 사로잡히면 스스로를 해치고 훼손
시킨다. 때로는 스스로 번뇌에 제압당하여 조심하지 않아 칼이나
가시 등에 찔려 상처를 입기도 하고, 여색이나 재산을 구하지 못한
상심에 음식을 끊기도 하고, 벼랑에서 뛰어내리거나 목을 매어 자살을
하고 독약이나 유해한 음식물을 먹기도 한다. 이렇듯 뭇 중생들은
복덕이 아닌 갖가지 행동으로 자신의 신체를 학대하고 손상시킨다.
이들이 번뇌에 제압당해 그 스스로 주인이 될 수 없는 비참한 환경에
처해 있는 것에 생각이 미치면, 어찌 그들의 자멸과 타인을 해치는
행위에 대해 연민을 일으키지 않을 수 있겠는가?

自惜身命者, 因惑尙自盡, 자석신명자, 인혹상자진,

況于他人身, 絲毫無傷損. 황우타인신, 사호무상손.

애지중지하는 자신의 몸과 목숨까지 번뇌에 사로잡혀 스스로 죽이는데 하물며 타인의 몸에 대하여 어찌 해를 입히지 않겠습니까?

강렬한 번뇌의 힘에 이끌리면 중생들은 보배처럼 애착하는 자신의 몸과 목숨도 아끼지 않고 죽이기까지 한다. 그럴진대, 타인의 몸에 대하여는 어찌 해를 입히지 않겠는가? 이 점을 이해할 수 있다면 남에게 손해를 입었을 때 어찌 그를 원망하고 탓할 수 있을 것인가?

故于害我者, 心應懷慈愍, 고우해아자, 심응회자민,
慈悲縱不起, 生嗔亦非當. 자비종불기, 생진역비당.
그러므로 나를 해치는 자에 대하여 마음속으로 응당 자비심을 품어야 합니다.
설령 자비심을 일으키지 못하더라도 성내는 마음을 품어서는 안 됩니다.

그러므로 번뇌의 부림을 받아 나에게 화내는 사람에 대해 마땅히 마음속으로 자비심을 품어야 하는 것이 이치에 맞다. 설사 불쌍히 여기는 마음을 내지 못해도, 적어도 그에게 성내는 마음을 품어서는 안 된다.[168]

---

168 대승불자로서 우리들은 일체중생을 이롭게 하고자 하는 서원을 세웠다. 그러므
로 우리들은 중생이 우리에게 해를 끼칠 때, 업보중생들로서 그들 스스로
자주성을 가지는 것이 아님을 이해하고 그들에게 연민을 품어야 한다. 나에게
해를 끼치는 중생을 대하여 불쌍히 여기는 마음을 내기 어렵더라도 이러한
이치를 알아 최소한 성내는 것을 억제하여, 여법하지 않은 행위로 죄업을

ⓑ 해를 끼치는 것들의 자성을 관찰함

**設若害他人, 乃愚自本性,** 설약해타인, 내우자본성,

**嗔彼則非理, 如嗔燒性火.** 진피즉비리, 여진소성화.

남에게 해를 끼치는 것이 어리석은 범부의 본성이라면,
그들에게 화를 내는 것은 옳지 않으니, 태우는 것이 본성인 불에게
화를 내는 것과 같습니다.

  타인을 해치는 성질을 갖고 있는 것이 중생의 본성이라면 그에게
성내는 마음을 가져서는 안 된다. 그는 단지 나에게만 해를 끼치는
것이 아니라 그 누구를 접촉하더라도 해를 끼칠 것이기 때문이다.
  불은 어떤 물체를 만나더라도 다 태운다. 불이 선택적으로 일부만
태운다는 것은 이치상 일어날 수 없다. 어떤 사람이 화상을 입었는데,
불에게 크게 성을 내며 자신을 태워서는 안 된다고 탓을 한다면 그
얼마나 우스운 일인가. 이와 마찬가지로, 어리석은 중생의 본성에 타인을
해치는 성질을 가지고 있어 그로 인해 손해를 입었다 하더라도 그에게
화를 내고 질책하는 것 역시 우스운 일인 것이다.

**若過是偶發, 有情性仁賢,** 약과시우발, 유정성인현,

**則嗔亦非理, 如嗔烟蔽空.** 즉진역비리, 여진연폐공.

중생들의 잘못은 단지 우연히 발생한 것일 뿐, 중생의 본성은 선량합
니다.

---

짓는 것을 미연에 막아야 한다.

272

그러므로 그들에게 성내는 것은 합리적이지 않습니다. 이러한 성냄은 구름이 끼었다고 허공을 나무라는 것과 같습니다.

반대로 중생의 본성이 선량하여 타인을 해치는 성질이 없는데, 우연히 다른 사람을 해치는 잘못이 발생한 것이라면 해를 입은 사람은 그에게 화를 내어야 하는가? 이 역시 그렇지 않다.

중생의 잘못은 청정한 푸른 하늘에 잠시 일어난 구름과 같다. 구름에 가려진 하늘을 보고 쾌청하지 않다고 성내고 질책하는 것이 어리석은 일인 것처럼, 중생의 일시적인 잘못으로 인해 해를 입었다고 해서 그에게 성을 내는 것은 이치상 맞지 않는 일이다.

棍杖所傷人, 不應瞋使者, 곤장소상인, 불응진사자,
彼復瞋使故, 理應憎其瞋. 피부진사고, 이응증기진.
곤장이 사람을 상하게 하는 것이니, 곤장을 치는 자에게 화를 내어서는 안 됩니다.
그 사람 역시 성내는 마음(瞋心)의 시킨 것이니, 이치상 마땅히 (곤장을 치는 자가 아니라) 성내는 마음에게 화를 내어야 합니다.

만약 원수가 곤장을 사용하여 때린다면 매 맞는 사람의 아픔은 곤장 때문인 것이므로, 이치상 곤장에 화를 내어야지 곤장을 사용하는 사람에게 성내서는 안 된다. 곤장을 사용하는 원수 역시 진심瞋心이 시켜 업을 지은 것이므로 이치상 그 진심에게 화를 내는 것이 마땅하다.[169]

ⓒ 해를 받는 사람의 과실을 생각함

**我昔于有情, 曾作如是害,** 아석우유정, 증작여시해,

**旣曾傷有情, 理應受此損.** 기증상유정, 이응수차손.

예전에 나는 중생들에게 이와 같은 손해를 끼쳤습니다.

중생들을 해친 적이 있으므로 지금 마땅히 이와 같은 손해를 입어야

합니다.


우리가 지금 가해를 당하는 것은 예전에 유정들에게 유사한 손해를

가한 적이 있기 때문이다. 그로 인해 지금 이렇게 해치는 과보를

받는 것이니, 인과 규율에 따라 마땅히 받아야 하는 것이다.[170]

---

169 이를 일러 월칭 논사는 "유정의 잘못이 아니라 번뇌의 허물이며, 지혜로운
사람은 잘 살펴 모든 유정들에게 성내지 않는다."라고 하였다.

170 우리가 지금 받는 손해는 이치상 반드시 받아야만 하는 것이다. 왜냐하면
우리가 이전에 다른 유정들에게 유사한 악업을 지었기 때문이다. 『법구경』의
'어미닭과 고양이' 공안은 이러한 이치를 아주 잘 설명하고 있다.

아주 오래 전 한 부녀자가 암탉 한 마리를 키웠다. 암탉이 고생스럽게 알을
품어 병아리로 부화시키자, 그 부녀자가 병아리를 모두 먹어버렸다. 자식인
병아리를 사랑한 암탉은 원한을 품고 내생에는 자기도 그 부녀자의 아이들을
먹어치우겠다는 발원을 세웠다. 나중에 부녀자는 어미닭으로 태어나고, 전생
의 암탉은 고양이로 태어났다. 이제는 어미닭이 새끼를 부화시킬 때마다
고양이가 다 잡아먹었다. 어미닭 역시 몹시 성을 내며 내생에 자기 역시
고양이와 같이 하겠다는 원을 세웠다. 이어 어미닭은 표범으로, 고양이는
어미 사슴으로 태어났다. 이제는 어미 사슴이 낳은 새끼를 표범이 먹어치웠다.
이 윤회의 비극은 반복해서 이루어져서, 석가모니께서 세상에 나왔을 때 어미
사슴은 나찰녀가 되었고, 표범은 여인이 되었다. 이번엔 나찰녀가 여인의
아이를 먹으려고 하자, 여인은 두려움에 떨며 아이를 안고 세존 앞으로 달려왔

敵器與我身, 二皆致苦因, 적기여아신, 이개치고인
雙出器與身, 于誰該當瞋? 쌍출기여신, 우수해당진?
원수의 무기와 나의 몸, 이 두 가지가 모두 고통의 원인인데
원수가 무기를 들어 나의 몸에 해를 가했다면 어느 쪽에 화를 내어야
합니까?

    어떤 해침을 입어 고통이 생기는 과정을 분석해 보면, 원수가 휘두른
흉기와 나의 몸 이 두 가지가 모두 고통의 원인임을 알 수 있다.
원수의 흉기가 없었다면 가해를 받지 않았을 것이고, 우리의 몸이
없었다면 마찬가지로 손해를 입지 않았을 것이기 때문이다.
    그렇다면 성냄이 일어나려고 할 때 원수의 흉기와 나의 몸, 이
둘 중 무엇을 상대로 해야 할 것인가? 이치상 이 둘 모두에게 동시에
똑같이 화를 내어야 한다. 원래 자신의 신체 역시 손해를 받는 악연을
불러오는데, 어떻게 다른 사람에게만 성을 낼 수 있겠는가?

身似人形瘡, 輕觸苦不堪, 신사인형창, 경촉고불감,
盲目我愛執, 遭損誰當瞋? 맹목아애집, 조손수당진?
몸에 난 종기처럼 조금만 닿아도 참을 수 없는 고통이 있는 것이
사람의 몸인데,
내가 갈애에 눈이 멀어 이로 인해 상처받는다면 누구에게 화를 낼

---

다. 하나는 쫓고 하나는 도망치며 석가세존 앞에 온 이 원수들은 그제야
비로소 악연을 끊고 인과에서 벗어날 수 있었다.

것입니까?

　사람의 신체는 매우 나약하여 훼손되기가 쉽다. 온 신체가 종기와 같아 조금만 닿아도 참을 수 없는 고통이 있다. 그러나 이치대로 관찰한다면 고통의 근원은 자신의 신체이고 자신의 신체에 대한 맹목적 애착이다. 그러므로 자신이 갈애渴愛에 눈멀어 몸을 탐착하는 아집으로 인하여 손해를 입었다면, 상처를 준 타인에게 화를 내는 것은 이치에 합당하지 않다.

愚夫不欲苦, 偏作諸苦因, 우부불욕고, 편작제고인,
旣由己過害, 豈能嗔于人? 기유기과해, 기능진우인?
譬如地獄卒, 及諸劍葉林, 비여지옥졸, 급제검엽림,
旣由己業生, 于誰該當嗔? 기유기업생, 우수해당진?

어리석은 사람은 고통받기를 원하지 않으면서도 고통을 부르는 악업을 짓습니다.
스스로 지은 악업의 과보로 해를 입었는데, 어찌 남에게 화를 낼 수 있겠습니까?
예를 들어 지옥의 옥졸이나 검엽림 등은
스스로 지은 업으로 인해 생긴 것인데, 누구에게 화를 낼 것입니까?

　어리석은 자는 고통받기를 원하지 않으면서도 고통을 초래하는 원인인 악업을 짓고 신체를 탐하여 집착한다. 이같이 자기가 지은 고통의 원인인 자기 몸을 집착하는 악업의 과환으로 인하여 과보가 초래되는데, 남에게 화를 내는 것이 무엇이란 말인가? 예를 들면 지옥의 무서운 옥졸이나 칼날 잎으로 된 나무숲 형벌 등은 본래 모두 자신의 악업이 변하여 생긴 것인데, 지옥 중생은 누구에게 화를 낼 것인가?[171]

ⓓ 해를 끼치는 자들과 입장을 바꿔 생각하여 인욕을 닦음

宿業所引發, 令他損惱我, 숙업소인발, 영타손뇌아,
因此若墮獄, 豈非我害他. 인차약타옥, 기비아해타.

자신의 숙업에 이끌려 남들로 하여금 나를 해치게 합니다.
이로 인해 그들이 지옥으로 떨어진다면 결국 내가 그들을 해친 것이 아니겠습니까?

남들이 나를 해치는 것은 내 자신이 지난날 지은 악업으로 인한 것이다. 그런데 만약 이런 일로 나에게 손해를 입힌 그들이 지옥에 떨어진다면 결국 내가 그들을 해친 것이 아닌가?[172]

---

171 우리들 주변에서는 늘 나의 원수나 채권자가 나에게 보복할 기회를 엿보고 있다. 우리가 악연을 만났을 때 화를 낸다면 원한에 원한을 더하는 것이니, 쌓인 업이 어떻게 끝날 수 있을 것인가? 수행인들은 모름지기 이를 잊지 말아야 한다.

172 우리가 남에게로부터 해를 입는 것은 자신이 지난날 유사한 악업을 지어 타인을 해쳤기 때문이다. 그러므로 현생에서 만났을 때 그가 나에게 성을 내며 해를 입히는 것은 단지 묵은 빚을 갚는 것일 뿐이다. 그러나 이 과정에서 우리는 더 심각한 잘못을 저지를 수 있다. 우리 자신의 지난날 잘못에 이끌려 그가 오늘날 크게 성을 내고 그 악업으로 인해 지옥으로 떨어지는 고통 과보를

依敵修忍辱, 消我諸多罪, 의적수인욕, 소아제다죄,

怨敵依我者, 墮獄久受苦. 원적의아자, 타옥구수고.

若我傷害彼, 敵反饒益我, 약아상해피, 적반요익아,

則汝粗暴心, 何故反嗔彼? 즉여조폭심, 하고반진피?

원수에게 의지하여 인욕을 닦아 나는 많은 죄를 정화하게 되지만 원수들을 나로 인해서 지옥에 떨어져 오랫동안 고통을 겪습니다. 내가 그들에게 해를 입한 것이고 그들이 반대로 나를 이롭게 한 것인데 그대 사나운 마음이여, 어찌하여 그들에게 거꾸로 화를 내는 것입니까?

원수의 해 끼침에 의하여 인내를 수행함으로써 나의 악업은 많이 정화된다. 그러나 나를 해친 숙세 업으로 인하여 원수들이 긴긴 고통의 지옥에 떨어진다면, 나는 그들에게 가해자이고 그들은 나에게 은혜를 준 자가 된다. 이러할진대, 전도顚倒된 생각에 사로잡혀 길들여지지 않은 그대는 어찌하여 원수에게 화를 내는가? 이는 분명히 이치에 맞지 않다.[173]

---

받는다면, 결국 나 자신의 죄 때문에 그가 고통의 심연으로 떨어진 것이 아니겠는가? 수행자는 이러한 이치를 잘 알아 자신의 지난날 죄를 전심전력으로 참회하여야 하며, 타인이 끼치는 해에 대해 조금도 원망함 없이 인욕해야 한다.

173 "상대가 비록 이치에 맞지 않게 함부로 해로움을 끼친다 하더라도, 저가 선지식으로 보이길 원한다."라고 한 랑리땅빠 대사처럼, 많은 고승대덕들은 타인이 자기에게 해를 가할 때 지혜로써 꿰뚫어 그들이 선지식임을 보고 공경할 수 있었다. 우리도 현재 이 도리를 분명히 알고, 설령 한때는 성냄을 참을 수 없을지라도 최소한 언젠가는 성냄을 종식시켜야 한다. 그렇지 않으면 은혜를

若我有功德, 必不墮地獄, 약아유공덕, 필불타지옥,

若吾自守護, 則彼何所得? 약오자수호, 즉피하소득?

만약 나에게 인욕을 수행한 공덕이 있으면 반드시 지옥에 떨어지지는 않을 것입니다.

이렇게 나 스스로는 지킬 수 있지만, 저(원수)들에게는 무슨 이득이 있으리오?

　　다른 사람이 죄업 인과의 연緣으로 나를 지옥에 떨어지게 이끌 때, 발심을 일으켜 인욕을 수행하여 공덕을 갖추면 지옥에는 가지 않을 것이다. 나는 자발적으로 계를 지키고 인욕을 닦아 악도에 떨어짐을 피하지만, 상대 원수들은 어떻게 보호받을 수 있겠는가?[174]

若以怨報怨, 則敵不護罪, 약이원보원, 즉적불호죄,

吾行將退失, 難行亦毁損. 오행장퇴실, 난행역훼손.

원수를 원수로 갚는다면 적들은 죄업에서 보호받지 못할 것이니[175]

---

　　원수로 갚는 것일 뿐이다.

174 나는 타인의 가해에 의지하여 인욕을 닦을 수 있다. 그렇다면 타인은 그로 인하여 어떤 이익을 얻을 것인가? 타인이 비록 우리가 인욕을 성취하는 데에 도움을 주었을지라도, 그의 성냄 번뇌 행위는 악업일 뿐 공덕을 얻을 수 있는 것이 아니다. 만약 발심이 광대한 보살이라면 회향 공덕과 상대의 고통을 대신 받는 수행법으로 인하여 해를 끼친 자의 공덕을 경감시킬 수 있고, 궁극에는 선을 닦아 안락으로 들어가도록 그를 인도할 것이다. 그러나 어찌되었건 간에, 성냄의 번뇌로 악업을 지은 사람은 악업으로 공덕을 얻을 수는 없다.

175 앞에서 우리는 타인이 나에게 해를 끼치는 것이 나로 하여금 인욕을 수행하게

이로 인해 나의 수행도 퇴보하고, 인욕의 고행 역시 훼손됩니다.

나의 인욕 수행으로도 원수를 보호할 방법은 없다. 하지만, 만약 내가 안인 수행을 못해 앙갚음의 보복을 가한다면 원수들은 악업의 습관으로 인해 참지 못하고 화를 내어 그들의 죄업은 더 늘어나게 될 것이다. 이로 인해 나의 사문沙門의 4행四行[176] 수행도 퇴보하고 수승한 인욕의 고행 역시 손상된다.

④경멸을 받고, 거친 말을 듣고, 비속한 말을 듣는 등 세 가지에 화가 나는 것을 인욕함
㉠경멸을 받는 것은 해가 없음을 알아 성냄을 인욕함
**心意無形體, 誰亦不能毀.** 심의무형체, 수역불능훼.
**若心執此身, 定遭諸苦損,** 약심집차신, 정조제고손,
**輕蔑語粗鄙, 口出惡言辭,** 경멸어조비, 구출악언사,

---

하는 요익행이 될 수 있음을 알았다. 그렇다면 타인의 가해를 만났을 때 원한을 원한으로 갚아 그 역시 인욕을 닦도록 재촉할 수 있는가 하는 의문이 들 수 있다. 이 게송은 그에 대한 답으로 그러한 의문이 합리적이지 않음을 논증하고 있는 것이다.

176 부처의 근본 뜻을 깨닫기 위한 네 가지 수행을 말한다. ①보원행報怨行: 수행자가 고통을 당할 때는 과거에 자신이 저지른 행위의 과보라고 생각하여 남을 원망하지 않음. ②수연행隨緣行: 즐거움이나 괴로움은 인연 따라 일어나고 소멸하므로 거기에 동요하지 않고 순응함. ③무소구행無所求行: 밖에서 구하고 대상에 집착하는 것을 그치고, 공空을 깨달아 탐욕과 집착을 버림. ④칭법행稱法行: '칭稱'은 적합하다는 뜻으로, 자신의 성품은 본래 청정하다는 공의 입장에서, 공의 실천에 적합한 육바라밀六波羅蜜을 닦음이다.(출처: 시공불교사전)

于身旣無害, 心汝何故嗔? 우신기무해, 심여하고진?

마음과 뜻은 몸을 갖고 있지 않아서 그 누구든 부술 수가 없습니다.
물되, 마음이 몸을 진정으로 애착한다면 육체의 고통으로 해를 입지
않겠습니까?
답하되, 모욕적인 말과 거친 말·비속한 말들이
그대 육체에 해를 끼치지 않는데, 어찌하여 그대의 마음은 그렇게
화를 내는 것입니까?

　마음은 마치 허공과 같아 형체를 갖고 있지 않으므로[177] 그 어느
누구도 칼날 등으로 마음에 상해를 가할 수가 없다. 또한 신체는
지수화풍의 무정법으로 이루어진 것으로 그 본체는 어떤 고락의 느낌
도 갖지 않는다. 그러므로 신체가 손해를 입는 문제 역시 존재하지
않을 것이다.
　혹자는 마음이 몸을 진정으로 애착하므로 육체의 고통으로 마음을
가해할 수 있으며, 신체를 상해하는 것은 실제로 몸과 마음을 다
똑같이 상해하는 것이라고 말하기도 한다. 그러나 입으로 하는 모욕적
인 말과 거친 말(惡語)·귀에 듣기 거북한 비속한 말들은 그대 신체에
상해를 끼치지 못하며 마음에도 전혀 해를 끼칠 수 없다. 이럼에도

---

[177] 부처님께서는 『보적경』에서 "가섭아, 이 마음은 외부에 따라서 있지 않고,
　　내부에 따라서 있지 않고, 둘 가운데에 따라서 있지 않다. 두루 찾았지만
　　인연할 수 있는 것이 없다."라고 말하였다. 『능엄경』에서 부처님께서는 또한
　　아난을 향하여 7처(신체 안·신체 밖·눈의 내면·눈 감고 뜨는 곳·눈길 가는 곳·중
　　간·일체 집착 없는 곳)에서 마음을 찾지 못함을 증명하였다.

불구하고 그대 마음은 어찌하여 그렇게 화를 내는가?[178]


謂他不喜我, 然彼于現後, 위타불희아, 연피우현후,

不能毁損我, 何故厭譏毁? 불능훼손아, 하고염기훼?

(원수들의 비방으로 인해) 남들이 나를 좋아하지 않게 된다 해도,

그들이 이생이나 다른 생에도

나를 해치지 못하는데 나는 무엇 때문에 원수를 미워하고 비방하고

헐뜯는 것입니까?


어떤 사람들은 원수들의 비방이 다른 사람으로 하여금 나를 싫어하는 마음을 일으키게 하므로 나를 비방하는 자에게 성을 내게 된다고 말한다. 그러나 하지만 나를 비방하는 사람이 나를 미워한다고 해도, 그것이 나의 현생이나 내생을 훼손시키지는 못할 것이다. 나 자신의 수행이 원만하다면 다른 사람이 나를 얼마나 미워하고 증오하는가에 상관없이 나의 현생에 손해가 있지 않으며, 마찬가지로 내세도 그것 때문에 손해를 입지 않을 것이기 때문이다. 이렇듯 자신의 현생과 내세에 모두 손해가 없다면 비방에 대하여 성내는 마음을 일으킬 필요가 전혀 없다.[179]

---

178 그 근원은 다만 무명의 망령된 집착이 기괴한 짓을 하는 데 달려 있을 뿐이다. 모든 말은 텅 빈 골짜기의 메아리처럼 우리의 심신에 조금도 해를 끼치지 못한다. 수행자는 이 점을 분명하게 인식하고 어리석은 아집 습기가 우리를 붙잡아 끝없이 비방당하고 성내는 번뇌의 위험 경계로 밀어 넣지 않도록 해야 한다.

282

ⓛ현생의 명예와 이익을 위해 성을 냄으로써 악연을 짓는 것을 경계함

ⓐ모욕에 대해 성내는 죄의 위중함

謂碍利益故, 縱我厭受損, 위애이익고. 종아염수손,

吾利終須捨, 諸罪則久留. 오리종수사, 제죄즉구류.

이 같은 비방은 나의 이익과 명예를 해치므로 나는 비난받기를 싫어한
다고 말합니다.

임종 시 부와 명예는 가져가지 못하지만 죄악은 마음의 흐름에 남는
것입니다.

　　남들이 나에게 신심 내는 것을 방해하여 내 이익에 좋지 못한 영향을
조성하므로 누군가가 나를 멸시하고 비방하는 것을 싫어한다고 말하기
도 한다. 하지만 비록 작은 이익이 있을지라도 부와 명예는 후세로
가져가지 못한다. 그러나 내 이익 때문에 화냈던 원한·분노의 죄악은
업의 창고에 온전하게 남겨져서 과보가 끝날 때까지 오래 지속한다.[180]

___

179 돕된빠 존자는 말하되 "다른 사람이 그대에게 듣기 싫은 말을 하는 것을
　 들었다면, 그대는 그것을 텅 빈 골짜기의 메아리로 관해야 한다. 이렇게 하면
　 자기 마음이 그로 인해 불쾌하게 되는 일은 없을 것이다. 불쾌하지 않다면
　 성냄 번뇌가 있지 않을 것이다. 성내는 마음의 번뇌가 없다면 우리는 성취의
　 기회를 가질 수 있다."라고 하였다.

180 내가 아무리 명예 이익이 훼손되는 것을 싫어하여 어떤 수단 방법을 써서
　 그것을 지키려고 해도, 모든 명리는 결국 우리 곁을 떠날 뿐이다. 세간 일체는
　 무상하니, 죽음에 이르러 우리가 가져갈 수 있는 이익과 명예란 없다. 그러나
　 생전에 명리를 위하여 다른 사람과 다툰 것 등의 각종 악업은 그림자처럼
　 붙어서 없어지지 않고 우리의 죽음·중음·후세에 헤아릴 수 없는 고통을 가져온
　 다. 현생의 짧고 작은 명리를 위하여 크게 성내어서 자신의 긴 안락에 손상을

寧今速死歿, 不願邪命活, 영금속사몰, 불원사명활,

苟安縱久住, 終必遭死苦. 구안종구주, 종필조사고.

지금 당장 죽을지언정 삿된 방법으로 구차하게 편안하게 살기를 원하지 않습니다.

설령 오래 살 수 있을지라도 결국에는 필시 죽음과 타락의 고통에 직면할 것입니다.

이러므로 남을 상하게 하여 이익을 받느니 이익 없이 지금 당장 죽더라도 삿된 방법으로 구차하게 편안히 살길 원하지 않는다. 설령 오래 살 수 있을지라도, 결국에는 필시 죽음의 고통을 면할 수 없고, 또한 죽은 후에도 삿된 삶의 과보로 고통을 받는다.

ⓑ 세간의 이익과 명예는 실질적인 것이 없음

夢受百年樂, 彼人復蘇醒, 몽수백년락, 피인복소성,

或受須臾樂, 夢已此人覺, 혹수수유락, 몽이차인각,

覺已此二人, 夢樂皆不還. 각이차이인, 몽락개불환.

壽雖有長短, 臨終唯如是, 수수유장단, 임종유여시,

設得多利養, 長時享安樂, 설득다이양, 장시향안락,

死如遭盜劫, 赤裸空手還. 사여조도겁, 적라공수환.

꿈에서 백년을 즐긴 뒤에 깨어난들

순간을 즐긴 뒤에 깨어난들 무슨 소용이 있겠습니까?

---

초래하니, 이것은 매우 어리석은 행동이다.

깨어난 그 두 사람에게 꿈에서의 즐거움은 다신 오지 않으며
수명에 길고 짧음은 있어도 임종 시엔 꿈처럼 끝나버립니다.
설령 많은 재산과 명예를 얻고 오랫동안 안일과 쾌락을 누렸을지라도
죽을 때는 도둑에게 깡그리 빼앗긴 것처럼 알몸에 빈손으로 업력을
따라 흘러갈 뿐입니다.

어떤 사람은 꿈속에서 백년간 향락을 누린 뒤에 깨어나고, 또 어떤
사람은 눈 깜짝할 순간을 즐긴 뒤에 깨어난다. 그러나 이 둘이 무엇이
다르겠는가? 잠에서 깨면 이 두 사람이 꿈속에서 누렸던 그 즐거움은
다시 오지 않는다.
마찬가지로, 수명이 길든 짧든 임종 이전에 누렸던 쾌락은 꿈처럼
끝날 뿐 다시 나타나지 않는다. 설령 오래도록 안일을 보장하고 쾌락의
향락을 누리게 하는 풍부한 재산을 얻었을지라도, 죽을 때는 도둑에게
깡그리 빼앗긴 것처럼 알몸에 빈손으로 업력에 따라 흘러가는 것이니,
세간의 이익은 이처럼 실질적인 것이 없이 허망한 것이다.

ⓒ 실질적인 의미가 있는 것을 잊고 사는 것을 경계함
謂利能活命, 淨罪幷修福, 위리능활명, 정죄병수복,
然爲利養嗔, 福盡惡當生. 연위이양진, 복진악당생.
若爲塵俗活, 復因彼退墮, 약위진속활, 부인피퇴타,
唯行罪惡事, 苟活義安在? 유행죄악사, 구활의안재?
이익은 능히 생명을 살리고 죄업을 정화하며 복덕을 늘리게 한다고
말하면서

이익 때문에 화를 낸다면 어찌 복덕을 끊어버리고 죄업을 만드는 것이 아니겠습니까?
세속의 이익을 추구하기 위하여 산다면, 이로 인해 인욕을 행하기 어렵고
악행을 지어서 지옥에 떨어져 고통을 받게 되니, 이러한 삶이 무슨 의미가 있겠습니까?

어떤 이가 말하길, 이익을 얻음은 생활의 순연이고 이익을 구족하면 오래 삶을 영위할 수가 있어서 죄악을 청산할 여건을 갖게 되고 복덕을 늘리게 한다고 하며, "법을 행함이 오랫동안 창성하고 선의 상속이 계속 증장된다."라고 한다. 그러나 이익의 의의를 크게 내세워 이를 도모하며 화를 낸다면, 이는 이익에 때문에 장애를 짓는 것이다. 이익 때문에 화를 내며 장애를 짓는 것은 어찌 복덕을 끊어버리고 죄업을 만드는 것이 아니겠는가? 세속적 삶의 목적을 추구하기 위하여 복덕을 잃는다면 죄를 지으면서 세간에서 넉넉하게 살려고 하는 것일 뿐이니, 이 또한 무슨 의미가 있겠는가?

ⓒ 다른 사람에 대한 비방은 번뇌의 산물임을 알아 인욕을 닦음

謂謗令他疑, 故我嗔謗者, 위방령타의, 고아진방자,
如是何不嗔, 誹謗他人者. 여시하부진, 비방타인자.

나를 비방하는 것은 다른 사람으로 하여금 나를 의심하게 하므로
나를 비방하는 사람에게 화를 낸다고 말합니다.
이와 같다면 그대는 왜 다른 사람을 비방하는 사람에게는 화를 내지

않는 것입니까?

사람들은 "어떤 이가 나를 비방하면 사람들이 나를 믿었던 것을
잃게 되므로, 나를 비방한 자에게 화를 내야 한다."라고 말한다. 그렇다
면 다른 사람이 비방을 받을 때 당신은 왜 똑같이 성내지 않는가?
그도 제삼자의 믿음을 잃지 않는가?

謂此唯關他, 是故吾堪忍, 위차유관타, 시고오감인,
如是何不忍, 煩惱所生謗? 여시하불인, 번뇌소생방?
다른 사람이 제삼자로부터 비방을 받는 것은 단지 그와 관련이 있을
뿐이므로 그것을 참을 수 있다고 말합니다.
그렇다면 자신에 대한 비방 역시 번뇌 인연과 관계가 있을 뿐인데
당신은 왜 참지 못하는 것입니까?

가령 제삼자의 믿음에 따라 어떤 사람의 공덕이나 신뢰가 결정된다
면, 그가 제삼자로부터 비방을 받는 것도 당연하다고 인정하여 그것에
대해 화를 내거나 반응하지 않을 것이다. 다른 사람이 제삼의 사람을
비방하고 불신하는 것은 그들 사이의 인연에서 초래한 것이기 때문에
나는 아무런 영향도 받지 않고 참을 수 있다.
이와 마찬가지로 당신에 대한 제삼자의 비방도 단지 번뇌 인연과
관계가 있을 뿐이다. 그럼에도 불구하고 당신은 왜 참지 못하는가?[181]

---

[181] 사람과 사람 사이의 비방은 모두 업력 인연이 불러온 법이다. 우리는 누군가에게
서 비방이나 상해를 받을 적에 나를 비방하고 해롭게 하는 그의 언행이 번뇌에서

## ②친지가 하고자 하지 않는 것을 만나서 화가 나는 것을 인욕함

㉮ 대상 경계가 해를 끼치는 바가 없음을 알아 성냄을 끊음

**于佛塔像法, 誹謗損毀者,** 우불탑상법, 비저손훼자,

**吾亦不應嗔, 因佛遠諸害.** 오역불응진, 인불원제해.

불상이나 탑, 정법을 헐뜯고 훼손하는 사람이 있어도
내가 그들에게 화를 내는 것은 옳지 않습니다. 그런 것에 부처님께서
해를 입지 않기 때문입니다.


범부들은 자신이 손해를 입었을 때 성내는 것 외에, 자신이 집착하는
사물에 손해를 받은 것 때문에 성낼 수 있다. 여기에서는 자신이
집착하고 있는 대상이 해를 입었을 때에 어떻게 인욕을 닦아야 하는지
를 설하고 있다.

불상이나 탑, 정법을 헐뜯고 훼손하는 사람이 있어도 응당 그를
불쌍히 여겨야 하지 내가 그들에게 화를 내는 것은 옳지 않다.[182] 그런

---

비롯된 것이라는 것을 분명하게 인식하여야 한다. 그의 언행이 그 사람 자체와
무관하다는 것을 알고 그에게 성내서는 안 된다. 비방 상해를 만났을 적에
만약 우리가 이 모든 것은 인연이 나타낸 것으로 성낼 만한 대상이 없으며,
나아가 모든 연기법의 자성이 공적하다는 것을 깨달아 성냄을 일으키는 경계가
없고, 또 성낼 만한 사람이 없다는 것을 알 수 있다면 성내는 마음은 끊어버리기
쉽다.

182 누군가가 불상이나 법보를 해친다고 성내는 마음을 내는 것은 그럴 필요가
없을 뿐만 아니라 잘못이 많은 것이다. 어느 정도의 불법 수양이 있다면
자비스런 마음으로 타인의 이러한 훼손 행위를 그만두도록 충고하며, 그에게
이치를 설명해주고 신앙 자유의 조항 등을 이야기해주어 온갖 방편 선교로
그를 저지해야 한다. 이러한 지혜와 힘이 없다면 그대 스스로 쓸데없이 죄업을

것으로 부처님께서는 해를 입지 않기 때문이다.[183]


④ 해를 받는 것에 화를 내어 죄인이 되는 것을 타파함
㉠ 법리를 깊이 생각하여 인욕을 닦음

**于害上師尊, 及傷親友者,** 우해상사존, 급상친우자,

**思彼皆緣生, 知己應止嗔.** 사피개연생, 지기응지진.

스승과 친척, 나의 친구들에게 해악을 끼치는 자에 대하여도
이런 해 끼침이 모두 업연에서 생겨난 것임을 생각하여 성냄을 억제하
여야 합니다.


　나의 스승과 가족, 친구들에게 해악을 끼치는 자에 대하여도 이
해를 입히는 행동들이 모두 그의 고의적인 동기보다는 외적인 인연법
칙으로 생겨난 것임을 이해하여 성냄을 억제하도록 노력해야 한다.


㉡ 손해를 두려워 할 필요가 없음을 알아 인욕을 닦음
ⓐ 원수와 무정물이 주는 손해는 서로 같음

**情與無情二, 俱害諸有情,** 정여무정이, 구해제유정,

---

쌓을 필요는 없다.

[183] 불법승 삼보는 적멸의 진리를 인연하고 있는 청정법으로 그 자체가 바로
　법계 본성이어서 마치 금강석처럼 근본적으로 어떤 해 끼침 고통이 없다.
　누군가가 탑·불상·경서를 훼손시키는 것은 실제로 그 자신을 해치는 것일
　뿐, 결코 삼보를 해칠 수 없다. 만약 그대가 이것에 대하여 분별심을 일으켜
　성내는 마음을 낸다면 이것은 잘못된 집착일 뿐이다.

云何唯瞋人? 故我應忍害. 운하유진인? 고아응인해.

마음이 있는 사람과 마음이 없는 사물, 이 둘은 똑같이 중생을 해칠 수 있는데,

왜 마음이 있는 사람에게만 성을 내는 것입니까? 그러므로 우리는 다른 사람이 해를 끼치는 것을 참아야 합니다.

해를 입었을 때 우리에게 손해를 입힌 것이 무엇인지를 관찰할 수 있다. 우리는 나를 해친 사람에게는 성을 내지만, 나 자신을 직접 해친 무기 같은 무정물에 대해서는 성을 내지 않는다. 나를 해친 것이 자연 현상이라면, 예를 들어 불에 데고 물에 빠졌다면 사람들은 단지 자신의 재수 없음을 탓할지언정 물이나 불에게 성냄 번뇌를 일으키지는 않을 것이다. 이러한 현상을 관찰해볼 때, 만약 우리가 무정물의 상해에 너그러울 수 있다면 이치에 따라 중생의 상해에 대해서도 너그러워야 한다.[184]

---

184 사람들이 무정물의 상해에 대하여 성내지 않는 이유는 무정물은 자주적으로 사람을 해치는 능력이 없으며, 단지 인연이 모여 발생한 것일 뿐이라는 것을 인식하기 때문이다. 그러나 중생의 상해에 대해서는 그가 독립적으로 사람을 해치는 능력을 가지고 있고, 고의로 해쳤기 때문에 이에 대하여 책임져야 하고 그에게 성을 내어 다시는 상해를 가하지 않게 해야 한다고 여긴다. 그러나 앞서 이미 분석하였지만 가해자는 단지 마음속 번뇌에 의해 제어 당했을 뿐이다. 그리고 그 번뇌 역시 인연의 산물일 뿐, 꿈같고 환상 같아 근본적으로 독립적이고 자주적인 자성이 없는 것이다. 이렇게 섬세하게 분석할 수 있다면 성냄 분노는 반드시 줄어들 것이며 인욕의 역량은 끊임없이 증강될 것이다.

ⓑ 성내는 자와 원수의 죄는 서로 같음

**或由愚行害, 或因愚還嗔,** 혹유우행해, 혹인우환진,

**此中孰無過? 孰爲有過者?** 차중숙무과? 숙위유과자?

어떤 이는 어리석어서 자신과 타인을 해치고 어떤 이는 어리석어서 화를 냅니다.

이 둘 중에 누구에게 허물이 없습니까? 누구에게 허물이 있습니까?

원수는 어리석어서 그 자신과 남에게 손해를 입히고, 해 끼침을 받은 이는 어리석어서 원한을 품고 화내고 원수에 앙갚음을 하고자 한다면 이 둘 중에 누구에게 잘못이 있는가? 둘 다 잘못이 있어 책임을 져야 한다. 해를 가한 사람은 어리석고 무지하여 업보를 알지 못하고 성내는 마음으로 악업을 지었고, 해를 입은 사람도 마찬가지로 어리석고 무지하여 그 피해가 자신의 업이 불러온 것을 알지 못하고 그에 대하여 성냄 번뇌를 일으키는 악업을 지었다. 쌍방 모두가 악업을 짓는 똑같은 잘못을 범했으므로 똑같이 책임을 져야 하는 것이다.

ⓒ 손해는 자기 업력으로 인한 것이므로 원수에게 화를 낼 필요가 없음

**因何昔造業, 于今受他害?** 인하석조업, 우금수타해?

**一切旣依業, 凭何嗔于彼?** 일체기의업, 빙하진우피?

왜 이전에 성내는 악업을 지어 지금 타인의 해 끼침을 받아야만 했습니까?

모든 손해가 자기의 업력 때문이라면, 나는 무엇에 근거하여 상대에게 화를 낼 수 있겠습니까?

중생이 삼계 윤회 속에서 받는 온갖 고락은 지난날 지은 선업과 악업이 불러온 것이다. 우리가 현생에서 받는 상해 고통은, 그 근원을 따져보면 지난날 내가 악업을 지어 중생을 해쳤기 때문이다. 자신이 짓고 자신이 받는 것을 어떻게 남더러 나쁘다고 탓할 수 있겠는가?

ⓓ 성냄을 끊기 위해 탐심을 없애야 함
如是體解已, 以慈互善待. 여시체해이, 이자호선대.
故吾當一心, 勤行諸福善. 고오당일심, 근행제복선.
이와 같은 이치를 체득한 뒤에는 자비심으로 타인을 대해야 합니다. 한 마음으로 모든 상해를 인내하며 생명을 돕는 복덕 사업을 해야 합니다.

이와 같이 손해 받는 것은 업력이 원인이라는 이치를 체득한 뒤에는, 힘을 다해서 서로 화내는 것을 끊고 자비심으로 타인을 대해야 한다. 이를 위해 한 마음으로 집중하여 모든 상해를 인내하며 생명을 돕는 복덕 사업을 해야 한다.[185]

譬如屋着火, 燃及他屋時, 비여옥착화, 연급타옥시,
理當速移棄, 助火蔓延草. 이당속이기, 조화만연초.

---

[185] 성정이 포악한 사람을 자비와 인용으로 대한다면, 그 역시 틀림없이 감화를 받아 점점 온화하게 변할 것이다. 이처럼 외부 세계의 모든 고통을 인욕하고 진실한 대비심, 보리심을 일으킬 수 있으면 주위의 사람 역시 자비와 편안함을 느끼고 인욕 수행의 은택을 입을 것이다.

如是心所貪, 能助嗔火蔓, 여시심소탐, 능조진화만,

慮火燒德屋, 應疾厭棄彼. 여화소덕옥, 응질염기피.

비유컨대 집이 불에 타들어가고 또 옆집으로 번져간다면,

불길이 번지는 원인이 되는 초목 등을 재빨리 옮겨야 합니다.

이처럼 내 마음이 집착하고 있는 사람과 사물들에 의해 성냄의 불이 번져

공덕의 집을 태우는 것이 걱정된다면, 즉시 집착의 근원을 버려야 합니다.

    옆집에 불이 나서 불길이 우리 집으로 번져온다면, 초목이나 가구 등 집 안팎의 타기 쉬운 물건들을 버려서 집을 지켜야 한다. 범부들이 성을 내는 이유는 그 스스로가 사람과 사물에 집착과 탐욕을 가지고 있기 때문이다. 세상의 명예나 이익, 자신의 친구, 친지 등 이 모든 집착의 대상들이 바로 불길이 번지는 것을 돕는 물건이거나 혹은 불을 끌어들여 몸을 태우는 재앙이다. 수행인들은 스스로 살펴보아 자신이 어느 방면에 애착을 가지고 있는지 발견하고, 불길을 구제하는 것처럼 최대한의 노력을 다해 가장 짧은 시간 안에 그것을 버려야 한다.

ⓒ고통을 즐겁게 받아들이는 것을 수행하여 인욕을 닦음

如彼待殺者, 斷手獄解脫, 여피대살자, 단수옥해탈,

若以修行苦, 離獄豈非善? 약이수행고, 이옥기비선?

사형수가 단지 손목이 잘리는 것으로 목숨을 얻는다면, 어찌 기꺼이 하지 않겠습니까?

수행이 수반하는 작은 고통으로 지옥의 고통을 면할 수 있다면, 얼마나 다행입니까?

于今些微苦, 若我不能忍, 우금사미고, 약아불능인,

何不除嗔恚, 地獄衆苦因? 하불제진에, 지옥중고인?

지금 이 정도 고통도 참을 수 없다면

지옥에 떨어져 극심한 고통을 받게 하는 성냄 번뇌는 왜 없애지 못하는 것입니까?

성냄을 다스리기 위하여 늘 바른 앎과 바른 마음집중을 지키고 성냄의 업보가 불러 오는 지옥의 고통에 대하여 깨어있는 인식을 가져야 한다. 지금 이 정도 고통도 내가 참을 수 없다면, 지옥에 떨어지면 극심한 고통을 받게 되는데, 그 원인이 되는 성냄 번뇌를 왜 없애지 못하는가? 이치적으로 없애는 것이 마땅하다.

爲欲曾千返, 墮獄受燒烤, 위욕증천반, 타옥수소고,

然于自他利, 今猶未成辦. 연우자타리, 금유미성판.

탐욕을 위해 화를 내어 몇천 번 지옥에 떨어져 불타는 고통을 받았지만 나 자신과 타인의 이익에는 조금도 성취한 것이 없습니다.

삼계 윤회 속의 중생은 무명의 어리석음에 마음이 덮여 바른 선택을 하지 못하고 욕망에 몰리어 각종 성냄 악업을 짓고, 그 성냄 악업이 성숙해진 뒤에는 바로 지옥에 떨어져 오랜 겁 동안 고통을 받는다. 탐욕을 이루기 위해서 성낸 것으로 인해 그동안 나는 몇천 번 지옥에 떨어져 불태워지는 고통을 받았다. 그러나 지금까지 자신과 타인의 이익에는 조금도 보탬이 된 것이 없다.[186]

安忍苦不劇, 復能成大利, 안인고불극, 부능성대리,
爲除衆生害, 欣然受此苦. 위제중생해, 흔연수차고.
원한을 인내하는 고통은 그리 어려운 것이 아니고 또한 큰 이익을 이룰 수 있으니
중생의 해로움을 없애기 위하여 이 경미한 고통을 기쁘게 참을 수 있습니다.

인과응보의 사리에 밝은 지혜로운 사람이라면 인욕을 닦는 고통이 윤회 악도의 고통과 비교할 때 말할 수 없을 정도로 미미하며, 이 작은 고통으로 자신과 타인에게 무량한 고통을 없애주고 안락을 가져다줄 수 있다는 것을 안다. 그러므로 그는 기꺼이 이 작은 대가를

---

186 일찍이 윤회 속에서 사람들은 셀 수 없이 많이 지옥에 떨어져 무수한 고초를 받았고, 수없이 아귀와 축생의 악도에 떨어지기도 했다. 인간계·아수라계에서 받은 기갈·추위·더위의 고통 및 살해의 공포 등도 생각할 수 없이 많다. 이 모든 고통들을 참아내었지만 자신과 타인에게 조금의 이익도 이루어주지 못했다면, 현재 자신과 타인의 궁극적 성불 대사업을 위하여 수행 중에 작은 고통을 참는 것은 어찌 할 수 없겠는가?

지불하고 중생의 끝없는 고난을 종식시켜 줄 수 있는 것이다.[187]

### ③원수가 네 가지 선을 만나는 것에 화가 나는 것을 인욕함

㉮원수를 찬탄하는 것에 화가 나는 것을 인욕함

㉠나의 안락의 원인이 되므로 받아들임

**人讚敵有德, 若獲歡喜樂,** 인찬적유덕, 약획환희락,

**意汝何不讚, 令汝自歡喜?** 의여하불찬, 영여자환희?

사람들이 원수에게 공덕이 있음을 칭찬하고 더불어 즐거워하는 기쁨을 누린다면

마음 그대는 어찌 스스로 기뻐하게 한 것을 찬탄하지 않는 것입니까?

　가령 사람들이 원수에게 공덕이 있다고 칭찬하며 수희찬탄의 기쁨을 얻는다면, 마음 그대는 응당 그것을 참지 못할 것 없으니, 원수를 찬탄하여 행복을 얻는 기쁨을 어찌하여 남들과 함께 하지 못하는가?[188]

---

[187] 석가모니불이 보살행을 닦을 적에 수많은 인욕 고행을 닦은 적이 있다. 인욕 선인·용왕·비둘기 등이 되어 보살행을 닦을 적에 중생을 이롭게 하기 위해 베이고 불에 타는 등 각종 상상하기 어려운 고통을 참았다. 이를 통하여 신속하게 거대한 성불 자량을 쌓아 무량 중생이 불법 감로의 은택을 얻어 영원토록 삼계 고통에서 해탈하여 궁극의 안락을 얻게 하였다. 우리는 석가모니 불의 제자로 중생 구제의 대원을 세웠다. 그러므로 우리는 기꺼이 이를 위해 온갖 역경 고통을 인내해야 하며, 더 나아가 고통을 참을 기회를 얻은 것에 대하여 비할 수 없는 기쁨을 느껴야 한다.

[188] 누군가가 어떤 사람을 진정으로 수희찬탄한다면, 찬탄하는 사람과 찬탄 받는 사람 모두가 이 때문에 유쾌해질 것이다. 누군가가 내 원수를 수희찬탄하여 그들이 마음속에서 기쁨과 위안을 느꼈다면, 나 자신 역시 그들을 따라서

如是所生樂, 唯樂無性罪, 여시소생락, 유락무성죄,
諸佛皆稱許, 復是攝他法. 제불개칭허, 부시섭타법.

이러한 수희찬탄의 즐거움은 그 어떤 죄악도 되지 않는 청정한 안락으로
모든 부처님과 성현이 이를 칭찬하고 인정하셨으며, 또한 타인을 섭수하
는 법이 됩니다.

　　남의 공덕을 수희하고 찬탄하는 즐거움은 청정한 행복의 원천이며
어떤 죄악도 되지 않는 것으로, 모든 부처 성현들이 칭찬하고 인정한
것이다. 이러한 수희는 사람들로 하여금 당신이 다른 사람들에 대해
질투가 없다는 것을 알게 하여 신심이 일어나게 하며, 또한 타인을
섭수하는 수승한 방편이 된다.[189]

---

기쁨과 위안을 느껴야 한다. 증오스런 태도로 대한다면 얻는 것은 불쾌감과
성냄 번뇌의 고통이 있을 뿐이지만, 원수에게 장점과 공덕을 기뻐하고 찬탄한다
면 내 마음 역시 수희의 안락을 얻을 것이기 때문이다.

189 타인의 공덕을 수희하는 것은 실제로 모든 부처님과 보살, 고승 대덕들이
　　중생을 섭수하는 수승한 방법이다. 보살행에는 중생을 불법에 끌어들이는
　　'육도사섭법六度四攝法'이 있다. 부처의 가르침이나 재물을 베푸는 보시布施,
　　부드럽고 온화하게 말하는 애어愛語, 남을 이롭게 하는 이행利行, 서로 협력하고
　　고락을 같이하는 동사同事가 그것인데, 이 중 특히 '애어愛語'는 자애롭고 공경스
　　런 언어로 다른 사람을 찬탄하며 다른 사람이 선행에 힘쓰도록 격려하는
　　것이다. 많은 고승 대덕들이 중생을 이롭게 하는 과정에서 이 방법을 이용하여
　　사람들로 하여금 큰 기쁨과 신심을 일으키도록 했는데, 바른 소견을 갖고
　　있는 많은 사람들도 종종 이로써 안락을 일으킨다.

ⓛ타인의 안락의 원인이므로 당연히 버려서는 안 됨

謂他獲樂故, 然汝厭彼樂, 위타획락고, 연여염피락,

則應不予酬, 此壞現後世. 즉응불여수, 차괴현후세.

남을 찬탄하면 그가 즐거움을 얻게 되지만 당신이 그들이 즐겁기를 바라지 않는다고 한다면,

이는 곧 당신의 하인들에게 보수를 주지 않는 격으로, 이생과 내세의 행복을 모두 잃게 하는 것입니다.

가령 남을 찬탄하면 그가 즐거움을 얻게 되기 때문에 그들이 찬탄을 받고 즐거움을 얻는 것을 바라지 않는다고 한다면, 이것은 당신의 일꾼들이 보수를 받아 즐거워하는 것이 싫어서 보수를 받지 못하게 하는 것과 같다. 이렇게 행동한다면 이생의 사업 성공과 보시공덕으로 얻어질 내세의 행복한 과보 모두를 잃게 된다.[190]

ⓒ 전도된 취사의 도리를 말함

他讚吾德時, 吾亦欲他樂, 타찬오덕시, 오역욕타락,

他讚敵功德, 何故我不樂? 타찬적공덕, 하고아불락?

---

190 누군가가 우리의 적을 찬탄하여 그들 모두가 안락과 기쁨을 얻는다면, 대개 범부들은 그것을 참지 못하고 질투 번뇌로 그것을 훼방 놓거나 증오심을 일으키기가 쉽다. 이러한 범부들의 방식에 따른다면, 사람들은 자신의 일꾼들에게 보수를 지급하지 않아 그들로 하여금 기쁨과 즐거움을 얻지 못하게 해야 한다. 그러나 일반인들은 이렇게 하지 못한다. 이렇게 한다면 일꾼들 마음에 분노와 배신감이 일어나 자신이 당장 손해를 입을 뿐만 아니라, 앞으로 도 이 때문에 불행의 과보를 얻을 것이라는 것을 분명하게 알기 때문이다.

누군가가 나의 공덕을 칭찬할 적에 그 사람 역시 수희찬탄한 즐거움을
얻기를 바라면서
다른 사람이 원수의 공덕을 칭찬할 때에는 왜 기뻐하지 않는 것입니까?

　다른 사람이 나의 공덕을 칭찬할 때에는 나 역시 그가 나를 수희찬탄
한 즐거움을 얻기를 희망한다. 그러나 그가 내가 그다지 좋아하지
않는 사람의 공덕을 칭찬할 때에는 마음이 완전히 달라진다. 똑같이
선행을 수희찬탄하는데, 왜 그러한 기쁨을 얻는 것을 바라지 않게
되는가? 이는 실로 전도된 것이다.[191]

㉓ 원수가 안락을 누리는 것에 화가 나는 것을 인욕함
初欲有情樂, 而發菩提心, 초욕유정락, 이발보리심,
有情今獲樂, 何故反嗔彼? 유정금획락, 하고반진피?
애초에 모든 유정들의 안락을 바라고 중생을 이롭게 하겠다는 보리심
을 내었다면,
현재 유정 스스로가 안락을 얻었는데 왜 나는 도리어 그 때문에 성을
내는 것입니까?

　애초에 모든 유정들이 안락 얻기를 바라고 중생을 이롭게 하겠다는

---

191 이처럼 다른 반응을 불러일으키는 것은 우리 마음속의 질투·성냄 번뇌일
뿐이다. 자신의 마음을 조복하지 못하여 이러한 번뇌에 이끌려 불쾌함을 일으킨
다면, 악업을 지어 자신의 현생과 내생에서 더 큰 고통의 과를 불러온다는
것은 의심의 여지조차 없다.

보리심을 내었다면, 현재 유정 스스로가 안락을 얻었는데 내가 어떻게 그것 때문에 화를 낼 수 있겠는가? 실로 이치에 맞지 않다.[192]

㉣ 원수가 이익과 명예를 누리는 것에 화가 나는 것을 인욕함

㉠ 원수가 얻는 이익의 인연을 사유하여 인욕을 닦음

ⓐ 원수도 '부모중생'이니 그가 얻는 이익을 찬탄함

**初欲令有情, 成佛受他供,** 초욕령유정, 성불수타공,

**今見人獲利, 何故生嫉惱?** 금견인획리, 하고생질뇌?

모든 중생이 삼계에서 공양을 받는 부처가 되기를 바란다고 하면서 그들이 받는 하찮은 이익과 존경을 보고는 왜 질투하며 괴로워합니까?[193]

---

192 대승 불법에 입문했을 때 우리는 "모든 중생이 위없는 안락을 위해 반드시 보리를 증득하는 데 노력할 것이다."라고 발원하였다. 지금 타인의 안락에 직면하여 그 발원대로 환희해야만 한다. 왜냐하면 우리가 발원할 적에 "원수를 제외한 모든 중생이 안락을 얻기를 원합니다."라고 하지 않고 "모든 중생이 위없는 안락을 얻기를 원합니다."라고 말했기 때문이다. 지금 내 원수가 다른 사람의 찬탄을 받아 안락을 얻었는데, 우리가 이 때문에 성냄을 일으킨다면 자신의 처음 맹세를 완전히 저버리는 것이다.

193 현재 원수가 얻은 것은 아주 미미한 이익과 명예일 뿐이다. 원래 우리는 모든 유정들이 성불하여 삼계 중생의 광대한 공양 공경을 얻게 되는 것을 발원하였다. 그런데 지금 원수가 얻은 아주 작은 이익과 명예에 질투와 증오를 내니 이것은 자신의 처음 보리 서언과 상반되는 것이다. 보리심 서언을 버린 심각한 타락 죄를 두려워한다면, 원수가 이익을 얻을 때 질투의 번뇌를 낼 필요가 없음을 알게 된다.

所應恩親養, 當由汝供給, 소응은친양, 당유여공급,

彼今已自立, 不喜豈反嗔? 피금이자립, 불희기반진?

중생은 그대가 부양해야 하는 은인이고 그대가 직접 베풀어야 할
친척입니다.

그들이 자력으로 행복을 얻었다면 기뻐해야지, 도리어 화를 내야
되겠습니까?

　부모는 잘 모셔야 하는 은인이니 마땅히 직접 음식 등을 준비하여
봉양해야 한다. 한때 당신의 부모였던 중생들이 지금 당신의 도움
없이 자력으로 행복을 얻었는데, 그대가 기뻐하지 않고 도리어 화를
내야 되겠는가?[194]

不願人獲利, 豈願彼證覺? 불원인획리, 기원피증각?

妬憎富貴者, 寧有菩提心? 투증부귀자, 녕유보리심?

중생이 작은 이익 얻는 것을 원하지 않는다면 어찌 그들이 위없는
보리를 증득하는 것을 바랄 수 있겠습니까?

다른 사람이 부유하고 존귀한 것을 미워하는 사람에게 어찌 보리심이
있을 수 있겠습니까?

---

194 대승 수행자는 윤회하는 모든 유정들이 일찍 자신의 부모였던 적이 있어
　　자신을 길러준 은혜가 막대하다는 것을 알기 때문에, 보살계를 받을 적에
　　스스로 모든 부모중생을 이롭게 하여 그들이 위없는 안락에 처해지길 발원한다.
　　만약 '부모중생'이 자신의 복업과 노력으로 이미 이익과 안락을 얻었다면,
　　이치에 따라 우리는 기뻐하고 그들이 더 많은 안락을 얻을 수 있기를 바라야
　　한다.

만약 남들이 잠시 작은 이익을 얻는 것도 원하지 않는다면, 어찌 그들이 위없는 보리를 증득하길 바랄 수 있겠는가? 다른 사람의 부유하고 존귀한 것을 미워하는 마음에서 어떻게 보리심이 생겨날 수 있겠는가? 근본적으로 그렇게 될 수 없다.

ⓑ 원수가 받은 공양물은 나와 관계없으니 성냄을 끊음

**若己從他得, 或利在施家,** 약이종타득, 혹리재시가,

**二俱非汝有, 施否何相干?** 이구비여유, 시부하상간?

원수가 이미 재물을 얻었든, 재물이 여전히 보시자의 집에 남아 있든 모두 당신의 몫이 아닌데, 다른 사람이 원수에게 베풀건 베풀지 않건 무슨 상관이 있겠습니까?

원수가 시주자의 공양물을 받았든, 재물이 여전히 시주자의 집에 남아 있든 결국 모두 당신의 몫이 아니니, 다른 사람이 원수에게 공양을 베풀었건 베풀지 않았건 당신과 무슨 상관이 있는가? 아무런 상관이 없다.

ⓒ 원수의 이익은 모두 전생 복덕의 과보임을 알아 인욕을 닦음

**何故棄福善, 信心與己德?** 하고기복선, 신심여기덕?

**不守己得財, 何不自嗔責?** 불수이득재, 하불자진책?

왜 다른 사람에게 성을 내어 자신의 복덕과 신심, 공덕을 버리는 것입니까?

공덕을 스스로 잘 지키지 못하는 것에 대하여 왜 자신에게 성내고

탓하지 않습니까?


  원수가 이익을 얻으면 화내고 자신이 그 이익을 얻기를 바라지만,
복을 받는 원인은 과거에 자신이 만든 복과 시주자의 신심, 그리고
현재 스스로의 일시적인 공덕으로부터 오는 것이니, 어찌 화내는
힘으로 신심과 공덕의 인연을 더 멀리하려 하는가?
  자신이 이미 얻은 공덕을 잘 지키지 못한 것에 대하여는 왜 스스로
성내고 탓하지 않는가? 우리가 지금 받는 고락은 전생의 업이 원인이
되어 불러온 것이며, 자신이 지금 짓는 것 또한 이후의 과로 돌아온다.
자신의 복락·이익·존경 등은 오로지 자신의 업에서 취해질 뿐, 다른
사람이 결정할 수 있는 것이 아니다.


于昔所爲惡, 猶無憂愧色, 우석소위악, 유무우괴색,
豈還欲競勝, 曾培福德者. 기환욕경승, 증배복덕자.
자신이 저지른 죄악을 부끄러워하며 괴로워하기는커녕
어찌 질투하며 다른 사람이 지은 복덕과 경쟁하려 합니까?


  자신이 저지른 죄악을 부끄러워하거나 괴로워하지도 않으면서 자신
에게 이익을 주는 인연을 늘리고자 질투로 복덕 있는 다른 사람과
경쟁하려 한다면 실로 마땅하지 않다.[195]

----

195 자신이 미워하는 사람이 재물과 존경을 얻는 것을 보고 마음이 불쾌할 적에,
   수행자는 바로 이것이 자신이 지난날 그만큼 선업의 복덕을 쌓지 못하였고
   온갖 악업을 지어 자신의 복덕 선근을 훼손시킨 악습의 영향으로 초래된

## (2) 하고자 하는 일에 장애를 만나 화가 나는 것을 인욕함
### ① 원수가 만들어내는 장애에 대해 성냄을 끊음
㉮ 원수의 고통은 나의 이익과 아무런 관계가 없음

**縱令敵不喜, 汝有何可樂?** 종령적불희, 여유하가락?

**唯盼敵受苦, 不成損他因.** 유반적수고, 불성손타인.

설령 원수에게 불행한 일이 일어난다 해도 그대가 좋아할 일이 무엇이겠습니까?

단지 원수가 고통을 겪는 것을 보고자 하는 것일 뿐인데, 이것은 원수가 입는 손해의 원인이 되지 않습니다.

원수에게 답답하고 견디기 어려운 고통이 일어난다 해도 당신이 기뻐할 일이 무엇이 있겠는가? 사리분별이 있는 사람이라면 원수가 고통을 받는 것이 자신에게 또 무슨 이익과 즐거움을 주는지 생각해 보아야 한다. 단지 원수가 손해를 당하길 바라는 희망만 있을 뿐인데, 그것으로는 원수에게 손해를 입힐 수 없다. 원수가 나쁜 상황을 만나는 것은 단지 그가 지은 업이 결정하는 것이기 때문이다.

---

것임을 알아야 한다. 이때 우리는 자기 지난날의 악업에 대하여 부끄러워하고 후회하는 마음을 일으키고, 이로부터 마음을 바꾸어 선업 방면으로 노력해야 한다. 하지만 미련하고 사리에 어두운 사람은 질투와 증오를 일으켜 온갖 악행으로 타인과 경쟁하려 하며, 심지어 비열한 수단을 이용하여 타인의 복덕 과보를 훼손시키려고 한다. 이러한 전도된 마음이 불러올 업보는 불문가지이다.

㉺ 원수가 고통받기를 바라는 마음은 자신에게 해로움을 일으킬 뿐임

**汝願縱得償, 他苦汝何樂?** 여원종득상, 타고여하락?

**若謂滿我願, 招禍豈過此?** 약위만아원, 초화기과차?

**若爲嗔漁夫, 利鉤所鉤執,** 약위진어부, 이구소구집,

**陷我入獄簍, 定受獄卒煎.** 함아입옥루, 정수옥졸전.

그대의 희망대로 원수에게 고통이 생겼다 해도 그대가 좋아할 것이
무엇이겠습니까?

그대가 이를 만족해한다면 그보다 더 재앙을 부를 사악한 일이 또
어디에 있겠습니까?

성냄은 어부가 던지는 날카로운 갈고리 같아 조심하지 않으면 그것에
걸려버리니

옥졸이 나를 화탕지옥에 빠뜨려 끓는 기름 가마에 넣고 삶을 것입니다.


　그대의 희망대로 원수에게 고통이 생겼다 해도 그대가 좋아할 것이
무엇이 있겠는가? 만일 그대가 이를 만족해한다면 이보다 더 엄중한
화근이 있을 수 없다. 성냄 번뇌를 발한 어부가 던지는, 남이 고통받
기 원하는 미끼가 달린 날카로운 낚시 바늘에 낚이게 되면 반드시
옥졸이 나를 화탕지옥에 빠뜨려 끓는 기름 가마에 넣고 삶을 것이기
때문이다.[196]

---

196 성냄 번뇌가 사람들을 해치는 과정은 어부가 물고기를 낚는 것과 같다. 어부는
　　낚시질할 적에 우선 낚시갈고리에 미끼를 끼워 물속에 던진다. 물고기가 유혹을
　　참을 수 없어 그 먹이를 삼키면, 바로 갈고리에 걸려들어 기슭으로 끌어올려져
　　바구니에 담긴다. 이때 먹을 것을 탐한 물고기에게는 뜨거운 쇠 가마솥에

**②자기와 친족, 친구의 선행이 장애를 입는 것에 화가 나는 것을 인욕함**

㉮ 세간법이 장애를 입는 것에 화가 나는 것을 인욕함

㉠ 칭찬과 명예가 장애를 입는 것은 해로움이 없음

ⓐ 타인의 칭찬과 명예는 실제 이익이 없음

**受讚享榮耀, 非福非長壽**, 수찬향영요, 비복비장수,

**非力非免疫, 非令身安樂**. 비력비면역, 비령신안락.

다른 사람의 칭찬과 명예를 받는 영광은 나의 복덕이나 수명을 늘려주지 못합니다.

내 힘을 늘려주거나 질병을 없애줄 수도 없으며 육신의 안락도 되지 못합니다.

다른 사람의 칭찬과 명예를 얻는 영광은 내가 받는 복덕에 아무 이점을 없다. 금생의 수명을 연장해 줄 수 없으며, 힘을 늘려주거나 건강하고 병이 없게 해줄 수도 없고, 육신의 편안함은 더더구나 보장해 주지 못한다.

**若吾識損益, 讚譽有何利?** 약오식손익, 찬예유하리?

---

튀겨지는 비참한 운명이 기다리고 있을 뿐이다. 윤회 속의 중생은 이와 같다. 무명 번뇌는 어부처럼 곳곳에서 윤회 강물속의 중생들에게 오욕의 유혹 미끼를 던진다. 사람들이 그것에 유혹되어 탐욕과 성냄 등 악업 갈고리에 낚인다. 이 때 저 번뇌 어부는 조금도 연연해하지 않고 사람들을 지옥으로 몰아넣으니, 중생들은 옥졸에 의해 뜨거운 철판위에 놓여 달궈지고 기름 가마 속에서 튀겨질 뿐이다.

若唯圖暫樂, 應依賭與酒. 약유도잠락, 응의도여주.
이해득실을 분명하게 판단할 수 있다면 명예와 칭찬에 무슨 이익이
있겠습니까?
단지 잠시 마음이 편안해지는 것을 도모할 뿐이라면 도박과 술에도
의지해야 할 것입니다.

다른 사람의 칭찬과 명예는 결코 자신에게 실질적인 이득을 가져다
주는 것이 아니다. 그럼에도 불구하고 몇몇 사람은 여전히 자신을
즐겁게 만들어주므로 명성을 반드시 추구해야 한다고 생각한다. 그러
나 자신에게 이익이 있는지 없는지가 심리적인 문제라 해도, 명예와
찬탄을 받는 것은 근본적으로 아무런 이익이 없다. 명예와 찬탄으로
잠시 마음이 기쁘고 편해진다고 한다면, 도박을 하거나 술 마시고
미인을 만나는 것으로도 그러한 안락은 누릴 수 있다.

若僅爲虛名, 失財復喪命, 약근위허명, 실재부상명,
譽詞何所爲, 死時誰得樂? 예사하소위, 사시수득락?
명예를 위해서 재산을 낭비하고 자신의 목숨도 잃을 수 있다면
명예를 얻었다는 것이 무슨 소용이 있겠습니까? 죽으면 이것이 누구에
게 안락이 되겠습니까?

고금 이래 어떤 사람들은 헛된 명성을 위하여 재산을 아까워하지
않았고, 생명도 아까워하지 않았다. 선행의 진정한 의미를 사유함도
없이 다만 명예를 위해서 보시해서 재산을 낭비하고, 영웅이라는

명성을 얻기 위해 전장에 나아가 죽을 위험에 처한다면, 명예를 얻었다는 말이 무슨 소용이 있는가? 내가 죽으면 누가 나의 명예로 안락을 얻게 되겠는가?[197]

沙屋傾頹時, 愚童哀極泣, 사옥경퇴시, 우동애극읍,
若我傷失譽, 豈非似愚童? 약아상실예, 기비사우동?

모래성이 무너질 때 어린애들이 얼마나 상심하고 웁니까?
이처럼 칭찬과 명예를 잃을 때 나의 마음은 유치한 어린애와 같아집니다.

모래성이 무너질 때 어린아이들이 매우 슬퍼하며 우는 것처럼, 중생이 칭찬과 명예를 잃을 때 상심하는 모양은 꼭 유치한 어린애와 같다. 이것은 실제로 전혀 이치에 맞지 않다.[198]

---

197 지난날 헛된 명성을 좇는 허비한 재산·생명·능력 등을 선법에 쓰고 중생구제의 사업에 쓴다면, 세상의 명성을 얻는 것은 말할 것도 없고 해탈성불의 위없는 안락도 성취할 수 있다. 그러나 애석하게도 세상 사람들은 무지하고 어리석어 이렇게 마땅히 취하고 버려야 할 도리를 알지 못한다. 우리들은 지금이라도 분명하게 알았으니, 무익한 명성을 추구하는 행위를 신속하게 내려놓고 모든 역량을 명예를 손상 받아도 성내지 않는 인욕을 닦는 데로 돌리면 인욕 수행이 반드시 신속하게 원만해질 것이다.

198 세간의 경쟁 활동을 하는 사람들은 이 모래성에 불과한 놀이를 하면서 머리를 다 짜내어 옥신각신하느라 매우 고통스러워한다. 세간법에 대하여 이해가 있는 사람의 입장에서 보면 명리 때문에 다투는 것은 어린아이의 놀이와 같아 아무런 의미도 없는 것이므로, 근본적으로 이 놀이의 실패 때문에 상심하고 분노할 가치가 없다.

ⓑ 나에 대한 타인의 칭찬은 기뻐할 일이 아님

聲暫無心故, 稱譽何足樂? 성잠무심고, 칭예하족락?

若謂他喜我, 彼讚是喜因? 약위타희아, 피찬시희인?

受讚或他喜, 于我有何益? 수찬혹타희, 우아유하익?

喜樂屬于彼, 少分吾不得. 희락속우피, 소분오부득.

나를 칭찬하는 소리는 그저 잠시 지나가는 것인데, 그것에 무슨 즐거움이 있겠습니까?

다른 사람이 나를 좋아한다는 것이 기쁨의 원천이 되는 것입니까?

나를 칭찬하든 혹은 나에게 기쁨을 내든 그것이 나에게 무슨 이득이 될 것입니까?

기쁨과 즐거움은 그의 마음속에 속한 것일 뿐, 나는 조금도 얻을 수 없는 것입니다.

　나를 우연히 칭찬하는 소리는 근본적으로 마음이 없는 것이니, 이는 "나를 칭찬한다."라는 생각이 있을 수 없는 것이기 때문이다.[199] 만약 나를 좋아하여 내 명성을 찬탄하는 사람의 환희가 곧 나 자신의 환희의 원인이라고 가정한들 그의 기쁨이 나에게 무슨 이득이 될 것인가? 그의 즐거움은 그의 마음속에 속한 것이고, 나는 조금도

---

199 다른 사람이 우리를 찬미하면 우리는 자연 환희심이 일어난다. 그런데 도대체 왜 환희심이 일어나는가? 칭찬하는 소리를 들으면 즉시 그 소리를 매우 좋은 것으로 여기는 분별심이 일어나 기쁜 마음이 일어나기 때문이다. 그러나 칭찬하는 소리를 분석하자면, 그것은 잠시 어떤 소리가 일어난 뒤 바로 소멸되어 더 이상 존재하지 않는 것이다. 이러한 무정 현상에 대하여 집착을 내어서 그것이 자신을 칭찬하고 있어서 기쁘다고 여겨서는 안 된다.

얻을 수 없는 것이다.[200]

**他樂故我樂, 于衆應如是,** 타락고아락, 우중응여시,
**他喜而讚敵, 何故我不樂?** 타희이찬적, 하고아불락?

타인의 즐거움이 곧 나의 즐거움이므로 누구에게나 이런 식으로 해야
합니다.

그렇다면 타인이 나의 원수를 칭찬하여 기뻐할 때 내게도 또한 기쁨이
되지 않겠습니까?


  타인의 즐거움에서 나의 즐거움도 생긴다면 모든 중생에게 다 이런
식으로 해야 한다. 그렇다면 이치적으로 볼 때 타인이 나의 원수를
칭찬하여 기뻐할 때도 나의 즐거움이 생겨야 한다. 그런데 왜 그것이
나에게는 기쁨이 되지 않는 것인가?[201]

---

200 어떤 사람은 말하길 "남이 나를 칭찬하는 것은 나에 대한 그들의 신뢰와
   존중을 나타내는 것이므로 나는 그것에 대하여 기쁨을 느낀다."라고 한다.
   이러한 생각 역시 성립할 수 없다. 다른 사람이 어떻게 우리를 찬탄하며
   좋아하든지 간에 그것은 단지 그 사람 마음속의 느낌이기 때문에 우리에게
   나누어줄 수 없으며, 우리의 현생과 내세의 안락 해탈에도 아무런 이익이
   되지 못하는 것이기 때문이다. 자신이 쌓아놓은 것이 없다면 다른 사람이
   나를 어떻게 칭찬하든지 간에 내 공덕이 증가되지는 않는다.
201 어떤 사람은 "다른 사람의 즐거움과 나의 즐거움 이 두 가지 사이에는 어떤
   필연적 연관이 없다. 그러나 아들이 즐거우면 어머니도 반드시 즐거울 것이다.
   이 사이에는 어떤 이유도 필요치 않다. 그러므로 다른 사람이 나를 찬미할
   적에 그의 마음이 기쁘다면 내가 이에 대하여 즐거움을 누리는 것 역시 합리적인
   것이며, 타인을 수희하는 즐거움도 공덕이 있는 것이다."라고 논박한다. 만약

故我受讚時, 心若生歡喜, 고아수찬시, 심약생환희,

此喜亦非當, 唯是憂童行. 차희역비당, 유시우동행.

이렇듯 내가 남의 칭찬을 받아 기쁨이 생긴다면

이는 이치에 맞지 않는 것이며 단지 의미 없이 기뻐하는 어린애 같은

행동일 뿐입니다.


ⓛ 타인이 나의 명예를 해치려 하는 것이 오히려 유익한 것임

讚譽令心散, 損壞厭離心, 찬예령심산, 손괴염리심,

令妬有德者, 復毀圓滿事. 영투유덕자, 부훼원만사.

칭찬과 명예는 나를 미혹하게 하고 나의 염리심도 무너뜨리며

덕 있는 자를 질투하게 하고 복덕 지혜 자량의 원만함도 무너뜨립니다.


　칭찬과 명예는 마음을 산란하게 하여 선법과 멀어지게 하고, 윤회에
대한 염리심厭離心을 무너뜨리며, 덕 있는 자와 능력 있는 자를 질투하
게 하여 복덕 지혜 자량의 원만함도 무너뜨린다.[202]

---

　정말 이러하다면, 그대는 자비롭고 선량하며 대승 보살의 발심을 갖추었다고
할 수 있다. 또한 이러한 수희를 넓혀 모든 중생에게 미치도록 해야 한다.
그런데 실제로 누군가가 당신의 원수를 칭찬할 적에 그대는 왜 수희하지
않는 것인가?

202 명성에 이끌리면 마음이 불법으로부터 멀어져 해탈을 구하는 마음이 날로
쇠하게 된다. 타인이 나를 공경하고 찬탄하는 명예스런 환경에 도취되면,
윤회가 결코 그렇게 고통스러운 것이 아니며 곳곳에 안락이 있는 것이라고
느껴지게 된다. 이것은 출리심을 내는 데 큰 장애요인이 된다. 또한 명성
지위에 집착하면 공덕이 있는 사람에게 자연스럽게 질투가 일어나 다른 사람의

以是若有人, 欲損吾聲譽, 이시약유인, 욕손오성예,

豈非救護我, 免墮諸惡趣. 기비구호아, 면타제악취.

그러므로 어떤 사람이 나의 명성을 해치고 싶어 한다면

그가 나를 구원하여 악도로 떨어지는 것을 면하게 해 주는 것이 아니겠
습니까.

그러므로 만약 어떤 사람이 나의 명성을 해치자고 한다면, 그것은
그들이 노력 분투하여 나를 구원하여 내가 악도로 떨어지는 것을
면하게 되는 것이 아니겠는가? 이런 경우는 전혀 화낼 일이 아니다.[203]

吾唯求解脫, 無需利敬縛, 오유구해탈, 무수리경박,

于解束縛者, 何故反生嗔? 우해속박자, 하고반생진?

해탈을 구하는 나는 재산과 존경에 구속당하는 것을 원하지 않는다.
명리에 속박되는 것을 풀어주는 은인에게 내가 왜 성을 내야 하겠습
니까?

또한 윤회로부터 해탈을 구하는 나는 해탈에 장애가 되는 재산과

---

공덕이 높아지는 것을 참지 못하게 된다. 이렇게 되면 자신의 선행 공덕이
늘어나는 것 역시 아주 빠르게 정지하고, 한마음의 질투와 성냄 번뇌 때문에
자신이 지난날 쌓은 복덕마저 무너지게 된다.

203 어떤 사람이 비방·조롱 등의 방법으로 나의 명성을 훼손시켜 나로 하여금
우매함으로부터 벗어나게 한다면, 이 사람의 은덕이 얼마나 큰 것이겠는가?
우리는 타인이 우리의 명성에 손해를 끼치는 것은 실제로 우리 자신을 삼악도로
부터 구원해 내는 행위임을 알아 이를 은덕으로 여겨야 한다.

존경에 구속받는 것을 원하지 않는다. 누군가가 이를 바로잡아 나로 하여금 명리에 속박되는 것을 풀어주는 은인이 되는데, 내가 왜 그들에게 성내야 하는가?[204]

如我欲趣苦, 然蒙佛加被, 여아욕취고, 연몽불가피,
閉門不放行, 云何反嗔彼? 폐문불방행, 운하반진피?
이는 마치 고난이 가득찬 집으로 들어가려고 하는 찰나 붓다의 보호와 가피를 입는 것과 같습니다.
삼악도의 문을 닫아서 고통에 빠지지 못하게 하는데 어찌 도리어 그에게 성을 내겠습니까?

이것은 내가 고난이 가득찬 집으로 들어가려고 하는데, 부처님의 보호와 가피를 입는 것과 같다. 겉으로 보기엔 세간의 이익에 장애가 된 것 같으나 실제로는 삼악도의 문을 꼭 닫아주어 나로 하여금 고통받으러 들어가지 못하게 하는데, 내가 어떻게 도리어 그에게 성을 내겠

---

204 지비광 존자는 "시주 공양물·의식주 등이 모두 풍족하다면 이는 불법에 성취가 있기 전에 악마가 먼저 이루어진 것이다."라고 말한다. 또한 아티샤 존자는 말하길 "출가자는 완전히 명성 이익의 속박에서 벗어나야 한다. 누가 이와 같이 할 수 있는가? 그가 바로 불 속의 연꽃이다."라고 하였다. 수행자는 몸이 탁한 세상에 살더라도 오염되지 않아야 한다. 그래서 자신이 명성의 속박을 풀어버리도록 도와 줄 수 있는 사람이나 방편법을 공경하고 추구한다. 때문에 타인이 자신의 잘못을 탓하고 업신여기는 등 명예를 해칠 적에 은인을 만난 것처럼 공경하고 그것을 받아들여야 하는 것이다. 이것이 바로 좋은 약은 입에 쓰지만 병에 이로운 이치이다.

는가?[205]

④ 복덕이 장애를 입는 것에 화가 나는 것을 인욕함

㉠ 성냄이야말로 복덕을 쌓는 데 장애가 됨

**謂敵能障福, 嗔敵亦非當,** 위적능장복, 진적역비당,

**難行莫勝忍, 云何不忍耶?** 난행막승인, 운하불인야?

복덕을 쌓는 선행에 장애가 될지라도 이 때문에 적에게 성내는 것은 이치에 맞지 않습니다.

인욕보다 행하기 어려운 것은 없으니, 어찌 굳세게 인내하지 않을 수 있겠습니까?

복덕을 쌓는 선행에 원수가 장애가 된다고 하더라도, 이 때문에 그에게 성을 낸다면 이 또한 이치에 맞지 않는다. 인욕 수행보다 행하기 어렵고 공덕이 큰 것은 없기 때문이니, 우리가 어찌 굳세게 인욕하지 않을 수 있겠는가?[206]

---

205 아주 큰 명성을 갖고 있고 지위 역시 괜찮으며 세간의 온갖 용품들도 원만하다면, 이러한 것들이 장애가 되어 윤회에 대하여 염리심을 내고 삼보에 대하여 신심을 내지 못하게 된다. 그러나 이 때 갑자기 악연이 나타나 누군가가 나를 비방하여 내 명예와 지위가 손상된다면, 이러한 악연을 통해 자신과 세간에 대한 주관적 애착을 버리고 객관적 인식을 하게 될 것이다. 결국 악연이 늘어나는 것은 사실 붓다의 가피가 나타난 것이다. 이러한 이치를 알지 못하고 자신이 만난 손해에 대하여 성냄으로 가득 차 있다면 자신을 악도 불구덩이 속으로 밀어 넣는 것일 뿐이다.

206 자신은 지금 순리대로 문사 수행하고 있는데 다른 사람이 와서 간섭하여

若我因己過, 不堪忍敵害, 약아인기과, 불감인적해,

豈非徒自障, 習忍福德因? 기비도자장, 습인복덕인?

자신의 허물 때문에 적의 해 끼침을 참고 견디지 못한다면,
복덕을 쌓을 수 있는 인욕의 기회가 왔을 때 헛되이 장애를 만들어
그 기회를 놓쳐버리는 것이 되지 않겠습니까?


ⓛ손해를 입는 것이야말로 복덕을 쌓는 순연을 만난 것임

無害忍不生, 怨敵生忍福, 무해인불생, 원적생인복,

旣爲修福因, 云何謂障福? 기위수복인, 운하위장복?

應時來乞者, 非行布施障, 응시래걸자, 비행보시장,

授戒阿闍黎, 亦非障出家. 수계아사려, 역비장출가.

원수의 해 끼침이 없으면 인욕을 닦을 수 없고, 해 끼침이 있어야만

---

성취인연을 파괴하였다 하더라도, 자신의 수행을 보호하기 위하여 그에게
성내어서는 안 된다. 아난 존자가 꿈에서 한 무리의 돼지들이 단향목 숲으로
돌진하여 단향목 숲이 여지없이 훼손되는 것을 보았다. 아난 존자는 붓다에게
꿈 풀이를 청하였는데, 부처님께서는 이 꿈은 말법 시대를 예시하는 것으로
돼지처럼 어리석고 무지한 세속 사람들이 사원에 가서 불탑·경서·승려 등을
훼손시킬 것이라고 수기하였다. 그러나 부처님께서는 당시 결코 "수행인들은
성난 마음으로 저지하여 저 악독한 돼지들을 죽여 없애고 법의 군기를 세워야
한다."라고 하지 않으셨다. 부처님께서는 일관되게 제자들에게 대자대비로
중생을 대할 것을 요구하였다. 또한 부처님께서는 "인욕의 덕은 지계 고행이
미칠 수 있는 바가 아니다."라고 하였다. 수행자가 각종 손해에 직면하여
설령 문사수 수행에 잠시 방해를 받았더라도, 인욕을 닦고 자신의 성냄 번뇌를
제어할 수 있다면 복덕 자량을 쌓는 데에는 다른 선행을 크게 앞지를 수
있다.

인욕의 복덕을 이룰 수 있습니다.

적의 해 끼침은 인욕을 닦는 인연인데 어찌 복덕 쌓는 것에 장애가 된다고 말할 수 있겠습니까?

베풀어야 할 때 구걸하러 오는 거지는 보시행을 돕는 인연이지 장애가 아니며

우리에게 출가계를 주는 아사리 역시 출가를 방해하는 장애가 아닌 것과 같습니다.

수행 중에 원수의 해 끼침 역경이 없다면 어떻게 인욕을 닦을 기회를 가지겠는가? 적의 해 끼침은 사실 인욕바라밀을 닦고 복덕을 쌓는 보조 인연으로 바로 우리의 복덕 원인이 되니, 그것이 자신이 복을 닦는 데 장애가 된다고 할 이유는 전혀 없다.

인욕을 닦는 것처럼 보시바라밀을 닦을 때도 대상의 도움을 빌어야만 원만해질 수 있다. 보시를 하려고 할 적에 마침 받아주는 거지가 온다면, 이들이야말로 그대로 하여금 보시바라밀을 성취하고 복덕 자량을 쌓게 하는 도움 인연이지 장애 인연이 아니다.

청정계를 닦을 때 역시 이와 같다. 청정한 별해탈계체를 얻고 싶다면 반드시 아사리의 전수에 의지해야 한다. 아사리의 수계가 없다면 우리는 출가계를 얻을 수 없다. 그런데 그대가 스스로 청정계를 얻으려 한다고 하면서 또 아사리를 청정계를 닦는 데에 장애로 여긴다면, 이는 웃음거리가 될 뿐이다.[207]

---

207 보시·지계·인욕 등의 수행은 반드시 행하는 사람에게 장애가 있어야 그 바라밀을 성취할 수 있다. 대승 보살은 일지에서 보시바라밀이 원만하게 된다. 이

ⓒ 성냄을 끊고 공경을 실행하여야 함

ⓐ 중생은 스스로의 공덕으로 마땅히 공경을 받을 만함

**世間乞者衆, 忍緣敵害稀,** 세간걸자중, 인연적해희,

**若不外植怨, 必無爲害者.** 약불외식원, 필무위해자.

세간에서 보시를 닦는 대상이 되는 거지는 많지만, 인욕을 닦는 인연이
되는 원수는 매우 적습니다.

남에게 해를 끼치지 않으면 그 누구도 그대를 해치지 않습니다.


원수와 걸인은 모두 복덕 자량을 쌓는 인연이 된다. 그러나 세간에서
거지를 찾는 것은 매우 쉽지만, 적의 해 끼침 같은 외부 인연을 찾는
것은 그렇게 쉽지 않다. 남에게 해를 끼치지 않으면 원한을 맺을
일이 없어 누구도 그대를 해치지 않기 때문이다.[208]

---

단계에서는 보시의 성취가 가장 수승하다. 제2지 보살이 원만한 것은 지계바라
밀이고, 제3지 보살이 원만한 것은 인욕바라밀이다. 보살이 이러한 복덕 자량을
닦을 적에 외부 환경의 도움이 있다면 성취되는 것이 훨씬 편리할 것이다.
어떤 경에서는 말하길 "다른 세계의 보살이 늘 사바세계의 수행자를 선망하는
것은, 그들의 나라에서는 중생 복덕이 원만하여 보살들이 보시·인욕 등을
실천할 대상을 찾을 방법이 없기 때문이다."라고 하였다. 그러므로 인욕을
닦을 적에 닦기가 곤란하게 느껴질수록 더욱 인내해 나가야 한다. 이렇게
해야 비로소 빨리 성취할 수 있다.

208 앞에서 언급했듯이 현생에서 만나는 원수들은 모두 자신이 이전에 타인을
해친 악업이 불러온 것이다. 그러나 과거 한 세상의 원수들을 우리가 모두
현생에서 만날 수 있는 것은 아니다. 게다가 대개의 경우 매 한 세상에서
원한을 맺어 원수가 된 사람들은 인연을 맺었던 중생들 중에서 극히 일부분일
뿐이다. 주위의 모든 사람들과 원한을 맺는 사람이란 아주 예외적인 경우가

故敵極難得, 如實現貧舍, 고적극난득, 여보현빈사,

能助菩提行, 故當喜自敵. 능조보리행 고당희자적

이렇듯 원수는 지극히 만나기 어렵고 가난한 집에 보배가 나타난 것과 같이

능히 보리행을 도우므로 마땅히 내 원수를 좋아해야 합니다.


  인욕은 가장 큰 복덕 자량이 된다. 그런데 원수는 이러한 복덕에 큰 은혜를 끼치는데다가 만나기 어려우므로 힘겹게 노동하며 살아가는 집에 여의보가 나타난 것과 같으며, 보리행을 이루게 하니 성불의 도반이 된다. 그러므로 나는 마땅히 원수를 좋아해야 한다.[209]

---

아니겠는가? 그러니 더더구나 오랜 겁 동안 보살행을 닦은 대승 학도가 현생에서 인욕을 닦을 대상을 찾는 것은 그야말로 설상가상이다. 이 때문에 예전의 대수행자들은 일부러 품성이 거칠고 악한 사람들과 접촉하기도 했다. 우리가 이를 본받을 능력이 없다고 하더라도 최소한 주위에 나타나는 인욕 닦을 기회를 거절해서는 안 된다. 모든 악연 해 끼침을 꽉 잡아 자신을 단련시켜야 한다.

209 『반야경』에서 말하길 "타인의 나쁜 말을 들었다면 지혜로운 보살은 기쁨을 일으킨다."라고 하였다. 원수의 해 끼침은 수행의 길에서 얻기 어려운 역증상연이며 끝없는 복덕을 얻을 수 있는 인연이라는 것을 분명히 알아야 한다. 이러한 인식을 분명히 하게 된 뒤, 행동 상으로 원수의 해 끼침에 대한 습관적인 반응을 바꾸어 성냄을 제지하고 인욕을 닦으면 불법 감로의 묘미를 체험하고 자기 원수의 해 끼침에 대해서 환희를 일으킬 수 있다. 다만 이 과정에서 우선 제불보살의 인도함을 믿어야 하고, 원수에게 환희를 내고 인욕을 닦는 것이 거대한 복덕을 얻을 수 있다는 것을 믿어야 하며, 자신이 그것을 따라 닦으면 틀림없이 성공을 얻을 수 있다는 것을 믿어야 한다.

敵我共成忍, 故此安忍果, 적아공성인, 고차안인과,

首當奉獻彼, 因敵是忍緣. 수당봉헌피, 인적시인연.

인욕 공덕은 적과 내가 공동으로 이룬 것이므로 인욕을 닦은 모든 공덕의 과보를

먼저 나의 원수에게 바쳐야 합니다. 왜냐하면 그가 바로 인내의 원인이기 때문입니다.


　　원수와 내가 공동으로 인욕을 이루므로 인욕을 닦는 대가로 받는 정법의 감로는 먼저 응당 나의 원수에게 먼저 바쳐야 한다. 그는 인욕의 진정한 원인이기 때문이다.[210]


謂無助忍想, 故敵非應供, 위무조인상, 고적비응공,

則亦不應供, 正法修善因. 즉역불응공, 정법수선인.

나를 위해 인욕을 성취하게 해주려는 의도가 없었기 때문에 원수에게

---

210 독매 린포체는 『불자행삼십칠송』에서 말하길 "누군가가 큰 욕심을 일으켜 나의 모든 재물을 빼앗거나 다른 사람을 시켜 빼앗게 하는 것은 나로 하여금 삼세 선근공덕을 이루게 하니, 그 공덕을 모두 그에게 회향하는 것이 참 불자행이다."라고 하였다. 『묘병』에서 말하길 "농민은 풍성하게 수확하면 농작물 중에서 가장 좋은 부분을 먼저 주인에게 공양할 것이다. 마찬가지로 인욕 대상으로부터 얻은 공덕 수확 역시 먼저 인욕을 닦는 대상, 즉 우리를 해치는 적에게 공양해야 한다. 원수는 실제로 우리들의 선지식이며 보리도상의 도반이고 은인이기 때문에, 그들에게 공덕을 회향하고 은덕을 갚아야 한다. 이렇게 하면 자신의 공덕 자량 역시 늘어날 것이고, 삼보의 가피와 선행의 인과의 힘으로 원수 역시 반드시 이익을 얻을 것이다.

공양을 올릴 까닭이 없다고 한다면,

수행의 원인이 되는 정법 또한 그대를 도울 의지가 없으므로 마땅히 공양을 올리지 말아야 합니다.

어떤 사람들은 "우리를 해치는 적에게 인욕의 공덕을 공양하는 것은 합리적이지 않다. 그들은 근본적으로 우리가 인욕 닦는 것을 도울 의지가 없었기 때문이다."라고 말한다. 그렇다면 수행의 원인이 되는 정법 또한 그대를 도울 의지를 갖지 없는데 어찌하여 공양을 올리는가?[211] 원수에게 비록 우리를 이롭게 하려는 의지가 없더라도, 정법과 마찬가지로 우리 자신의 수행을 돕는 원인인데 무슨 이유로 공양하지 않겠는가?

**謂敵思爲害, 故彼非應供,** 위적사위해, 고피비응공,

**若如醫利我, 云何修安忍?** 약여의리아, 운하수안인?

원수에게는 나를 해치려는 의도가 있었기 때문에 그를 공양해서는 안 된다고 말합니다만,

만약 원수가 의사처럼 좋은 일만 하려 한다면 어떻게 내가 인욕을 수행할 수 있겠습니까?

---

211 세상에는 사람을 이롭게 하려는 의도가 없었어도 객관적 결과로 큰 이익이 되는 일들이 많이 있다. 법보가 대표적이며, 경전·계정혜 삼학·불탑·불상·사리 등이 모두 그러하다. 그러므로 만약 나를 이롭게 하고자 하는 마음의 유무 여부를 기준으로 삼아 공양할 것인지 말 것인지를 결정한다면, 우리는 이것들에 대하여 정례하고 공양해서는 안 되며 심지어 부처님에게도 봉양할 수 없을 것이다.

혹자는 또 "비록 정법이나 불상 등이 나를 이롭게 하고자 하는
분별을 갖지 않는다 해도 나를 해치려는 마음 또한 없다. 그러나
원수에게는 나를 해치려는 의지가 있다. 이렇듯 이 둘은 전혀 다르므로
원수를 공양할 수는 없다."라고 말한다. 그러나 원수가 만약 의사처럼
나에게 이익만 준다면 어떻게 내가 그를 의지하여 인욕을 수행할
수 있겠는가?[212]

旣依極嗔心, 乃堪修堅忍, 기의극진심, 내감수견인,

故敵是忍因, 應供如正法. 고적시인인, 응공여정법.

성내는 마음이 강렬한 원수에게 의지해야만 우리는 견고한 인욕을
성취할 수 있습니다.

원수는 인욕 공덕을 얻는 인연이니, 정법을 받드는 것처럼 공양해야
합니다.

---

212 원수에게는 나를 이롭게 하고자 하는 마음이 없고 나를 해치고자 하는 마음이
   있다. 하지만 그것에 의지하여 내가 인욕을 닦을 수 있으니, 이 공덕은 누구도
   부정할 수 없는 것이다. 모든 법은 그 특정한 인연에 의지하여야 생겨날
   수 있다는 것을 수행인들은 알아야 한다. 북극곰은 북극 같은 빙설 지역의
   환경이 있어야 성장할 수 있는 것처럼 육바라밀을 수지하는 것 역시 각자
   상응하는 탄생 발전의 인연이 있어야만 원만해질 수 있다. 그중 인욕바라밀은
   적의 해 끼침이라는 객관적 환경에 의지해야만 성취될 수 있는 것이다. 내
   주위의 사람들이 의사가 환자를 돌보는 것처럼 지극정성으로 나를 돌보아
   나로 하여금 고통을 느끼지 못하게 한다면, 어떻게 인욕 공덕이 일어날 수
   있겠는가?

本師牟尼說, 生佛勝福田. 본사모니설, 생불승복전.

본사 석가모니불께서는 중생과 부처는 모두 수승한 복전이라고 말씀하셨습니다.

   중생을 좇아서 선법이 생기는 것이기 때문에 중생복전과 부처복전 중에서 불법이 생긴다.[213]

常敬生佛者, 圓滿達彼岸. 상경생불자, 원만달피안.

修法所依緣, 有情等諸佛, 수법소의연, 유정등제불,

敬佛不敬衆, 豈有此道理? 경불불경중, 기유차도리?

부처님과 중생을 공경하는 수행자는 복과 지혜가 원만한 깨달음의 피안에 도달합니다.

수행을 위해 의지하는 인연 측면에서 보면 부처님과 중생이 똑같이 중요한데

부처님을 존경하는 것처럼 중생을 존경하지 않는 것은 무슨 도리입니까?

   항상 중생을 기쁘게 하는 사람은 능히 원만한 바라밀다의 불과를

---

213 중생과 부처는 보살의 수행과정에서 똑같이 수승한 복전이기 때문에 위없는 보리를 구하고자 하는 모든 수행자들은 중생을 존경해야 한다. 『화엄경』「보현행원품」에서도 "모든 중생은 나무뿌리가 되고 제불여래는 꽃과 열매가 되니, 이 때문에 보리는 중생에게 속한다. 만약 중생이 없다면 모든 보살은 결국 위없는 바른 깨달음을 이룰 수 없다."라고 말한다.

얻는다. 따라서 불과를 성취하는 정법의 각도에서 말하자면 붓다와 중생을 의지해야 복과 지혜가 원만한 깨달음의 피안에 도달하게 된다. 수행이 의지하는 인연으로는 붓다와 중생이 똑같이 중요한 것이니, 부처님을 존경하는 것처럼 중생을 존경하지 않는다면 이는 무슨 태도인가?[214]

非說智德等, 由用故云等, 비설지덕등, 유용고운등,
有情助成佛, 故說生佛等. 유정조성불, 고설생불등.

부처님과 중생의 지혜 공덕이 같다고 말하는 것이 아니고, 성불을 돕는 작용이 있기 때문에 같다고 말하는 것입니다.
중생을 공경하는 것은 성불의 근본 조연이므로 중생과 부처님이 같다고 말하는 것입니다.

혹자는 "중생이 비록 복전이기는 하지만 지혜 공덕에 있어 여래와는 차이가 현격한데 어찌 부처님과 동등하게 공경할 수 있는가?"라고 반박한다. 여기에서 말한 것은 중생과 부처님이 지혜 공덕 방면에서 같다는 것이 아니고, 도를 닦는 데에 도움 작용으로 같으므로 평등하게

---

214 중생은 보리로 들어가는 근본 도움 인연(助緣)이므로 불과를 얻고 싶다면 바로 모든 중생을 자신의 스승처럼 공경하고 받들어야 한다. 수행자는 모름지기 "중생을 이롭게 하기 위하여 성불하길 원하옵니다!"라는 발원을 내야 한다. 이때 중생이 없다면 발심은 일으킬 길이 없다. 또한 중생에 의지하지 않는다면 보시·인욕 등과 같은 보살행을 닦을 수가 없다. 이렇듯 법을 닦는 인연으로 볼 때 제불여래와 중생은 모두 필수 불가결한 것이며 수행 인연에 있어 평등하게 중시되어야 하는 조연이다.

공경해야 한다고 한 것이다.


**懷慈供有情, 因彼尊貴故,** 회자공유정, 인피존귀고,
**敬佛福德廣, 亦因佛尊貴.** 경불복덕광, 역인불존귀.

마음에 자비를 품고 중생을 공양하는 것은 중생이 고귀하기 때문입니다. 부처님의 광대한 복덕을 믿고 공경하는 것도 또한 부처가 고귀하기 때문입니다.


자비심을 품고 중생을 공양하면 현세에서 복덕을 얻게 되는데, 그 이유는 중생이 존귀하기 때문이다. 자비심을 내야 하는 대상인 중생이 없으면 복덕을 쌓을 수 없다. 부처에게 신심을 일으키는 복덕이 생기는 이유도 역시 부처가 비교할 수 없이 존귀한 복전이기 때문이다.[215]

---

215 수행자가 마음에 대자비심을 품고 중생을 공양하고 받들면 광대한 복덕을 쌓을 수 있다. 공경과 신심으로 부처를 받들면 또한 수승한 공덕을 가질 수 있다. 중생과 부처는 이처럼 똑같이 존귀한 특질을 가지고 있어 모두 수행자의 공덕을 늘릴 수 있다. 갈참제 대사의 주석에서는 이 부분을 "자비희사 사무량심의 선정을 갖춘 자에게 헌공하는 사람은 무량한 복덕을 얻으니, 그는 세간의 수승한 복전이기 때문이다."라고 해석하기도 한다. 그러나 『구사론』에서는 "비록 수승한 성자는 아니더라도 부모, 환자, 아직 불과를 증득하지 못한 채 임종에 직면한 자와 설법해주는 상사에게 공양을 한다면 그 공덕 역시 헤아릴 수 없다."라고 하였다. 이것은 보통 중생에게도 수승한 복전이 되는 불공의 능력이 있다는 것을 말한다. 사람들은 성존에게 공양을 하여 비할 수 없는 대복덕을 얻을 수 있으며, 보통 부모나 환자에게 공양하는 것은 바로 그들에게도 불공의 특질이 있기 때문에 우리가 무량한 복덕을 쌓을

助修成佛故, 應許生佛等, 조수성불고, 응허생불등,

然生非等佛, 無邊功德海. 연생비등불, 무변공덕해.

성불을 돕는 인연의 측면에서 중생은 붓다와 복전이 같다는 것을
인정해야 합니다.

그러나 무한한 공덕의 바다라는 측면에서는 그 어떤 중생도 부처님과
같지 않습니다.


唯佛功德齊, 于具少分者, 유불공덕제, 우구소분자,

雖供三界物, 猶嫌不得足. 수공삼계물, 유혐부득족.

부처님만이 가장 수승한 공덕을 두루 갖추었으니, 부처님의 극히
작은 일부분 공덕이라도 갖춘 자에게
삼계의 모든 보물로 공양한다고 해도 부족하다고 할 수 있습니다.


  이뿐만 아니라 모든 수승한 공덕을 원만하게 갖춘 유일한 분은
부처이시니,[216] 누군가가 부처님의 이러한 공덕의 극히 작은 일부분이
라도 지녔다면 삼계의 모든 진귀한 보물로 그를 공양한다 해도 부족하
다 할 것이다.

---

  수 있는 것이니, 두 가지가 자량 쌓는 것을 돕는다는 점에서는 차별이 없으므로
  중생도 존귀한 성질을 갖추었다고 말한다.

[216] 해탈의 길에서 오직 부처님만이 모든 단증 공덕을 원만히 하시었다. 『입중론』에
  서 말하길 "마치 청정한 허공에 달빛이 밝게 비추듯이 열 가지 힘을 내는
  지위에서 부지런히 행해 색계의 정상에서 청정위를 증득하시니, 여러 덕이
  원만히 성취됨은 부처님만이 이룬다."라고 하였다.

有情具功德, 能生勝佛法, 유정구공덕, 능생승불법,

唯因此德符, 卽應供有情. 유인차덕부, 즉응공유정.

수승한 불법을 얻게 하는 측면에서 보면 중생들에도 공덕이 있으니, 이 하나의 공덕만으로도 그들에게 마땅히 공양할 가치가 있습니다.

수행자는 수승한 도를 돕는 중생의 수승한 능력에 의지하여 불과 공덕을 원만히 성취할 수 있으니, 이 때문에 진심으로 중생은 공경하고 공양할 가치가 있다.

ⓑ 붓다께 귀의했으므로 마땅히 중생을 공경해야 함

無僞衆生親, 諸佛唯利生, 무위중생친, 제불유리생,

除令有情喜, 何足報佛恩? 제령유정희, 하족보불은?

중생의 속임 없는 부모가 되어주고 오직 중생을 이롭게 하실 뿐인 모든 부처님께

중생을 기쁘게 해주는 것 외에 어떤 다른 것으로 보은할 수 있겠습니까?

제불보살께서는 삼계 중생의 치우침 없는 부모로 유일한 의지처이며, 행하시는 것은 오직 중생을 이롭게 함이니, 제불보살께서 아끼시는 중생을 기쁘게 해주는 것 외에 어떤 다른 방법으로 그분들께 보은을 할 수 있겠는가?[217]

---

217 제불은 삼계 중생을 사랑하는 자식처럼 보고 그들이 고통에서 벗어나 쾌락을 얻길 바라시니, 수행자가 모든 역량을 다해 중생을 기쁘게 한다면 부처님께서도 틀림없이 기뻐할 것이다. 이것이야말로 붓다의 은덕에 보답하는 유일한 방법이

利生方足報, 捨身入獄佛, 이생방족보, 사신입옥불,

故我雖受害, 亦當行衆善. 고아수수해, 역당행중선.

중생을 위해서 몸을 버리고 무간지옥에 들어가신 제불의 은혜에 보답
하려면

비록 중생에게 해를 입더라도 인욕하며 모든 선을 널리 행해야 합니다.


　중생을 위하여 몸을 버리고 무간지옥에 들어가신 제불의 은혜에
보답하려면 중생들이 나에게 해를 끼치려 해도 원망 없이 신구의의
일체 행위를 착하게 하고 중생에게 이익이 되는 일을 행해야 한다.[218]


諸佛爲有情, 尙且不惜身, 제불위유정, 상차불석신,

愚癡我何故, 驕慢不侍衆? 우치아하고, 교만불시중?

부처님께서는 중생을 위해서 자신의 몸도 돌보지 않으셨는데

어리석은 나는 어찌 어리석은 교만에 가득 차서 중생을 섬기지 못하는

---

다. 『능가경』에서 말하길 "보리심의 깊은 마음으로 중생계를 받드니 바로
붓다의 은덕을 갚는 것이라고 한다."라고 하였다.

218 세존이 대비 상주로 태어났을 적에 단모흑자가 500명의 보살을 죽이는 업을
지었다. 그가 지옥에 떨어지는 것을 막기 위하여 세존은 당신이 지옥 고통을
대신 받기를 원하였다. 세존의 모든 노력은 오직 모든 중생을 해탈시키고
이롭게 하기 위한 것이니, 설령 지옥에 가는 것이라도 조금도 두려워하지
않으셨다. 부처님의 후학들은 중생에게 어떠한 상해를 받더라도 이 점을 잊어서
는 안 된다. 부처님의 은덕에 보답하기 위하여 어떤 악연의 고통을 당하더라도
성냄 번뇌로써 대응해서는 안 되며, 인욕으로 선근 선법을 회향하여 그들을
이롭게 해야 한다.

것입니까?

부처님께서는 중생의 주인이셨지만 중생을 위해서 자신의 몸도 돌보지 않으셨다. 그런데도 어리석고 무지한 나는 왜 자만에 가득 차서 중생의 종이 되지 못하는가?

眾樂佛歡喜, 眾苦佛傷悲, 중락불환희, 중고불상비,

悅眾佛愉悅, 犯眾亦傷佛. 열중불유열, 범중역상불.

중생이 즐거우면 제불 역시 기뻐하시고, 중생이 고통을 겪으면 제불 또한 슬퍼하십니다.

중생들을 기쁘게 해주면 제불도 기뻐하실 것이고, 중생을 해친다면 제불을 역시 해치는 것입니다.

제불성존은 모든 중생을 사랑하는 자식처럼 본다. 사랑하는 자식이 안락을 누려 심신이 기쁘면 제불 역시 이에 대하여 기쁨을 나타낼 것이고, 고통과 괴로움을 당하면 제불 역시 그 때문에 슬퍼할 것이다.[219]

---

219 제불성존을 기쁘게 하는 것은 모든 해 끼침 악업을 끊어버리고 중생을 이롭게 하는 것뿐이다. 중생을 이롭게 하는 방법은 매우 많으나, 그중 방생은 모든 사람이 행할 수 있고 또 효과도 매우 큰 방법이다. 『불설마의경』에서 말하길 "살생은 바로 자성부처를 죽이는 것이고 방생은 바로 자성불을 풀어놓는 것이다."라고 하였다. 불교사에서 볼 적에 역대 성취자들은 방생을 매우 중시하였다. 선종의 6조 혜능 대사는 법을 받은 뒤 영남의 사냥꾼 무리 속에서 16년을 은거하였다. 몸은 흉악하고 야만스러운 사냥꾼 무리 속에 있었지만 자신의 안위를 돌보지 않고 늘 그물 속의 야수들을 풀어주었다. 천태 지자 대사는

**遍身着火者, 與欲樂不生,** 편신착화자, 여욕락불생,

**若傷諸有情, 云何悅諸佛?** 약상제유정, 운하열제불?

전신에 화상을 입은 사람은 어떤 물건으로도 마음에 만족을 얻지
못합니다.

중생에게 해를 입히면 어떻게 제불께 기쁨을 드릴 수 있겠습니까?


　　전신에 화상을 입은 사람은 원하는 어떤 물건으로도 마음에 만족을
얻지 못하는 것처럼, 중생에게 해를 입힌다면 대자대비하신 그분께
기쁨을 드릴 방법이 없다.[220]


ⓒ 중생을 공경하지 않은 과오를 참회함

**因昔害衆生, 令佛傷心懷,** 인석해중생, 영불상심회,

**衆罪我今悔, 祈佛盡寬恕.** 중죄아금회, 기불진관서.

---

　　일찍이 동해 600리 모래사장과 서호를 사서 그곳을 포획을 금하고 방생하는
　　곳으로 만들었다.

[220] 『월등경』에 다음과 같은 공안이 있다.

　　부처님께서 아난에게 물었다.

　　"어떤 사람의 머리부터 발끝까지 크게 불이 붙었다. 화상의 고통을 없애기
　　전에 누군가가 그에게 가서 다섯 가지 미묘한 욕망을 누리게 하여 그를 즐겁게
　　하고자 한다면, 그 결과는 어떠하겠는가?"

　　아난 존자가 대답했다.

　　"그 사람은 근본적으로 어떠한 미묘한 욕망도 누릴 수 없습니다."

　　부처님께서 아난 존자에게 이르셨다.

　　"마찬가지이다. 보살은 삼악도의 중생이 온갖 고통을 받는 것을 볼 적에 조금의
　　환희심도 일어나지 않을 것이다."

지난날 중생에게 해를 끼치어 제불성존을 상심케 하였나이다.
제가 지은 이러한 과오를 지금 참회하오니, 너그러이 용서하여 주시옵
소서.

爲令如來喜, 止害利世間, 위령여래희, 지해이세간,
任他踐吾頂, 寧死悅世主. 임타천오정, 녕사열세주.

여래를 기쁘게 하기 위하여 중생을 해치는 악업을 짓지 않고 세간을
이롭게 하려 하니
중생이 나의 머리를 밟더라도 설령 죽을지언정 (성내지 않음으로써)
세상의 보호자를 기쁘게 하리라.

지난 죄업을 참회한 뒤에는, 중생을 해치는 모든 악업을 끊어버리고
세간에서 중생의 충실한 종이 되어 중생을 이롭게 하겠노라는 굳센
맹세를 해야 한다. 설령 중생이 내 머리를 발로 차며 해칠지라도
차라리 죽을지언정 맹세를 위반하지 말아야 한다.[221]

大悲諸佛尊, 視衆猶如己, 대비제불존, 시중유여기,
生佛旣同體, 何不敬衆生? 생불기동체, 하불경중생?

---

[221] 우리는 그동안 윤회 중에서 탐욕과 성냄의 악업 때문에 여러 번 죽었지만
나 자신과 남들에게 그 어떤 안락도 가져다주지 못하였다. 지금 스스로 굳센
인욕 속에서 설령 죽을지라도 어떤 유감도 없으니, 만약 자신의 발원과 행위가
일치하여 인욕을 닦는 가운데 목숨을 바친다면, 제불보살은 반드시 이 때문에
기뻐하여 해탈의 안락대도로 들어가도록 우리에게 가피를 주실 것이다.

대자대비하신 부처님께서는 이 세상의 모든 중생을 당신과 같이 보셨습니다.

중생과 부처님이 이미 동체이시니, 어찌 제가 중생을 공경하지 않겠습니까?

대자대비하신 부처님은 법계평등성을 증득하시고 자타상환으로 이 세상의 모든 중생을 당신과 같이 대하심에 의심이 없으셨다. 중생의 본체가 그 보호자 붓다이시고 둘이 아니니, 어찌 내가 중생을 공경하지 않을 수 있겠는가?[222]

ⓓ 중생을 기쁘게 함이 일체 선법의 근원임

悅衆令佛喜, 能成自利益, 열중령불희, 능성자리익,

能除世間苦, 故應常安忍. 능제세간고, 고응상안인.

중생을 즐겁게 하는 것이 여래를 기쁘게 하는 것이고 자신의 이익도

---

222 제불성존은 대자대비와 지혜를 갖추신 구경 성취자로, 자타평등과 자타상환의 법문을 견고하게 닦았기 때문에 삼계 중생을 다 자기 몸으로 삼아 중생의 고통과 기쁨을 자신의 것으로 여긴다. 아티샤 존자에게 자써 유가라 불리는 상사가 있었다. 어느 날 제자들에게 법을 전할 적에, 문밖에서 어떤 사람이 돌을 개에게 던지는 것을 보고 개의 고통을 대신 받겠다는 마음이 저절로 일어났다. 개의 등이 돌에 맞는 그 순간 상사는 고통스러운 신음 소리를 내면서 법좌에서 넘어졌다. 제자들이 그의 몸을 살펴보니 등에 상처가 솟아나 있었다. 또한 제불성존은 지혜로써 삼계 중생의 본체가 붓다와 완전히 같음을 본다. 실상, 각각의 중생들은 모두 여래장을 갖추고 있어 여래의 공덕 장엄을 구족하였다. 중생이 바로 붓다이고 중생 본체가 붓다와 완전히 같다면 삼보의 제자들이 중생을 공경하고 공양하지 않을 이유가 없다.

성취하게 하며

능히 세간의 고통을 없애므로 마땅히 항상 인욕해야 합니다.

　인욕으로 중생을 기쁘게 하는 자체가 그대로 여래를 기쁘게 하는 것이며, 자기의 이익도 완벽하게 성취하는 것이다. 세상의 중생 고통을 없애는 것이 바로 이것이기에 우리는 항상 인욕을 수행해야 한다.

譬如大王臣, 雖傷衆多人, 비여대왕신, 수상중다인,

謀深慮遠者, 力堪不報復, 모심려원자, 역감불보부,

因敵力非單, 王勢卽彼援, 인적력비단, 왕세즉피원,

故敵力雖弱, 不應輕忽彼. 고적력수약, 불응경홀피.

비유하자면, 몇몇의 신하들이 백성들에게 해로운 짓을 할 때

사려 깊은 사람은 힘이 있어도 보복을 하지 않습니다.

왜냐하면 그는 혼자가 아니고 왕의 세력과 인연이 닿아 있기 때문입니다.

마찬가지로 나를 해친 원수가 하찮은 이라도 가볍게 보복해서는 안 됩니다.

　예를 들어 어떤 신하가 민중에게 해로운 짓을 할 때 선견지명을 갖춘 사람은 힘이 있어도 뒷날 일어날 일에 생각하여 그를 보복하는 행위를 쉽게 하지 않는다. 겉으로 보기에 그는 혼자이고 힘이 약해 보이나, 그의 뒤에는 왕의 세력과 지원병들이 있기 때문이다. 마찬가지로 나를 해친 원수가 하찮은 이라도 가볍게 보복해서는 안 된다.[223]

悲佛與獄卒, 吾敵衆依怙, 비불여옥졸, 오적중의호,

故如民侍君, 普令有情喜. 고여민시군, 보령유정희.

대자대비하신 부처님과 지옥의 옥졸이 나의 원수가 의지하는 대상이
기 때문에

백성이 군주를 모시는 것처럼 늘 모든 중생을 공경하며 받들어야
합니다.

중생을 사랑하는 붓다와 벌을 주는 옥졸은 모두 나의 원수가 의지하
는 큰 산이다. 옥졸은 나에게 죗값에 해당하는 가해를 할 것이며,
붓다는 죄의 과보로 중생이 받는 고통을 슬퍼하실 것이다.[224] 마치
폭군에게 백성이 작은 실수를 저지르면 큰 화를 당하게 될 수 있으나,
백성들이 백방으로 노력하여 군주를 기쁘게 하면 백성들도 즐거운

---

223 중생의 해 끼침을 당했을 적에 장기적인 안목으로 관찰하여 인욕할 것인지,
성내어 보복할 것인가를 생각해야 한다. 지혜로운 사람이라면 상해를 받았을
적에 가볍게 가해자에게 보복할 수 있을지라도 그가 가해한 업보를 고려하고
해를 끼치는 행동의 세력과 원인을 생각할 것이다. 이 게송은 이를 비유로
일깨워주고 있다. 무고하게 해 끼침을 당했을 적에 일반인들은 대개 분노하며
참으려 하지 않는다. 하지만 선견지명이 있는 사람이라면 그를 해친 신하에게
대항할 능력이 있더라도 무모하게 처리하지 않을 것이다. 이 신하의 배후에
국왕의 세력과 그것을 뒷받침해주는 지원병이 있다는 것을 알기 때문이다.
지혜로운 사람이라면 누가 이러한 세력과 싸움을 벌여 고통을 자초하겠는가?
224 원수의 해 끼침을 만났을 적에 수행자는 비록 원수의 힘이 매우 약하고 겉으로
보기에 그들에게 의지할 배후가 없어도 그들을 경시해서는 안 된다. 인욕하지
못하여 성내고 보복하면 제불의 가피에서 멀어질 것이고 지옥 옥졸의 징벌을
불러올 것이기 때문이다.

행복을 얻는 것과 같다.


暴君縱生嗔, 不能令墮獄, 폭군종생진, 불능령타옥,

然犯諸有情, 定遭地獄害. 연범제유정, 정조지옥해.

如是王虽喜, 不能令成佛, 여시왕수희, 불능령성불,

然悅諸衆生, 終成無上覺. 연열제중생, 종성무상각.

포악한 군왕이 아무리 성을 내더라도 백성을 지옥에 떨어뜨려 고통받게 할 수는 없습니다.

그러나 중생에게 화를 낸다면 바로 지옥 고통의 과보를 만날 수 있습니다.

이와 마찬가지로 권세 있는 국왕을 아무리 기쁘게 하여도 그가 나에게 성불 안락을 주지 못하지만

중생을 기쁘게 하면 최후에는 위없는 바른 깨달음을 원만히 이룰 수 있습니다.


ⓔ 마무리

云何猶不見, 取悅有情果, 운하유불견, 취열유정과,

來生成正覺, 今世享榮耀. 내생성정각, 금세향영요.

生生修忍得, 貌美無病障, 생생수인득, 모미무병장,

譽雅命久長, 樂等轉輪王. 예아명구장, 낙등전륜왕.

왜 아직도 중생을 기쁘게 하면 얻게 되는 선과를 보지 못합니까?

이는 내생에 불과를 성취하게 하고 금생에서는 명예의 영광을 누리게 합니다.

세세생생 인욕바라밀을 수행하면 아름다운 미모와 무병
명예, 장수 등 전륜성왕이 누리는 모든 안락을 얻을 수 있습니다.

왜 아직도 중생을 기쁘게 하는 것이 만들어내는 큰 선과를 알아볼
수 없는가? 이 공덕은 미래에 불과를 성취하게 할 뿐만 아니라 금생에서
도 재부와 명예 등의 영광을 누릴 수 있게 한다. 또한 안인바라밀을
수행하면 윤회 중에 어디에서든 아름다운 미모, 건강 무병, 명예 명성,
수명 백세 등 전륜성왕轉輪聖王과 같은 원만한 안락을 얻게 된다.

- 제6품의 석釋을 마침.

# IX. 제7품 정진精進

忍己需精進, 精進證菩提, 인이수정진, 정진증보리,

若無風不動, 無勤福不生. 약무풍부동, 무근복불생.

인욕을 닦은 뒤에는 정진이 필요하나니

오직 정진만이 무상보리를 성취할 수 있게 합니다.

바람이 없으면 만물이 움직일 수 없는 것처럼

부지런히 정진하지 않으면 복덕 자량이 생겨날 수 없습니다.

　　인욕을 구비 후에는 바로 용맹정진이 요구된다. 오직 정진만이 무상보리를 성취할 수 있다. 바람이 없으면 만물이 움직일 수 없는 것처럼, 정진이 결핍되면 복덕지혜의 자량 또한 생겨날 수 없다.

## 1. 정진의 본체

進卽喜于善 진즉희우선

정진이란 곧 선법에 대해 환희심을 내는 것입니다.

정진은 곧 선법에 대해 환희하고 아끼는 인연으로 생기는 것이다.


## 2. 정진의 장애를 막아 끊음

### 1) 세 가지 게으름을 끊어내야 함

下說其違品: 同惡散劣事, 하설기위품: 동악산열사,

自輕凌懶惰. 자경능나타.

다음은 정진의 장애에 대하여 설명한 것으로,

정진을 미루는 게으름, 무의미한 세속 일에 집착하는 게으름,

자신을 비하하여 포기하는 게으름 등입니다.


　　다음으로 정진의 위품違品에 대해 설명한다. 정진 수행을 방해하는 위연違緣에는 세 가지 종류가 있는데, 정진을 반복적으로 미루는 게으름(同惡懶惰동악나타), 무의미한 세속 일에 집착하는 게으름(耽著惡事懶惰탐착악사나타), 자신은 선법을 행할 능력이 없다고 비하하여 수행이 고통이 두려워 정진을 포기하는 게으름(自輕凌懶惰자경릉나타) 등이다.


### 2) 게으름을 끊어내는 방법

#### (1) 정진을 미루는 게으름(同惡懶惰)을 끊어냄

##### ①정진을 미루는 게으름의 원인

貪圖懶樂味, 習臥嗜睡眠, 탐도나락미, 습와기수면,

不厭輪回苦, 頻生強懶怠. 불염윤회고, 빈생강나태.

게으름에 빠져 눕기를 즐겨하며 늦잠 자는 것을 좋아하고
윤회의 고통을 싫어하는 생각을 일으키지 않으면 게으름은 강하게
자라납니다.

   게으름이 생기는 원인은 세간의 안락함을 탐하기 때문이다. 선법에
정진하지 않고 게으름에 빠져 눕기를 즐겨하고 늦잠 자는 것을 좋아하
며, 윤회 고통을 여의려는 생각을 하지 않는다면 강력한 게으름이
쉽게 자라난다.

### ②정진을 미루는 게으름을 끊어내는 방법
㉮ 정진해야 하는 이유를 이해함
㉠ 금생무상을 사유함

**云何猶不知, 身陷惑網者**, 운하유부지, 신함혹망자,
**必囚生死獄, 正入死神口**. 필수생사옥, 정입사신구.

어찌하여 아직도 알지 못하는 것입니까? 번뇌의 큰 그물에 속박된
사람은
반드시 생사윤회의 감옥에 갇히고, 죽음의 두려움 앞에 놓이게 됩니다.

   왜 아직도 깨어나지 못하는가? 몸이 이미 번뇌의 큰 그물에 속박된
사람들은 반드시 생사윤회의 감옥에 갇히고 죽음신의 입에 한 걸음
한 걸음 나아가고 있는 것이다.

**漸次殺吾類, 汝豈不見乎?** 점차살오류, 여기불견호?

338

然樂睡眠者, 如牛見屠夫. 연락수면자, 여우견도부.

죽음의 신이 끊임없이 이웃의 생명을 앗아가는데 그대는 어찌 보지 못합니까?

그래도 깊은 잠에 빠진 그대는 백정을 대하는 도살장의 소와 같습니다.

사신은 끊임없이 이웃의 생명을 앗아가는데 그대는 설마 보지 못하는가? 그래도 깊은 잠에 빠져 선법을 행하지 않는 사람은 곧 백정에게 도살당할 줄도 모르고 잠에 빠진 소처럼 어리석다.[225]

通道遍封已, 死神正凝望; 통도편봉이, 사신정응망;

此時汝何能, 貪食複耽眠. 차시여하능, 탐식복탐면.

사방의 통로는 전부 막혀 있고, 죽음의 신은 우리는 노려보고 있는 이때에, 그대는 어찌하여 먹는 것만 즐기고 수면에 빠져 있는 것입니까?

죽음에서 벗어날 통로는 전부 막혀 있고 저승사자는 눈을 부릅뜨고 죽음의 상대를 물색하고 있는 이때에, 그대는 어찌하여 먹는 것만 즐기고 수면에 빠져 있는가? 『본생전』에 "모든 길은 염라 사자에게 막혀 있고, 극락에 갈 희망은 없는 처지에 있는데 두려움 없음이

---

225 생명 있는 자는 반드시 죽게 된다. 삼계는 마치 도살장과 같고 중생은 도살장에서 죽음을 기다리는 소와 같으니, 그 어느 누구도 염라대왕의 손에 죽을 운명을 벗어날 수 없다. 그럼에도 무명 우치에 마음이 덮여 선법을 수행하지 않고 하루 종일 잠에 빠져 게으름을 피우며 헛되이 시간만 소비하는 사람은 도살장의 소와 무엇이 다른가!

기이하다."라고 말한다.[226]

ⓛ 죽음이 신속하게 닥쳐온다는 것을 사유함

死亡速臨故, 及時應積資, 사망속림고, 급시응적자,

屆時方斷懶, 遲矣有何用? 계시방단라, 지의유하용?

죽음은 아주 빨리 다가옵니다. 죽음에 임박해서 자량을 쌓는다,
게으름의 악습을 끊는다 하면 이미 늦었는데, 무슨 소용이 있겠습니까?

  용수보살의 『친우서』에 "수명은 위험이 많아 무상하고 물방울이
바람에 날리는 것 같으니, 잠잘 때 날숨과 들숨 사이가 멈추지 않고
다시 깨어남이 기이하다."라고 언급되어 있듯이, 우리는 매우 빨리
죽음으로 향하기 때문에 살아있을 때 속히 자량을 쌓아야 한다. 죽음이
다가왔을 때에서야 비로소 게으름의 악습을 없애려 한다면 그때는
이미 늦었고 다시 노력하려 해도 시간이 없다. 우리는 내일, 오늘,

---

226 아티샤 존자는 "수행인은 반드시 잠을 탐하는 것을 끊고 해태를 끊어야 한다.
  혼침과 도거를 끊고 반드시 죽게 된다는 경각심을 일으켜야 한다."라고 말씀하
  셨다. 맥팽 린포체의 제자 단취 린포체는 잠을 아주 조금만 자고 일어나
  큰소리로 "단취, 너 설마 죽지 않을 거라 생각해? 왜 아직까지 자는 거야!"라고
  소리친 뒤 바로 잠자리에서 일어나 경행하고 예배함으로써 수면에 대처했다.
  게으름에 대치하는 이러한 엄중한 수단은 정진에서 물러나지 않게 해준다.
  해탈하고자 한다면 이러한 선배들의 발자취를 신심으로 따라야 한다(여기에서
  '해태'는 '게으름'을, '혼침'은 '정신이 혼미하여 사리분별을 잘 못하는 것, 좌선할
  때 정신이 맑지 못하여 수마睡魔에 떨어진 상태'를, '도거'는 '들뜨고 불안정한 마음'을
  의미한다).

지금 호흡하는 이 순간에도 죽을 수 있다. 죽음은 그 누구도 장담하지 못하는 것이다.


未肇或始作, 或唯半成時, 미조혹시작, 혹유반성시,
死神突然至, 嗚呼吾命休! 사신돌연지, 오호오명휴!
수행을 아직 시작하지 않았거나 막 시작했을 때, 혹은 오직 반 정도를 완성했을 때
죽음은 갑자기 다가옵니다. 그때 당신은 비탄해하며 "슬프다, 내 명이 다하는구나!"라고 할 것입니다.


죽음은 뚜렷한 징조가 있거나 예측할 수 있는 게 아니다. 또 그것은 사람들이 바라는 것처럼 해야 할 일을 다 마칠 때까지 기다려 주지도 않는다. 어떤 일을 계획해서 막 시작하려 할 때 혹은 미처 시작조차 못했는데 죽음의 신이 나타나기도 하고, 곧 성공을 눈앞에 두고 있는데 죽음의 신이 목숨을 앗아가기도 한다. 그러므로 우리는 지금 즉시 선법을 닦고 자량을 쌓아야 한다.


因憂眼紅腫, 面頰淚雙垂, 인우안홍종, 면협루쌍수,
親友已絕望, 吾見閻魔使, 친우이절망, 오견염마사,
憶罪懷憂苦, 聞聲懼墮獄, 억죄회우고, 문성구타옥,
狂亂穢覆身, 屆時復何如? 광란예복신, 계시복하여?
두려움으로 인해 두 눈은 벌겋게 붓고 눈물은 끊임없이 두 뺨을 타고 내려오며

친척과 친구들이 절망감에 몸부림칠 때 나는 홀로 저승사자의 무서운
얼굴을 대면해야 합니다.
자신의 죄악이 떠올라 괴롭고, 지옥의 신음소리에 몸서리치며
미친 듯이 뒹굴며 똥오줌에 몸을 더럽힐 때 당신은 다시 무엇을 할
수 있겠습니까?

임종 시 죽어가는 상태를 본 적이 있을 것이다. 몸과 목숨이 분리되는
것을 두려워하는 슬픈 마음으로 인해 두 눈은 벌겋게 붓고 눈물은
끊임없이 두 뺨을 타고 내려온다. 둘러싼 가족들과 헤어져 홀로 저승사
자의 무서운 얼굴을 대면하면 자기가 지은 죄업이 생각나 근심이
가득하여 지옥의 울부짖는 소리가 들리고, 지옥에 가겠구나 하는
생각이 미침에 공포에 떨며 대변과 피고름이 전신에 흐르며, 고통으로
정신이 혼미해져 어떠한 염송도 할 수 없다.[227]

ⓒ 내생의 고통을 사유함
**此生所懷懼, 猶如待宰魚**, 차생소회구, 유여대재어,
**何況昔罪引, 難忍地獄苦**. 하황석죄인, 난인지옥고.
이생에서도 두려움에 떨며 도마 위에서 산 채로 포 떠지는 물고기
같이 임종을 맞는데

---

227 밀라레빠 존자는 "악업을 지은 사람의 죽음을 지켜보는 것은 악업의 인과를
  잘 보여주는 선지식이다."라고 말씀하셨다. 우리는 다행히도 이것을 직접
  볼 수 있다. 지금 선법을 닦아 정진하는 일을 뒤로 미룬다면, 죽음이 임박했을
  때 내 자신은 어떤 모습이겠는가?

하물며 지은 죄악으로 인해 받게 되는, 견디기 어려운 지옥의 고통은
어떠하겠습니까?

임종 시 받게 되는 두려움은 마치 죽을 때를 기다리는 물고기가
뜨거운 모래 위에서 퍼덕거림과 같은데, 전에 지은 죄업의 과보로
직접 받게 될 지옥의 견디기 어려운 고통은 더 말할 필요가 없다.
지옥의 그림과 조형물을 보고 지옥을 묘사한 글을 읽기만 해도 두려운
마음이 생기는데 직접 지옥에 떨어져 받는 고통은 형언하기 어렵다.

如嬰觸沸水, 灼傷極刺痛, 여영촉비수, 작상극자통,
已造獄業者, 云何復逍遙. 이조옥업자, 운하부소요.
연약한 피부는 끓는 물에 닿기만 하여도 견디기 어려운 통증을 느끼는데
이미 지옥에 떨어질 죄업을 지은 자로서 어찌 헛되이 나날을 보낼
수 있겠습니까?

지옥의 고통은 어린아이의 연약한 피부에 닿아 끓는 물이 뜨겁게
지지는 것과 같은 견디기 어려운 것인데, 이미 끓는 쇳물 지옥의
죄를 지은 자가 어찌 아직도 헛되이 나날을 보낼 수 있는가?[228]

---

228 『보적경』에는 "부지런히 해탈 구하기를 머리 태우는 불 끄듯이 하라."라는
말씀이 있다. 화지 린포체도 머리에 붙은 불을 끄려 하고, 품속에 들어간
독사를 꺼내려고 하는 것처럼 정진 수행해야 한다고 하신다. 지옥에 떨어지는
과보는 머리에 불이 붙은 것이나 독사를 품은 것보다 몇 만 배나 더 무서운
것이다. 이러한 인과의 이치를 이해할 수 있는 수행인이라면 아무리 고통스럽고

不勤而冀得, 嬌弱頻造罪, 불근이기득, 교약빈조죄,

臨死猶天人, 嗚呼定受苦. 임사유천인, 오호정수고.

정진 없이 안락함을 기대하고, 유약하여 인내하지 못하고 계속해서 죄를 지으며

죽음에 임해서도 천인처럼 방일하는 사람은 반드시 지옥 고통의 괴로움을 받게 될 것입니다.

　선을 행하는 일에 정진하는 인연이 없이 안락함의 결과를 얻기를 기대하고, 연약하여 인내하지 못하고 자주 남을 해치는 죄를 지으며, 언젠가 죽을 것을 이미 분명하게 잘 알면서도 천인처럼 방일하는 사람은 반드시 "오호!"라는 비탄의 소리를 내며 지옥 고통의 괴로움을 받게 될 것이다.

⑭ 가행정진을 실행함

依此人身筏, 能渡大苦海, 의차인신벌, 능도대고해,

此筏难复得, 愚者勿貪眠. 차벌난부득, 우자물탐면.

고귀한 사람 몸이라는 뗏목에 의지해야만 능히 생사의 고해를 건널 수 있습니다.

진귀한 인간 몸을 한번 잃으면 내생에 다시 얻기 어려우니, 어리석은 이여! 잠에 빠지지 마십시오.

---

　힘들다 해도 선법을 정진하는 일을 포기할 수 없다.

344

사람 몸이라는 뗏목에 의지해 생사의 고해를 건너야 한다. 그러나 진귀한 인간 몸은 내생에 다시 얻기 어려운 것이기에, 적천보살은 "어리석은 이여! 잠에 빠지지 말라!"라고 하며 게으름을 끊으라고 경계한다.[229]

## (2) 탐착악사나타(耽著惡事懶惰: 무의미한 일에 집착하는 게으름)를 끊어냄

棄捨勝法喜, 無邊歡樂因, 기사승법희, 무변환락인,

何故汝反喜, 散掉等苦因? 하고여반희, 산도등고인?

정법을 좋아하여 희구함은 무궁한 행복의 원인이 되거늘

어찌하여 그대는 수승한 희열을 버리고 고통의 원인이 되는 산란함을 좇는 것입니까?

정법을 좋아하는 것은 무궁한 기쁨이거늘, 그대는 왜 수승한 기쁨의 원인이 되는 일을 버리고 오히려 한없는 고통의 원인이 되는 몸과 마음을 산란하게 하는 일들을 좇는가?

---

229 '가만난득'의 가르침은 본론의 제1품에서 이미 자세히 이야기하였다. 사람 몸을 얻은 것은 이미 생사의 고해를 건널 배를 얻은 것과 같다. 원만한 사람 몸을 잃고 난 후에 다시 그것을 얻는 것은 '맹구우목盲龜遇木'의 고사 혹은 좁쌀이 공중에서 떨어져 바늘 끝에 꿰이는 것처럼 어려운 것이다. 만약 이 기회를 잡지 않거나 이용하지 않는다면 해탈의 기회를 잃게 되고 고해에 빠져 무수한 고통을 받게 될 것이니, 제불보살과 역대 고승대덕께서 마땅히 정진해서 게으름과 수면을 끊으라고 누누이 말씀하시는 것이다.

**(3) 자경릉나타**(自輕凌懶惰: 자신을 비하하고 수행의 두려움에 정진을 포기하는 게으름)
**를 끊어냄**

勿怯積助緣, 策勵令自主, 물겁적조연, 책려령자주,

自他平等觀, 勤修自他換. 자타평등관, 근수자타환.

용기 있게 부지런히 복과 지혜를 쌓고, 선정을 닦아 바른 마음집중력을 키우며

자타평등의 법문을 관하고 자타상환을 수행해야 합니다.

전륜성왕이 천하를 통일할 때에는 먼저 4개 대대 군대의 힘을 길러 강대한 세력을 만들고 난 후 적의 세력을 평정한다. 이와 같이 보살이 끊어야 할 것을 끊는 일은 처음부터 겁내지 말고 우선 용감히 정진의 갑옷을 입고 아래에 기술하는 네 가지 도움이 되는 인연을 구비한 후, 정지와 정념으로 인과의 선택을 현명히 실천하고, 전심으로 집중하는 대치법으로 자기의 신구의를 주재하는 것이다. 최후에는 자타평등과 자타상환의 법문을 부지런히 관상하면서 수행한다.[230]

---

230 어떤 이들은 게으름의 습기가 아주 두터워 수행을 시작할 때 단 한 구절의 진언을 읽는 것도 매우 힘들어 하며, 자신이 게으름에서 벗어날 희망이 없다고 느끼기도 한다. 이런 겁약함은 사실 전혀 필요가 없는 것이다. 필요한 것은 우선 게으른 습기의 힘이 아무리 커도 소멸시킬 수 있다는 신심이다. 그 후 차근차근 복덕과 지혜를 쌓아 정념으로써 자신의 마음을 닦아 나가야한다. 부단히 자기 마음을 선법으로 이끌어 간다면 최종에는 반드시 자유자재한 역량을 얻고 모든 나태의 장애를 자유자재하게 극복할 수 있게 될 것이다. 이러한 기초 위에서 자타평등과 자타상환 등과 같은 자비와 지혜의 대력법문을 수행 정진해 나갈 수 있다.

### ①불성을 갖추었기에 자겁능나타를 끊어낼 수 있음을 사유함

不應自退怯, 謂我不能覺, 불응자퇴겁, 위아불능각,

如來實語者, 說此眞實言: 여래실어자, 설차진실언:

所有蚊虻蜂, 如是諸蟲蛆, 소유문맹봉, 여시제충저,

若發精進力, 鹹證無上覺. 약발정진력, 함증무상각.

무상보리를 증득하지 못하리라고 두려워 위축되거나 의심해서는 안 됩니다.

실답게 말하는 분인 여래께서 다음과 같이 진실을 설하셨습니다.

모기와 파리, 벌 등과 같은 벌레들도

정진력을 일으킨다면 모두 무상보리를 이룰 수 있다고.

    우리는 자신이 무상보리를 증득하지 못하리라고 두려워 위축되거나 의심해서는 안 된다. 여래께서 말씀하시길 모기와 파리, 벌 등이 지금은 벌레로 태어났지만 만약 정진력을 일으킨다면 모두 무상보리를 이룰 수 있다고 하신 바 있으니, 『묘비청문경』에서 "다행히 나는 현세에 사람 몸을 받았으니 기꺼이 목숨 바쳐 진실로 부지런히 정진하여 위없는 깨달음 얻기를 구할 것이다."라고 말씀하셨다.[231]

---

[231] 신심과 지혜가 부족한 수행인들은 곧잘 부처님의 공덕과 대승 보리도의 긴 여정, 보살행의 어려움과 보살의 고행 등에 대해 들으면, 바로 두려워하는 마음을 내서 스스로 보살행을 원만히 수행할 능력이나 무상보리를 증득할 능력이 없다고 여긴다. 이러한 생각은 전혀 근거가 없는 것이다. 『금강경』에 이르되 부처님은 "진실을 말하는 자이며, 실다운 말을 하는 자이며, 진리에 맞는 말을 하는 자."라고 하였다. 이러한 부처님께서 말씀하시길, 파리나 곤충 등 일체중생이 모두 무상보리를 성취할 수 있다고 하였다. 이것은 일체중생이

況我生爲人, 明辨利與害, 황아생위인, 명변리여해,

行持若不廢, 何故不證覺? 행지약불폐, 하고부증각?

하물며 사람으로 태어나서 시비선악과 이해득실을 명확히 판단하고, 보리도에 게으르지 않고 정진한다면 어찌 위없는 깨달음을 증득하지 못하겠습니까?

중생들이 모두 성불할 수 있는 것은 그들이 이미 불성을 갖추고 있기 때문이다. 불성에는 두 종류가 있는데, 하나는 마음의 법성을 가리키는 자성주불성自性住佛性이고, 또 하나는 수행하여 이루는 수증장불성修增長佛性이다. 자성주불성은 일체중생에게 두루 있는 것이고, 수증장불성은 수행에 따라 번뇌가 청정하여 진 것 또는 마음에 들어있는 선善의 습기이다. 『보성론』에 "불신佛身은 자연히 드러나고, 진여는 분별이 없으며, 불성종자를 갖춘 중생은 항상 여래장을 갖춘다."라고 하였으니, 하물며 사람으로 태어나 시비선악과 이해득실을 명확히 판단하고 보살행을 버리지 않는다면 어찌 깨달음의 도리를 증득하지 못하겠는가? 삼세제불이 정등각을 깨달으신 것도 보리심을 내고 수행하며 정진함에 따라 불과를 증득하신 것이다.

---

모두 청정한 불성과 여래 덕상을 구족했기 때문에, 순연에 따라 청정한 그것이 드러나도록 돕는다면 그들에게 위없는 보리과가 현전함이 가능하다는 것이다. 범부는 바깥모습에 집착하기 때문에 겁약하고 자기를 비하하는 과오를 갖는다. 하지만 우리들은 이미 이러한 불성종자를 갖추고 있다. 다만 정진의 힘만 발한다면 반드시 번뇌 망상의 업장에서 벗어나 현생에서 무상불과를 이룰 것이다.

## ② 자경릉나타를 끊어내는 대치법

### ㉠ 수행의 고통을 두려워 할 필요가 없음

### ㉠ 수행의 고통을 두려워하는 사념을 끊음

### ⓐ 수행의 고통은 경미한 것임

若言我怖畏, 須捨手足等. 약언아포외, 수사수족등.

是昧輕與重, 愚者徒自畏. 시매경여중, 우자도자외.

無量俱祇劫, 千番受割截, 무량구지겁, 천번수할절,

刺燒復分解, 今猶未證覺. 자소부분해, 금유미증각.

손발을 보시하는 고행을 닦아야 하는데 너무 두려워 행할 수 없다고
말한다면,

이것은 경중을 알지 못하고, 어리석은 이가 헛되이 두려움을 나타내는
것입니다.

수없는 영겁의 윤회 속에서 셀 수도 없이 여러 번 지옥에 떨어져
잘리고

찔리고 태워지고 찢겨졌지만, 지금까지도 깨달음을 얻지 못했습니다.

　어떤 이는 비록 정진을 해서 성불할 수 있다고 해도 이 과정 중에
반드시 손발을 보시하는 고행을 닦아야 하므로 너무 두렵게 느껴진다
고 말한다. 이는 선과 불선의 가볍고 큰 인과의 차이를 관찰하지
않고 이익과 손해의 크고 작음을 보아 취하고 버릴 줄을 알지 못하는
우매한 것으로, 어리석은 이가 스스로 사려 없이 곤혹과 두려움에
떨어진 것이다. 우리는 수 없는 영겁의 윤회 속에서 셀 수 없이 여러
번 지옥에 떨어져 잘리고 찔리고 태워지고 부서졌지만, 지금까지

깨달음을 얻지 못했다.[232]

吾今修菩提, 此苦有限期, 오금수보리, 차고유한기,
如爲除腹疾, 暫受療割苦. 여위제복질, 잠수료할고.

내가 지금 보리도를 닦는 고통은 기한이 있는 것입니다.
이는 마치 병자가 뱃속의 암을 제거하기 위해 잠시 수술을 받는 것과
같습니다.

---

[232] 어떤 이들은 다음과 같이 말한다. "비록 모든 중생이 성불할 수 있다고 해도
나는 여전히 두려워 감히 정진 수행할 수가 없다. 왜냐하면 보살이 6바라밀의
실천으로 불과를 증득하는 과정에 아주 많은 고행을 해야 하기 때문이다.
나는 이러한 고행이 너무 두렵다." 이에 적천보살께서 이것은 무지몽매하여
이익과 손해의 크고 작음을 분별하지 못해서 생기는 잘못된 생각이라고 대답하
신다. 고통은 실제 존재하는 본질이 아니다. 다만 범부의 습기나 착각을 인연하
여 말한 것이다. 범부가 자아와 몸에 집착하며 자신에 대해 극도로 탐착하기
때문에 허망한 신체가 받는 상처의 고통을 느끼게 된다. 어리석은 분별을
끊는다면 몸에 대한 집착은 소멸할 것이며, 설령 신체를 한 점 한 점 잘라낸다고
해도 아무런 고통도 느끼지 않을 것이다. 설령 이런 경계의 깨달음이 없어
고통을 느낀다고 하여도, 이러한 고통과 윤회의 고통은 이익과 손해의 경중에
막대한 차이가 난다.
수행의 고통을 두려워한다면 영원히 해탈할 수 없어 무기한 고해 속에 빠져
있게 된다. 고통을 받는 시간의 길고 짧음으로 볼 때 긴 고통을 받겠는가?
아니면 잠시의 고통을 받겠는가? 우리들은 일찍이 악업으로 인해 셀 수 없이
여러 번 지옥에 떨어져 고통을 받았다. 정말로 고통을 두려워한다면 이러한
고통이 계속되는 것을 왜 끊으려고 하지 않는가? 참혹하기 그지없는 지옥의
고통을 생각할 수 있다면 수행 중의 작은 고통에 대해서는 두려움이 생기지
않을 것이다.

금생에서 해탈하기 위한 과정에서 받는 고통의 기한은 짧은 것으로, 마치 병자가 뱃속의 암을 제거하기 위해 잠시 수술의 고통을 참아내면 되는 것과 같다.

醫皆以小苦, 療治令病除, 의개이소고, 요치령병제,
爲滅衆苦故, 當忍修行苦. 위멸중고고, 당인수행고.
의사가 병을 치료할 때 치료상의 경미한 고통으로 큰 병을 치료하듯이, 윤회 속에서의 한없는 고통을 없애기 위해서는 수행의 고행을 견뎌야만 합니다.

의사가 병을 치료할 때에는 경미한 통증의 치료법으로 큰 고통의 질환을 치료하는 것처럼, 윤회에서 겪는 한없는 악도의 고통을 없애기 위해서는 지금 수행하며 생기는 가벼운 고통은 견뎌야만 한다.

凡常此療法, 良醫皆不用, 범상차료법, 양의개불용,
巧施緩藥方, 療治衆屙疾. 교시완약방, 요치중아질.
의왕이신 부처님은 세간의 치료법을 사용하지 않으시지만
더 공교하고 부드러운 처방을 사용하여 중생들의 윤회 질병을 치료하십니다.

세간에서 보통으로 사용되는 고통을 치료하는 방법을 의왕이신 부처님은 사용하지 않으시고, 그보다 더 뛰어나고 부드러운 처방과 간편하고 쉽게 실행할 수 있는 방법을 사용하여 중생들의 번뇌의

큰 질병을 수 없이 치료하신다.[233]

ⓑ 점차 닦아 어렵지 않음

**佛陀先令行, 菜蔬等布施,** 불타선령행, 채소등보시,

**習此微施已, 漸能施己肉.** 습차미시이, 점능시기육.

부처님께서는 먼저 채소와 같이 베풀기 쉬운 것부터 보시하기 시작하여 차츰 보시하는 습관이 든 후에 자신의 살점까지 베풀라고 말씀하셨습니다.

보살행을 닦을 때 부처님께서는 처음에는 채소와 같이 가치가 적은 물건을 다른 이에게 베풀게 하신 뒤, 차츰차츰 보시에 익숙해져서 자기 자신과 소유물에 대한 집착이 점점 약화된 뒤에 비로소 비교적 큰 재물이나 팔다리 등을 보시하게 하셨다.[234]

---

233 불법을 배우기 전에는 하루 종일 마음이 자유스럽지 못하고 여러 가지 번뇌로 고통스러웠으나, 정법의 감로를 복용한 뒤에는 이러한 마음의 병이 사라지고 자유와 평안의 해탈 피안으로 가게 된다. 부처님께서 내리신 번뇌를 치료하는 처방은 무엇에도 비교할 수 없을 만큼 우수하고 온화하며, 편안하고 즐거운 느낌으로 번뇌의 질환을 제거할 수 있도록 한다. 이것은 세간의 의사들이 늘 사용하는 방법과는 비교할 수 없는 좋은 방편이다.

234 아끼는 습성이 두터운 자에게 부처님께서는 먼저 왼손의 재물을 오른손에 주는 것을 연습하게 하고, 습관이 된 뒤에 약간의 채소나 땔감 등 비교적 가치가 적은 물건을 다른 이에게 주어 보시의 습성이 조금씩 자라게 하셨다. 그런 뒤에 비교적 값어치가 있는 재물을 보시하도록 하셨다.

一旦覺自身, 卑微如菜蔬, 일단각자신, 비미여채소,

爾時捨身肉, 於彼有何難? 이시사신육, 어피유하난?

자신의 몸이 채소의 잎과 같음을 깨닫게 되면

그때 육신을 보시하는 것이 어찌 어려운 일이겠습니까?

　특별한 수행으로 보시의 습관을 기르고, 일단 자신의 몸에 대하여 채소 잎 같이 여기게 되며, 탐착이 없는 마음이 생겨 지혜가 성숙해지면 그때 육신을 보시하는 것이 무슨 어려운 일이겠는가?[235]

ⓒ 집착으로 인한 무명의 번뇌를 끊음

身心受苦害, 邪見罪爲因, 신심수고해, 사견죄위인,

惡斷則無苦, 智巧故無憂. 악단즉무고, 지교고무우.

심신의 고통을 느끼는 원인은 사견으로 죄업을 짓기 때문입니다.

---

235 많은 이들이 보살행을 닦아갈 때 반드시 자신의 팔다리 등 모든 것을 모두 보시해야 한다고 생각하며, 이것은 너무 끔찍한 것이고 자신은 할 수 없는 것이라 의심을 갖게 된다. 이러한 의심은 모두 대승의 깨달음에 오르는 단계를 제대로 이해하지 못해서 생긴 것이다. 중생들이 윤회에 빠져 고통을 받는 주된 원인은 '아我'와 '아소我所'를 집착하기 때문이다. 보시를 닦아가는 과정에서 수행자는 차츰 이러한 탐착을 버리고 자신이 풀잎처럼 보잘것없는 것을 깨닫게 되며, 동시에 중생에 대한 대비심도 늘어나게 된다. 이러한 경계에서의 보시 행위는 아무런 고통이 없을 뿐만 아니라, 오히려 중생이 만족하는 것에 대한 비할 수 없는 안위와 기쁨이다. 우리들은 비록 지금은 그렇게 실천하지 못하지만 "원하옵나니 저로 하여금 하루 속히 몸을 보시함이 어렵지 않은 경계에 이르게 하시고, 저로 하여금 일체중생이 만족을 얻게 하시옵소서!" 라는 발원을 해야 한다.

죄업이 깨끗하면 곧 고뇌가 없고, 수승한 무아의 지혜를 통달하여 근심 걱정도 없습니다.

중생들이 몸과 마음에서 고통을 느끼는 원인은 자기에게 집착하는 사견邪見으로 인해 죄업을 짓기 때문이다. 무명의 사견으로 인해 '나(我)'와 '내 것(我所)'의 집착을 일으키고, '나'와 '내 것'을 위해 또한 무량한 죄업을 짓는 것이다. 죄업을 깨끗이 제거한 보살은 무아의 지혜를 통달하여 근심 걱정이 없다. 이타의 고행에 의지하여 죄악을 제거하여 신체에 고통이 없고, 대상 경계의 실상에 정통하여 마음에 근심 걱정이 없게 되는 것이다.[236]

福德引身適, 智巧令身安, 복덕인신적, 지교령신안,

爲衆處生死, 菩薩豈疲厭? 위중처생사, 보살기피염?

무량한 복덕으로 그 몸이 안락하고 수승한 지혜로 그 마음이 행복한 상태로

중생을 위해 윤회계에 머물며 큰 지혜와 자비심을 발하는 보살에게 어찌 피곤하고 싫어함이 있겠습니까?

---

236 중생은 무명의 삿된 망념으로 인해 '아'와 '아소'의 집착을 일으키며, 이것으로 인해 업의 번뇌에 물들어 삼계 육도 속에 빠져 물레방아처럼 끊임없이 윤회하며 조금도 자유스럽지 못하게 된다. 그러나 『심경』에서는 "오온이 다 공한 줄 비쳐보아 일체의 고액을 제도한다."라고 한다. 보살은 바로 모든 아집과 사견을 없앴고 오온 무아를 나타내셨으며 죄업을 끊어버렸으므로 일체의 고를 초월해 심신의 안락함을 얻으신 것이다.

복덕의 과보로 보살의 몸은 언제나 안락하고 수승한 지혜로 마음이
행복하니, 중생을 위해 윤회의 세계에 머무시는 자비심을 갖춘 보살이
어찌 중생제도를 피곤해하고 싫어하겠는가?[237]

㉯ 대승 수행에는 즐거움의 인연이 있음
**以此菩提心, 能盡宿惡業**, 이차보리심, 능진숙악업,
**能聚福德海, 故勝諸聲聞**. 능취복덕해, 고승제성문.
대승 보살은 수승한 보리심으로 숙세의 죄업을 소멸하며
능히 바다처럼 큰 복덕을 쌓기 때문에 성문도보다 뛰어납니다.

보리심을 발하여 대승도에 들어가면 숙세에 쌓은 죄업을 빠르게
소멸시킬 수 있고, 단시간에 바다와 같은 복덕 자량[238]을 쌓게 된다.
자량을 쌓는 방면에서 대승의 발보리심과 같은 방편법은 그 수승함이
성문법문을 훨씬 능가한다. 보리심을 일으키면 찰나에 거대한 복덕을
쌓을 수 있을 뿐만 아니라 복덕 선근이 끊임없이 늘어나며 불과를
얻는 중에도 무너지지 않기 때문이다.[239]

237 보살은 생로병사의 굴레가 없기 때문에 어떠한 고난이나 고통도 받지 않으며
   피로하거나 싫어하는 마음도 있을 수 없다. 이는 『보만론』에서 "보살은 집착
   없는 지혜로 마음의 고통을 모두 여읜다. 몸과 마음의 모든 고통이 해치지
   못하기 때문에 세상이 다하도록 중생 제도를 싫어하지 않는다."라고 한 것과
   같다.
238 '자량'은 해탈을 돕는 선근 공덕을 말한다.
239 『미생원왕제회경』에 "무량겁 전에 위엄 있는 여래께서 세상에 나오셨는데,
   어느 날 여래와 두 분의 성문 제자가 탁발한 뒤 정사로 돌아오는 길에서

故應除疲厭, 馭駕覺心駒, 고응제피염, 어가각심구,

從樂趨勝樂, 智者寧退怯? 종락추승락, 지자녕퇴겁?

그러므로 대승을 피곤해하고 싫어하는 게으름을 버리고 보리심의
말을 타면
보다 더 수승한 안락으로 나아가는데, 지혜 있는 자라면 어찌 겁내어
물러나려 하겠습니까?

대승 보리도의 불가사의한 방편에 의지한 오도와 십지의 수행과정은
모두 안락으로 충만할 것임은 이미 앞에서 분석하였다. 보리심 법문은
하루에 천리를 가는 말처럼 수행인이 일단 익숙하게 몰면 순조롭고
빠르게 해탈의 피안에 다다를 수 있다. 지혜 있는 사람이 이러한
점을 정확히 이해한다면 대승도에 대해 겁내거나 동요하지 않고 보리
심 법문을 실천할 수 있을 것이다.

---

놀고 있는 세 아이를 만났다. 견줄 데 없이 장엄한 여래와 두 분의 존자를
본 세 아이들은 큰 환희심을 내었고 가지고 놀던 진주 영락을 나누어 여래와
두 분 존자께 공양을 하였는데, 그중 한 아이는 장래에 위엄 있는 여래처럼
되기를 발원하였고 다른 두 아이는 장래에 두 분 존자처럼 되기를 발원하였다.
성불하기를 발원한 아이는 무량겁을 지나는 동안 보살행을 닦아 석가모니부처
님이 되셨고, 다른 두 아이는 사리불 존자와 목건련 존자가 되었다."라고
기재되어 있다. 그들이 발원한 시간과 공양물은 같지만 발심의 크고 작은
구별로 인해 한 사람은 이미 성불하셨고 다른 두 분은 초지과도 아직 얻지
못했으니, 이것은 대승 보살도와 성문도의 차이에서 말미암은 것이다.

356

## 3. 위연違緣[240]을 대치하는 정진력을 증장시킴

勤利生助緣, 信解堅喜捨, 근리생조연, 신해견희사,

畏苦思利益, 能生希求力. 외고사리익, 능생희구력.

故斷彼違品, 以欲堅喜捨, 고단피위품, 이욕견희사,

實行控制力, 勤取增精進. 실행공제력, 근취증정진.

중생을 이롭게 하는 정진에 도움이 되는 인연은 희구심, 자신감,
기쁨, 버림입니다.

지옥의 고통을 두려워하고 해탈의 이익을 생각하는 것은 희구하는
힘을 생기게 합니다.

정진의 장애를 끊기 위해서 희구심, 자신감, 기쁨, 버림의 방편을
잘 운용해야 하며

몸과 마음의 실행력과 억제력으로 방일을 끊고 정진을 증장시키기
위해 노력해야 합니다.


　일부 학자는 해석하길, 중생의 이익을 이루고 원수를 멸하여 반대급
부로 조연(助緣: 돕는 작용)을 얻는 것을 '신해信解'라고 한다. 단『대소大
疏』에서는 게송의 '희구'는 선법을 향해 앞으로 나아간다는 의미라고
한다. 번역사도 범어의 판본에도 희구의 뜻이 나온다고 말한다. 우리들
은 여기에서 '신해'는 '희구'의 의미로 이해한다.

　'조연助緣'에는 네 가지가 있다. 선법을 희구함, 시작한 후에 물러서

---

240 위연違緣은 마음에 거슬리거나 들지 않는 상황, 조건, 사물 등을 말한다.

지 않는 자신감, 더욱 더 늘어나는 환희, 꼭 필요한 상황에서 실행하는 버림 등이다. 악업의 과보로 받는 고통을 사유하고 태만을 단죄하기 위하여 희구심, 자신감, 기쁨, 버림의 네 가지 방편을 잘 운용하고 몸과 마음의 실행력과 억제력으로 방일을 끊고 정진력을 증장시키기 위해 노력해야 한다.[241]

## 1) 네 가지 조연助緣을 갖춤

### (1) 선법을 희구함(신해信解)

#### ①신해를 갖추지 못한 과환

㉮신해를 갖추지 못했음을 사유함

發願欲淨除, 自他諸過失, 발원욕정제, 자타제과실,

能盡一一過, 須修一劫海. 능진일일과, 수수일겁해.

若我未曾有, 除過精進分, 약아미증유, 제과정진분,

定受無量苦, 吾心豈無懼? 정수무량고, 오심기무구?

---

241 보살은 중생을 더욱 이롭게 하기 위해 여러 방편에 의지해 정진력을 향상시켜야 하는데, 희구심, 자신감, 기쁨, 버림의 네 가지 방편은 정진의 장애가 되는 세 가지 게으름을 끊고 정진을 향상시킨다. '희구심'은 인과를 믿고 선법을 닦고자 하는 간절한 열망을 말하며, '자신감'은 정법을 닦는 데 있어 게으름을 이길 수 있다는 용기가 생기는 것을 말한다. '기쁨'은 선법을 수행하는 것에 대한 즐거움을 뜻하고, '버림'은 수행할 때 조이고 늦추는 데 절제를 갖춰 가장 좋은 상태에서 다른 선법을 닦아가는 것을 의미한다. 방일을 없애주는 이 네 가지 방편은 어느 하나라도 빠져서는 안 되는 것인데, 수행과정에서 구체적으로 실행력과 억제력으로 표현된다. 실행력은 선법을 수행하는 실천력, 곧 정지정념과 보리심의 지혜로써 선법의 역량을 배가시키는 것을 말하고, 억제력은 실행의 힘이 과다하게 되는 것을 조정하는 것을 뜻한다.

보리심을 내었을 때 이미 나와 남의 무량한 죄업을 깨끗이 없애기를 발원했습니다.

그 죄를 하나하나 없애려면 바다와 같은 겁 동안 닦아야 합니다.

죄업을 없애기 위해 정진하지 않는다면,

미래에 반드시 무량한 고통을 받을 것이니 내 마음에 어찌 두려움이 없겠습니까?

우리는 이제 보리심을 내었기에 나와 남이 쌓아온 무량한 죄업을 깨끗이 없애야 한다. 그런데 그 죄를 하나하나 없애려면 반드시 바다와 같은 겁劫 동안 정진하며 닦아야 한다. 죄업을 없애기 위해 정진하지 않는다면 미래에 반드시 무량한 고통을 받을 것이니 어찌 두려움이 없겠는가?[242]

---

242 대승에 귀의한 수행자들은 나와 남의 무량한 죄업을 없애고 일체중생으로 하여금 모두 무상 안락의 불과를 얻게 인도하고자 하는 보리심의 서원을 세웠을 것이다. 『대지도론』에 이런 비유가 있다. 물고기가 산란하는 알의 수량은 기이할 정도로 많지만, 부화되어 물고기가 되는 수는 극히 적다. 마찬가지로 발보리심한 사람은 아주 많지만 최후에 서원을 성취한 사람은 극소수에 그친다. 그 원인은 수행의 정진력이 부족하기 때문이다. 과거의 습기를 하나하나 없애려면 큰 바다와 같은 겁의 시간 동안 방대한 노력의 대가를 치러야 한다. 우리는 무시이래 지금까지 이러한 정진을 하지 않았기 때문에 지금에 이르러서도 여전히 죄업이 깊은 범부인 것이다. 죄업을 참회하지 않으면 장래에 반드시 악취에 떨어져 무변의 고통을 받는 과보를 받게 된다. 서원을 위배하는 것은 현종이든 밀종이든 모두 최극단의 엄중한 죄업이며 그 과보 또한 매우 두려운 것이거늘, 어찌 이것을 두려워하지 않는가?

發願欲促成, 自他衆功德, 발원욕촉성, 자타중공덕,

成此一一德, 須修一劫海. 성차일일덕, 수수일겁해.

然我終未生, 應修功德分, 연아종미생, 응수공덕분,

無義耗此生, 莫名太希奇! 무의모차생, 막명태희기!

나는 일찍이 나와 남의 공덕을 이루기를 발원했으니

그 공덕을 하나라도 이루기 위해서는 영겁의 시간을 닦아야 합니다.

그러나 지금까지 어떠한 수행의 공덕도 이루지 못했고

인생을 아무 의미 없이 소모했으니 이는 정말 놀라운 일입니다!

　나와 남의 많은 공덕을 이루기 위해 노력하기를 발원했으니, 그
공덕을 부처님의 털구멍 하나만큼이라도 이루기 위해서는 영겁의
시간을 닦아야 한다. 다행히 가만난득한 사람 몸을 얻어 이번 생을
누리지만, 지금까지 수행의 공덕을 전혀 이루지 못하고 인생을 아무
의미 없이 소모하니 이는 정말 놀라운 일이다![243]

---

243 많은 수행자들이 일체중생이 성불의 공덕을 이루기를 발원하면서도, 그러한
　　공덕은 얼마만큼 부지런한 노력의 대가를 치러야만 성취할 수 있으며 자기
　　자신은 그와 같은 노력을 해본 적이 있는지는 생각해 본 적이 거의 없을
　　것이다. 부처님의 털구멍 하나의 복덕에 미치려 해도 세상 모든 성문, 연각
　　성자의 10배에 해당하는 복덕을 쌓아야 한다. 이 정도 복덕만 쌓으려 해도
　　얼마나 많은 대겁 동안 분투해야 하는지 생각해 보라. 그럼에도 불구하고
　　하루하루 무의미한 번잡한 일에 소중한 인생을 헛되이 보내며 지금까지 발원한
　　것과는 다르게 행동을 하니, 우리는 도대체 무얼 하고 있는 것인가?

360

㉃ 신해가 없어 정진하지 못했음

**吾昔未供佛, 未施喜宴樂,** 오석미공불, 미시희연락,

**未曾依敎行, 未滿貧者願.** 미증의교행, 미만빈자원.

**未除怖者懼, 未與苦者樂,** 미제포자구, 미여고자락,

**吾令母胎苦, 唯起痛苦已.** 오령모태고, 유기통고이.

나는 일찍이 부처님께 광대한 공양을 올리지 못했고, 중생에게 큰 기쁨을 베푼 적도 없으며

여래의 가르침을 따르지 못했고, 가난한 사람의 염원을 만족시키지도 못했습니다.

두려워하는 이의 두려움을 없애주지 못했고, 고통받는 자에게 즐거움을 주지 못한 채

금생에도 다만 어머니를 괴롭히고 고통을 주기 위해 모태에 들어갔을 뿐입니다.

예전부터 지금까지 우리는 시방제불 삼보에 대해 성심성의껏 광대한 공양을 올리지 못했으며, 중생에게 갖가지의 환희안락이 충만한 '희연 喜宴'[244]을 풀지 못했다. 여래의 가르침을 봉행하거나 널리 선양하지도

---

244 여기에서 '희연'은 아주 많은 내용을 포함한다. 『묘병』에서는 불상을 조성하고 탑을 세우며 절을 짓는 일 등을 가리키며, 능히 중생으로 하여금 행복을 누리게 하는 선법이라고 말하고 있고, 기타 해설에서는 의복이나 음식 같은 여러 재물을 중생에게 보시하여 그들로 하여금 환희를 일으키게 하는 선행을 지칭한다고 되어 있다. 이렇듯 중생에게 한량없는 즐거움을 누릴 수 있게 하는 선법을 일찍이 정진하여 수행했다면, 우리 자신도 틀림없이 이미 광대한 복덕을 쌓았을 것이다.

않았고, 일체중생을 이롭게 하기는커녕 가난한 이들의 염원도 만족시키지 못했으며, 두려워하는 중생들의 공포를 없애주거나 고통받는 중생들에게 즐거움을 주는 노력을 하지 못했다.[245] 자신이 옛적부터 쌓아온 복덕으로 비록 현생에 가만한 이 몸을 얻었을지라도, 다만 어머니 모태에 들어 10개월 동안 임신의 고통을 안겨주었을 뿐이다.

㉣신해가 없어 받은 고통을 사유함

從昔至於今, 於法未信樂, 종석지어금, 어법미신락,

故遭此困乏, 誰復捨信樂? 고조차곤핍, 수부사신락?

무시이래 윤회하면서 현재에 이르기까지 불법에 대한 믿음을 일으키지 못해

이와 같은 궁핍하고 빈곤함을 받게 되었는데, 이 점을 이해한다면 그 누가 정법에 대한 믿음을 저버리겠습니까?

무시이래로 중생은 생사의 큰 고통 속에 빠져 지금까지 해탈하지 못했는데, 그 원인은 정법에 대한 신심을 내지 못했기 때문이며 해탈의 정법으로 나아가려는 환희심이 없기 때문이다. 믿음이 없기 때문에

---

245 근회 린포체는 이 게송을 설명하면서 "생명의 위험을 느끼고 두려워하는 중생을 도와주는 방생 같은 무외보시를 닦지 못했다."라고 해석하였다. 투매이 린포체는 강의에서 "가르침을 행하면 법보시이고, 가난한 사람의 물질적인 소원을 만족시켜줌은 재보시이며, 약한 자의 두려움을 제거해주면 무외보시이다."라고 말씀하신 바 있다. 결론적으로 말하면 우리는 처음 발원했던 것처럼 수행 정진하여 윤회의 고통에 얽혀있는 중생들에게 성불의 즐거움을 누리게 해주거나 안위의 기쁨을 주지 못한 것이다.

우리는 윤회에서 벗어나 해탈의 안락 대도로 들어가지 못하고 다만 여러 가지 참기 힘든 생사의 고통을 받고 있을 뿐이다. 지혜로운 자라면 그 누가 정법에 대한 믿음을 저버리겠는가?

②신해의 공덕

佛說一切善, 根本爲信樂. 설일체선, 근본위신락.

부처님께서 말씀하시길, 일체 선법의 근본은 믿음과 열망이라고 하셨습니다.

부처님께서 『해해청문경』에서 말씀하시길, 일체 선법을 성취하는 근본은 선법에 대한 수승한 이해와 믿음, 열망이라고 하셨다. 『문수찰토장엄경』에 이르길 "제법은 인연을 말미암아 생기고 원력을 따라 안주한다."라고 하였다.

③인과의 도리를 논함으로써 신해를 일으킴

㉮ 선악의 과보는 틀림이 없음

信解本則爲, 恒思業因果. 신해본즉위, 항사업인과.

선법에 대한 믿음을 일으키는 근본은 인과의 이치를 늘 생각하는 것입니다.

선법의 믿음을 일으키는 근본은 "선에는 선의 보답이 있고, 악에는 악의 과보가 따른다."라는 인과응보의 도리를 늘 생각하는 것이다. 인과에 대한 결정적인 신심을 일으킨다면 불법 수행에 대한 견고한 믿음 역시 일으킬 수 있다.


痛苦不悅意, 種種諸畏懼, 통고불열의, 종종제외구,

所求不順遂, 皆從昔罪生. 소구불순수, 개종석죄생.

고통과 정신적 불행, 온갖 두려움,

바라는 것이 뜻대로 되지 않는 것 등 모든 과보는 과거의 죄업을
좇아 생긴 것입니다.


   오근문五根門[246]의 고통, 정신적 불행, 각종 두려움, 바라는 것이
뜻대로 되지 않는 것 등 모든 과보는 악업을 지은 데서 비롯된 것이다.[247]


由行所思善, 無論至何處, 유행소사선, 무론지하처,

福報皆現前, 供以善果德. 복보개현전, 공이선과덕.

믿는 마음으로 선법을 실천한다면 어디에 처해 있더라도

선행의 복덕과 과보의 공덕이 모두 드러나 안락하게 될 것입니다.

---

246 눈, 귀, 코, 혀, 몸 등 다섯 가지 감각기관은 번뇌를 만들어낼 뿐 아니라 온갖
   허망한 대상들을 받아들이는 문과 같으므로, 이를 일러 '근문'이라고 한다.

247 부처님께서 말씀하시길, 중생의 모든 고락은 그 업에 기인한다고 하셨다.
   생, 노, 병, 사, 원증회고(怨憎會苦: 미워하고 싫어하는 사람, 싫어하고 거리끼는
   사물과 만나서 함께 살지 않을 수 없는 고통), 애별리고(愛別離苦: 사랑하는 사람과
   헤어지는 괴로움), 구부득고(求不得苦: 구하여도 얻지 못하는 괴로움), 오성음고(五
   盛陰苦: 색수상행식의 오음에 탐욕과 집착이 번성함으로 인한 괴로움) 등 팔고八苦의
   근원은 자신이 이전에 지은 죄업에 있으며, 이러한 죄업의 과보가 무르익었기
   때문에 스스로 끊임없이 고통을 받는 것이다.

여법하게 복을 짓는 자는 현생과 내생에 어디에 처하더라도 안락을
누린다. 내생을 위한다면 마땅히 지금 착한 공덕을 쌓아야 한다.

惡徒雖求樂, 然至一切處, 악도수구락, 연지일체처,
罪報皆現前, 劇苦猛摧殘. 죄보개현전, 극고맹최잔.
죄를 지은 사람은 안락을 구하고자 하여도 어디에 이르든
그 죄악의 과보가 모두 나타나 극렬한 고통에 괴로움을 겪게 될 것입
니다.

죄를 지은 사람도 마찬가지로 안락을 추구하지만, 어디를 가도
그 죄악의 과보가 나타나 극렬한 고통이 몸과 마음을 괴롭힐 것이다.
『교왕경』에 이르길 "죽음이 이르면 심식은 떠나고, 벗과 물건은 따르지
않으며, 그가 어디를 가든 업이 몸의 그림자같이 그 뒤를 따른다."라고
하였다.[248]

---

[248] 업에는 인업과 만업의 두 종류가 있다. 인업은 유정이 전생轉生하여 모처에
나게 되는 결정업이고, 만업은 이끌려 태어남의 과정에서 느껴지는 고락의
업을 말한다. 중생이 육도를 돌 때 그 인업과 만업은 네 가지의 서로 다른
상황으로 나누어진다.
첫째, 인업선·만업선이다. 예를 들면 천인으로 태어난 자는 그가 행한 열
가지 선업이 인업이 되며, 천계에서 여러 가지 안락함을 누리게 되는 것은
그가 예전에 지은 선의 만업에서 오는 과보이다. 둘째, 인업악·만업선이다.
예를 들면 일부 아귀는 대력과 복덕을 갖추어 부가 천계와 같은데, 이것은
인업악으로 인해 만업선으로 과를 받은 것이다. 셋째, 인업선·만업악이다.
인간으로 태어났지만 어떤 사람은 항상 고통이 끊이지 않고 불법을 배울
기회도 없다. 또 어떤 욕계 위 천인은 몸은 비록 천신이지만 항상 수용이

㉯ 선악의 과보를 자세히 논함

㉠ 선업의 과보

**因昔淨善業, 生居大蓮藏**, 인석정선업, 생거대련장,

**芬芳極清凉, 聞食妙佛語**, 분방극청량, 문식묘불어,

**心潤光澤生, 光照白蓮啟**, 심윤광택생, 광조백련계,

**托出妙色身, 喜成佛前子**. 탁출묘색신, 희성불전자.

청정한 선업으로 크나큰 연꽃 속에서 태어나니

묘향이 만발하여 비할 데 없이 청량하며, 묘음으로 설하신 부처님의

감로 법어를 들어 통달하고

몸과 마음은 윤택하여 광채가 나며, 부처님의 광명이 비치는 가운데

백색 연꽃이 열려

꽃술 위에서 오묘한 색신으로 태어나 흔연하게 불법의 아들이 됩니다.

---

결핍하며 일생이 아주 빈궁하기도 한다. 이러한 것은 모두 인업은 선이나 만업악이 불러일으킨 과보이다. 넷째, 인업악·만업악이다. 인업과 만업이 모두 악하기 때문에 지옥에 떨어져서 항상 무량의 고통을 받는 것을 말한다. 현생의 모든 사건도 인업과 만업으로 분석할 수 있다. 청정 수행처에 와서 즐거운 마음으로 순조롭게 수행하여 아무런 장애나 고통도 없다면, 이는 인업과 만업이 모두 선업으로 인한 과보를 보여주는 것이다. 인업은 선업이어서 청정 수행처에 올 수 있었다 하더라도 만업이 좋지 않으면 얼마 머무르지도 못하고 그나마 고통으로 가득 찬 시간을 겪는다. 인업은 성지에서 수학할 복이 되지 않아 시끄러운 도시에서 살 수밖에 없어도, 만업이 선이면 그러한 환경에서도 불문에 귀의할 인연을 얻고 열심히 불법을 수행할 것이다. 인업과 만업이 모두 악이라면 최악의 환경에서 살 수밖에 없으며 선법을 닦을 인연조차 없이 일생동안 고통만 가득하게 된다.

　　과거생의 청정한 선업으로 인하여 탄생의 수승함, 음식의 수승함, 신체의 수승함, 탄생 이후의 수승함 등 네 가지 수승함을 얻게 된다. 제불보살의 지혜광명의 찬란한 빛 아래 순백의 연꽃이 스스로 벌어져 꽃술 위에서 불자가 생을 의탁하여 나게 된다(탄생수승誕生殊勝). 연꽃 속에 사는 동안 사바세계에서 먹는 유루의 음식물이 아닌 제불께서 내리신 묘법감로를 먹게 되는데(음식수승飮食殊勝), 불법의 감로는 불자의 신심을 윤택하게 하여 미묘 장엄한 광휘가 나게 한다(신체수승身體殊勝). 정토에 태어난 불자는 제불의 불가사의한 공덕원력의 가피와 본인의 선법에 감응한 공덕으로 인하여 여러 가지 수승한 상호를 구족하게 된다(생후수승生後殊勝).[249]

---

249 정지정념으로 대자대비하게 청정한 선업을 쌓으면 이러한 선업 공덕에 의하여 내생에서는 극락세계의 청정 찰토에 나게 되는데, 이때 청정 불국토에 태어나는 자는 모두 연꽃 속에서 화생하게 된다. 이러한 탄생 방식은 태생과 아주 큰 차이가 있다. 중생은 태에 들고 출생하는 과정에서 아주 큰 고통을 받는다. 그러나 『무량수경』에 의하면 청정 찰토에서 연꽃에 의지해 화생하는 경우에는 모든 감촉과 느낌이 비할 데 없는 묘향과 청량한 기쁨으로 가득 차 있다. 연꽃 속에 사는 동안 제불께서 내리신 감로묘법을 음식으로 삼으며, 그것은 불자의 신심을 윤택하게 성장시켜 미묘 장엄한 광휘가 나게 한다. 제불보살의 지혜 광명의 찬란한 빛 아래 순결한 흰 연꽃이 스스로 벌어져 꽃술 위에서 불자가 생을 의탁하여 나게 된다. 정토에 태어난 불자는 제불의 가피와 본인의 공덕으로 인하여 여러 가지 수승한 상호를 구족하고, 지혜 공덕을 구족한 여래 앞에서 항상 대승 불법을 듣게 되고 불법 감로를 마시며 신심이 자유자재해 아무런 고통과 번뇌가 없다. 대승 수행자로서 우리들은 이러한 안락에 대한 열망을 가져야 하며, 반드시 스스로의 선법에 대해 믿음을 일으켜 업장을 참회하고 자량을 쌓는 정진을 거쳐 왕생 정토의 수승한 원을 발해야 한다.

ⓛ 죄업의 과보

因昔衆惡業, 閻魔諸獄卒, 인석중악업, 염마제옥졸,

剝皮令受苦, 熱火熔鋼液, 박피령수고, 열화용강액,

淋灌無膚體, 炙燃劍矛刺, 임관무부체, 자연검모자,

身肉盡碎裂, 紛墮燒鐵地. 신육진쇄렬, 분타소철지.

과거의 많은 악업 때문에 지옥에 떨어지면 염라옥졸에 의해
피부가 벗겨지고 끓는 구리 쇳물이
그 몸 위에 부어지는 혹형을 겪습니다. 불에 달군 칼과 창에
몸이 갈기갈기 찢기고 달구어진 철판 위에 지져지는 악보에 시달리게
됩니다.

  악업으로 지옥에 떨어지면 염라옥졸이 먼저 피부를 처참하게 벗겨내
고, 끓는 구리 쇳물을 그 몸 위에 부으며, 다시 불에 달군 칼과 창으로
찌르고 갈기갈기 자르고 찢으며 달구어진 철판 위에 지지는 혹형에
시달리게 된다. 이는 모두 무간죄 등 하늘같이 큰 죄가 초래한 것이다.

故心應信解, 恭敬修善法. 고심응신해, 공경수선법

따라서 나는 응당 선법을 믿고 이해하며, 공경[250]하며 닦아갑니다.[251]

---

250 수행할 때에는 마땅히 공경으로 선법을 대해야 한다. 『보적경』에서는 지혜를
    증장시키는 네 가지 근본 원인을 서술함에 있어서 수행자가 불법과 상사를
    공경하는 것을 그 첫 번째로 중시하고 있다. 수행자가 불법과 상사를 공경하면
    비로소 상사·삼보의 가피를 얻을 수 있어 불법을 수행한 공덕이 순조롭게
    생긴다. 인광 대사는 "일 분의 공경이 있으면 곧 일 분의 죄업이 소멸되고

## (2) 자신감[252]

### ①자신감을 갖춘 정진이 중요함

軌以金剛幢, 行善修自信. 궤이금강당, 행선수자신.

首當量己力, 自忖應爲否, 수당량기력, 자촌응위부,

不宜暫莫爲, 爲已勿稍退. 불의잠막위, 위이물초퇴.

『금강당품』 의궤를 배우고 익히며 선을 행하고 자신감을 닦아야 합니다. 먼저 자기의 능력을 잘 알아 스스로 수행을 감당할 수 있을지 결정해야

---

일 분의 복과 지혜가 늘어난다."라고 말씀하셨다. 그러므로 수행자들은 자기 마음의 흐름을 자세히 관찰하여 마음속 깊은 곳에서 상사 삼보에 대한 공경의 마음을 일으켜야 한다.

251 연화생 대사가 말씀하시길 "인과를 꿰뚫어봄이 가루보다 세밀해야 한다."라고 하셨음에도, 말법 시대의 중생들은 종종 인과를 소홀히 한다. 그러나 인과는 자기가 지어 자기가 받는 것이다. 수행인은 모름지기 인과에 대한 결정적 견해를 갖고 말 한마디, 행동 하나, 생각 하나에 있어서도 악업을 멀리하고 숙세의 업장을 참회하며 선법에 대해서 용맹정진해야 한다.

252 수행 중에 마땅히 먼저 선법에 대한 자신감(혹은 '아만'이라 함)을 닦아야 하는데, 이것은 선법을 원만히 하는 데 필요한 굳건한 의지를 말한다. 여기에서 '아만'은 5근본번뇌에서 말하는 아만심이 아니라, 스스로 자신감이 충만한 것을 가리킨다. 곧 스스로 선법을 원만히 완성할 수 있다고 충분히 믿으며, 용맹스런 의지로서 수행 중에 어떠한 어려움에도 꺾이는 바가 되지 않는 상태를 의미한다. 이것은 어떠한 선법을 수행하게 되더라도 반드시 필요한 마음 상태의 하나로, 밀종密宗에서 말하는 '불만佛慢'에 해당한다. 밀종에서 생기차제 • 원만차제를 수행할 때 수행자는 반드시 '나는 본존불'이라는 것을 분명히 기억하여야 한다. 매순간 스스로를 대하길 공덕이 원만한 본존 지혜의 마음 상태인 것처럼 하고, 스스로 자신감과 굳세고 용맹함을 충만케 하는 것이 곧 '불만'인 것이다. 이것은 대승의 현종顯宗에서 실제로 '아만'과 유사한 작용을 한다.

합니다.

인연이 갖추어지지 않았다면 잠시 미뤄야 하며, 일단 시작했다면 포기하지 말아야 합니다.

『화엄경 금강당-제육회향품』에서는 "하늘에 해가 높이 뜨면 산이 높고 낮고 고르지 않아도 주저 없이 널리 일체 만물을 비춘다. 보살이 세간에서 펴는 이타행도 이처럼 중생들의 각종 과실에도 중단되지 않고 교화하고자 하는 중생을 훈습하고 해탈하게 한다."라고 설한다.[253] 우리는 이 경전의 가르침처럼 처음부터 끝까지 선근을 이루는 자신감을 수행하여야 한다. 처음에는 자기를 관찰하여 제 방면에서 수행을 감당할 능력을 갖추었는지 여부를 판단하여, 능력이 있으면 바로 정진을 행한다. 인연이 갖추어지지 않으면 잠시 미룰 수 있으나, 일단 시작했다면 포기하지 말아야 한다.

---

[253] '아만'은 『금강당품』에서 비교적 자세히 설해져 있다. '금강당'은 비로자나부처님 제자의 한 분이시다. 『금강당품』에 "일 천자가 세간에 출현하실 때 홀로 짝할 자가 없으며 행하는 바에 물러나지 않으셨다."라는 구절이 있다. 보살이 세간에 출현함도 또한 이와 같아 굳건하고 용기 있는 마음으로 물러나지 않으며, 단연코 중생을 대신해 모든 고뇌를 받는다는 것이다. 보살은 중생을 이롭게 하는 수행을 할 때 업장이 깊은 중생이 그 은덕을 알지 못하고 오히려 은혜를 원수로 갚으려 해도, 마치 태양이 모든 것을 비추는 것처럼 신심을 잃지 않고 의지와 용맹으로 일체중생의 고통을 떠맡으며, 자신의 모든 선근을 중생에게 회향하여 일체중생을 해탈시키는 것이 자신의 임무라고 여긴다. 우리에게도 만약 이러한 두려움 없는 '아만(자신감)'이 있다면 일체 장애에 굴하지 않고 태양처럼 만물을 비추는 보살도의 그 찬란한 광휘를 잃지 않을 것이다.

370

退則於來生, 串習增罪苦, 퇴즉어래생, 관습증죄고,

他業及彼果, 卑劣復不成. 타업급피과, 비열부불성.

하던 일을 중단하면 내생에서도 중도에 포기하는 습관이 형성되어 죄악과 고통이 증가되며

이전 생의 선업과 그 과보가 아주 보잘 것 없게 되어 어떤 일도 성사시키지 못하게 됩니다.

　하던 일을 중단하면 등류等流의 과보로 내생에서도 서원을 중도에 포기하는 습관에 빠지게 되고, 서원을 위배하였기에 사용士用의 과보를 받아 죄악이 증장되며, 이숙과異熟果를 받아 고통이 계속 증가된다.[254] 포기한 뒤 다시 선업을 지으면 비록 다음 생에 그 과보를 받게 되더라도 아주 보잘 것 없으며, 아무 일도 성사시키지 못하게 된다.[255]

---

254 불교의 오과五果는 원인에 의한 결과를 다섯 가지로 나눈 것이다. 첫째, 증상과增上果는 원인이 조건의 도움으로 생긴 결과이다. 둘째, 사용과士用果는 원인의 강한 세력을 남자의 동작에 비유한 말로, 인간의 행위에 의한 결과를 말한다. 셋째, 등류과等流果는 좋은 원인에서 좋은 결과가 나오고, 나쁜 원인에서 나쁜 결과가 나오는 것처럼 원인과 성질이 같은 결과를 말한다. 넷째, 이숙과異熟果는 원인과 다른 성질로 성숙된 결과로 원인은 좋거나 나쁜데 성숙된 결과는 좋지도 나쁘지도 않는 것을 말하며, 마지막으로 이계과離繫果는 번뇌의 속박에서 벗어난 결과, 곧 열반을 말한다.(출처: 『시공불교사전』, 곽철환)

255 자신감과 의지의 역량이 없으면 수행을 중도에 포기하기가 쉽다. 근수취자린포체는 포기의 후환을 다섯 가지로 설명한다. 첫째, 선행을 중도에 포기하는 악업이 내생에도 계속 이어져 죄업의 힘이 갈수록 커진다. 둘째, 선업 공덕은 감소하고 죄업이 불러일으키는 고통은 증가된다. 셋째, 스스로 악습으로 인해 장애에 부딪치며 점점 타락하며 설령 선업을 수행한다고 해도 아주 작은

## ② 자신감을 갖춘 정진을 실천함

**於善斷惑力, 應生自信心.** 어선단혹력, 응생자신심.

선업, 번뇌 소멸, 수행 능력, 이 세 가지에 대해 자신감이 충만해야
합니다.²⁵⁶

### ㉮ 업의 자신감

**吾應獨自爲, 此是業自信.** 오응독자위, 차시업자신.

나와 남을 위하여 능히 홀로 선법을 닦는 마음 자세가 곧 '업만(업의
자신감)'입니다.²⁵⁷

---

선업일 뿐이다. 넷째, 선행을 버리고 악습에 막혀 자기의 선법 수행의 결과도
아주 보잘 것 없게 된다. 다섯째, 결국에는 어떠한 선법도 원만히 성공시키지
못하게 된다. 이렇듯 불법 전승을 중단하는 죄과는 아주 크며 세세생생에
청정하기가 매우 어려우므로 수행자들은 이것을 명확히 인식하여야 한다.

256 도움이 되는 인연(助緣)으로서의 교만은 업만業慢, 역만力慢, 혹만惑慢의 세
종류로 구분이 된다. '업만'은 자신이 맡고 있는 최승 선업에 대한 자심감이며,
'역만'은 수행 능력에 대한 자신감이며, '혹만'은 스스로 번뇌에 패하지 않는
자심감이다. 부연 설명하면 '업만'은 법을 펴고 중생을 이롭게 하는 선업에
대한 자신감이 충만된 것이다. '역만'은 선법을 수행할 때 자신에 대한 번뇌를
없애고 일체 선법을 성취시킬 수 있다는 자신감이 충만한 것을 말하며, '혹만'은
스스로 번뇌의 상해를 인내할 수 있는 것으로 인욕에 머물며 지혜를 잃지
않는 자심감이다.

257 선법에 대한 굳건한 의지가 있다면 스스로 노력 정진할 수 있다. 대승 보살은
자신이 종사하는 모든 일에 대해 자신감을 갖고, 태양이 허공에 홀로 노니는
것과 같이 그 무엇에도 기대지 않고 모든 역경과 장애에 막힘이 없다. 이러한
일체를 초월하는 굳건하고 수승한 믿음이 업의 자신감, 곧 '업만'이다.

世人隨惑轉, 不能辨自利, 세인수혹전, 불능판자리,

衆生不如我, 故我當盡力. 중생불여아, 고아당진력.

세상 사람들은 모두 무명 번뇌에 억제되어 있어 자리自利조차 이룰 수 없습니다.

중생들은 나와 달리 자주력이 없으므로, 나는 마땅히 전력으로 자타를 이롭게 해야 합니다.

세상 사람들은 모두 무명 번뇌에 속박되어 자주력이 없으며, 이 세상에서 자기의 이익조차 이룰 수 없다. 중생들은 나처럼 자타의 일체 이익을 성취할 능력이 없으므로 나는 응당 노력하여 자타일체를 이롭게 해야 한다.[258]

---

258 윤회 중생은 탐진치의 무진 번뇌에 얽혀 자주적인 향상의 역량이 없으며, 자신에게 이익이 되는 사업조차도 이룰 수가 없다. 윤회의 바다에서 번뇌로 옮겨 다니는 중생은 조금도 자유자재하지 못하고 해탈의 안락을 얻을 방법이 없다는 것을 정확하게 인식하고, 우리는 스스로 보리의 서원을 세워 대승도의 수행으로 나아가야 한다. 『혜해청문경』에서는 "태양은 어떤 도움에도 의지하지 않고 다만 일체 세계를 비출 뿐이다. 설산의 사자 역시 다른 도움을 받지 않아도 그 포효 소리가 산천에 두루 퍼지며, 뱀은 고요한 곳에 안주해 어떤 존재에도 의지하지 않고 다만 그 스스로 자급자족하여 생활한다. 이와 마찬가지로 보살은 바깥 경계의 도움에 의지하지 않고 자력에 의지해 자주적으로 선법을 수행하고 중생을 제도한다."라고 말씀하셨다. 수행인은 반드시 이러한 내재된 신심에 의지해야 한다. 만약 이러한 내재적인 자각하는 능력이 없다면 부처님 곁에 있다고 해도 성인의 도에 들어갈 수 없다. 부처님께서도 "나는 너를 위해 해탈의 방편을 설하였으니, 해탈은 자신을 의뢰해야 함을 마땅히 알아야 한다."라고 말씀하셨다.

他尚勤俗務, 我怎悠閑住? 타상근속무, 아즘유한주?

亦莫因慢修, 無慢最爲宜. 역막인만수, 무만최위의.

세속인도 세간 일에 부지런히 힘을 쓰는데, 내가 어떻게 한가롭게
세월을 보낼 수 있겠습니까?
또한 오만한 마음으로 선법을 수행하지 않아야 하나니, 어떠한 오만
번뇌도 끼어들지 않는 것이 가장 좋습니다.


세속인도 세간 일에 하찮은 일은 피하고 중요한 일을 정하여 부지런
히 힘을 쓰는데, 보리심을 발한 내가 어떻게 수행 정진을 안 하고
한가롭게 세월을 보낼 수가 있겠는가? 그러나 오만함이 있다면 선법
수행을 오염시킬 수 있기 때문에 수행할 때에는 조그마한 오만 번뇌도
끼어들지 않게 하는 것이 가장 좋다.[259]

---

259 세간의 사람들은 눈앞의 작은 이익을 위해 밤낮으로 부지런히 일하는데,
자타 일체중생의 구경성불이라는 큰 이익을 구하려고 하는 우리가 어찌 수행
정진하지 않고 방일하게 지낼 수 있겠는가? 보살행을 닦는 과정에서 우리는
일체의 자신감으로 자리이타의 선업을 이어가야 한다. 다만 여기에서 주의하여
야 할 것은 이러한 자신감과 의지력이 오만 번뇌로 바뀌지 않도록 하는 것이다.
앞에서 우리는 자신감을 '아만'이라고 일컬었는데 그것은 '지혜만'을 의미하는
것으로서 '번뇌만'과는 본질적으로 구별되는 것이다. 자신이 모든 것을 능히
맡을 수 있다는 굳은 믿음은 선법을 성취하는 데에 필요한 내재된 용맹으로
지혜에 포섭되는 법이다. 그러나 오만은 무명 번뇌의 일종으로 무지에 의해
생기는 것이며, 스스로 옳다고 여기고 스스로를 높고 크게 여기는 전도된
탐착이다. 그것은 자아에 탐착하는 것일 뿐, 스스로 일체 선법의 수승한 믿음의
지혜를 능히 이룰 수 있다고 굳게 믿는 것이 아니므로 이 둘은 마땅히 구분되어
야 한다.

㉮능력의 자신감

㉠마땅히 자신감에 의지해야 함

烏鴉遇死蛇, 勇行如大鵬, 오아우사사, 용행여대붕,

信心若怯懦, 反遭小過損. 신심약겁유, 반조소과손.

까마귀는 죽은 뱀을 만나도 대붕처럼 용맹하게 공격을 합니다.
번뇌에 대항하는 신심의 역량이 너무 약하면 경미한 번뇌에도 엄중한
해를 입습니다.


　여기에서는 비유를 들어 수행에 필요한 군건한 역만을 설명하고
있다. 까마귀는 본디 그리 대담하지 못한 새라서, 평소에는 독사를
만나면 겁을 내어 감히 접근조차 못한다. 그러나 죽은 뱀을 만나면
마치 대붕이 용을 만난 듯 용맹하게 다가가 공격을 한다. 번뇌에
대항하는 신심의 역량이 너무 약하면, 죽은 뱀을 만난 까마귀처럼
번뇌가 맹렬하게 우리를 공격할 때 너무나도 연약하고 무력한 것이
죽은 뱀과 같아 수행자는 경미한 번뇌에도 스스로 해를 입는다.


怯愉捨精進, 豈能除福貧? 겁유사정진, 기능제복빈?

自信復力行, 障大也無礙. 자신부력행, 장대야무애.

겁약하고 무력하여 정진을 포기한다면 어찌 능히 복덕의 궁핍함을
없앨 수 있겠습니까?
군건한 자신심을 일으키고 힘써 행하면 장애 인연이 아무리 크더라도
나의 신심을 파괴하지 못합니다.

번뇌를 끊어야 한다는 생각에 미쳐서 바로 나약하고 주눅 들어 정진을 포기한다면 어찌 복덕의 빈궁함을 없앨 수 있겠는가? 견고하고 강한 자신감을 일으키고 열심히 수행한다면 끊어야 할 번뇌가 아무리 크더라도 장애의 인연이 다시 우리를 막지 못한다.

故心應堅定, 奮滅諸罪墮, 고심응견정, 분멸제죄타,

我若負罪墮, 何能超三界? 아약부죄타, 하능초삼계?

따라서 마음을 굳건히 하여 모든 죄악을 이겨내야 합니다.

다시 죄악에 패하면 어찌 삼계를 초월하는 것이 가능하겠습니까?

따라서 신심을 굳건히 하고 용기를 내어 모든 죄악을 스스로 끊어야 한다. 다시 죄악에 패배하고도 삼계를 초월하려고 한다면 그것이야말로 웃음거리가 아니겠는가?[260]

ⓛ 자신감으로 번뇌에 대치함

吾當勝一切, 不使惑勝我, 오당승일체, 불사혹승아,

吾乃佛獅子, 應持此自信. 오내불사자, 응지차자신.

나는 마땅히 일체 번뇌를 이겨야 하며 어떠한 번뇌에도 굴복해서는

---

260 스스로 마음속에 일체 번뇌의 죄장을 반드시 이길 수 있다는 용맹한 자신감이 있으면 수행 정진에 물러남이 없고 일체 번뇌 죄장을 빠르게 이겨낼 수 있게 된다. 입으로는 항상 '번뇌무진서원단, 불도무상서원성'을 발원하면서 실제 행동에서는 자신감이 결핍되어 아주 작은 번뇌 죄악에도 좌절하고 만다면, 이러한 수행으로 삼계를 벗어나고자 함은 비웃음거리에 불과하지 않겠는가?

안 됩니다.

나는 삼계의 사자 왕이신 부처님의 아들로, 마땅히 일체 번뇌를 항복시키는 자신감을 견지해야만 합니다.

우리는 마땅히 "나는 사자 왕 불타의 아들인 보살로서, 일체 번뇌를 조복 받아 어떠한 번뇌도 절대 나를 점령하지 못하게 하겠다."라는 오만을 견고하게 지켜야 한다.[261]

ⓒ 번뇌에 물든 오만한 자신감은 끊어야 함

以慢而墮落, 此惑非勝慢, 이만이타락, 차혹비승만,
勝慢不隨惑, 此慢制惑慢. 승만불수혹, 차만제혹만.

타락을 초래하는 자만심은 번뇌일 뿐 '승만勝慢'이 아닙니다.
승만은 번뇌에 속하지 않으며, 오만한 번뇌를 항복시키는 자신감입니다.

중생은 빈번히 스스로 공덕이 있다고 오만하여 자기를 해친다. 이러한 아만은 타락을 초래하는 오염된 것이나, '승만(勝慢: 수승한

---

261 보리심을 발하여 대승 법문에 들어선 수행자들은 부처님의 아들이 되었다. 수행자들은 부친이신 부처님께서는 모든 번뇌의 마군을 이겨내신 영웅이며, 삼계를 위엄으로 진동시킨 대금강왕임을 잘 알아야 한다. 또한 이렇게 견줄 데 없이 존엄한 세존의 아들로서 우리들도 반드시 세존처럼 모든 번뇌를 항복시킬 수 있다고 믿어야 한다. 스스로 이 점에 대해 자신감과 자부심을 갖고 자신이 삼계에서 가장 존귀하고 위엄 있는 가족의 성원임을 항상 기억하면, 이와 같은 역만으로 모든 번뇌 죄악을 대처하고 소멸시킬 수 있을 것이다.

자신감)'은 번뇌에 전도되지 않고 오만 번뇌의 자만심을 항복시킨다.[262]

因慢生傲者, 將赴惡趣道, 인만생오자, 장부악취도,
人間歡宴失, 爲仆食人殘, 인간환연실, 위부식인잔,
蠢醜體虛弱, 輕蔑處處逢. 준추체허약, 경멸처처봉.

오만 번뇌에 의해 교만심을 낸 자는 죄를 지어 악취에 떨어지게 되며
설령 사람 몸을 얻어도 여러 가지 즐거움을 잃고 남의 밥을 얻어먹는
하인이 되거나
바보, 추한 사람, 겁쟁이로 태어나 어디를 가든지 사람들의 멸시를
받게 됩니다.

번뇌에 물든 오만함으로 자만심의 죄업을 지으면 악취에 떨어지게
된다. 설령 나중에 사람 몸을 얻어도 삶에 즐거움이 없으며, 남의
밥을 얻어먹는 하인이 되고, 바보스럽고 추한 모습을 갖게 되며, 허약한
겁쟁이가 되어 어디를 가도 모든 사람들의 멸시를 받는다.

---

262 중생의 선근을 무너뜨리는 '오만傲慢' 번뇌는 다른 사람을 멸시하고 자신이
타인을 이길 수 있다고 여기는 것으로, '아'와 '아소'에 집착하는 사견인 살가야견
을 근원으로 한다. 그것은 자기 자신을 대단한 존재로 여기게 함으로써 선법
수행에 장애가 된다. 그러나 여기에서 말하는 '역만'은 번뇌에 속하는 이러한
자만심이 아니다. 그것은 번뇌를 이기는 '승만勝慢'으로, 스스로 지혜를 발하는
역량을 뜻한다. 수행인이 이러한 수승한 아만을 발하면 최종적으로 오만을
포함한 모든 번뇌를 제거할 수 있다. 따라서 우리는 오만 번뇌와 수승한
아만을 정확하게 구별하고 여법하게 취사하여 자신의 수행이 그른 길로 들어가
지 않게 해야 한다.

傲慢苦行者, 倘入自信數. 오만고행자, 당입자신수,

堪憐寧過此? 감령녕과차?

오만 번뇌를 가지고 여러 고통을 겪고 있는 사람이 그러한 오만함을
자신감으로 삼게 된다면

그보다 더 불쌍한 사람이 또 있겠습니까?


오만 번뇌에 물들면 수행 중에 여러 가지의 장애의 고통을 피할
수 없게 된다. 이러한 고통을 감내하는 것은 아무런 의의를 지니지
못한다. 누군가 이를 정확히 분별하지 못하고 악취의 불구덩이 속으로
뛰어 들어가면서 다른 한편에선 스스로 해탈 피안에 접근했다고 여긴
다면, 이런 사람은 세상에서 가장 불쌍하고 가련하게 여겨야 할 존재
이다.


㉣ 수승한 자신감의 공덕을 찬탄함

爲勝我慢故, 堅持自信心, 위승아만고, 견지자신심,

此乃勝利者, 英豪自信士. 차내승리자, 영호자신사.

若復眞實滅, 暗延我慢敵, 약부진실멸, 암연아만적,

定能成佛果, 圓滿衆生願. 정능성불과, 원만중생원.

마음의 오만 번뇌를 조복하기 위해서는 자신감을 견지해야만 합니다.
이것이 진정한 승리자요, 영웅입니다.

진실로 의식 깊은 곳에 서식하는 오만 번뇌를 뿌리 뽑을 수 있다면,
반드시 무상불과를 성취하여 일체중생의 소원을 원만하게 이룰 수
있습니다.

마음의 오만한 번뇌를 조복시키고 일체의 번뇌를 소멸시킬 수 있는 자신감을 굳게 지녀야 진정으로 자신감을 지닌 용사이며 승리의 영웅이다. 이런 사람만이 의식 깊은 곳의 오만 번뇌라는 원수를 뿌리뽑을 수 있으며, 능히 일시적인 세간 이익과 영원한 구경의 불과를 원만하게 성취할 수 있다.

㉣번뇌에 미혹당하지 않는 자신감을 수지함

設處衆煩惱, 千般須忍耐, 설처중번뇌, 천반수인내,
如獅處狐群, 不遭煩惱害. 여사처호군, 부조번뇌해.

번뇌에 빠지게 되면 여러 가지 방법으로 인내하여 대처해야 하며, 사자가 여우들에게 둘러싸인 것처럼 평정심으로 집중하여 번뇌의 해를 받지 말아야 합니다.

만약 탐·진 등의 번뇌에 빠지게 되면 여러 가지 방법으로 대처하고 인내하여야 하니, 마치 사자가 여우들에게 둘러싸인 것처럼 평정심을 갖고 번뇌의 영향을 받지 말아야 한다.[263]

人逢大危難, 先護其眼目, 인봉대위난, 선호기안목,
如是雖臨危, 護心不隨惑. 여시수림위, 호심불수혹.

위급한 상황을 만났을 때 사람들이 먼저 자신의 눈을 보호하듯이,

---

263 진정으로 자신감과 의지력을 구족한 수행인에게는 가장 크고 가장 독한 번뇌 장애도 수행의 방해가 되지 못한다. 이것은 비유하자면 여우 무리 속에 있는 사자가 여우에게 어떠한 장애나 방해를 받지 않는 것과 같은 것이다.

번뇌를 일으키는 위기를 만났을 때 마음을 바르게 지켜서 번뇌에
지배되지 않아야 합니다.

일상에서 위험한 일을 만났을 때 사람들은 습관적으로 두 눈을
가린다. 눈 주위가 손상 받지 않게 하려는 것이다. 수행인에게 가장
소중하면서도 가장 쉽게 상처를 받는 곳은 자신의 마음이다. 바깥
경계의 장애 인연을 만났을 때는 먼저 마음을 지속적으로 보호해야
하며, 번뇌에 의해 지배되어서는 안 된다.[264]

吾寧被燒殺, 甚或斷頭顱, 오녕피소살, 심혹단두로,
然終不稍讓, 屈就煩惱賊. 연종불초양, 굴취번뇌적.
一切時與處, 不行無義事. 일체시여처, 불행무의사.

차라리 불에 태워지고 머리가 부수어지는 고통을 겪을지라도
나는 번뇌라는 적에게 결코 굴하지 않으리.
어떤 상황에서든 정법의 이치에 맞지 않는 일은 결단코 하지 않으리.

## (3) 기쁨(歡喜)
### ① 선업을 행하는 기쁨
如童逐戲樂, 所爲衆善業, 여동축희락, 소위중선업,
心應極耽著, 樂彼無厭足. 심응극탐저, 낙피무염족.

---

264 『금강정경』에서는 "먼저 자기의 마음을 관하고, 뒤이어 바로 보리심을 행한다."
라는 말씀이 있다. 이렇듯 마음은 만법의 근본이다. 만약 마음을 보호할 수
없다면 어떠한 선법의 원만함도 보장할 수 없다.

어린아이가 한 마음으로 오락을 즐기는 것처럼 수행하는 여러 선법에 즐거운 마음으로 임하고 애착하며, 싫증냄 없이 기뻐해야 합니다.

놀이를 즐거워하는 어린아이들이 하루 종일 뛰어놀아도 피곤을 거의 느끼지 못하고 마음속에 놀이에 대한 즐거움으로 가득 차 있듯이, 자리이타를 이루려는 수행인이 선업을 행하는 것 역시 이렇게 강렬한 환희심이 구족되어야 한다.[265]

### ②선업을 행하는 것은 안락을 얻게 해줌

世人勤求樂, 成否猶未定, 세인근구락, 성부유미정,

二利能得樂, 不行樂何有? 이리능득락, 불행락하유?

세상 사람들이 부지런히 안락을 구해도 반드시 즐거움을 얻는 것은 아닙니다.

자리이타의 일은 반드시 안락을 가져다주지만, 행하지 않는데 어찌 안락이 있을 수 있겠습니까?

세상 사람들은 모두 안락을 좇으나 진정한 안락을 얻지 못한다. 그러나 수행인이 자리이타를 성취하기 위해 분투하는 것은 이와 다르

---

265 선법을 수행하는 대승 수행인은 자신이 광대한 중생을 이롭게 하는 부모임을 기억해야 한다. 시시각각 자신의 수행이 수많은 친인척을 이롭게 할 수 있다고 생각한다면, 어떠한 수행이든 기쁘고 즐거울 뿐, 피곤할 때가 없을 것이다. 상사 여의보께서는 "중생을 이롭게 하는 대승 수행인은 선법의 중대한 의의를 이해하고, 밥을 먹는 것처럼 매일 그치지 않고 정성을 기울여 부지런히 노력해 쉬지 않는다."라고 말씀하셨다.

다. 불법의 가르침을 받들어 행하고 악업을 끊고 자리이타의 선행을 실천한다면 반드시 안락을 얻고 소원성취를 이룰 수 있다. 하지만 이러한 이치를 알고도 실제 행동으로 옮기지 않는다면 어찌 안락을 얻을 수 있겠는가?

### ③선행이 주는 안락을 이해해야 함

如嗜刃上蜜, 貪欲無厭足, 여기인상밀, 탐욕무염족,
感樂寂滅果, 求彼何需足? 감락적멸과, 구피하수족?

칼날 위의 꿀을 핥는 것 같은 세상 사람들의 탐욕은 만족을 모릅니다. 선업을 지으면 적정 열반의 과보를 얻을 수 있는데 이를 구함에 어찌 작은 만족에만 머물러서야 되겠습니까?

칼날 위의 꿀을 핥는 것처럼, 이익은 미미하고 과환은 무거운 일체 오욕의 즐거움을 구하는 세상 사람들은 탐욕이 끝이 없다. 그러나 수행인은 자리이타 선업을 행함으로써 인천의 안락과 구경의 성불이라는 큰 안락을 얻을 수 있다. 이렇게 비할 데 없는 선법을 어찌 싫어하거나 조금 이루었다고 만족할 수 있겠는가?[266]

---

266 칼 위에 묻은 꿀을 핥는다면, 꿀맛을 맛보기도 전에 혀가 칼날에 잘릴 것이다. 세상 사람들은 유루의 안락을 얻기 위해 다생 겁 동안 목숨 걸고 분투하고 엄중한 대가를 치르면서도 오히려 조금도 만족하는 마음이 없다. 그러나 해탈 안락은 생멸이 없는 영원의 대안락이다. 지혜 있는 자는 이러한 대안락을 위해 선법의 도에 용맹한 정진을 일으켜야 하며, 줄곧 앞으로 나아가 영원히 만족해서는 안 된다.

#### ④마땅히 환희심으로 정진해야 함

爲成所求善, 歡喜而趣行, 위성소구선, 환희이취행,

猶如日中象, 遇池疾奔入. 유여일중상, 우지질분입.

선법을 원만히 성취하기 위해서는 환희의 마음으로 자리이타의 선행에 용맹하게 뛰어들어야 합니다.

마치 태양의 혹열을 감당하기 힘든 코끼리가 시원한 연못을 보고 기쁘게 뛰어드는 것처럼 해야 합니다.

#### (4) 버림(放捨)

#### ①힘이 없을 때에는 잠시 쉬어야 함

身心俱疲時, 暫捨爲久繼. 신심구피시, 잠사위구계.

체력이 떨어져 신심이 피로할 때는 잠시 수행을 쉬어야 합니다.

체력이 쇠퇴하고 몸과 마음이 모두 피로하며 선업을 수행할 능력을 갖추지 못할 때는 꾸준함을 유지하기 위해서 잠시 수행을 놓고 쉬어야 한다.

#### ②이미 완성된 일은 모두 잊고 앞으로 할 일에 집중해야 함

事成應盡捨, 續行餘善故. 사성응진사, 속행여선고.

일이 완성되면 바로 내려놓고 다른 선법을 계속 닦아야 한다.

수승한 일을 이루려고 생각하는 사람은, 하던 일이 원만하게 완성되면 조금의 미련도 두지 말고 그 일을 내려놓고 다른 선법을 닦아야

384

한다.


## 2) 조연助緣에 의지하여 정진을 닦음(실행력)[267]

### (1) 정진을 닦는 방법

#### ①방일하지 않음

沙場老兵將, 遇故避鋒向, 사장로병장, 우고피봉향,

如是回惑刃, 巧縛煩惱敵. 여시회혹인, 교박번뇌적.

전쟁터의 노전사가 적의 칼날을 잘 피해 가듯이

교묘하게 번뇌의 칼끝을 피해 가며 번뇌를 잡고 소멸시켜야 합니다.


전쟁터의 경험이 많은 백전 노전사가 적의 칼날을 잘 피하듯이,
수행인은 번뇌의 칼끝을 피해 나가며 교묘하게 번뇌를 잡아매고,
또다시 위해할 방법이 없게 해야 한다.


#### ②정념을 수지함

戰陣失利劍, 懼殺疾拾取, 전진실리검, 구살질습취,

如是若失念, 畏獄速提起. 여시약실념, 외옥속제기.

전쟁터에서 칼을 떨어뜨리면 두려움에 즉시 칼을 집어 들듯이

---

267 정진을 증상시키는 네 가지 조연에 대한 설명은 마친 후 정진을 증상시키는
두 가지 힘인 실행력과 억제력에 대해 논한다. 실행력은 실제 수행 중에
근신하여 방일하지 않고 정진을 증상시키는 역량이다. 억제력은 스스로 몸과
마음을 억제시켜 바른 도를 따를 수 있도록 하여 몸과 마음을 분발시켜 수행하게
하는 역량이다.

정념을 잃어버리면 지옥의 두려움을 기억하며 신속히 챙겨야 합니다.

전쟁터에서 날카로운 칼을 떨어뜨리면 두려움에 재빨리 칼을 집어들듯이, 번뇌에 대항하는 정념의 무기를 잃어버려 대치하지 못하면 지옥의 두려움을 기억하며 신속히 정념을 챙겨야 한다.

## (2) 죄업을 끊어내는 방법
### ① 번뇌가 일어나는 것을 허용하지 않음

循血急流動, 箭毒速遍身, 순혈급류동, 전독속편신,
如是惑得便, 罪惡盡覆心. 여시혹득편, 죄악진복심.

독화살의 독이 피를 따라 온몸에 아주 빠르게 퍼지는 것과 같이 기회를 만나면 번뇌의 죄악도 순식간에 마음을 덮어버리게 됩니다.

독화살의 독이 피를 따라 온몸으로 아주 빠르게 퍼지는 것과 같이, 아주 작은 번뇌의 과실이라도 기회를 만나면 마음속 죄악에 의지하여 재빨리 자신의 마음을 덮어버리게 된다.[268]

---

268 갈참제 대사는 "독화살에 맞아 하나의 털구멍에서 피가 나오더라도 그 독은 온몸으로 퍼져나갈 수 있다. 바른 지혜를 잃게 되었을 때 번뇌는 아주 작은 틈을 노려 마음에 죄악이 신속히 번지게 한다. 그러므로 아주 작은 번뇌도 잘 막아야만 한다."라고 말씀하셨다. 그러므로 번뇌가 처음 생겼을 때 즉시 그 뿌리까지 잘라야 한다. 그렇지 않고 독소가 뻗은 뒤에 치료하려면 이미 늦은 것이다. 우리는 평상시 가르침을 반복하여 번뇌의 면목과 위해성을 정확히 이해하고, 번뇌가 처음 일어날 때 용맹스럽게 지혜의 검을 이용하여 죄업의 근원을 잘라내야 한다.

如人劍逼身, 行持滿鉢油, 여인검핍신, 행지만발유,
懼溢慮遭殺, 護戒當如是. 구일려조살, 호계당여시.

기름이 가득 담긴 그릇을 옮기는 사람이 '흘리면 죽일 것'이라는
병사의 협박을 두려워하듯, 수행자는 이와 같이 집중하여 수행하여야
합니다.

　겨자기름이 가득 담긴 그릇을 옮길 때 칼 든 병사가 앞에 서서
흘리면 바로 죽인다고 협박하고 있다면 두려움에 온갖 정신을 집중하
듯이, 계율을 받은 수행자는 이와 같이 온전히 집중하여 계율을 보호하
여야 한다.[269]

---

[269] 부처님이 출세하였을 당시 인도에 맹광이라는 국왕이 있었다. 어느 날 그는
가전연 존자를 포함해 오백 명의 비구를 왕궁에 초청하여 공양을 올리면서
아주 화려한 연회를 열었다. 공양을 마친 뒤에 국왕이 가전연 존자께 물었다.
"오늘 공양하실 때 가무 묘미가 어떠셨는지요?"
존자가 대답했다.
"저는 아무 소리도 듣지 못했고, 또한 아무것도 보지 못했습니다."
국왕은 그 말이 미쁘지 않았고, 또한 사실이 아닐 것이라고 여겼다. 존자는
국왕이 의심하는 것을 알아차리고 국왕에게 이렇게 말했다.
"국왕이시여! 저는 윤회의 고통에 떨어지는 것을 아주 두려워하여 시시각각
육근을 바른 한 생각에 집중하여 조금도 방일하거나 산란하지 않습니다."
국왕이 여전히 믿지를 않자, 존자가 국왕에게 요청을 하여 감옥에서 사형수
한 명을 끌어내어 기름이 가득 담긴 그릇을 손에 들고 궁을 천천히 돌도록
했다. 만약 한 방울의 기름이라도 쏟게 되면 바로 죽일 것이라고 말한 뒤,
동시에 아주 많은 가무를 준비하게 했다. 손에 날카로운 검을 든 무사가
수갑을 풀어주자 기름 그릇을 들은 죄수는 조심스럽게 천천히 궁을 한 바퀴
돌았는데, 단 한 방울의 기름도 흘리지 않았다.

## ②번뇌가 일어나면 바로 알아차려 끊어버림

復如蛇入懷, 疾起速抖落, 부여사입회, 질기속두락,

如是眠懈至, 警醒速消除. 여시면해지, 경성속소제.

독사가 품에 들어오면 즉시 일어나 털어버리는 것처럼

졸음과 게으름이 들어오면 즉시 깨어나 없애야 합니다.


작은 과환으로도 큰 위험에 빠질 손해가 발생하게 된다. 그러므로
독사가 품에 들어올 때 즉시 일어나 털어버리는 것처럼 졸음과 게으름
이 오면 바로 깨어나 그것을 떨쳐내야 한다.


每逢誤犯過, 皆當深自責, 매봉오범과, 개당심자책,

屢思吾今後, 終不犯此過. 누사오금후, 종불범차과.

허물을 범하게 될 경우 자신을 비판하여 거듭 일깨워야 하며

---

국왕이 그에게 물었다.

"궁을 돌면서 본 가무가 어떠했느냐?"

죄수가 대답했다.

"국왕이시여! 저는 아무런 가무도 전혀 느끼지 못했습니다. 왜냐하면 기름을
쏟아 죽게 될 것이 두려워 모든 마음과 뜻을 기름 그릇에 집중했기 때문입니다."
이때야 비로소 국왕은 존자의 말을 믿게 되었다. 이어 가전연 존자가 또
말씀하셨다.

"이 죄수가 걸을 때 기름을 흘렸다면 이번 생에서의 목숨을 잃었을 것입니다.
우리가 출가하여 계를 지키는 과정에서 정지정념을 잃어 계율을 파하게 되면
세세생생 이와 같이 생명을 잃어 고통을 받을 것입니다. 죄수는 현생에서의
생명을 위해 이와 같이 조심하여 감히 방일하지 않았던 것입니다. 다생 겁의
생명을 위해서 제가 어찌 그렇게 못하겠습니까?"

388

이후에는 이러한 잘못을 범하지 않겠다고 다짐해야 합니다.

비록 이같이 노력해도 많은 작은 과환이 출현하고 매번 허물을 범하게 된다면, 자신을 비판하여 거듭 일깨우고 힘을 다하여 이러한 잘못을 앞으로는 범하지 않겠다고 다짐해야 한다.

### (3) 정진하는 인연으로 스승을 만나 성불하게 됨

故於一切時, 精勤修正念, 고어일체시, 정근수정념,
依此求明師, 圓成正道業. 의차구명사, 원성정도업.

어느 때를 막론하고 정념을 수지하고 정진하여야 하며
이러한 마음가짐으로 선지식에게 배움을 구하여 보리정도의 수행을
완성해야 합니다.

어느 때를 막론하고 정념正念을 수지 정근하여 허물을 막아야 하며, 죄업이 생기면 바로 막아 끊고 모든 시간을 정근 수습해야 한다. 또한 이러한 정념의 마음가짐 인연에 의지하여 선지식을 만나고 보리 정도菩提正道의 대업을 완성한다. 중생은 무시의 윤회 속에서 줄곧 산란한 습관이 있으므로, 방일하지 않고 정지정념을 보호해 지키고자 할 때는 반드시 선지식의 지도와 가피에 의지해야 한다.

### 3) 자기 자신을 스스로 주재함(억제력)

爲令堪衆善, 應於行事前, 위령감중선, 응어행사전,
憶敎不放逸, 振奮歡喜行. 억교불방일, 진분환희행.

如絮極輕盈, 隨風任來去, 여서극경영, 수풍임래거,
心身若振奮, 衆善皆易成. 심신약진분, 중선개역성.

여러 가지 선행을 잘 실행하기 위헤서는 실행하기 전에 마땅히
가르침을 기억하고 방일하지 않으며 진심으로 분발하여 기쁜 마음으
로 행동해야 합니다.
솜털이 바람 부는 대로 가볍게 이리저리 자유로이 춤추듯이
심신을 용맹하게 떨칠 수 있다면 모든 선법을 쉽게 성취할 수 있을
것입니다.

　어떤 선행을 할 때는 먼저 선법 수행 정진의 능력을 갖추고, 방일하지
않음에 관한 가르침을 억념하며, 스스로 정신을 진작하면서 즐거운
마음으로 실행해야 한다. 버들가지의 솜털이 바람 부는 대로 가볍게
날리듯이 선법을 좋아하는 마음은 몸과 언어를 유유자적하며 경쾌하게
움직이게 작용하면 일체 선법을 쉽게 성취할 수 있을 것이다.

　　　　　　　　　　　　　　- 제7품의 석釋을 마침.

# X. 제8품 선정禪定

## 1. 선정을 힘써 닦기를 권함

發起精進已, 意當住禪定. 발기정진이, 의당주선정.
정진을 일으킨 후에는 마땅히 선정에 머물러야 합니다.

　이같이 배우고 연구하는 과정을 통하여 정진을 일으킨 후, 마음을
마땅히 한 가지 인연에 몰입하여 집중된 상태로 선정에 머물러야
한다. 『학집론』에서는 "널리 듣고 사유하여 법을 받아들인 후에는
마땅히 고요한 곳에 안주하여야 한다."라고 말한다.

## 2. 선정의 장애를 끊음

心意渙散者, 危陷惑牙間. 심의환산자, 위함혹아간.
身心若寂靜, 散亂卽不生, 신심약적정, 산란즉불생,
故應捨世間, 盡棄諸俗慮. 고응사세간, 진기제속려.

마음이 산란한 사람은 날카로운 이빨을 가진 야수들 사이에 사는 것처럼 번뇌의 위험을 많이 겪게 됩니다.
몸과 마음이 고요함을 얻을 때 산란함이 생기지 않게 되니 마땅히 세간을 멀리하고 속세의 망상을 던져버려야 합니다.

마음이 산란하여 밖으로 자꾸 흩어지는 사람은, 마치 번뇌라는 큰 야수의 날카로운 이빨 속에서 머무는 것처럼 번뇌의 해를 빠르게 입게 된다. 몸과 마음이 소란한 속세와 욕망을 멀리하여 고요함을 얻을 때 산란함이 생기지 않게 되니, 응당 세간의 소란스러움을 버려 멀리하고 몸을 안정되게 하며 더 나가 모든 속세의 욕망 등 망념을 던져버려야 한다.

마음이 풀어져 종종 외부 환경에 의해 흐트러지고 혹은 혼침에 빠져 있다면 본성에 집중할 수 없다. 또한 번뇌 습기가 기회를 틈타 침입하여 종종 그 사람의 선근善根을 어지럽히고 해친다. 윤회에 따르는 세간의 탐욕과 성냄의 분별망념을 끊어버리지 못하면 마음이 선정에 안주할 수 없다.

## 1) 속세를 떠나 적정처에 안주함
### (1) 속세를 떠나지 않음으로 인해 겪는 과환을 경계함
#### ①속세를 끊으려는 마음을 일으킴

貪親愛利等, 則難捨世間, 탐친애리등, 즉난사세간,
故當盡棄彼, 隨智修觀行. 고당진기피, 수지수관행.
有止諸勝觀, 能滅諸煩惱, 유지제승관, 능멸제번뇌,

知已先求止, 止由離貪成, 지이선구지, 지유리탐성,

친족에 연연해하고 재물 같은 세속 일을 애착한다면 세간을 버리기가
아주 힘드니,

마땅히 모든 탐욕을 버리고 지혜로운 자가 말한 원칙에 따라 사유하고
수행해야 합니다.

완벽한 사마타(Samatha)를 갖춘 위파사나(Vipassana)는 번뇌의 씨앗을
소멸시킬 수 있으니

이를 알고 우선 적지[270]를 얻고자 노력해야 하는데, 적지를 수행하려면
먼저 마음이 세간의 집착을 멀리해야 합니다.

보통 사람들은 친구와 가족의 인정에 탐착하고 재물·일 등을 애착하
여 세속을 버리기가 매우 힘들다. 그러나 번뇌를 진정으로 끊기 원하는
지자智者는 애욕을 탐하는 것을 버리고 지관止觀을 수행해야 한다.
『대승장엄경론』에서 "진실에 의지해 안주하고 법성이 마음에 머무르
며 정법을 결택하는 연고로 곧 이것이 지止와 관觀이다."라고 하였다.
   완벽한 지止(Samatha, 사마타)를 갖춘 관觀(Vipassana, 위빠사나)으로
번뇌의 씨앗을 소멸시킬 수 있다. 세간의 집착을 멀리하고 하나의
인연으로 마음의 법성에 안주하는 적지寂止를 구족하며, 이것으로
인하여 생기거나 혹은 그와 더불어 쌍운하여 법성을 증득하는 수승한
관행觀行으로써 능히 번뇌를 조복할 수 있게 된다. 이렇듯 번뇌의
씨앗을 끊어 없애려면 깊은 승관의 지혜에 의지해야만 하는데, 승관

---

270 '적지寂止'는 마음이 고요히 하나의 대상에 머무른 상태를 말한다.

394

지혜는 오직 선정 혹은 적지의 기초 위에서만 생겨날 수 있는 것이다.

비교적 깊은 차원에서 말하면 지관은 동일한 본체의 서로 다른 두 개의 반체反體이나, 일시적인 수행 순서의 입장에서 말하면 수행인 은 반드시 우선 적지를 얻어야 비로소 번뇌를 철저히 끊어 버리는 승관을 능히 일으킬 수 있다.

**②세속에 대한 탐착을 끊어내는 방법**
㉮친족과 친구에 대한 탐착을 끊음
㉠탐착의 과환
**自身本無常, 猶貪無常人**, 자신본무상, 유탐무상인,
**縱曆百千生, 不見所愛人**. 종력백천생, 불견소애인.
몸이란 본래 무상한 것인데, 무상한 친족과 친구를 탐애한다면 설령 백 번 천 번 다시 태어난다 해도 사랑했던 사람을 다시 만날 수가 없습니다.

몸은 본래 무상하고 쉽게 망가지는 법이다. 아직도 무상한 친족과 친구를 탐애하여 죄업을 짓는다면 악취에 떨어지게 되며, 설령 악취에서 백 번 천 번 다시 태어난다 해도 자신이 탐애하던 사람을 다시 만날 기회가 없다.[271]

---

271 친족이나 친구에게 얼마나 깊고 두터운 탐애를 가졌는지에 상관없이, 각자의 업력이 같을 수는 없다. 현생에서 어떤 업연으로 잠시 함께 지낸 뒤 후세에는 각자 흩어져 다시 만나기가 아주 어렵고, 설령 같이 태어난다 하더라도 그가 내 친구가 될지 원수가 될지 예측하기 어렵다. 그러므로 수행자는 친족과

未遇則不喜, 不能入等至, 미우즉불희, 불능입등지,

縱見不知足, 如昔因愛苦. 종견부지족, 여석인애고.

사랑하는 사람을 가까이할 수 없다면 마음이 답답하고 즐겁지 않아 삼매에 들어갈 수 없으며,

비록 만나더라도 애착으로 인하여 여전히 만족을 얻을 수 없어 고통스러울 것입니다.

친척과 친구에 대한 탐애를 갖고 있는 사람은 마음이 평온을 얻을 방법이 없다. 탐애하는 사람을 가까이 대하지 못하면 마음이 이로 인해 답답하고 고통스러울 것이다. 사랑하는 사람과 만날 수 있다 하더라도 탐애는 결코 멈춰지지 않는다. 세간의 모든 탐욕과 누림은 영원히 만족하지 못하는 본성을 갖고 있어서 욕망을 누리면 누릴수록 탐욕의 마음 역시 더욱 늘어나기만 한다.[272]

若貪諸有情, 則障實性慧, 약탐제유정, 즉장실성혜,

亦毀厭離心, 終遭愁歎苦. 역훼염리심, 종조수탄고.

若心專念彼, 此生將虛度. 약심전념피, 차생장허도.

친구에 대한 탐착을 끊어 버려야 하는데, 여기에서 '버린다'는 것은 탐애 번뇌에 대한 집착을 광대하고 평등한 자비심으로 대신하는 것이다. 즉 친족이나 친구에 대한 탐애를 버리는 것은 모든 중생에 대한 평등 자애심을 일으키기 위한 것이다. 이래야 비로소 윤회 속에 있는 일체 부모 친지의 은덕에 진정으로 보답할 수 있다.

272 이를 일러 『광대유무경』에서는 "세간의 욕망을 사랑하는 자는 짠물을 마셔 만족하지 못함과 같다."라고 말한다.

친족과 친구에 대한 탐착은 제법의 실상을 간파하는 지혜를 가려버리고,

생사를 싫어해 해탈로 나아가고자 하는 마음을 훼손시키니, 결국엔 유회 고통의 번뇌를 받게 될 것입니다.

탐애하는 친지와 친구만을 일심으로 생각한다면 현생을 아무런 의미 없이 보내게 될 뿐입니다.


　유정에 애착하면 제법의 실상을 깨닫게 하는 지혜가 가려지고, 생사를 싫어하여 벗어나고자 하는 마음으로 해탈의 기초가 되는 출리심이 훼손되며, 결국에는 사랑하는 이를 모두 잃게 되어 고통의 핍박과 번뇌를 받게 될 것이다. 이렇듯 탐애하는 친족·친구만을 일심으로 생각한다면, 이번 생을 아무런 의미 없이 헛되게 보내게 되는 것이다.


ⓛ 대상 경계에 대한 탐착의 과환

ⓐ 범부를 탐착하는 것은 의지할 것이 못 됨

**無常衆親友, 亦壞眞常法.** 무상중친우, 역괴진상법.[273]

**行爲同凡愚, 必墮三惡趣,** 행위동범우, 필타삼악취,

**心若赴聖境, 何需近凡愚?** 심약부성경, 하수근범우?

무상한 친지와 친구에 대한 탐애는 진리에 대한 깨달음을 파손시킵니다.

행동이 어리석은 범부의 것과 같다면 반드시 삼악취로 떨어질 것이니

---

273 여기에서 '진상법眞常法'은 산스크리트어 원문에는 '卍'자 법륜으로 되어 있다. '卍'은 진여 법성을 항상 지니고 있다는 표지이다.

마음이 해탈의 성스런 경지로 향해가고 있다면 어찌 우매한 범부를 가까이 하겠습니까?

또 무상한 가족과 친구에 탐애하면 참된 진리에 대한 깨달음을 훼손시킬 수 있다. 마음이 오직 우매한 범부와 친구에게 휩쓸려 오염되어 있다면 움직이고 머물고 앉고 눕는 등 모든 행위 역시 그들과 같아질 것이며, 이는 의심할 여지없이 자신을 삼악취로 떨어지게 할 수 있다. 자기 마음이 만일 해탈의 성스런 경지로 향해가고 있다면 우매한 범부를 가까이하여 장애 인연을 증가시킬 필요가 있는가?

刹那成密友, 須臾復結仇, 찰나성밀우, 수유부결구,

喜處亦生嗔, 凡夫取悅難. 희처역생진, 범부취열난.

한순간에 친밀한 친구가 될 수도 있고, 금방 다시 원수가 될 수도 있습니다.

기쁘고 신뢰를 받아 마땅한 선행에 대해서도 화를 낼 수 있으니, 범부의 즐거움을 얻기란 정말 어렵습니다.

범부[274]들은 찰나의 시간으로도 친밀한 친구가 될 수 있고, 또 실수하

---

274 이 구절에서 '범부'는 원문에서는 '이생'이다. 이생과 범부는 그 의미가 기본적으로 같다. 『삼매왕경』에 "다른 곳에서 태어난 연고로 이름이 이생이다."라는 말이 있다. 범부는 해탈하지 못하여 청정한 찰토에서 태어날 수 없다. 그는 업에 따라 윤회 유전하며, 육도에 다시 태어나는 것도 확실치 않다. 그래서 이생이라 한다.

여 상대의 분노를 사서 금방 또 원수가 될 수 있으며, 심지어 본래 기쁘고 신뢰를 받아 마땅한 선행에 대해서 분노를 일으키기도 한다. 이렇듯 윤회계의 범부의 환심을 사기란 정말 어렵다.[275]

忠告則生嗔, 反勸離諸善, 충고즉생진, 반권리제선,
若不從彼語, 嗔怒墮惡趣. 약부종피어, 진노타악취.

충고를 하면 화를 낼 뿐 아니라 우리를 보고 선법을 버리라고 권합니다. 그들의 말을 따르지 않으면 크게 성을 내어 스스로 악취에 떨어지게 됩니다.

그들을 위하여 이로운 정법을 말해주면 범부들은 화를 내고 받아들이지 않을 뿐 아니라, 오히려 우리에게 선법을 버리라고 권한다. 그들의 나쁜 의견을 따르지 않으면, 그들은 노기가 등등해지며 이것으로 인해 그들은 악취에 떨어지게 된다.[276]

---

275 티베트의 오래된 민요에 이런 말이 나온다. "친지와 친구의 무상함은 여름날의 무지개와 같고, 원한의 무상함은 가을철의 꽃과 같다."

276 세간의 우매한 자는 불교 수행에 처음 마음을 낸 자에게 커다란 장애가 된다. 『삼매지왕경』에 "중생에게는 다가서기가 힘들다. 법을 말해도 믿지 않고 화난 얼굴을 보인다. 이것이 우매한 자의 법이다. 알았으면 가까이하지 않아야 한다."라는 말이 나온다. 무착보살 역시 "그와 벗으로 사귐에 삼독을 증가하고 문사수 수행을 감소시키니, 자비를 악행으로 바꾸게 하는 악한 친구를 멀리함이 불자가 행하는 바이다."라고 가르쳤다. 초학자는 반드시 이런 가르침에 따라 번뇌가 깊고 우매한 중생을 멀리하며 이들과 함께 중죄 짓는 것을 방비하고 자신의 마장을 줄여야 한다.

妒高競相等, 傲卑贊復驕, 투고경상등, 오비찬부교,

逆耳更生嗔, 處俗怎得益? 역이갱생진, 처속즘득익?

뛰어난 자를 질투하고 대등한 자와 경쟁하며 미천한 자에게 오만하고
칭찬을 들으면 교만해지며,
귀에 거슬리는 말을 들으면 노기등등해지니, 이런 범부와의 왕래가
어찌 이익이 있겠습니까?


 범부들은 자기보다 뛰어난 자는 질투하고, 자기와 대등한 자는
경쟁하며, 자기보다 신분이 낮은 사람은 오만하게 업신여기고, 칭찬을
들으면 더욱 교만해지며, 귀에 거슬리는 말을 들으면 노기등등해진다.
이런 범부와의 왕래가 어찌 이익이 있겠는가?[277]


伴愚必然生, 自贊毁他過, 반우필연생, 자찬훼타과,

好談世間樂, 無義不善事. 호담세간락, 무의불선사.

우매한 자를 가까이하면 반드시 스스로를 칭찬하고 남을 해하는 과보
를 짓게 됩니다.
세간의 즐거움에 대해 이야기하기를 즐기는 것은 의미도 없고 선하지

---

277 평범한 수행자가 이런 우매한 무리들과 접촉해서 그들에게 이로움을 주기도
어렵고, 자기 자신도 어떤 이로움을 얻기가 아주 힘들다. 그래서 『열반경』에서
는 "미친 코끼리를 만나면 최대치가 그저 현생의 신체 생명을 잃는 것이지만,
나쁜 벗을 가까이하면 세세생생의 안락과 이익이 모두 훼손되므로 지혜 있는
자는 마땅히 이렇게 번뇌가 깊고 중한 나쁜 벗을 멀리해야 한다."라고 설하고
있는 것이다.

도 못한 일입니다.

우매한 자와 가까이 왕래하면 반드시 자기 자신을 스스로 칭찬하게 되고 남을 해치는 죄과를 짓게 된다. 그리고 세간의 환락과 성공 같은 일에 대해 잡담하길 즐기는 것은 사회 기강과 덕을 해치는 선하지 못한 일이다.

是故近親友, 徒然自招損, 시고근친우, 도연자초손,
彼旣無益我, 吾亦未利彼, 피기무익아, 오역미리피,
故應遠凡愚. 고응원범우.

그러므로 우매한 친구를 가까이하는 것은 헛되이 손해를 초래할 뿐입니다.
그들은 우리의 수행에 아무런 이익이 되지 않으며 우리 역시 그들에게 이익을 줄 수 없습니다.
그러므로 어리석은 범부를 멀리해야 합니다.

요컨대, 우매한 친구와 너무 밀접하게 왕래하는 것은 자기 자신에게 손해를 안겨줄 뿐이다. 그들은 우리의 수행에 아무런 이익이 안 되며, 우리 역시 그들에게 진정한 이익을 줄 수 없으므로 범부를 멀리해야 한다. 『본생전』에서는 "수승한 내가 너에게 권하니 영원히 범부를 보지 말고 그와 말하지 말며, 범부와 사귀어 근심이 나게 하지 말 것이다."라고 하였다.

ⓑ 대중을 만나게 될 때 응대하는 방법

**會時喜相迎, 亦莫太親密.** 회시희상영, 역막태친밀 .

**善系君子誼.** 선계군자의.

만날 때에는 부드러운 낯빛으로 잘 대하되, 너무 친밀해서는 안 됩니다. 군자의 사귐 태도를 취하는 것이 제일 좋습니다.

수행자는 우매한 범부의 속박을 멀리해야 하지만, 일단 대중을 만나게 되면 부드러운 얼굴로 그들을 잘 대해야 한다. 너무 친밀해서도 안 되고, 다만 담담한 군자의 사귐처럼 친하지도 않고 소홀하지도 않은 태도를 가지는 것이 제일 좋다.

**猶如蜂采蜜, 爲法化緣已,** 유여봉채밀, 위법화연이,

**如昔未謀面, 淡然而處之.** 여석미모면, 담연이처지.

꿀벌이 꿀을 따는 것처럼 법에 의거해 인연을 맺은 후 마치 만났던 일이 없는 것처럼 담담하게 지내야 합니다.

꿀벌이 꿀을 취할 때 꽃은 탐하지 않고 그 안에서 꿀만 따는 것처럼, 수행자는 정법을 펴고 법의 수행을 위해 밖에 나가 탁발하고 필요한 음식을 얻은 후 모든 사람과 소박하고 담담하게 지내야 한다.[278]

---

278 꿀벌은 꽃에서 생명을 유지시켜줄 꽃가루와 꿀을 딸 때, 인연에 따라 꿀을 수집하고 향유할 뿐 꽃에 대해 연연해하지도 않고 어떤 분별 망념도 갖지 않는다. 불제자가 정법을 수행하기 위해서는 물론이거니와 생명을 유지시키기 위해서는 대중의 보시가 필요하다. 수행자는 이렇듯 밖에 나가 중생교화의

㉺외부의 재물에 대한 탐착을 끊음

㉠탐착은 고통을 낳음

**吾富受恭敬, 衆人皆喜我,** 오부수공경, 중인개희아,

**若持此驕慢, 歿後定生懼.** 약지차교만, 몰후정생구.

나는 풍요롭고 사람들의 존경을 받으며 수많은 사람이 나를 좋아합니다. 만일 이로 인해 오만을 일으킨다면 죽은 후 두려움을 피하기 어려울 것입니다.

사람들에게 존경을 받으며, 공양물을 풍부하게 받고, 많은 사람들이 나를 좋아한다고 해서 이로 인해 오만함을 일으킨다면, 사후에 분명 악취로 떨어지는 공포와 고통을 피하기 어려울 것이다. 『미륵사후론』에서는 "이익과 공경, 친우, 얻은 시주물, 배움이 많거나 지혜로움 등은 오만함을 일으키는 인연인데, 누구든 이 네 가지 오만으로 인해 방일을 행하게 되면 지옥에 떨어질 것이다."라고 말한다.

**故汝愚癡意, 無論貪何物,** 고여우치의, 무론탐하물,

**定感苦果報, 千倍所貪得.** 정감고과보, 천배소탐득.

**故智不應貪, 貪生三途怖.** 고지불응탐, 탐생삼도포.

그러므로 너 우매한 의식아! 네가 현생에서 무엇을 탐하든 간에 반드시 욕심 부린 물건의 천 배나 되는 고통의 과보를 받게 될 것이다.

---

인연을 지을 때에 꿀벌처럼 외부의 인연에 연연해하거나 분노나 원망을 품지 말고, 담담하게 함께 지내야 하며 평상의 질박한 마음으로 대해야 한다. 이렇게 해야 비로소 시주로 인해 수행에 장애를 일으키는 것을 방지할 수 있다.

그러므로 지혜 있는 자는 절대로 탐착하지 않나니, 탐착은 삼악도에 떨어지는 공포를 불러옵니다.

그러니 이해득실을 구별하지 못하는 우매한 의식아! 네가 금생에서 명예와 이익 등 어떤 물건을 욕심 부린다고 하면, 미래에 반드시 욕심 부린 물건의 천 배나 되는 고통의 인과응보를 받게 될 것이다. 그러므로 지혜 있는 자는 일체 재물에 대해 탐착하지 않는다. 왜냐하면 탐착은 향후에 삼악도에 떨어지는 두려움을 불러올 것이기 때문이다.[279]

ⓛ 외부의 대상 경계에 대한 탐착은 실질적인 의미가 없음
ⓐ 이익과 명예는 무상한 것임

應當堅信解, 彼性本應捨. 응당견신해, 피성본응사.

縱吾財物豐, 令譽遍稱揚, 종오재물풍, 영예편칭양,

所集諸名利, 非隨心所欲. 소집제명리, 비수심소욕.

마땅히 굳게 믿고 이해해야 하나니, 본성의 측면에서 보면 모두 버려야 할 것입니다.

---

[279] 특히 출가인이 시주의 재물을 탐착하는 과실은 매우 크다. 『불장경』에서는 파계한 비구는 백천만억 겁 동안 육신을 잘라 시주에게 갚을 것이고, 만일 축생으로 태어나면 항상 몸에 무거운 짐을 지고 다닐 것이라고 했다. 비록 계율을 청정히 지키는 자라 하더라도 선법에 게으름을 피우면 그가 누리는 시주물 역시 후세에 고통을 가져다줄 것이다. 인도의 공덕광 존자는 『계율근본송』에서 "나태한 자가 취득해 사용한 모든 것은 채무가 된다."라고 말했다.

비록 재물이 풍부하고 아름다운 이름이 사방에 널리 퍼진다 해도 애써 모은 명리는 내 마음이 하고자 하는 대로 따르는 것이 아닙니다.

우리는 명리名利의 자성이 본래 의심할 것 없이 버려야 할 것임을 굳게 믿고 흔들리지 말아야 한다. 비록 재물이 풍부하고 아름다운 이름이 사방에 널리 퍼져 명예와 이익이 두루 갖춰진다고 해도, 내 마음이 하고 싶은 대로 그것을 후세에 가지고 갈 수는 없는 것이다.

ⓑ 칭찬을 좋아하고 비방을 싫어함은 합리적이지 않음

**若有人毁我, 贊譽何足喜?** 약유인훼아, 찬예하족희?

**若有人贊我, 譏毁何足憂?** 약유인찬아, 기훼하족우?

어떤 사람이 나를 업신여긴다면, 칭찬받음에 기뻐할 것이 무엇이 있겠습니까?

어떤 사람이 나를 찬미한다면, 조소와 비방을 받은들 무슨 불만이 있겠습니까?

나를 헐뜯는 사람이 있다면, 어떤 사람이 나를 칭찬하여도 그 칭찬이 과연 나를 기뻐하게 할 수 있겠는가? 이는 환희를 장애하는 일이 존재하기 때문이다. 사람들이 나를 찬미한다면, 어떤 이의 조소와 비방이 과연 얼마나 나를 기분 나쁘게 만들고 근심시키겠는가? 이는 근심을 장애하는 일이 존재하기 때문이다.[280]

---

280 타인의 찬미를 받으면 이때 마땅히 나 자신을 억제하고 이것이 결코 기뻐할 가치가 없다는 사실을 되짚어 보아야 한다. 찬미하는 사람 그 이면에서 수많은

㉠남을 이롭게 할 수 없는 범부에 대한 탐착을 끊음

有情種種心, 佛亦難盡悅, 유정종종심, 불역난진열,

何況劣如我, 故應捨此慮. 하황렬여아, 고응사차려.

세간중생의 믿음과 이해는 가지각색으로 부처님조차 모두 만족시키기 어려운데

하물며 나처럼 비천하고 무능한 범부는 말해 무엇 하리오? 마땅히 세상 사람들 눈에 들지 못하는 염려를 버려야 합니다.

  세간의 모든 중생은 그 근기·소망·성향 등 각 방면에서 모두 서로 달라, 심지어는 과위 공덕이 원만한 부처님조차도 모든 중생의 마음을 만족시키기 어렵기 때문에, 수행자는 선정을 수행할 때 반드시 속세를 멀리하고 속인과의 왕래를 최대한 적게 해야 한다.

睥睨窮行者, 詆毁富修士, 비예궁행자, 저훼부수사,

性本難爲侶, 處彼怎得樂? 성본난위려, 처피즘득락?

범부는 청빈한 고행자를 무시하고 재물이 풍부한 자를 헐뜯기 좋아합니다.

이렇듯 그들의 속성이 함께하기 어려운데 어찌 기쁨을 일깨워줄 수

---

중생들이 나에 대해 불만족스러워할 수 있기 때문이다. 마찬가지로 타인의 조소와 비방을 받는다면 이때도 이로 인해 근심하며 신심과 용기를 잃어버릴 필요가 없다. 수많은 다른 사람들이 나를 칭찬하고 격려해 줄 수 있기 때문이다. 『격언보장론』에서는 "찬탄으로 인해 기뻐하지 않고, 비난으로 인해 근심하지 않고 자신을 잘 유지하는 공덕, 이것이 바로 보살의 자세이다."라고 말한다.

406

있겠습니까?

수행자는 반드시 외부적으로는 세속의 우매한 자를 멀리해야 하고, 내심으로는 자타 모두에게 고통을 안겨주는 자신의 우매한 습성을 끊어 없애야 한다. 이렇게 해야 비로소 진정한 안락을 얻을 수 있다.

如來曾宣示, 凡愚若無利, 여래증선시, 범우약무리,
鬱鬱終寡歡, 故莫友凡愚. 울울종과환, 고막우범우.

여래께서 이미 설법하여 말씀하시기를, 우매한 범부는 원하는 명리를 얻지 못하면
답답해하고 불쾌해한다고 하셨습니다. 따라서 범속의 무리들과 왕래하지 말아야 합니다.

여래께서 이미 설법하여 말한 적이 있다. "우매한 범부는 자기가 남보다 잘한다는 승리의 안위를 얻지 못하면 답답해하고 불쾌해한다. 따라서 범속의 무리들과 왕래하지 말아야 한다."『입제선서행경경』에서는 "마치 맹수의 무리 중에 있다면 영원히 기쁜 마음이 없는 것과 같이, 범부에 의지하면 영원히 즐거움이 없다."라고 한다.

주위 환경이 청정하고 편안하다면, 자신의 심신 역시 자연스레 청정해지는데, 이 역시 일종의 아주 기묘한 연기緣起이다. 본사 석가모니불은 적정처에 의지해 고행하여 성취를 얻었고, 후대의 성취자들 역시 이 연기법에 의지하여 더욱 깊은 깨달음을 얻었다.

**(2) 적정처에 머물게 됨에 따라 얻는 공덕**

**① 적정처에 머무르면 환희가 생김**

㉮ 적정처의 도반은 마음의 안정을 줌

林中鳥獸樹, 不出刺耳音, 임중조수수, 불출자이음,

伴彼心常樂, 何時共安居? 반피심상락, 하시공안거?

숲속의 나무와 새와 동물들은 귀에 거슬리는 말을 하지 않습니다. 함께 지내면 마음이 항상 안락한 도반들과 언제 함께 안거할 수 있으리오?

숲속의 나무들, 날아다니는 새와 뛰어다니는 짐승은 듣기 싫은 말을 하지 않으니, 그들과 함께 벗 삼아 지내면 마음속이 아주 안락하고 평정되어진다. 그 도반들과 언제쯤이면 함께 안거安居할 수 있을까?[281]

㉯ 세간에 대한 집착이 없어져 마음에 자재를 줌

何時住樹下, 岩洞無人寺, 하시주수하, 암동무인사,

願心不眷顧, 斷捨塵世貪? 원심불권고, 단사진세탐?

언제쯤이면 바위굴이나 텅 빈 절간에서 또 나무 밑에서 머물며

---

[281] 태국의 『존자아가만전』에는 "저녁이면 숲속의 온갖 동물의 울음소리를 어디서나 들을 수 있다. 두타행을 실천하는 비구에게 이런 울음소리는 항상 평온함과 고요를 느끼게 한다. 그들은 사람이 내는 잡음을 내지 않는다. 우리들을 방해하거나 주의력을 분산시키지 않는다. 황혼이 질 때 그는 산 동굴로 돌아가 각종 동물이 무리 지어 비옥한 들판을 자유롭게 노니는 것을 감상하는데, 그 분위기가 아주 상서롭다."라는 구절이 있다.

지난날을 뒤돌아봄이 없이 세속에 대한 집착을 끊을 수 있으리오?

언제쯤이면 나는 바위굴이나 텅 빈 절간, 또는 나무 밑에 머물며, 살던 집과 속세에 대한 미련을 버리고 다시는 그리워하지 않게 될까?[282]

何時方移棲, 天然遼闊地, 하시방이서, 천연료활지,
不執爲我所, 無貪恣意行? 부집위아소, 무탐자의행?
언제쯤이면 광활한 자연 환경에서
그곳을 내 소유물로 집착하지 않으면서 마음에 탐착 없이 자재하게
머물 수 있으리오?

언제쯤이면 나는 누구도 자기 소유물에 집착하지 않는 광활한 자연 환경 속에서, 세간을 돌아보지 않고 어떠한 걸림도 없이 누구에게도 의지하지 않은 자재하게 머물 수 있을까?

㉱번잡한 소유물이 필요가 없어 마음에 걸림이 없음
何時居無懼, 唯持鉢等器, 하시거무구, 유지발등기,
匪盜不需衣, 乃至不蔽體? 비도불수의, 내지불폐체?

---

282 적정처의 나무 밑이나 암굴, 사람 없는 사원 등에서 거하는 것은 수행자로 하여금 세속의 탐욕을 끊어 없애는 데 도움이 된다. 『삼마지왕경』에서는 "비구 가 만일 산림에 거하길 좋아하면 묘한 안락을 직접 누릴 수 있다. 모든 물건을 자기의 소유로 만들지 않고 모든 집착을 멀리하며, 코뿔소가 혼자 가듯 허공의 세상을 바람처럼 마음껏 유람한다."라고 말한다.

언제쯤이면 아무런 두려움 없이 그저 바리때 몇 개를 지니고
도적도 원치 않는 해진 옷을 걸치거나 몸을 가리려 하지 않은 채
머물 수 있으리오?

언제쯤이면 나는 산림의 고요 속에서 아무런 근심 없이 편안히
머물면서, 그저 바리때와 주워 모은 물건 몇 가지만 지니고, 몸에는
도적도 원치 않는 해진 옷을 걸치거나 몸을 가리려 하지 않으며,
아무 두려움과 거리낌 없이 머물 수 있을까?[283]

㉣ 적정처에서의 수행은 수명무상을 깨닫게 해줌

何時赴寒林, 觸景生此情: 하시부한림, 촉경생차정:
他骨及吾體, 悉皆壞滅法. 타골급오체, 실개괴멸법.

나는 언제쯤 시다림에 들어가 참혹한 광경을 보고
다른 사람의 해골 및 내 신체 모두가 썩어 없어질 것임을 알아차릴
수 있으리오?

---

283 몸에 탐욕의 물건을 지니지 않고 수행하는 것이 모든 수행자가 따라야 할
길이다. 『칠동녀인연경』에서는 "언제쯤이면 나는 머리는 삭발하고 몸에는
분소의를 걸치고 고요한 암자에서 안거할 수 있을까? 언제쯤이면 나는 눈은
몇 발 앞에 안정하고 손에 바리때를 들고 정돈된 위의로 시주 집에 탁발을
갈 수 있을까? 언제쯤이면 나는 명리 공경을 탐하지 않고 번뇌를 제거하여
언제나 청정한 마음으로 시주의 복전이 됨을 성취할까? 언제쯤이면 나는
풀 자리에 앉아 옷이 서리에 젖으며 음식이 거칠어도 족함을 알아 몸에 대한
탐착심이 없어질까? 언제쯤이면 나는 나무 아래 풀을 깔고 누워 마치 풀빛으로
물든 앵무새 같이 그대로 법락을 즐길 수 있을까?"라고 말한다.

나는 언제쯤이면 시다림 숲속에 들어가 수행하면서 내 신체는 앞에
보이는 해골과 마찬가지로 썩어 없어질 아무것도 아닌 것임을 알아차
릴 수 있을까?[284]

## ②수행에 장애가 되는 인연을 끊음

**吾身速腐朽, 彼臭令狐狼,** 오신속부후, 피취령호랑,

**不敢趨前嘗, 其變終至此.** 불감추전상, 기변종지차.

나의 몸뚱이는 죽으면 금방 썩어 악취를 풍겨 자칼조차도
감히 맛보려 하지 않을 것인데, 이렇게 무상하게 훼손되는 마지막이
반드시 옵니다.

고요한 곳을 좋아하지 않는 원인은 나와 남을 탐하기 때문이다.
나의 이 몸뚱이는 최종에 결국 부패되어 악취가 진동하니, 썩은 고기를
즐겨 먹는 자칼(jackal)조차도 감히 앞으로 나아가 맛보려 하지 않을
것이다. 이렇게 우리의 몸은 무상하여 집착할 만한 것이 못된다.

---

284 근휘 린포체는 설한다. "죽은 이의 뼈와 썩은 살을 보며 마땅히 이렇게 사유해야
한다. 살아있을 때 얼마나 몸뚱이를 얼마나 아끼고 집착했는지에 상관없이
지금은 모두가 썩은 뼈다귀로 바뀌어버렸다. 지금의 내 몸뚱이 역시 이와
똑같이 일단 죽으면 곧바로 이렇게 변해버릴 것이다. 당연히 나는 마음 깊이
내 몸뚱이에 대해 전과 다른 느낌과 인식을 일으켜야 한다." 기회 닿는 대로
자주 송장 터에 가서 썩은 육신, 여기저기 널린 마른 뼈다귀, 해진 옷, 핏자국,
악취 등을 마음속에 단단히 새겨 놓으면 몸뚱이에 대한 집착이 점차 엷어질
것이다.

子然此一身, 生時骨肉連, 혈연차일신, 생시골육련,

死後各分散, 何況是他親? 사후각분산, 하황시타친?

고독하게 혼자 세간에 와서, 출생할 때 생긴 이 살과 뼈가 연결되어 이루어진 신체는

사후엔 무너져 뿔뿔이 흩어지고 마는데, 친구와 헤어지는 것은 말해 무엇 하리오?


生旣孤獨生, 歿復獨自亡, 생기고독생, 몰부독자망,

苦痛無人攤, 親眷有何益? 고통무인탄, 친권유하익?

태어날 때도 혼자 태어나고, 죽을 때도 오직 혼자 죽습니다.
자신의 고통을 남이 대신해줄 수 없는데, 친지와 친구 등이 무슨 도움이 되겠습니까?[285]


如諸行路客, 不執暫留舍, 여제행로객, 부집잠류사,

---

[285] 사분오열된 시체 뼈다귀를 대하면 수행자는 자연스레 무상의 탄식을 일으키게 되고 마음속으로부터 세속 친척이나 친구 등 권속을 멀리하게 된다. 태어나서 죽을 때까지 항상 떠나지 못하는 게 몸뚱이다. 세상에 이것보다 더 친밀한 것은 없으나 죽을 때는 몸뚱이를 버려야만 한다. 일생동안 가장 친밀하게 연결돼 있던 골육도 송장 터에 버려지자마자 썩어서 흙으로 변하는데, 하물며 권속은 말해 무엇 하겠는가? 많은 사람들이 적정처에 가서 정법을 수행하는 것을 원치 않는 이유는 바로 권속에 대한 탐착 때문이다. 이러한 탐착은 결국엔 아무런 소득이 없다. 그러므로 가능한 한 빨리 그들의 속박에서 벗어나서 정법을 수행하는 데 마음을 모으는 게 좋다. 그것이 결국 자타 모두에게 이로운 선행이다.

如是行有道, 豈應戀生家? 여시행유도, 기응련생가?

길 가는 나그네는 잠시 머문 여관에 탐착하지 않는데
윤회의 세계에서 유랑하는 우리들이 어찌 태어난 집에 연연해하겠습
니까?

　유랑하는 나그네가 자신이 머물렀던 여관에 탐착하지 않고 다시
쉴 집을 찾듯이, 윤회 삼계에서 유랑하는 중생들도 한 곳에 태어나고
다시 태어날 곳을 찾는다. 삼계 윤회에서 유랑하는 가운데 자신의
신체 및 가정·친지·친구·권속 등은 짧은 순간에 곧바로 흩어져 사라
지게 되니, 이에 탐욕하고 집착하는 것을 끊어야 한다.

### ③적정처에 의지할 것을 다시 깨우침
迨及衆親友, 傷痛及哀泣, 태급중친우, 상통급애읍,
四人掮吾體, 屆時赴林間. 사인견오체, 계시부림간.
죽음에 임하면 친지들이 나를 둘러싸고 슬퍼하면서
네 명이 내 시체를 메고 시다림으로 갈 것입니다.

　어떤 이는 묻는다. "훈계하는 말씀 중에, 친지들이 나를 둘러싸
슬퍼하고 네 명이 나의 몸인 시체를 집에서 메고 나와 시다림으로
보내기 전에 일찌감치 숲속에 가서 수행해야 한다고 하는데, 꼭 그렇게
미리 숲속으로 갈 필요가 있습니까?"

無親亦無怨, 只身隱山林, 무친역무원, 지신은산림,

先若視同死, 殁已無人憂. 선약시동사, 몰이무인우.

四周旣無人, 哀傷或爲害, 사주기무인, 애상혹위해,

故修隨念佛, 無人擾令散. 고수수념불, 무인요령산.

친지와 원수를 멀리하고 혼자서 적정한 산림 속에 은거하며 법을
수행하니,

이미 인간 세상에 없다고 여겨져 죽어도 슬퍼할 자 없네.

죽을 때 주위에 사람이 없어 슬픔이나 해로움의 영향을 끼치지 않으
므로

아미타불 정토왕생을 수행할 때 산란하게 하는 방해를 받지 않습니다.


누구와 친할 것도 없고 누구와 원수 맺을 일도 없이, 나 혼자서
적정한 산림 속에 은거하며 법을 수행하니 친척과 친구들은 내가
이미 인간 세상에 없다고 여겨 죽음을 맞이할 때 슬퍼할 사람 하나
없다. 또한 죽을 때 옆에서 슬퍼하며 근심을 일으키거나, 죽는 순간을
기쁘게 맞이하는 데 방해가 되는 해로움을 받지 않기에, 임종 시에
아미타불 정토에 왕생하는 수행에 아무런 지장이 없다.[286]

---

286 현명한 지자라면 반드시 죽어서 친지와 친구들에 의해 송장 터에 버려지게
되기 전에 스스로 권속들 곁을 떠나서 적정한 산림에서 정법을 수행할 것이다.
수행자가 적정처에서 혼자 정법 감로의 안락을 향유하고, 또 고요히 육신을
버리는 것은 죽어 왕생하기에 최고로 좋은 조건이다. 청정하고 사람 없는
산림에서 혼자 죽을 때, 주위에 슬퍼하는 곡소리도 없고 원한 맺힌 원수가
상해를 가할 일도 없으니 아무런 근심 없이 왕생 요결을 관수할 수 있다.

414

故當獨自棲, 事少易安樂, 고당독자서, 사소역안락,

靈秀宜人林, 止息衆散亂. 영수의인림, 지식중산란.

따라서 나는 혼자서 조용한 숲속에 깃들어 사소한 일이나 근심 걱정 없이

빼어난 풍경이 사람의 마음을 즐겁게 해주는 산림 속에 머무르며 모든 산란함을 멈춥니다.


## 2) 망념을 버림

盡棄俗慮已, 吾心當專一, 진기속려이, 오심당전일,

爲令入等至, 制惑而精進. 위령입등지, 제혹이정진.

세속의 모든 생각을 버린 후 마음을 마땅히 오롯이 하여 삼마지를 얻기 위해 번뇌를 다스리고 정진해야 합니다.


선법을 사유하는 외에 모든 세속의 생각을 버린 후, 한마음 한뜻으로 보리심을 키워가고, 삼마지[287]를 얻기 위해 수승한 관행으로 모든 번뇌를 다스리고 선정 수행에 정진해야 한다.


### (1) 오욕五慾[288]을 싫어하는 마음을 일으킴
#### ①오욕을 좋아하는 과보를 관찰함

現世及來世, 諸欲引災禍, 현세급내세, 제욕인재화,

---

287 '삼마지'는 마음을 한곳에 집중하여 산란하지 않는 상태로, 삼매三昧와 같다.
288 '오욕'은 재물욕·식욕·수면욕·색욕·명예욕을 말한다.

今生砍殺縛, 來世入地獄. 금생감살박, 내세입지옥.

현생에서든 내생에서든 오욕을 탐착하는 것은 막대한 재난을 가져옵니다.

현생에서는 목이 잘려 죽고 수감되는 고통을 당할 수 있고, 내세에서는 지옥에 떨어지는 고통을 당합니다.

오욕을 탐착하는 것은 금생과 내생에서 막대한 재난을 가져오는데, 금생에는 목이 잘리거나 수감되는 고통을 당할 수 있고, 내생에서는 지옥에 떨어져 고통을 당한다.[289] 『승월녀수기경』에서는 "오욕의 노예는 칼로 다지고 머리를 자르며 눈을 파고 손발을 끊는 형벌을 만나며, 탐욕은 중생을 지옥에 떨어지게 하고 다시 아귀와 방생이 되게 한다."라고 하였으며, 『방광장엄경』에서는 "내가 오욕의 재난을 아나니, 다툼과 한을 품고 근심하는 고통의 근본이며, 두려운 독초 잎과 같고, 불과 같으며, 날카로운 칼날과 같다."라고 하였다.

---

[289] 색성향미촉의 욕망을 탐하는 것은 현생과 내생에서 모두 갖가지 재앙을 안겨줄 수 있다. 현생의 살인·도난·강도 사건은 대다수가 탐욕으로 인해 생기는 것이다. 재산·여색·명성·지위를 탐하는 욕망이 만족을 얻지 못해 일생동안 고통이 끊이지 않는다. 어떤 사람들은 탐심으로 인해 일생동안 쉼 없이 고되게 일하다 과로로 숨지기도 한다. 현생에서 탐욕의 부림을 받아 각종 악업을 지으면 내세에서 지옥·아귀 등 악도에 떨어져서 상상도 할 수 없는 고통과 시달림을 당하게 한다.

## ② 신체는 본래 부정不淨한 것임을 관찰함

㉮ 신체는 생명이 떠난 시체와 같음을 알아 부정함을 관함

㉠ 탐낼 것이 없음

**月老媒婆前, 何故屢懇求?** 월로매파전, 하고루간구?

**爲何全不忌, 諸罪或惡名?** 위하전불기, 제죄혹오명?

왜 사람들은 중매쟁이 앞에서 인연을 이어 달라고 간청하는 것입니까?

조금도 거리낌 없이 이로써 중죄를 범하거나 악명을 초래하는 것입니까?

　왜 사람들은 중매쟁이들에게 여인을 만나기를 부탁하고 중매를 간청하는 걸까? 어찌하여 그들은 이를 통해 중죄를 범하거나 오명이 초래되는 것을 조금도 꺼려하지 않는 것인가?[290]

**縱險吾亦投, 資財願耗盡,** 종험오역투, 자재원모진,

**只爲女入懷, 銷魂獲至樂.** 지위녀입회, 소혼획지락.

**除骨更無餘, 與其苦貪執,** 제골갱무여, 여기고탐집,

**非我自主軀, 何如趣涅槃?** 비아자주구, 하여취열반?

환난이 겹겹이 쌓여 있다 해도, 거액의 가산을 탕진한다 하더라도 단지 여인을 품에 안는 것을 최고의 즐거움이라 여겨 혼신을 다해 추구하지만

백골과 고기 덩어리의 부정한 물질 외에 여자 몸에는 탐할 만한 것이

---

290 중생의 갖가지 탐욕 가운데 이성에 대한 탐애가 제일 깊고 단단한 번뇌 습기이다. 이성을 탐애하는 번뇌의 작용으로 사람들은 거대한 죄업을 짓는데, 이러한 죄를 지은 사람은 후세에 반드시 삼악취의 맹렬한 고통을 겪는다.

아무것도 없습니다.

내가 맘대로 할 수 없는 여자의 몸은 연연해하면서 왜 열반은 추구하지 않는 것입니까?

여인을 취하는 환락을 위해서는 환난이 겹겹이 쌓여 있으며, 거액의 가산을 탕진한다 하더라도 위험한 곳으로 들어간다. 사실 백골과 고기 덩어리의 부정한 물질 외에 여인의 몸에는 탐할 만한 것이 아무 것도 없다. 자기 맘대로 소유할 수도 없고 자기 맘대로 쥐락펴락할 수도 없는 여인의 몸은 힘들게 연연해하면서, 왜 해탈의 열반 안락은 추구하지 않는 것인가? 『정법념처경』에서 "현세와 내세에 여인이 제일 무섭다. 열반을 구하는 자는 반드시 여인의 몸을 거절해야 한다. 여인을 항상 멀리한다면 금생과 내세가 안락하므로, 궁핍을 버리고자 하고 풍족함을 누리고자 하고 열반으로 가고자 하는 자는 마땅히 모든 여인을 버려야 한다."라고 하였다.

ⓛ 탐심으로 여인의 신체를 보는 것은 도리에 어긋남

始則奮抬頭, 揭已羞垂視, 시즉분태두, 게이수수시,

葬前見未見, 悉以紗覆面. 장전견미견, 실이사복면.

昔隱惑君容, 今現明眼前, 석은혹군용, 금현명안전,

驚已去其紗, 旣見何故逃? 취이거기사, 기견하고도?

처음에 소녀는 용기를 내어 겨우 면사포를 들어 올린 뒤 더욱 부끄러워 하여 그저 머리를 숙이고 눈을 아래로 내리깔고 있을 뿐이었지만 죽어 매장되기 전에는 어떤 남자를 만나든 면사포로 얼굴을 가려야

418

했습니다.

전에 당신을 미혹되게 하고 탐착하게 했던 면사포로 가린 얼굴이
이제는 완전히 눈앞에 드러났는데
송장 터의 독수리가 면사포를 갈래갈래 찢어 전신을 드러낸 것을
보고선 왜 달아나려 하는 것입니까?


『대소』에서는 이 게송을 해석하기를 "남녀가 처음 만났을 때 소녀의
얼굴을 보기 위해서는 그녀에게 용기를 주어 고개를 들게 해야 했다.
그러나 겨우 고개를 들 뿐, 그녀는 곧 부끄러워하며 머리를 숙이고
눈을 아래로 내리깔고 있다. 그녀가 죽어 매장되기 전에는 어떤 남자를
만나든 면사포로 얼굴을 가려야 했다. 이것은 인도 대다수 사람들의
전통이다."라고 하였다.

전에 당신을 미혹하고 탐착하게 했던 면사포로 가린 그 얼굴이,
이제는 완전히 눈앞에 드러났다. 송장 터에 있는 독수리가 이미 면사포
를 갈래갈래 찢어 전신이 드러났는데, 왜 이제는 달아나려 하는가?[291]

---

291 여기에서는 당시 인도의 풍속을 들어 여인을 탐착하는 것의 전도됨과 우매함을
논하고 있다. 고대 인도의 여인은 평소에 면사포로 얼굴을 가림으로써 다른
남자가 자신의 용모를 보는 것을 막아야 했다. 남편이라도 결혼 전에는 아름다
운 얼굴을 볼 수 없었다. 이 때문에 탐심이 큰 남자들은 종종 애욕을 참기
어려워했다. 하지만 그녀가 송장 터로 보내진 뒤에는 누구든지 그의 얼굴을
볼 수 있다. 독수리가 그녀의 면사포와 옷을 완전히 찢어 사람의 마음을
흔들었던 아름다운 그 얼굴을 눈앞에 드러내지만, 아무리 탐심이 큰 남자도
놀라서 황급히 도망가고 만다. 예전에 밤낮으로 사모하며 그토록 그리워했던
아름다운 몸이 이제 눈앞에 드러났는데 왜 두려워하는가? 현재의 몸과 과거의
몸은 전혀 차이가 없다. 똑같이 골육과 피부로 구성돼 있다. 그대가 지금

ⓒ 질투심으로 여인을 보호하려 함은 도리에 어긋남

昔日他眼窺, 汝卽忙守護, 석일타안규, 여즉망수호,

今鷲食彼肉, 吝汝何不護? 금취식피육, 인여하불호?

전에는 다른 남자들이 곁눈으로만 훔쳐보아도 서둘러 그들을 제지했
는데

지금은 독수리가 그녀의 살을 뜯어 먹는데도 그녀를 아끼고 질투하던
그대는

왜 보호하지 않는 것입니까?


　　예전에는 누군가가 그저 한 번 쳐다만 봐도 곧바로 질투의 불길에
사로잡혀서 서둘러 가렸건만,[292] 이제는 그토록 탐애하던 그녀의 아름
다운 몸을 독수리들이 잔인하게 삼키고 있는데도 왜 보호하지 않고
내버려 두는 것인가?


ⓓ 육신에 값비싼 공양을 올리는 것은 도리에 어긋남

旣見此聚屍, 鷲獸競分食, 기견차취시, 취수경분식,

何苦以花飾, 殷獻鳥獸食? 하고이화식, 은헌조수식?

이미 시체가 독수리와 야수들에게 먹히는 것을 보면서

왜 그것들의 먹잇감에 꽃다발과 향을 장식으로 올리는 것입니까?

---

　　이토록 두려워하는 이 육신을 과거에는 왜 그토록 탐애했던가?

292 고대에는 인도든 티베트든 중국이든 일반 여인이 다른 사람과 접촉하는 게
　　허락되지 않아서, 심지어는 혼자 문밖에 나갈 수도 없었다.

420

자신이 탐애했던 그 아름다운 몸뚱이가 지금은 송장 터에서 독수리에게 갈기갈기 찢겨서 사람들의 구역질을 유발시키는 농혈과 백골을 그대로 드러내고 있다. 왜 독수리와 맹수의 먹이에게 장식품과 보석을 정성스레 바치는가? 시간적으로 전후를 자세히 헤아려 보면 이런 행동은 확실히 사람들의 조소를 자아낼 일이다.

㉤살아있는 시체인 여인을 기쁘게 접촉하는 것은 도리에 어긋남
若汝見白骨, 靜臥猶驚怖, 약여견백골, 정와유경포,
何不懼少女, 靈動如活屍? 하불구소녀, 영동여활시?
백골이 누워 있는 것을 보면 겁에 질려 두려워합니다.
그렇다면 숨 쉬며 움직이는 시체와 마찬가지인 소녀는 왜 두려워하지 않는 것입니까?

움직이지도 않는 백색의 해골을 보면 그대는 두려워한다. 그렇다면 숨 쉬는 기운으로 움직이긴 하지만 시체와 마찬가지인 소녀를 왜 두려워하지 않는 것인가?[293]

293 자세히 관찰해 보면 살아있는 여인이나 사후의 여인이나 몸뚱이, 얼굴, 구조는 다르지 않다. 사람들은 죽은 뒤 움직이지 않는 여자의 몸은 무서워 어쩔 줄 몰라 하면서 살아 움직이는 여자의 몸은 두려워하지 않을 뿐 아니라 오히려 갖가지 방식으로 탐하고 연연해하며 함께 지내려고 한다. 이런 현상은 확실히 어리석은 것이다.

ⓗ벌거벗은 여인의 시체를 안으려 하는 것은 도리에 어긋남

**昔衣汝亦貪, 今裸何不欲?** 석의여역탐, 금나하불욕?

**若謂厭不淨, 何故擁著衣?** 약위염부정, 하고옹착의?

전에는 옷으로 가려진 여자 몸도 탐애했는데, 지금은 왜 벌거벗은 여자의 시신은 탐애하지 않는 것입니까?

부정한 시체를 좋아하지 않는다면, 어떻게 옷 입은 여인은 안을 수 있었던 것입니까?

전에는 옷으로 가려진 여자 몸도 탐애했는데, 왜 지금은 벌거벗은 여자의 시체를 탐애하지 않는 것인가? 만일 그대가 부정한 시체를 좋아하지 않는다면, 왜 옷 입은 여인은 안고 싶어 하는 것인가? 설마 그녀의 옷을 탐애한단 말인가?[294]

---

294 탐심이 심한 남자는 여인이 살아있을 때 여러 옷으로 가려져 있다고 하더라도 볼 때마다 여전히 그녀에 대해 탐착을 일으킨다. 그러나 그녀의 시체가 송장 터에 버려지고 독수리가 그녀의 의복을 찢어버려 옥체가 드러났는데, 그대는 왜 탐내지 않고 오히려 두려워하고 역겨워 하는 것인가? 지금까지 얘기한 내용은 남자에 초점을 맞춘 가르침이다. 용수보살은 『보만론』에서 "여자의 몸이 더러운 것처럼 너 자신의 몸 역시 그러하다."라고 말했다. 남자들의 몸 역시 여자의 몸처럼 부정한 물건이 모아진 것이어서 탐애할 만한 구석이 전혀 없다. 수행자들은 마땅히 이 가르침을 반복적으로 읽고 생각해야 한다. 내심 깊은 곳으로부터 사람 몸이 부정하다는 결정적인 견해를 일으킨다면 반드시 탐욕을 끊어 없앨 수 있다.

㉯생명이 갖추고 있는 모습을 알아 부정함을 논함

㉠더러운 물건이 눈앞에 있음

ⓐ몸이 만든 더러운 물건을 탐하는 것을 파함

糞便與口涎, 悉從飮食生, 분변여구연, 실종음식생,

何故貪口液, 不樂臭糞便? 하고탐구액, 불락취분변?

똥과 오줌과 침은 모두 음식을 소화하는 과정에서 생기는 더러운 물질인데,

왜 침은 삼키면서 똥과 오줌은 더럽다고 싫어하는 것입니까?


嗜欲者不貪, 柔軟木棉枕, 기욕자불탐, 유연목면침,

謂無女體臭, 彼誠迷穢垢, 위무녀체취, 피성미예구,

迷劣欲者言: 棉枕雖滑柔, 미렬욕자언: 면침수활유,

難成鴛鴦眠. 於彼反生嗔. 난성원앙면. 어피반생진.

탐욕이 강렬한 사람이라도 보드라운 목면 베개에 집착하지 않는데 목면 베개에 여인의 향기가 없기 때문이라고 하면서 더러운 물건에는 미혹되어 정신을 잃습니다.

비열한 욕망에 깊이 빠져 있는 사람들은 말합니다. 목면 베개는 비록 윤기 나고 부드럽지만 원앙의 아름다운 잠자리가 될 수 없기에 싫어한다고.


만약 보드라운 여인의 감촉을 좋아한다고 한다면 어째서 보드라운 목면 베개는 집착하지 않는 것인가? 사람들은, 목면 베개는 비록 윤기 나고 부드럽긴 하나 그것이 여인을 대신할 순 없다고 말한다.

그것은 여인처럼 잠자리를 같이 할 수 있는 것이 아니기에 원앙의 아름다운 꿈을 이루어주고 탐욕을 만족시켜줄 수 없다. 그 때문에 때때로 목면 베개에 크게 분노하게 되기도 한다. 이는 곧 전도된 집착이므로 부드러운 촉감을 마땅히 탐하지 않아야 한다.

若謂厭不淨, 肌腱系骨架, 약위염부정, 기건계골가,
肉泥粉飾女, 何以擁入懷? 육니분식녀, 하이옹입회?
똥오줌 같은 더러운 물건을 혐오한다면, 힘줄로 골격을 묶고 내장엔 똥오줌이 그득하며
살덩이와 얇은 살가죽으로 장식된 여인의 몸은 왜 품으려 하는 것입니까?

여인의 몸을 구성하는 주요 구조는 206개의 뼈이다. 뼈와 뼈 사이에는 덩이 덩이의 힘줄이 서로 연결되어 있어서 골격이 흩어지지 않게 한다. 이런 구조의 사이에 오장육부가 있는데 똥오줌과 각종 즙액으로 그득하다. 그 바깥에는 살덩이·피부·모발 등으로 장식되어 있다. 구조 전체가 부정한 물건이 아닌 것이 없다. 만일 떼어낸다면 사람으로 하여금 탐애를 일으키게 할 만한 것이 하나도 없지만, 그들이 전체의 모습으로 나타날 때 남자들은 품에 안으려 하고 탐하고 연연해하며 버리지 못한다.

汝自多不淨, 日用恒經曆, 여자다부정, 일용항경력,
豈貪不得足, 猶圖他垢囊? 기탐부득족, 유도타구낭?

그대 자신이 갖고 있는 부정한 물건은 이미 많고 일상생활에서 언제나
함께하고 있는데,
설마 이런 더러운 물건들이 아직도 누리기에 부족하단 말입니까?
또 다른 더러운 가죽 주머니를 왜 탐하는 것입니까?

若謂喜彼肉, 欲觀並摸觸, 약위희피육, 욕관병모촉,
則汝何不欲, 無心屍肉軀? 즉여하불욕, 무심시육구?
만일 여인의 살결을 좋아해서 그녀를 보고 또 만지고 싶어 하는 것이라면,
왜 이미 죽어서 무심한 시체는 탐하지 않는 것입니까?

所欲婦女心, 無從觀與觸, 소욕부녀심, 무종관여촉,
可觸非心識, 空擁何所爲? 가촉비심식, 공옹하소위?
만일 그대가 탐하는 것이 여인의 마음이라면 볼 수도 만질 수도 없는
것입니다.
만질 수 있는 것이 결코 심식은 아니니, 그대는 따뜻하게 여자의
몸을 안고서 무엇을 하고 있는 것입니까?

　　시체는 마음이 없고, 그대가 탐하는 것이 여인의 마음이라고 한다면,
의식은 볼 수도 만질 수도 있는 것이 아니다. 보거나 만질 수 있는
것이 심식은 결코 아니니, 그대는 따뜻하게 여자의 몸을 안고서 무엇을
하고 있는 것인가?[295]

---

[295] 육체는 부정한 것으로 탐할 만한 것이 아니라는 사실 앞에서 중생은 "내가
　　탐착하는 것은 그녀의 마음이야! 죽은 사람은 이미 심식이 없어서 나무나

ⓑ 신체를 탐하는 미혹함을 꾸짖음

**不明他不淨, 猶非希奇事**, 불명타부정, 유비희기사,

**不知自不淨, 此則太稀奇!** 부지자부정, 차즉태희기!

타인의 몸이 본래 부정한 것이란 사실을 알지 못하는 것은, 그리 이상한 일이 아닙니다.

하지만 밤낮으로 단단히 붙어 다니는 자기 몸이 깨끗하지 못하다는 사실조차 모른다면, 이는 아주 희귀한 일입니다.

우리는 태어나서 지금까지 항상 자기의 혈액·입·코 등 아홉 구멍에서 흘러나오는 더러운 물질을 접하고 있다. 몸은 항상 이런 부정한 물질로 충만하며 또 이런 부정한 물질이 흘러나오고 있는 것이다. 아직도 자기 몸뚱이가 깨끗한 것이라고 집착하는 사람이 있다면, 이는 바보가 아니고서야 있을 수 없는 일이다.

**汝執不淨心, 何故捨晨曦**, 여집부정심, 하고사신희,

**初啟嫩蓮花, 反著垢穢囊?** 초계눈련화, 반착구예낭?

이 더러운 물건에 탐애하는 넋 나간 마음아! 너는 왜 아침 햇살에

---

돌과 같아."라고 주장할 수 있다. 이에 적천보살은 다시 묻는다. 그대가 좋아하는 것이 육체가 아니라 마음이라면 여인의 마음은 어디에 있는가? 어떤 모양인가? 사람의 마음을 볼 수도 없고 만질 수도 없다. 이렇게 허공과 같은 마음을 그대는 어떻게 좋아하는가? 볼 수도 없고 만질 수도 없고 필경 있지도 않은 마음을 잡으려 하고 애착하는 건 그저 허공을 잡으려 기어오르는 것처럼 헛수고가 될 것이다. 결국 여인의 마음을 사랑한다 함은 '석녀의 아들'을 사랑한다는 것처럼 일종의 전도된 편견이며 우매한 자가 꿈에서 헤매는 것일 뿐이다.

426

막 피어난
희고 보드랍고 향기로운 깨끗한 연꽃을 사랑하지 않고, 더러움으로
가득한 냄새 나는 가죽 주머니를 탐하고 집착하는가?

　정결한 연꽃과 비교해볼 때 악취 나는 가죽 주머니와 같은 여인의
몸뚱이는 그 얼마나 더러운 것인가? 그러나 중생들은 이런 더러운
물건만 탐애하니, 이 얼마나 어리석은 짓인가!


ⓛ추리를 통해 신체의 부정함을 결정함
ⓐ신체의 구성물의 더러움을 관찰으로써 부정함을 논함
**若汝不欲觸, 糞便所塗地,** 약여불욕촉, 분변소도지,
**云何反欲撫, 泄垢體私處?** 운하반욕무, 설구체사처?
똥오줌으로 더럽혀진 흙은 만지려 하지 않으면서,
왜 그대는 똥과 같은 더러운 오물을 배설하는 몸뚱이는 오히려 만지려
하는 것입니까?


**若謂厭不淨, 垢種所孕育,** 약위염부정, 구종소잉육,
**穢處所出生, 何以搜入懷?** 예처소출생, 하이루입회?
불결한 것에 애착이 없다면, 비린내 나는 수정난이 자라서 만들어지고
더러운 자궁과 질을 통해 나온 여자의 몸은 왜 품에 안고자 하는
것입니까?


　만일 그대가 불결한 것을 싫어한다면, 비린내 나는 난자가 정자를

만나 만들어지고, 더러운 자궁과 음도를 통해 나왔으며, 모친이 먹은 음식 등 더러운 것을 의지해 형성된 여인의 몸은 왜 품속에 꽉 끌어안으려 하는가?

糞便所生蛆, 雖小尙不欲, 분변소생저, 수소상불욕,
云何汝反欲, 垢生不淨軀? 운하여반욕, 구생부정구?
똥에서 나온 구더기는 아무리 작아도 만지고 싶어 하지 않으면서 부정한 태에서 자라고 또 부정한 물건으로 가득한 몸뚱이는 어찌 오히려 탐하는 것입니까?

汝自不淨身, 非僅不輕棄, 여자부정신, 비근불경기,
反因貪不淨, 圖彼臭皮囊. 반인탐부정, 도피취피낭.
그 더러움으로 충만한 자신의 신체를 싫어하지 않고
오히려 그 더러운 가죽 포대를 애착함으로 인해 타인의 더러운 가죽 주머니마저 탐합니다.

본래 자신의 그 더러움으로 충만한 신체를 싫어해야 하는데, 싫어하기는커녕 오히려 자신의 더러운 가죽 포대(몸)를 애착함으로 인해 타인의 더러운 가죽 주머니(몸)마저 탐하니, 이는 정말로 이치에 맞지 않는 넋 나간 짓이다.

ⓑ 몸의 배설물을 관찰함으로써 부정함을 논함
宜人冰片等, 米飯或菜蔬, 의인빙편등, 미반혹채소,

428

食已複排出, 大地亦染汙. 식이복배출, 대지역염오.
사람을 즐겁게 하는 아이스크림, 맛있는 쌀밥과 채소는
먹어서 몸 안에 들어간 뒤 다시 배설되어 나와서 결국은 대지마저
더럽혀버립니다.

사람의 입맛을 즐겁게 하는 아이스크림, 쌀밥과 채소 등은 먹어서
몸 안에 들어간 뒤 다시 배설돼 나와 결국은 대지마저 더럽히는데,
이 같은 결과를 만들어내는 몸의 부정함은 더 이상 말할 것도 없다.

ⓒ 시체의 모습을 관찰함으로써 부정함을 논함
垢身濁如此, 親見若複疑, 구신탁여차, 친견약복의,
應觀寒尸林, 腐身不淨景. 응관한시림, 부신부정경.
몸뚱이가 이와 같이 더러운 것이라는 사실이 여전히 의심된다면,
시다림 터에 썩어 냄새 나는 버려진 시체의 역겨운 정경을 보면 됩니다.

皮表迸裂屍, 見者生大畏, 피표병렬시, 견자생대외,
知已復何能, 好色生歡喜? 지이부하능, 호색생환희?
내장이 다 파열된 시체의 모습을 본 사람은 누구나 두려워하는데,
몸의 참모습을 안 뒤에 어찌 다시 그 더러운 몸뚱이를 탐애할 수
있겠습니까?

시다림 터에서 그 표피 터지고 혈육이 더럽게 어질러져 있는 썩은
시체의 정경을 본 사람은 누구나 큰 두려움에 휩싸인다. 이렇듯 몸의

진상을 잘 알고 난 뒤, 누가 다시 그 더러운 몸뚱이를 탐애할 수
있겠는가?


ⓒ 신체가 깨끗한 것이라고 착각함을 타파함
ⓐ 몸에서 나는 향기에 탐착하는 것은 어리석음

塗身微妙香, 栴檀非她身, 도신미묘향, 전단비저신,

何以因異香, 貪著她身軀? 하이인이향, 탐착타신구?

몸에서 풍기는 미묘한 향기는 몸에 바른 단향목의 향수에서 나오는
것이지

그녀의 몸에서 나오는 것이 아닌데, 왜 향이 아닌 여인의 몸뚱이를
탐착하는 것입니까?


身味若本臭, 不貪豈非善? 신미약본취, 불탐기비선?

貪俗無聊輩, 爲何身塗香? 탐속무료배, 위하신도향?

신체의 자성이 본래 더럽고 역겨운 것이라면, 이것을 탐착하지 않는
것이 지혜로운 일이 아니겠습니까?

부질없는 저속함을 탐애하는 무료한 무리들이여, 왜 더러운 몸 위에
향수를 바르려고만 합니까?


若香屬栴檀, 身出乃異味, 약향속전단, 신출내이미,

何以因異香, 貪愛女身軀? 하이인이향, 탐애녀신구?

오묘한 향기가 단향목의 향수에서 나오는 것이고, 몸뚱이의 냄새는
이와 완전히 다른 것이라면,

아무런 상관도 없는 향기를 위해 여인의 몸뚱이를 탐하고 집착할 필요가 있겠습니까?[296]

ⓑ 몸은 본래 더러운 것이기에 탐착하는 것은 어리석음

長發汚修爪, 黃牙泥臭味, 장발오수조, 황아니취미,

皆令人怖畏, 軀體自本性, 개령인포외, 구체자본성,

如傷己利刃, 何故勤擦拭? 여상기리인, 하고근찰식?

난잡하게 흐트러진 긴 머리카락, 길고 뾰족한 시커먼 손톱, 누런 이빨, 비지땀으로 악취를 풍기는 온몸,

이는 모두 인간을 두려움에 떨게 하는 것으로 인체의 본래면목입니다.

이는 마치 자신을 해치는 무기를 날카롭게 갈고 있는 것과 같은데,

어찌하여 부지런히 몸뚱이를 치장하는 것입니까?

육체를 단장하지 않으면 길게 자란 머리카락은 난잡하게 흐트러지고, 손톱은 길고 뾰족하게 자라 시커멓게 되며, 이빨은 누렇게 변하고, 온몸에는 비지땀으로 악취가 난다. 원래 이렇듯 두렵고 더러운 것을 몸뚱이를 집착해야 하겠는가? 이는 자기 자신을 해치는 무기를 날카롭게 갈고 있는 것과 같은데, 그대는 왜 필사적으로 자기의 몸뚱이를

---

296 이렇듯 자세히 분석해 보면 중생이 탐착하는 대상은 허망한 망상일 뿐, 사실 결코 존재하지 않는 것이며 습관적으로 자기 자신을 속인 것일 뿐이다. 중생들은 항상 허망한 망상 습관에 의지하여 맹목적으로 탐욕을 일으키는데, 지혜로 이런 망상집착을 타파하지 않는다면 스스로 고통을 자초하는 어리석은 행동은 영원히 끝나지 않는다.

치장하는가?[297]

ⓒ 몸을 좋아하는 것은 어리석음

自迷癡狂徒, 嗚呼滿天下! 자미치광도, 오호만천하!

오호라! 자기 몸뚱이에 속고 있는 어리석고 미친 무리들이 세상 어디에나 가득합니다!

寒林唯見骨, 意若生厭離, 한림유견골, 의약생염리,

豈樂活白骨, 充塞寒林城? 기락활백골, 충색한림성?

송장 터의 해골은 보기만 해도 두려워하고 꺼려하게 되는데

움직이는 백골로 가득 찬 세속의 송장 터는 어찌 좋아하는 것입니까?

　사람의 신체는 생전이든 사후든 모두가 마찬가지로 가죽과 고기로 장식된 백골이다. 송장 터에 누운 해골이 전혀 움직이지 않는데도 사람들은 그것을 보면 자연스레 두려움과 꺼리는 마음을 일으킨다. 그렇다면 활동하는 백골이 가득한 도시, 이런 거대한 송장 터를 그대는 어찌 탐하고 연연해하는가?[298]

---

297 본성이 부정한 몸뚱이는 어떻게 거짓으로 가꾸든 간에 역시 그저 부정한 물건일 뿐이다. 용수보살은 "똥 무더기가 비록 색깔이 아주 아름다우며 형태가 보기 좋다 하여도 이를 탐하지 않듯이, 여색 역시 이와 같다."라고 한다. 수행자들은 모르지기 미혹됨을 타파하고 몸뚱이에 대한 탐착을 끊어 없애야 비로소 고해에서 벗어나 해탈을 얻을 수 있다.

298 살아있는 사람이나 송장 터의 해골이나 본질상 별다른 차이가 없다. 돈주 법왕은 프랑스에서 번화한 도시와 잘 정돈된 공동묘지를 보고, "아, 이곳의

### ③오욕을 탐착함으로 인한 해로움을 관찰함

復次女垢身, 無酬不可得, 부차녀구신, 무수불가득,

今生逐塵勞, 彼世遭獄難. 금생축진로, 피세조옥난.

게다가 더러움으로 가득한 여자의 몸뚱이는 대가를 지불하지 않으면 얻을 수 없습니다.

여인을 탐하는 자는 금생에서는 그녀를 위해 바쁘게 뛰어다녀야 하며, 내생에서는 지옥의 재난을 당하게 됩니다.


여인을 탐하는 사람은 일생동안 힘든 노동과 고통과 근심 번뇌가 멈추지 않는다. 또한 재산에 대한 여인의 탐심을 만족시키기 위해 어떤 남자들은 수단방법을 가리지 않고 재물을 얻는다. 게다가 여인과 함께 사는 것은 종종 부정행의 죄를 짓게 한다. 이런 죄업으로 후세에 더욱 지옥 속의 극심한 고통을 당하게 된다.


㉑오욕을 향유할 기회가 사실상 거의 없음

少無生財力, 及長怎享樂? 소무생재력, 급장즘향락?

財積壽漸近, 衰老欲何爲? 재적수점근, 쇠로욕하위?

어렸을 때는 돈을 벌 능력이 없었고, 어른이 된 후 무엇에 의지해

---

시체와 살아 움직이는 시체는 모두가 좋은 거처를 갖고 있구나."라고 말한 바 있다. 하지만 세속에서 살아 움직이는 백골은 일반 송장 터의 해골보다 훨씬 무섭다. 왜냐하면 세속의 백골은 어떤 것들은 화를 내고, 어떤 것들은 탐욕을 일으키며, 거기 사는 사람들로 하여금 자신도 어쩔 수 없이 죄를 짓게 만들기 때문이다.

욕망을 누릴 것입니까?

힘들게 노동하며 금전과 재물이 모이기 시작하기를 기다리다 보면 이미 늙어버리는데, 노쇠한 늙은이가 색욕을 탐하여 무엇을 하겠습니까?

어렸을 때는 여인을 얻을 돈을 벌 능력이 없었고, 어른이 되어서는 축적된 재산이 없으니 무엇에 의지해 욕망을 누릴 것인가? 장성하여 힘들게 노동하며 재물이 모이기를 기다리다 보면 이미 늙어버리게 되니, 노쇠한 늙은이가 색욕을 탐하여 무엇 하겠는가?

多欲卑下人, 白日勞力竭, 다욕비하인, 백일노력갈,
夜歸精氣散, 身如死屍眠. 야귀정기산, 신여사시면.
욕망이 많은 어떤 천한 사람들은 대낮의 노동으로 체력이 소모되어 집에 돌아오면 기운이 다해 시체 같이 잠에 빠져버립니다.

욕망에 사로잡힌 어떤 하천한 사람은 대낮의 노동으로 체력을 소모하여 집에 돌아오면 피곤이 극에 달하여 시체 같은 몸으로 잠에 빠지므로 근본적으로 욕망의 탐락을 누릴 방법이 없다.

或需赴他鄕, 長途曆辛勞, 혹수부타향, 장도력신로,
雖欲會嬌妻, 終年不相見. 수욕회교처, 종년불상견.
어떤 사람들은 생계를 위해 타향으로 떠나 긴 여행의 고통과 어려움을 겪습니다.

사랑하는 아내와의 상봉을 갈망해도 일 년에 한 번 만나는 것도 어렵습니다.

어떤 사람들은 생계를 위해 타향으로 떠나 긴 여행의 고통과 어려움을 겪으며, 비록 그들이 매력적인 아내와의 상봉을 갈망해도 일 년에 한 번 만나는 것도 어려운데, 욕망을 누리는 것은 더욱 힘들다.

㉘오욕을 탐하는 과보가 엄중함
㉠신체의 고통을 얻음
**或人爲謀利, 因愚賣身詑**, 혹인위모리, 인우매신홀,
**然利猶未得, 空隨業風去**. 연리유미득, 공수업풍거.
어떤 사람들은 이익을 얻기 위해 어리석게도 자신을 팔아버리지만 재물은 손에 쥐지 못하고 업의 바람에 휘둘려 세월만 보냅니다.

또 어떤 사람은 자그마한 이익과 생계를 위해 우매하게 자기의 몸을 팔아버리지만, 실제로 얻어야 할 재물은 자기 손에 들어오지 않고, 처자 등 업의 바람에 휘둘려 자유 없이 세월만 보내며 금생과 내세에 고통을 받는다.

**或人自售身, 任隨他指使**, 혹인자수신, 임수타지사,
**妻妾縱臨產, 荒郊樹下生**. 처첩종림산, 황교수하생.
어떤 사람은 스스로 그 몸을 팔아 자유를 잃고 주인에게 고용되니 그 아내는 출산에 임박하여 황야나 나무 아래에서 아이를 낳을 수

있을 뿐입니다.[299]

欲欺凡夫謂; 求活謀生故, 욕기범부위; 구활모생고,
慮喪赴疆場, 爲利成傭奴. 여상부강장, 위리성용노.

탐욕에 속은 범부는 말합니다. 먹고 살아야 하기 때문에
목숨을 잃을까 염려하면서도 삶의 전쟁터로 나가고, 쥐꼬리만큼의
작은 이익을 위해 노예가 된다고.[300]

爲欲或喪身, 或竪利戈尖, 위욕혹상신, 혹수리과첨,

---

299 고대의 풍속에 따르면 하인의 아내는 주인의 집에서 아이를 낳을 수 없었다.
게다가 하인 부부에게는 집이 없다. 따라서 그저 사람 없는 황야나 큰 나무
아래의 빈터 혹은 부서진 담벼락 아래에서 출산을 해야만 한다. 그녀의 남편은
주인을 위해 죽어라 일해야 해서 그녀를 돌볼 짬이 없으니, 산부 혼자 이
일을 치른다. 이렇듯 죽어라 일하지만 그 결과는 극심한 고통일 뿐인 것이다.
이러한 고통의 근원은 탐욕이다. 세간에 대한 희구를 끊어 없앤다면 생활상에는
근본적으로 이러한 고난이 없다. 어떤 출가인은 내게 "내가 원래 머리카락이
있을 때는 수많은 골치 아픈 일들이 있었으나, 지금은 머리카락이 없어서
내 생각에 골치 아픈 일이 줄어들고 아주 자유로워졌다."라고 말했다. 탐욕의
머리카락이 있을 때는 생활하는 곳곳에서 사람들의 견제를 받으며 장애의
고통이 아주 많지만, 탐욕의 머리카락을 깎아버리면 수많은 고통이 끊어지는
것이다.

300 중생은 종종 세간에서의 작은 이익을 얻기 위해 큰 이익을 잃어버린다. 안락을
얻기 원하면서도 고통이 가득할 뿐인데, 이는 모두 탐욕의 기만이 일으키는
것이다. 이에 대해 잘 아는 현명한 자라면 그 누가 재물과 여색을 추구하기
위해 분투하겠는가? 욕망에 속아 넋이 나간 중생은 이런 전도되고 미혹된
마음 상태와 행위에 빠지니 실로 가련하고 한탄스런 일이다.

或遭短矛刺, 乃至火焚燒. 혹조단모자, 내지화분소.

탐욕으로 인해 어떤 사람은 자기 몸을 잃거나 온몸이 날카로운 창끝에
관통되거나[301]

짧은 창에 찔리거나 불속에 집어 던져져 죽습니다.

탐욕에 속아서 범부 중생은 필사적으로 재물과 여색을 추구한다.
심지어는 갖가지 훔치고 강탈하는 등의 불법 수단을 사용하길 서슴지
않으며, 그 결과 탐욕을 이루기 전에 오히려 이로 인해 소중한 생명을
잃는다.

ⓛ 해탈에 장애가 됨

積護耗盡苦, 應知財多禍, 적호모진고, 응지재다화,

貪金渙散人, 脫苦遙無期. 탐금환산인, 탈고요무기.

재물의 축적과 유지, 소비 과정이 모두 고통의 원인이므로 재산이
끝없는 재앙의 근원이란 걸 알아야 합니다.

금전을 탐하여 정신이 산란해진 사람에게는 윤회의 고통에서 해탈할
수 있는 기회가 영원히 없습니다.

재물을 탐하고 집착하는 사람은 자기 마음이 그것으로 인해 흔들려
서 하루 종일 산란하기 그지없다. 근본적으로 선법을 마음 모아 듣고

---

301 옛날 인도 사람들은 죄인을 처벌할 때 때때로 날카로운 창을 사용하여 범인의
   몸을 아래에서 위로 관통한 뒤 길거리에 내걸었다.

생각하고 익힐 수 없어 삼계 윤회의 고통에서 해탈하는 것을 희구할 수 없다.

㉢ 수레를 끄는 가축처럼 이익이 매우 적음

貪欲生衆苦, 害多福利少, 탐욕생중고, 해다복리소,

如彼拖車牲, 唯得數口草. 여피타거생, 유득수구초.

재물에 대한 탐욕은 수많은 고통을 불러 손해는 많고 이익이 적은 것이니

수레를 끌고 있는 가축이 입을 벌려 고작 몇 장의 풀을 얻어먹는 것과 같습니다.

소나 말이 무거운 수레를 끌고 앞으로 갈 때, 길가의 풀을 보고 유혹을 이기지 못해 목을 내밀어 먹으면 마부의 채찍질이 즉시 시작된다. 때로는 수레가 관성에 의해 밀려와서 가축들을 압사시키기도 한다. 입에 얻은 몇 장의 풀은 근본적으로 기아 혹은 식탐의 문제를 해결할 수 없고, 그것이 가져오는 재앙은 이처럼 엄중하니, 이 축생들은 얼마나 어리석고 무지한 것인가!

㉣ 가만한 몸을 얻은 소중한 기회를 소모함

彼利極微薄, 雖畜不難得, 피리극미박, 수축불난득,

爲彼勤苦衆, 竟毀暇滿身. 위피근고중, 경훼가만신.

가족의 생계를 유지하는 것 같은 사소한 이익은 축생조차도 어렵지 않게 해냅니다.

438

무지한 사람들은 의외로 이런 것을 위해 바삐 움직이며 고통을 당하고 가만난득의 인생을 낭비합니다.

사실 가족의 생계를 유지하는 음식을 조달하는 정도의 작은 이익은 짐승조차도 어렵지 않게 해 낸다. 『치제자서』에 "선서께서 중생을 인도하여 길을 알려주면 큰 능력을 갖춘 상근기의 사람은 능히 얻으나, 천룡·비천·대붕·지명자·인비인人非人³⁰²의 대부분은 그를 얻지 못한다."라고 하였다. 보리심의 원만공덕을 닦을 가만한 사람 몸을 얻었으면서도 과거 업력의 부림을 받아 인과의 취사를 알지 못하는 사람들은 시간을 낭비할 뿐이다.

㉤오욕을 위해 겪는 고통은 전혀 의미가 없음
**諸欲終壞滅, 貪彼易墮獄,** 제욕종괴멸, 탐피이타옥,
**爲此瞬息樂, 須久曆艱困.** 위차순식락, 수구력간곤.
결국은 훼멸될 무상의 법인 욕망에 탐하고 집착함으로써 지옥에 떨어지게 됩니다.
순간의 향락을 누린 대가로 오랜 시간 힘든 고난을 참고 견뎌야 합니다.

---

302 '인비인人非人'은 천룡팔부를 말한다. 천룡팔부는 불법을 지키는 여덟 신장神將. 곧 천신과 용(天龍), 야차夜叉, 건달바, 아수라阿修羅, 가루라迦樓羅, 긴나라緊那羅, 마후라가摩喉羅迦로 천신과 용을 으뜸으로 삼아 천룡팔부라고 부른다. 천룡팔부는 사람 모습을 하고 불전에서 법을 듣기에 사람과 유사하지만 사람이 아니라서 '인비인'이라 하는 것이다.

욕망은 결국은 훼멸될 무상의 법인데 탐하고 집착함으로써 쉽게 지옥에 떨어지게 만든다. 큰 이익은 조금도 없고 순간 향락의 대가로 오랜 시간 동안 힘든 고난을 참고 견뎌야 한다.

彼困千萬分, 便足成佛道, 피곤천만분, 편족성불도,

欲者較菩薩, 苦多無菩提. 욕자교보살, 고다무보리.

욕망을 추구하는 대가로 지불하는 노력의 천만분의 일일지라도 무상 불도를 성취하기에 족합니다.

보살과 비교해볼 때 탐애하는 자의 고난은 끝없고 보리는 없습니다.

욕망을 추구하는 대가로 지불하는 힘든 노력의 천만분의 일만이라도 정법을 수행하면 무상의 불도를 성취하기에 족하다. 보살행을 수행하는 보살과 비교해볼 때, 탐욕 많은 자가 받는 고난은 보살행을 행하는 자의 고생에 비하면 크고 더 많아도 보리를 깨달아 얻을 복은 없다.[303]

ⓑ 고통은 비할 데 없이 심각함

思維地獄苦, 始知諸欲患, 사유지옥고, 시지제욕환,

---

303 불도로 들어서서 수행 과정에서 겪는 괴로움은 세간에서 욕망을 추구하는 고통과 비교해볼 때 근본적으로 별 게 아니다. 그리고 대승 불법의 비할 데 없이 뛰어난 방편으로 수행자는 비할 데 없는 안락 속에 들어갈 수 있으며 궁극적인 해탈의 피안으로 들어설 수 있다. 그러나 세상 사람들은 무명과 무지로 인해 합리적인 취사선택을 근본적으로 알지 못하여 탐욕을 추구하는 미혹 속으로 빠져 들어가 끝없는 윤회에서 고통을 당한다.

非毒兵器火, 險地所能擬. 비독병기화, 험지소능의.

지옥의 고통을 자세히 사유해 보면 오욕이 사람에게 미치는 상해를 금방 알 수 있습니다.

독약, 무기, 화재, 위험한 절벽, 원수의 재앙 등은 비교도 안 됩니다.

탐욕의 과보인 지옥 악취의 고통을 자세히 사유한다면, 독약이나 무기, 큰불, 위험한 절벽, 원수의 재앙 등과도 비교가 안 될 정도이니, 오욕이 사람에게 미치는 상해가 큰 것을 금방 알 수 있다.

### (2) 적정처에 안주함에 대해 좋아하는 마음을 일으킴

故當厭諸欲, 欣樂阿蘭若. 고당염제욕, 흔락아란야.

그러므로 마땅히 오욕을 멀리하고 적정한 정사에 즐거이 안주하여야 합니다.

따라서 위의 가르침을 종합하면, 초학자인 보살은 응당 오욕을 꺼리고 멀리하며 적정한 곳에서 즐거이 안주하여 선정을 수행해야 한다.

### ① 적정처의 원만함

離諍無煩惱, 寂靜山林中, 이쟁무번뇌, 적정산림중,

皎潔明月光, 淸涼似檀香. 교결명월광, 청량사단향.

傾泄平石上, 如宮意生歡. 경설평석상, 여궁의생환.

林風無聲息, 徐徐默吹送. 임풍무성식, 서서묵취송.

有福瑜伽士, 踱步思利他. 유복유가사, 탁보사리타.

선정을 수행하며 다툼과 번뇌가 없는 평화로운 산림에서 지내야 합니다.
휘영청 밝은 달빛이 마치 전단향 이슬처럼 청량하게
넓고 편평한 암석 위에 흩뿌려지고,
수행하는 바위 동굴은 편안하기가 마치 왕궁과 같아
사람 마음을 가볍고 유쾌하게 만듭니다.
숲속엔 아무 소리도 나지 않고 미풍이 부드럽게 불어오는데
복덕 있는 유가행자는 천천히 거닐며 중생을 위하는 보리심을 고요히
생각합니다.

　외적인 경계와의 다툼도 없고 내심의 번뇌도 없으며 도둑과 강도의
위협도 없는 평화로운 산림 속에서 지낸다. 휘영청 밝은 달빛이 가볍고
부드럽게 넓고 편평한 암석 위에 흩뿌려져서 청량하기가 마치 전단향
의 냄새와 같고, 선을 수행하는 암굴은 편안하기가 마치 왕궁과 같아서
사람 마음을 가볍고 유쾌하게 만든다. 숲속엔 아무 소리도 나지 않고
미풍이 부드럽게 불어오는데, 복덕 있는 유가瑜伽 행자는 이러한 적정
처를 천천히 거닐며 고요히 중생을 위하는 보리심을 생각한다.

## ② 적정처의 안락함

空舍岩洞樹, 隨時任意住, 공사암동수, 수시임의주,
盡捨護持苦, 無忌恣意行. 진사호지고, 무기자의행.

사람이 없는 초막집, 바위굴과 큰 나무 아래에 언제든지 마음대로
안주할 수 있고

재산을 쌓고 지키는 고통이 없으며 아무런 구속 없이 수행에 집중할
수 있습니다.

　사람 하나 없는 초막집, 바위굴과 큰 나무 아래에 모두 언제나
맘대로 안주할 수 있다. 이로써 오욕의 즐거움을 누리고 지키려는
집착에서 오는 모든 고통이 없어지니, 아무런 걱정 없이 한가하게
수행에 집중할 수 있다.

離貪自在行, 誰亦不想幹, 이탐자재행, 수역불상간,
王侯亦難享, 知足閑居歡. 왕후역난향, 지족한거환.
탐착을 멀리하고 자유자재한 수행자는 그 누구도 그를 방해할 수
없습니다.
왕후라 할지라도 안분지족하며 한가로이 거하는 즐거움을 누리기
어렵습니다.

　수행인의 심신이 세속에서 벗어나 적정한 산림에 안주할 때 자신이
원하는 대로 할 수 있다. 자유자재한 수행자는 이렇게 탐착을 멀리하여
그 누구도 그를 방해할 수 없으니, 제석천왕 같은 천인이라 할지라도
이런 지족의 산에 거하는 수행의 즐거움을 누리기 힘들다. 『치제자서致
弟子書』에 "깨끗하고 둥근 달 바퀴로 장엄되고, 산허리에는 구름이
겹겹이 둘렀으며, 산 위의 숲속에서 탐착이 없이 바람에 날리는 대로
평생의 큰 인연을 짓고, 산림의 들짐승과 무리지어 안식하며, 마음에
맞는 아름다운 곳은 모두 행복을 주니, 이같이 기쁜 천계의 정원에

자연석의 널판이 펼쳐져 있다."라고 한 것처럼, 여기서는 마음의 고요
함에 대해 환희심이 일어남을 설하셨다.


## 3. 전념으로 선정을 수행함

遠離諸塵緣, 思彼具功德, 원리제진연, 사피구공덕,

盡息諸分別, 觀修菩提心. 진식제분별, 관수보리심.

티끌의 인연을 멀리하고 여러 가지 공덕을 갖춘 고요한 곳에 편안히
안주한 뒤

망상분별을 멈추고 대승의 보리심을 관상해야 합니다.


　　위와 같이 사유하여 신심의 티끌 인연(塵緣)을 멀리하고, 고요한
곳의 여러 가지 공덕에 편안히 안주한 뒤 곧바로 망상분별을 멈추고
대승의 보리심을 관상해야 한다.


### 1) 세속보리심을 수행함

### (1) 자타평등 수행

### ①자타평등 수행을 해야 함

首當勤觀修, 自他本平等. 수당근관수, 자타본평등

우선 부지런히 자타가 본래 평등함을 관수해야 합니다.


　　우선 자기와 타인은 본래 평등하다는 것을 부지런히 관수(관상)해야
한다. 자타평등의 보리심을 갖추지 못하면 남들을 이롭게 하는 청정심

이 생기기 어렵다.

### ②자타평등 수행법

**避苦求樂等, 護他如護己.** 피고구락등, 호타여호기.

고통을 피하고 행복을 추구하는 것은 나와 남이 똑같기 때문에 자기를 사랑하는 것처럼 다른 중생들을 사랑해야 합니다.

　모든 중생이 심신의 고통을 피하고 행복을 향유하길 바라므로 우리는 마땅히 자신을 아끼는 것처럼 다른 중생을 아껴야 한다.

### ㉮자타평등심은 능히 일으킬 수 있음

**手足肢雖衆, 護如身相同,** 수족지수중, 호여신상동,
**衆生苦樂殊, 求樂與我同.** 중생고락수, 구락여아동.

손발 등 부위가 달라도 그 모두가 보호해야 할 하나의 몸인 것처럼 중생의 고락은 비록 서로 다르더라도 행복을 추구하는 것은 나와 똑같습니다.

　몸에 손발 등 서로 다른 부위가 있지만, 그 부위 모두가 보호해야 할 하나의 몸인 것처럼 중생의 고락과 느낌은 비록 천차만별이나, 고통을 여의고 행복을 추구하는 바람은 자신과 완전히 똑같다.

**雖我所受苦, 不傷他人身,** 수아소수고, 불상타인신,
**此苦亦當除, 執我難忍故,** 차고역당제, 집아난인고,

如是他諸苦, 雖不臨吾身, 여시타제고, 수불림오신,

彼苦仍應除, 執我難忍故. 피고잉응제, 집아난인고.

비록 자신이 느끼는 고통이 다른 사람의 몸과 마음을 상하게 하지는 못하지만

마땅히 이런 고통을 없애야 하나니, 자신의 몸을 '나'로 집착하여 참기 어려워지기 때문입니다.

마찬가지로 타인이 당하는 고통 역시 나의 몸에 옮겨질 수는 없지만 마땅히 그 고통들을 없애야 하나니, 타인의 몸을 '나'로 집착하여 견디기 어려워지기 때문입니다.

나와 남의 고통은 서로 해 끼치는 영향을 줄 것이 없는데, 어떻게 자타평등의 마음을 일으킬 수 있을까?

내가 어떤 고통을 느낄 때, 예를 들어 내 병이 아주 심하여 온몸에 열이 날 때 그것이 다른 사람의 몸과 마음을 고통스럽게 하지는 못한다. 하지만 그 고통을 없애 버려야 한다. 왜냐하면 일상생활에서 몸을 '나'로 집착하는 습기가 반복적으로 몸에 익어서, 신체가 병에 걸렸을 때 '나'가 아주 힘들어지기 때문이다.

마찬가지로 타인이 당하는 고통이 나의 몸에 옮겨올 수는 없다. 하지만 나는 응당 그 고통들을 없애야 한다. 왜냐하면 우리가 자타평등 보리심을 잘 수행한다면, 다른 사람의 신체에 대해서도 자신의 것과 평등하게 집착을 일으켜서 그의 병으로 인해 견디기 어렵게 되기 때문이다.

지혜로써 일체중생을 모두 '나의 중생'으로 관상하고, 수행이 성숙된

446

후에는 일체중생과 현재의 '나'가 아무런 차이도 없게 되니, 자기 자신을 보호하듯 똑같이 중생들을 보호하게 된다.

㉴자타평등심을 마땅히 일으켜야 함
㉠자타평등심을 일으킬 수 있는 이유
ⓐ자타의 고락은 본질적으로 서로 동등함

吾應除他苦, 他苦如自苦, 오응제타고, 타고여자고,

吾當利樂他, 有情如吾身. 오당리락타, 유정여오신.

나는 응당 타인의 고통을 없애줘야 합니다. 왜냐하면 그들의 고통이 나의 고통과 같기 때문입니다.

나는 응당 중생을 이롭게 해야 합니다. 왜냐하면 중생은 곧 나 자신의 몸이기 때문입니다.

ⓑ고통을 싫어하고 안락을 좋아함이 동등함

自與他雙方, 求樂旣相同, 자여타쌍방, 구락기상동,

自他何差殊? 何故求獨樂? 자타하차수? 하고구독악?

自與他雙方, 惡苦旣相同, 자여타쌍방, 낙고기상동,

自他何差殊? 何故唯自護? 자타하차수? 하고유자호?

자타가 모두 똑같이 안락을 추구하는데
자타에 무슨 다름이 있겠습니까? 왜 자신의 행복만 추구하는 것입니까?
자타가 모두 똑같이 고통을 싫어하는데
자타에 무슨 다름이 있겠습니까? 왜 자기 자신만 보호하는 것입니까?

자신과 타인 모두 똑같이 안락을 추구하는데, 나와 다른 이의 욕구에 무슨 차별이 있는가? 왜 그저 자기 한 사람의 행복만 추구하는가? 마찬가지로 자타 모두 똑같이 고통을 싫어하는데, 타인과 나의 심리적 요구에 어떤 차이가 있단 말인가? 왜 타인을 위하지는 않고 그저 나 자신만 아끼는가?

여기서 자신과 타인이 추구하는 것이 결국은 서로 같다는 각도에서 말하고 있다. 취하고 버리는 면에서는 나와 중생이 차별이 없기 때문이다.


ⓛ 자타평등심을 주도면밀하게 일으킴

ⓐ 고통을 보호할 필요가 없다고 여기는 오류

**謂彼不傷吾, 故不護他苦**, 위피불상오, 고불호타고,

**後苦不害今, 何故汝防護?** 후고불해금, 하고여방호?

**若謂當受苦, 此誠邪思維**, 약위당수고, 차성사사유,

**亡者他體故, 生者亦複然**. 망자타체고, 생자역복연.

남의 고통이 나에게 해를 끼치지 않아서 남의의 고통을 없애줄 필요가 없다고 말한다면,

미래의 고통 역시 지금 당신을 괴롭히지 않는데 어째서 그 고통을 미리 막으려 하는 것입니까?

(재앙을 미리 방지하지 않으면) 나중에 고난을 겪게 된다고 말한다면, 이것은 완전히 그릇된 망념입니다.

죽은 이는 다른 개체이고, 생을 바꿔 고난을 당하는 이 역시 또 다른 생명체이기 때문입니다.

만일 어떤 중생의 고통이 나에게 해를 끼치는 것이 아니기에 그를
보호하고 그의 고통을 풀어 없애줄 필요가 없다고 말한다면, 아직
일어나지 않은 미래의 자기 고통 역시 지금은 당신을 괴롭히지 않는데,
왜 그 고통을 미리 막으려 하는가?[304] 재앙을 미리 방지하지 않으면
나중에 내가 고난을 겪게 될 수 있다 말한다면, 이것은 완전히 그릇된
망념이다. 지금 여기의 '나'가 어떻게 미래의 고통을 당할 수 있는가?
죽은 이는 다른 개체이고, 생을 바꿔 고난을 당하는 이는 또 다른
생명체이기 때문이다. 다른 개체인 자신의 내생의 고통은 방비하고
역시 다른 개체인 중생의 고통은 돌아보지 않음은 전도된 생각이다.[305]

---

[304] 타인의 고통은 현재 당신이 느낄 방법이 없고 또 당신에게 상해를 입히지도
않기 때문에 상관할 필요가 없다고 한다면, 당신이 앞으로 부닥치게 될 고통에
대해서도 지금은 애써 끊어 없애려 하지 말아야 한다. 우리가 지금 악업을
지으면 앞으로 악도에 떨어져 고난을 당할 것이다. 하지만 그런 고통은 지금은
우리가 결코 느낄 수 없는 것이니, 악도에 떨어지는 고통을 미리 막으려 하지
않아도 되는 것이다. 이 얼마나 어불성설인가? 젊었을 때 재산을 모아서 노년을
준비할 필요가 없다고 주장하는 것과 무엇이 다른가? 따라서 남의 고통은
없애줄 필요가 없다는 관점은 성립되지 않는다.

[305] 어떤 사람은 "후세에 자신에게 닥치는 고통은 자신이 지금은 느끼지 못한다
하더라도 여전히 방비할 필요가 있다. 왜냐하면 이런 고통은 앞으로 반드시
내 몸에 발생할 것이기 때문이다. 그러나 어떠한 상황에서도 타인이 겪는
일은 나는 느끼지 못한다."라고 말한다. 적천보살은 이런 생각을 엄중하게
꾸짖으며, 지금의 그대가 미래에 고통을 당할 수 있다고 생각하는 것은 일종의
사견임을 밝히고 있다.

사람이 죽으면 지·수·화·풍 사대로 형성된 신체는 즉시 흩어져 사라진다.
변화하지 않는 물건은 하나도 찾아볼 수 없다. 그대가 후세에 이르러 다시
태어날 때 그대는 사실상 이미 완전히 다른 사람으로 변해 있다. 오온의

ⓑ 나와 남이 서로 다르기에 보호할 필요가 없다고 여기는 오류

**若謂自身苦, 應由自防護,** 약위자신고, 응유자방호,

**足苦非手苦, 何故手護足?** 족고비수고, 하고수호족?

내 몸에 고통이 발생하면 당연히 내 자신이 보호하고 막아내야 한다고
말한다면,

발의 고통은 손의 고통이 아닌데, 손이 어째서 발을 보호하는 것입니까?

　가령 어느 한 사람의 몸에 어떤 고통이 발생하면, 응당 고통을
당하는 자신이 보호하고 막아내야지 남이 막아주는 것이 아니라고
한다면, 발의 고통은 손의 고통에 속하지 않는데, 손은 어째서 쓸데없이
나서서 발을 보호하는 데 바삐 움직이는가?[306]

---

신체는 지금 이 순간에도 쉼 없이 변화하고 있다. 일반 사람들이 집착하는
오온의 '나'는 근본적으로 고정불변의 실체로 존재하는 것이 아닌데, 지금의
'나'가 어떻게 미래까지 이어져 괴로움을 당할 수 있겠는가?그럼에도 불구하고
보통 사람들은 전세와 후세 사이에 동일한 마음의 흐름의 '나'가 있으며, 현재의
'나'가 자기 자신을 지키고 보호하지 않는다면 나중에 고난을 겪을 것이라고
집착한다. 하지만 이것은 그저 하나의 집착에 불과하다. 이런 집착 때문에
중생들은 가짜로 세워진 '나'를 출발점으로 삼아 행동한다. 즉 나의 고통,
나의 몸, 나의 운명, 나의 미래라고 집착하고 다른 중생은 버리고 돌보지
않는 것이다.

306 발이 찌르듯 아플 때 손은 고통을 결코 느낄 수 없다. 그런데도 손은 곧바로
바삐 움직여 발의 통증을 풀어 없애려 도와준다. 이러한 행위는 "자신의 고통은
마땅히 자기가 해결해야 한다."라는 관점을 명확하게 뒤집는 것이다. 다른
사람의 고통에 당신이 관여하지 않아야 한다면, 당신은 어째서 부모나 자녀
등이 고통을 당할 때 그들을 분주히 위로해주고 돌봐주게 되는가? 자타평등은

ⓒ 자타를 분별하는 사견을 마땅히 끊어내야 함

若謂此非理, 執我故如此, 약위차비리, 집아고여차.

執自他非理, 唯當極力斷. 집자타비리, 유당극력단.

손으로 발을 보호하는 것이 이치에 맞지 않지만, 자신이 '나'에 집착하는 게 이미 습관화되어 있어서 그렇게 하는 것입니다.

자타가 다르다고 집착하는 분별 역시 이치에 맞지 않으니, 마땅히 온 힘을 다해 윤회의 근본인 이러한 사견을 끊어 없애야 합니다.

相續與蘊聚, 假名如軍鬘, 상속여온취, 가명여군만,

本無受苦者, 誰復感彼苦? 본무수고자, 수복감피고?

旣無受苦者, 諸苦無分別. 기무수고자, 제고무분별.

전생과 후생의 마음의 흐름과 오온의 취합은 '염주'나 '군대'처럼 그저 가짜 이름에 불과할 뿐입니다.

고통받는 사람이 본래 없는데 누가 고통을 받는단 말입니까?

고통받는 이가 존재하지 않는다면 고통 역시 아무런 구별이 없는 것입니다.

어떤 사람은 주장하기를, 전세와 후세는 한 사람의 연속이고 손발은 자기의 한 몸이어서 다른 중생을 보호하는 것과는 같이 볼 수 없다고 한다. 이에 대해 반론을 한다면, 전세·후세의 마음 흐름은 각기 다른 염주 알이 모여 하나의 염주가 된 것과 같고, 오온五蘊의 취합聚合은

순리에 맞는 실상의 법이어서 무엇이든 이에 위배되는 관점은 성립될 수 없는 것이다.

각기 다른 병사가 모여 한 군대가 이루어짐과 같아서 모두 그저 가짜 이름에 불과할 뿐으로 독립되어 실재하는 본성이 없이 허망한 것과 마찬가지라고 할 수 있다.

또는 이 같은 대상 경계와 시간이 비록 다른 체라도 느끼는 것은 한 사람이고 이 때문에 보호받아야 한다고 주장한다면, 고통받는 사람이 본래 없는데 누가 고통을 받는단 말인가? 고통받는 이가 사실상 독립적으로 스스로 존재하지 않는다면, 자타일체가 고르게 차별이 없기에 고통 역시 아무런 자타의 구별이 없는 것이다.

㉣ 논쟁을 통해 자타평등의 관점을 강조함

苦故卽當除, 何需强區分? 고고즉당제, 하수강구분?

不應有此諍, 何需除他苦? 불응유차쟁, 하수제타고?

欲除悉應除, 否則自如他. 욕제실응제, 부즉자여타.

고통은 마땅히 없애야 한다면 무엇 때문에 자타 구별을 고집합니까? 진실로 실제 '고통당하는 이'와 '고통'이 없다면 중생의 고통을 없앨 필요가 있습니까?

자신의 고통을 없애려 하면 마땅히 타인의 고통도 평등하게 없애야 합니다. 그렇지 않으면 자타의 고통을 똑같게 두어야 합니다.

남의 고통을 응당 풀어 없애야 한다면, 무엇하러 자타 구별을 고집하는가? 진실로 실재하는 고통당하는 이와 고통이 없다면, 중생의 고통을 없앤다는 필요도 없지 않은가? 이런 논쟁은 불합리하다. 우매와 무지의 망집 속에 빠져 있는 중생은 여전히 환상의 고통에 사로잡혀

있기 때문에 고통을 없애려 하면 당연히 평등하게 없애야 한다. 그렇지
않으면 자타의 고통을 평등하게 남겨둬야 한다.[307]

㉑ 자타평등을 부인하는 논쟁을 타파함
悲心引衆苦, 何苦强催生? 비심인중고, 하고강최생?
若滔衆生苦, 自苦云何增? 약민중생고, 자고운하증?
중생의 고통받음을 대신 슬퍼하는 것이 자신에게 수많은 고통을 불러
오는데, 어째서 슬픈 마음을 애써 일으켜야 합니까?
보살이 한 마음을 내어 중생의 고통을 걱정하고 염려한다고 해서,
어찌 자신의 고통이 늘어나겠습니까?

"중생이 고통받는 것을 대신 슬퍼하면 자신에게 수많은 고통을

---

307 어떤 사람들은 "일체가 모두 본래 가짜 이름으로 세워진 법이요, 자타 고통
모두가 가짜 이름이며 실체가 존재하지 않는다 했는데, 그렇다면 고통을 없애는
행동을 할 필요가 전혀 없지 않은가?"라고 논쟁한다. 이에 대해 적천보살은
이런 논쟁은 불합리하다고 답하고 있다. 비록 승의 중에서는 일체가 모두
공한 것이지만, 분별 집착을 갖고 있는 중생에 초점을 맞춰 말하면 이런 경계는
아직 깨달아 얻어진 것이 아니며, 깨어나지 못한 중생이 당하는 모든 고통은
극도로 견디기 어려운 고통의 감각을 가져다줄 수 있다. 그러므로 만일 당신이
자신의 고통을 없애려 하면 일체중생의 고통도 없애야 한다. 왜냐하면 일체는
본래 아무런 차이가 없기 때문이다. 만일 당신이 타인의 고통을 없애는 것이
이치에 맞지 않는다고 생각한다면 마땅히 자신의 고통을 없애고자 하는 것도
보류해야 한다. 하지만 당신은 아마도 자신의 고통은 없애고 싶어 할 것이다.
그렇다면 마찬가지로 무명 집착의 중생이 고통을 당하고 있을 때, 당연히
그들을 도와서 잘못된 집착에서 벗어나도록 해야 한다.

불러오는데, 어째서 슬픈 마음을 애써 일으켜야 하는가?"라고 말한다. 하지만 마음을 내어 중생들의 지옥 고통 등을 걱정하고 염려한다면, 어찌 자신의 고통이 증가할 수 있겠는가? 절대 고통이 늘어날 수가 없다.[308]

一苦若能除, 眾多他人苦, 일고약능제, 중다타인고,

爲利自他故, 慈者樂彼苦. 위리자타고, 자자락피고.

妙花月雖知, 國王有害意, 묘화월수지, 국왕유해의,

然爲盡眾苦, 不惜殉自命. 연위진중고, 불석순자명.

중생을 가엾이 여겨 제도하는 것이 자신에게 고통을 가져올 수는 있으나,

---

308 자타를 평등하게 보는 과정에서 수행자는 다른 중생의 고통으로 마음에 커다란 연민이 일어나는데, 이런 슬픔을 일으키는 것도 당연히 일종의 고통인데 스스로 이런 괴로움을 겪을 필요가 있겠느냐고 생각할 수 있다. 이런 의혹에 대해 적천보살은 대자비심을 일으켜 정진하는 대승 수행인이 어찌 자신의 고통이 늘어나고 줄어듦을 마음 쓰겠느냐고 대답한다. 『입중론』에서는 "지옥 중생의 고통을 평등하게 바라보면 자신의 괴로움이 극히 미미하다는 것을 이해하고 타인의 고통을 없애기 위해 정진한다."라고 한다. 일체중생을 모두 사랑하는 보살은 자신이 겪는 고통은 지옥과 같은 악도 중생의 고통과 비교했을 때 근본적으로 비교도 할 수 없는 작은 고통이며, 심지어 안락이라고 말할 수 있음을 명확하게 알 것이다. 한편 용수보살은 『대지도론』에서 "대자大慈는 일체중생에게 안락을 주고, 대비大悲는 일체중생의 고통을 뽑아 없앤다."라고 말한 적이 있다. 자타의 고통을 평등하게 바라봐서 일체중생의 고통을 풀어 없애길 바라는 마음을 일으키는 이런 생각은 결코 번뇌 고통이 아니며, 대비 보리심의 선법에 속하는 것이다.

자신과 중생을 구하기 위해 대자대비의 보살은 이런 고통을 기쁘게
받을 것입니다.
묘화월 보살은 국왕이 자기를 살해할 것을 알면서도
수많은 중생이 해탈을 얻을 수 있도록 목숨을 바치는 것을 아까워하지
않았습니다.

　중생을 가엾이 여겨 제도하는 것이 자신에게 고통을 가져올 수는
있으나, 만일 한 사람의 제한적인 적은 고통으로 중생의 끝없는 고통을
대신할 수 있다면, 자신과 다른 중생을 구하기 위해 대자대비의 보살은
이런 고통을 기쁘게 받을 것이다.
　『삼마지왕경三摩地王經』에 보면 묘화월妙花月 보살이 왕이 자기를
살해할 것을 알면서도 수많은 유정이 해탈을 얻을 수 있도록 나아가
설법하고 열반한 공안이 있다. 선서 보련월 현성왕 교법 말기에 묘화월
이라 불리는 비구가 있었는데, 그는 7천 명 보살들과 보현임원에서
같이 안거하고 있었다. 어느 날 그는 신통으로 관찰하여, 용시 국왕의
황궁에서 설법을 한다면 구보국의 수많은 중생이 그 인연으로 삼매를
일으키고 후퇴 없는 과위果位를 깨닫게 할 수 있다는 것을 발견했다.
그와 보살들은 대신 그가 목숨을 대가로 바쳐야 한다는 걸 알고 있었다.
그럼에도 불구하고 묘화월 비구는 자신을 돌보지 않고 구보국에 도착
하여, 이레 동안 아무런 음식도 먹지 않고 낮에는 무량한 중생을
위해 불법을 널리 알려 1천7백만 구지俱胝[309] 중생들이 삼매를 일으켜

---

309 '구지'는 수의 단위로, 10의 7승이다.

후퇴 않는 과위를 깨닫게 하였고, 저녁에는 쉼 없이 여래의 탑을 돌았다. 나중에 용시왕에게 발각된 후 차분하게 순교했다. 후에 국왕은 극대한 후회를 일으켜 보살의 유골로 영탑을 만들어 공양하게 하였고, 스스로 탑 앞에서 종종 참회 공양을 올렸다.

### ③자타평등 수행의 공덕

如是修自心, 則樂滅他苦, 여시수자심, 즉락멸타고,

惡獄亦樂往, 如鵝趣蓮池. 악옥역락왕, 여아취련지.

이와 같이 마음을 닦으면 다른 중생의 고통을 없애는 데서 기쁨을 맛보며,

마치 백조가 연꽃 연못에 가는 것처럼 흔쾌히 지옥을 향합니다.

　이렇게 자타를 평등하게 바라보는 수행을 하여 자비심이 성숙된 보살은 다른 중생의 고통을 없애는 것으로 기쁨을 맛보며, 무간지옥 중생을 이롭게 하기 위해서 마치 백조가 연꽃 연못에 즐거이 가는 것처럼 흔쾌히 지옥을 향한다.

有情若解脫, 心喜如大海, 유정약해탈, 심희여대해,

此喜寧不足? 云何唯自度? 차희녕부족? 운하유자도?

만일 중생이 해탈한다면 보리심 희열은 큰 바다와 같을 것입니다. 이러한 희열이 정녕 부족합니까? 어찌 자신의 구제만을 이야기하는 것입니까?

456

만일 중생을 윤회 고통에서 해탈하게 한다면, 보리심에서 얻는 희열은 분명 큰 바다처럼 깊고 넓어 끝 간 데가 없을 것이다. 설마 당신은 이러한 희열을 부족하다고 여기는가? 왜 자기만의 열반 해탈의 기쁨을 추구하는가? 대승 보살의 유일한 갈구는 바로 중생을 이롭게 하고 즐겁게 하는 것인데, 만일 이 유일한 소원이 실현된다면 이로 인해 어찌 기쁘지 않을 수 있는가?

故雖謀他利, 然無驕矜氣, 고수모타리, 연무교긍기,
一心樂利他, 不望得善報. 일심락리타, 불망득선보.
따라서 보살이 쉼 없이 중생의 이익을 도모한다 해도 이로 인해 교만해질 수 없습니다.
한 마음으로 타인을 이롭게 하는 것을 즐기며 좋은 보답을 얻는 것을 바라지 않습니다.

따라서 보살이 비록 쉼 없이 중생의 복과 이익을 도모한다 해도 절대로 이로 인해 자만해질 수 없다. 보살은 한 마음 한 뜻으로 타인을 이롭게 하는 것을 즐길 뿐, 좋은 보답을 얻으려는 그 어떤 바람이나 계획은 끼어 있지 않다.

④자타평등 수행의 마무리
微如言不遜, 吾亦愼防護, 미여언불손, 오역신방호,
如是於他苦, 當習悲護心. 여시어타고, 당습비호심.

타인의 작은 불손한 말도 막고자 하는 것처럼
타인의 고통을 보호하고자 하는 자비심을 마땅히 길러야 합니다.

다른 이의 불손한 말로 자신에게 고통이 생길 것 같으면 스스로
이를 방비하여 손해 없고자 하는 것과 같이, 아무리 작은 다른 사람의
고통일지라도 평등하게 자비심으로 보호하며 수습해야 한다.

如親精卵聚, 本非吾自身, 여친정란취, 본비오자신,
串習故執取, 精卵聚爲我. 관습고집취, 정란취위아.
如是於他身, 何不執爲我? 여시어타신, 하불집위아?

아버지의 정자와 어머니의 난자가 합쳐서 이루어진 수정 배아처럼,
본래 내 몸이 아니었음에도
무시이래로 타고난 아집 습기의 원인으로 인해 그것을 나로 잘못
알아 집착합니다.
마찬가지로 다른 정자와 난자가 모여서 만들어진 타인의 몸을 어째서
나로 볼 수가 없는 것입니까?

## (2) 자타상환 수행

自身換他身, 是故亦無難, 자신환타신, 시고역무난,
自身過患多, 他身功德廣, 자신과환다, 타신공덕광,
知已當修習, 愛他棄我執. 지이당수습, 애타기아집.

내 몸으로 타인의 몸을 대신하는 것은 아무런 어려움이 없습니다.
자신은 과환이 모이는 곳이고 타인은 광대 공덕의 근원이니

458

이 이치를 안 후에는 마땅히 타인을 사랑하고 자신에 대한 집착을 끊는 것을 닦아야 합니다.

　내 몸으로 타인의 괴로움을 대신하는 것은 이치적으로 볼 때 아무런 어려움이 없다. 자신을 아끼고 중히 여긴다면 수많은 재난이 생기며, 다른 사람을 사랑하고 귀하게 여기는 것은 광대 공덕의 근원이 된다. 이 도리를 명확히 알고 난 후에 응당 타인의 고통을 사랑하며 받아들이고 자신에 대한 집착을 끊어 없애는 데 정진 수행해야 한다.

### ① 자타상환의 법상法相을 논함
㉮ 타인의 고통을 대신 받음
㉠ 타인의 고통을 대신 받아야 하는 이유
ⓐ 일체중생은 모두 하나의 몸과 같음

**衆人皆認許, 手足是身肢.** 중인개인허, 수족시신지.

**如是何不許, 有情衆生分?** 여시하불허, 유정중생분?

누구나 손발 등의 사지를 신체의 일부분으로 여기는데,
왜 모든 중생을 한 몸의 일부분으로 여겨 보호하지 않는 것입니까?[310]

---

310 신체의 팔다리는 각각 서로 다르지만 사람들은 일종의 습관적인 관념으로 서로 다른 사지를 모두 '나의 신체'로 집착한다. 손에 상처를 입으면 우리는 '나의 신체'가 다쳤다고 생각하고 머리가 아플 때 우리는 '나의 신체'가 불편하다고 생각한다. 서로 다른 부위에 고통이 발생했지만 우리는 모두 '나의 신체'로 느끼고 모두 보호하고 애착한다. 그렇다면 중생의 수가 매우 많다고 해도 모두다 '나의 중생'으로 집착하지 못하는 것인가?

ⓑ 타인의 몸을 나의 몸이라고 생각하는 것은 쉽게 가능함

於此無我軀, 串習成我所, 어차무아구, 관습성아소,

如是於他身, 何不生我覺? 여시어타신, 하불생아각?

오랜 시간의 습관으로 인해 무아인 몸에 '나의 것'이라는 착각이 만들어
졌습니다.

마찬가지로 왜 다른 사람의 몸을 나의 것이라고 느끼지 못하는 것입
니까?


오랜 시간의 습관으로 인하여 무아인 자신의 몸에 '나'라는 착각이
만들어졌다. 그렇다면 다른 중생의 몸을 나의 것으로 관상하여, 나의
몸이라는 감각적인 느낌을 왜 일으킬 수 없는가?[311]


ⓒ 타인을 위하는 공덕

故雖謀他利, 然無驕矜氣, 고수모타리, 연무교긍기,

如人自喂食, 未曾盼回報. 여인자위식, 미증반회보.

그러므로 타인의 이익을 도모해도 교만한 기운은 전혀 없습니다.
사람이 스스로에게 밥을 먹이는 것과 같아서 보답을 희구한 적이

---

311 동체대비가 일어나 중생의 고통을 나의 고통으로, 중생의 안락을 나의 안락으로
삼는 보살에게 '나'라든지 '나의 몸'이라는 평범한 사람들의 편협하고 우매한
아집은 근본적으로 생겨날 수 없다. 보살이 어찌 일체중생을 가엾이 여겨
보호하지 않을 수 있으며, 고통을 벗어나려는 중생의 소원을 만족시켜 주지
않을 수 있겠는가? 평범한 사람들의 경지에서 생각하면 보살의 이런 자비심은
확실히 불가사의한 것이지만 믿고 노력하면 세상에 하지 못할 일은 없으니,
일체중생을 자신처럼 여기는 보리심 역시 반드시 성취할 수 있다.

없습니다.

따라서 보살에게는 비록 한 마음으로 타인의 이익을 도모해도 교만한 기운이 실오라기만큼도 없다. 스스로 스스로에게 밥을 먹이고 갚기를 바라지 않는 것처럼, 보답이나 선보를 희구한 적이 없다.[312]

ⓓ타인의 고통을 대신 받아야 함을 깨우침

微如言不遜, 吾亦愼回護, 미여언불손, 오역신회호,
如是於衆生, 當習悲護心. 여시어중생, 당습비호심.

우리는 타인의 공손하지 못한 언사 같은 것도 신경 써서 막아 상해를 면하려 합니다.

마찬가지로 중생에 대해서도 마땅히 자비와 보호를 수행해야 합니다.

타인의 공손하지 못한 언사로 인하여 받는 아주 미미한 고통도 우리는 신경 써서 막고 손해를 면하려 한다. 중생의 모든 고통에 대해서도 우리는 마찬가지로 대하여 자비와 애호를 자주 수행해야 한다.

---

312 보살은 중생을 이롭게 하는 일로 인해 교만과 오만 등의 분별이 생겨나지 않는다. 뿐만 아니라 보답이나 선보를 희구하는 마음조차 없다. 보살은 자타평등 상환 보리심이 성숙되어 일체중생을 이롭게 하는 일을 완전히 자신의 일로 여기기 때문이다. 자기 스스로 밥 먹는 것과 마찬가지인데, 어찌 자신의 배에게 고맙다는 소리를 듣기를 바라거나 이로써 선보를 얻으려는 분별이 있을 수 있는가?

怙主觀世音, 爲除衆怖畏, 호주관세음, 위제중포외,

湧現大悲心, 加持自聖號. 용현대비심, 가지자성호.

구호주 관세음보살께서는 중생의 불안과 두려움을 없애주기 위하여 대자비를 베푸사 자신의 성호를 부르는 자에게 가피를 내리십니다.

대비 호주 관세음보살께서는 윤회 중생의 불안과 공포, 고통을 없애주기 위하여 자비로 자신의 명호에 가피를 내려 관세음보살 성호를 부르고 외는 자는 평안과 안정을 얻게 하셨다.[313]

ⓛ 타인의 고통을 대신 받으려는 노력을 포기하면 안 됨

聞名昔喪膽, 因久習近故, 문명석상담, 인구습근고,

失彼竟寡歡, 知難應莫退. 실피경과환, 지난응막퇴.

이름만 들어도 두려웠어도 오랫동안 익히면 가까워지는 것처럼 마음이 근심되고 답답하여 즐겁지 않을 수 있으나, 어려움을 잘 알고

---

313 보살은 윤회 중생의 어떤 미세한 고통에 대해서도 모두 자비롭게 없애주고 보호하는데, 그중에서 제일은 관세음보살이다. 관세음보살의 이런 공덕으로 자타상환 보리심을 수행하면 결국에는 진실로 일체중생의 크고 작은 고통을 없애고 막을 수 있다는 것을 증명할 수 있다. 어떤 우매한 사람들은 "나는 여러 번 관세음보살을 염송했다. 그런데 소용이 없었다."라고 말한다. 여기에서 관건은 자신의 신심과 정진에 있다. 사람들은 업장으로 인해 신심과 항심이 부족하기에 가피의 모습이 눈앞에 드러나기 어렵다. 하지만 이는 병이 오래된 환자가 약을 막 복용하기 시작한 것과 마찬가지이다. 병세가 아주 엄중하면 제일 좋은 약 역시 즉시 효과가 나타나지는 않더라도 약이 작용하지 않는 것은 결코 아니다.

462

물러나서는 안 됩니다.

타인의 고통을 대신 받는 것이 어렵다고 해서 물러나선 안 된다. 인내심을 갖고 수행하여 나중에 익숙해지면 타인의 고통을 대신 받는 일이 쉬워지게 된다. 이것은 마치 이름만 들어도 두려워하던 사람과 같이 있으면 처음에는 무서워하다가도 오랫동안 가까이 지내면 익숙해지는데, 어느 날 갑자기 그가 사라진다면 오히려 근심되고 답답하여 즐겁지 않은 느낌이 들게 됨과 같다.[314]

---

[314] 이 게송을 해석할 때 '이름을 들음(聞名)'에 대해 두 가지 다른 관점이 있다. 걜찹제 대사, 근수취자 린포체는 이것은 "원한 맺힌 적의 이름을 듣는다."라는 뜻으로 본다. 적의 이름을 듣고 심장이 놀라는 것은 세상에서 흔한 일이다. 하지만 나중에 인연이 바뀌면 원한이 사라지고 서로의 관계가 점차 좋아져 어느 순간 보지 못하게 되면 마음속으로 오히려 허전해한다. 자타상환 보리심의 수행도 이와 같아서 비록 처음에는 아주 어렵고 무섭게 느껴질 수 있으나, 일단 습관화되면 시시각각 그 곁에서 떠나기를 원치 않게 된다. 그러므로 어렵다 여겨서 위축되거나 물러서서 수행의 신심과 결심을 잃어버리지 말아야 한다.

한편 디션론사와 근훠 린포체는 이것을 평범한 수행자들이 처음으로 자타상환 보리심 수행의 이름을 들은 것이라 해석한다. 어떤 사람들은 이런 법문을 듣고 자신의 안락으로 타인의 고통을 대신해야 한다는 데 곧바로 두려운 마음을 일으켜서 자신이 영원히 수행에 성공할 수 없다고 생각한다. 그러나 오랜 시간 관상한 후에는 이런 바람에서 멀어지는 것을 시시각각으로 원치 않게 되며, 일단 멀어지면 오히려 마음이 답답하고 즐겁지 않게 된다. 그러므로 수행자는 자타상환 보리심 성취의 어려움을 매우 크게 여겨서 적극적인 수행의 신심을 잃어버리거나 자신의 발심에서 후퇴해서는 안 된다.

ⓒ마무리

**若人欲速疾**, **救護自與他**, 약인욕속질, 구호자여타,

**當修自他換**, **勝妙秘密訣**. 당수자타환, 승묘비밀결.

신속하고 효과적인 방법으로 나와 중생을 구원하고 일체 고통을 없애려 한다면,

마땅히 자타상환 보리심 같은 뛰어나고 비밀스런 성불의 묘법을 수행해야 합니다.


㉴자신에 대한 집착을 포기함

㉠현생에 고통을 받게 되므로 마땅히 포기해야 함

**貪著自身故**, **小怖亦生畏**. 탐착자신고, 소포역생외.

**於此生懼身**, **誰不似敵嗔**? 어차생구신, 수불사적진?

자신의 신체에 집착하기 때문에 조그만 위험에도 두려움을 일으키게 되는데

지혜로운 자라면 그 누가 이러한 자신을 적처럼 여겨 미워하지 않을 수 있겠습니까?


자신의 신체에 대해 탐욕스레 집착하기 때문에 우리는 조그만 위험에도 두려움과 고통을 일으키게 된다. 그 어떤 지혜로운 자가 이런 공포의 근원인 자신의 몸을 원한 맺힌 적처럼 여겨 성내고 미워하지 않을 수 있는가?

464

ⓛ 내생에 고통을 받게 되므로 마땅히 포기해야 함

千般需療除, 饑渴身疾者, 천반수료제, 기갈신질자,

捕殺魚鳥獸, 伺機劫道途. 포살어조수, 사기겁도도.

或爲求利敬, 乃至殺父母, 혹위구리경, 내지살부모,

盜取三寶物, 以是焚無間. 도취삼보물, 이시분무간.

有誰聰智者, 欲護供此身? 유수총지자, 욕호공차신?

誰不視如仇? 誰不輕蔑彼? 수불시여구? 수불경멸피?

수많은 방법으로 배고픔과 질병을 없애려 하는 사람은
물고기와 새와 짐승을 마구 죽이고, 심지어 길가에서 행인을 약탈할
기회를 노리기까지 합니다.
혹은 이익과 명예를 얻기 부모를 살해하기도 하고
삼보 재물을 탈취하기도 하여 무간지옥에 떨어져 불태워집니다.
지혜를 가진 자라면 그 누가 이러한 신체를 보호하며 공양하겠습니까?
그 누가 원수로 여겨 경시하고 혐오해 멀리하지 않을 수 있겠습니까?

자신을 탐욕스레 애착하는 사람은 수많은 방법을 동원해 배고픔이나
신체의 질병을 없애려 한다. 그리하여 연못의 물고기와 날아다니는
새, 걸어 다니는 짐승을 마구 죽이고, 심지어 길가에 매복하여 행인을
약탈할 기회를 노린다. 어떤 사람들은 재물의 이익과 타인의 공경을
얻기 위해 심지어 부모를 살해하기도 하고, 삼보 재물을 탈취하는
등 아주 중한 죄업도 서슴지 않아 이로 인해 내세에 무간지옥에 떨어져
맹렬한 불로 태워진다. 이러할진대 지혜를 가진 자라면 그 누가 이러한
신체를 집착해 사랑하며 공양할 수 있는가? 그 어떤 지혜로운 자가

이러한 신체를 원한 맺힌 적으로 여기지 않을 수 있는가? 그 어떤 지혜로운 자가 그것을 경시하고 혐오해 멀리하지 않을 수 있겠는가?[315]

ⓐ 자리自利와 이타利他의 공덕과 과환

㉠ 자리와 이타의 차이

**若施何能享? 自利餓鬼道**, 약시하능향? 자리아귀도,

**自享何所施? 利他人天法**. 자향하소시? 이타인천법.

모든 걸 다 보시해버리면 어찌 향유할 수 있을까? 자기를 위하는 것은 아귀의 도이다.

자기가 다 써버리면 무엇으로 보시를 할 수 있을까? 이런 이타심이 곧 인천의 법이다.

"모든 걸 다 보시해버리면 나는 필요한 물건을 어떻게 가질 수 있는가?" 하는 이기적인 인색함은 아귀의 도이다. 반대로 "만일 내가 다 써버리면 무엇을 가지고 보시를 한단 말인가?" 하는 이타의 착한

---

315 사람들은 자신의 욕구 만족을 중히 여김으로써 갖가지 고통을 당하며, 이로 인해 축생을 살해하고 타인을 강탈하는 등과 같은 죄업을 짓게 돼 후세에 무궁한 고통을 야기한다. 심한 경우에는 재물과 이익, 명성, 지위 등을 얻기 위해 오역 중죄를 지어, 내세에 무간지옥에 떨어져 삼계에서 제일 잔혹한 고통을 당하기도 한다. 우리는 자신에게 상해 내지 사망의 고통을 가져다줄 수 있는 것은 조심스레 멀리하고 피한다. 그러나 무간지옥의 괴로움을 가져다주는 자기 자신은 쉼 없이 탐애한다. 이러한 미혹과 우매함이 무시이래로 줄곧 모든 중생들을 참혹하게 해 끼치고 있다. 이젠 이런 이치를 명확히 알았으니 수행자들은 마땅히 이런 미혹에서 빠져 나와야 한다.

마음은 인천 선도의 법이다.

ⓛ 자리와 이타의 과보의 차이
ⓐ 차이를 설명함
爲自而害他, 將受地獄苦, 위자이해타, 장수지옥고,
損己以利人, 一切圓滿成. 손기이리인, 일체원만성.
자신을 위해 타인을 해친다면 장차 지옥의 고통을 받고
자신을 버림으로써 타인을 이롭게 하면 원만히 성취하게 됩니다.

자신의 이익을 위해 타인을 해친다면 반드시 지옥 등 악도의 고통
과보를 받는다. 타인을 이롭게 하려고 자신의 모든 손실을 아랑곳하지
않는다면 복덕지혜 자량을 원만히 이루어 모든 성취를 얻을 것이다.

欲求自高者, 卑愚墮惡趣, 욕구자고자, 비우타악취,
回此擧薦他, 受敬上善道. 회차거천타, 수경상선도.
자기가 높아지기를 구하는 자는 악취에 떨어져서 비천해지고 우매해
집니다.
이 마음을 바꿔서 타인을 높이고 존경하면 선도에 나서 공경을 받습
니다.

자신이 높아지기만을 갈구하는 자만한 자는 내세에 반드시 악취에
떨어져서 비천해지고 우매해질 것이다. 만일 자신을 높이는 이런
마음의 태도를 바꿔서 타인을 높이고 존경한다면 후세에 인천 선취의

생을 받아 공경을 받을 것이다.


爲己役他者, 終遭仆役苦, 위기역타자, 종조부역고,

勞自以利他, 當封王侯爵. 노자이리타, 당봉왕후작.

자신을 위해 타인을 부리는 자는 결국에는 종이 되어 고역을 겪게
되지만

남을 위해 스스로 애쓰는 사람은 왕후의 작위를 누리게 됩니다.


　자신의 안락을 위해 타인을 부리는 자는 결국에는 자신이 부림을
당하게 되어 종살이의 고통을 배로 당하게 된다. 타인의 이익을 위해
수고를 마다하지 않는 사람은 미래에 왕과 제후가 되어 관직과 권세를
누리게 된다.


所有世間樂, 悉從利他生, 소유세간락, 실종리타생,

一切世間苦, 鹹由自利成. 일체세간고, 함유자리성.

모든 세간의 안락은 타인을 이롭게 하려는 착한 법에서 나오며
모든 세간의 고통은 자아의 이익과 안락을 도모하는 데서 생깁니다.


ⓑ 사례로 설명함

何需更繁敍? 凡愚求自利, 하수갱번서? 범우구자리,

牟尼唯利他, 且觀此二別. 모니유리타, 차관차이별.

다시 힘들여 설명할 필요가 있겠습니까? 무릇 어리석은 자는 자기의
이익을 구하고

부처님은 오직 중생을 이롭게 하니, 단지 이 두 가지의 차이점을 보기만 하면 될 뿐입니다.

다시 힘들여 설명할 필요가 없다. 무릇 어리석은 자는 시종일관 자기 이익을 추구하여 결국 얻는 것이 그저 고통뿐이고, 부처님은 한 마음으로 중생을 이롭게 하여 결국 정각을 성취하니, 단지 이 두 가지의 차이점을 보기만 해도 명확히 알 수 있을 것이다.

㉑ 자타상환을 실행하지 않음으로 인한 과환
㉠ 과환의 종류
ⓐ 내생에서의 과환: 출세간의 해탈 안락을 얻을 수 없음
若不以自樂, 眞實換他苦, 약불이자락, 진실환타고,
非僅不成佛, 生死亦無樂.비근불성불, 생사역무락.
진실로 자신의 안락으로써 타인의 고통을 대신할 수 없다면 성불하지 못하며 생사윤회에서도 안락이 있을 수 없습니다.

진실로 자신의 안락으로써 타인의 고통을 대신할 수 없다면, 성불의 안락을 얻지 못할 뿐 아니라 생사윤회 속에서도 쾌락과 행복이 있을 수 없다.[316]

316 화지 린포체는 "모든 대승 불법은 보리심의 기초 위에 건립되었으므로 이타 보리심을 일으키지 못하면 그 어떤 법을 수행하더라도 모두 불과를 성취할 수 없다."라고 말한다. 또한 자타상환의 이타심을 일으키지 못하면 불과를 성취하지 못할 뿐 아니라 생사윤회에서도 안락이 있을 수 없다. 삼계의 인천人

ⓑ 현생에서의 과환: 세간의 이익도 얻을 수 없음

後世且莫論, 今生不爲仆, 후세차막론, 금생불위부,

雇主不予酬, 難成現世利. 고주불여수, 난성현세리.

후세는 논하지 않더라도, 금생에서 일꾼이 되지 못하면

고용주 역시 보수를 주지 않는 것이니, 이렇듯 현생의 작은 이익도
이룰 방법이 없습니다.


　자신의 이익만 챙기면 내세 과보가 어떠한지는 잠시 논하지 않더라
도, 현세에서도 자신을 낮춰 일하길 원치 않는 자에게는 고용주 역시
보수를 주려 하지 않으므로 금생의 의식이나 필요로 하는 작은 이익을
이룰 방법이 없다.


利他能成樂, 否則樂盡失, 이타능성락, 부즉락진실,

害他令受苦, 愚者定遭殃. 해타령수고, 우자정조앙.

이타는 능히 안락을 이루며, 그렇지 않으면 곧 안락을 잃어버리게
됩니다.

남을 해치면 고통을 입게 되나니 어리석은 사람은 반드시 재앙을
겪게 됩니다.


　이타는 자신에게 금생과 후세의 안락을 안겨준다. 반면에 자기
이익을 위해 자타상환을 버린 사람은 일체 원만한 안락을 잃어버리게

----

天 안락은 모두 선법에서 생기며, 선법은 짓는 자의 발심으로부터 결정되기
　때문이다.

괸다. 자기 이익을 위해 타인에게 상해를 입히는 우매한 사람은 금생과
내생에서 반드시 참기 어려운 재앙을 겪는다.[317]


ⓛ 자타상환을 가로막는 아집을 버려야 함

**世間諸災害, 怖畏及衆苦,** 세간제재해, 포외급중고,

**悉由我執生, 此魔我何用?** 실유아집생, 차마아하용?

세간의 모든 재앙과 손해, 공포와 고통은

모두가 아집에서 나오는 것이니, 이러한 마장이 무슨 소용이 있겠습
니까?


세간의 일체 손해, 재앙, 공포, 고통은 모두가 아집에서 나오는
것인데, 이러한 해악을 만드는 큰 마장을 남겨 놓고 무엇을 하려는
것일까?


**我執未盡捨, 苦必不能除,** 아집미진사, 고필불능제,

**如火未拋棄, 不免受灼傷.** 여화미포기, 불면수작상.

---

317 일체 안락의 근원은 이타행의 선법이며, 일체 재앙의 근원은 타인에게 손해를
　입히는 악업이다. 『현우경』에 "비록 미세한 죄업일지라도 상해가 아니라고
　가볍게 말하지 말라. 타고 남은 재가 별 것이 아니라고 말하지만, 능히 풀과
　산더미를 태울 수 있다."라는 말이 나온다. 타인을 상해하는 죄업은 비록
　보기에는 아주 작은 것일지라도 그것이 가져오는 과보는 천백만 겁 지옥에
　떨어져 고통을 당하는 것이니, 수행자는 마땅히 자리의 과환과 이타의 공덕을
　철저하게 인식하고 자타상환 보리심을 수행하는 안락의 길로 들어서야 한다.

아집을 버릴 수 없다면 필연적으로 고통을 뿌리 뽑을 수 없습니다. 손안에 든 불을 버리지 못하면 화상을 피하기 어려운 것과 같습니다.

자신에 대한 애착을 완전히 버릴 수 없다면 필연적으로 자신과 남의 모든 고통을 뿌리 뽑을 수 없다. 이는 비유하자면 손안에 든 불을 버리지 못하면 화상을 피하기 어려운 것과 같다.

㉖ 자타상환의 총결
㉠ 마음가짐

如爲止自害, 及滅他痛苦, 여위지자해, 급멸타통고,
捨自盡施他, 愛他如愛己. 사자진시타, 애타여애기.

(아집으로 인한) 자신의 상해를 멈추고 타인의 고통을 없애기 위해서는 자신을 버려 온전히 타인에게 베풀고 자신을 아끼듯 남을 아껴야 합니다.

자기를 보배처럼 아끼는 것은 나와 남의 손상과 고통의 근원이 되므로 아집이 만들어내는 자신의 손해를 멈추게 하고 중생의 여러 고통을 영원히 없애기 위해서, 나는 응당 나 자신의 전부를 타인에게 베풀고 자신을 아끼듯 중생을 아껴야 한다.

意汝定當知, 吾己全屬他, 의여정당지, 오이전속타,
除利有情想, 切莫更思餘. 제리유정상, 절막갱사여.

마음 그대는 반드시 알아야 합니다. 나는 이미 완전히 타인에 속해 있으니

중생을 이롭게 하는 것 외에는 다른 일을 절대로 생각하지 말아야 한다는 것을.

자아의 의도인 마음, 너는 반드시 알아라. 나는 이미 완전히 타인에 속해 있으니, 지금부터 너는 중생을 이롭게 하는 것 외에는 절대로 다른 일을 생각하지 말아야 한다.[318]

ⓛ 행동거지

**不應以他眼, 成辦自利益**, 불응이타안, 성판자리익,

**亦莫以眼等, 邪惡待衆生**. 역막이안등, 사악대중생.

타인의 눈으로 자신의 이익을 도모하지 않아야 하며

더욱이 타인의 눈으로 중생을 상해하는 악업을 짓지 말아야 합니다.

---

318 우리는 이미 중생을 이롭게 하고 보리의 깨달음을 구하겠다는 서원을 발했다. 또한 자타상환 수행의 필요성도 이해했다. 그러니 반드시 자타상환을 실천하리라는 굳은 결심을 일으켜야만 한다. 이를 위해서는 종종 "마음아, 너는 기억해야 한다. 나는 이미 맹세했나니, 몸과 입과 뜻, 재산, 선근 등 일체를 모두 중생에게 봉헌할 것이다. 나는 이미 타인의 것이니 너는 주인인 일체중생을 이롭게 하려 방법을 생각하는 것 외에는 다른 생각을 다시는 하지 말라."라고 자신의 마음을 일깨워야 한다. 이것이 대승 불법을 수행하는 자가 반드시 충분히 갖춰야 할 마음가짐이니, 초학자는 이런 인식을 몸에 익히는 것이 다른 그 어떤 선법보다도 중요하다.

이미 타인의 것일 따름인 안이비설신의眼耳鼻舌身意의 6근을 이용해 자신의 이익을 도모하지 않아야 하며, 타인의 것인 육근으로 중생을 해하는 악업은 더욱이 짓지 말아야 한다.[319]

故當尊有情, 己身所有物, 고당존유정, 기신소유물,
見已咸取出, 廣利諸衆生. 견이함취출, 광리제중생.
그러므로 마땅히 중생을 존중하고 자신이 소유하고 있는 물건을 보이는 대로 최대한 꺼내서 다른 중생을 널리 이롭게 해야 합니다.

그러므로 응당 중생을 존중하고 중생의 이익과 안락을 최고로 삼아, 자신이 소유하고 있는 물건을 눈에 보이는 대로 최대한 꺼내 보시하여 중생을 널리 이롭게 해야 한다.

②**자타상환 수행을 논함**
㉮ 마음가짐
㉠ 자타상환 마음가짐의 수행법
易位卑等高, 移自換爲他, 역위비등고, 이자환위타,
以無疑慮心, 修妒競勝慢. 이무의려심, 수투경승만.

---

319 보리심을 발할 적에 이미 자신의 일체를 중생을 이롭게 하는 사업에 봉헌하겠노라고 맹세했으므로, 몸과 입과 뜻 일체를 다시는 자신이 소유하고 있는 물건으로 여겨선 안 되며, 타인이 소유하고 있는 물건이라고 여겨야 한다. 더욱이 중생에게 손해를 입히지 않는 것, 이것은 모든 불제자들이 공통으로 지켜야 할 계율이다.

자신보다 미천하거나 대등하거나 높은 사람과 자신의 입장을 바꿔서 아무런 근심이나 의혹 없이 원래 자신에 대해 질투, 경쟁, 아만을 일으킴으로써 번뇌를 치료하고 가엾이 여기는 마음을 수행합니다.

자신보다 미천하거나 대등하거나 높은 세 단계 신분의 사람의 입장과 자신의 입장을 아무런 근심이나 의혹 없이 바꾼 뒤, 이 3가지 신분으로 원래 의 자신에게 질투, 경쟁, 아만을 일으킨다고 가설함으로써 번뇌를 치료하고 가엾이 여기고 아끼는 마음을 수행한다.[320]

ⓐ 질투심을 다스림

蒙敬彼非我, 吾財不如彼, 몽경피비아, 오재불여피,

受贊他非我, 彼樂吾受苦. 수찬타비아, 피락오수고.

工作吾勤苦, 度日彼安逸. 공작오근고, 도일피안일.

---

320 무시이래의 습관으로 인해 중생들은 종종 자신보다 미천한 자에게는 오만을
일으키고, 자기와 대등한 자에게는 경쟁심을 일으키고, 자기보다 높은 자는
질투한다. 이 세 가지 상황에 초점을 맞춰 자타상환 수행법 역시 세 가지
방식이 있다. 예를 들면 자신과 자기보다 미천한 자의 위치를 바꿔서 자신이
미천한 지위에 있다고 관상하고, 이로 말미암아 생기는 질투의 번뇌를 자세히
관찰한다. 이런 위치 바꿈의 관찰로 우리는 자신보다 미천한 낮은 자의 고통을
깊게 이해할 수 있고 그에 대해 가엾이 여기고 아끼는 마음을 일으킬 수
있는데, 이로써 자신의 오만 번뇌를 대치할 수 있는 것이다. 어떤 상황에
직면하여 어떤 나쁜 마음이 일어날 때 그 상황에 초점을 맞춰 상환을 수행해야
하며, 자신을 상대방의 위치에 놓고 자세하게 체험하고 관찰해야 한다. 이는
독으로 독을 고치는 것으로 아집을 대적해 치료하고 자비심의 성장을 돕는
효과적인 방편이다.

그는 다른 사람의 존경을 받는데 나는 그러지 못하며, 내 재산은
그의 재산처럼 풍부하지 못합니다.

그는 다른 사람의 칭찬을 듣는데 나는 비난을 받고, 그는 뜻대로
일이 되는데 나는 괴로움만 잔뜩 받습니다.

나는 뼈 빠지게 일해야 하는데 그는 편안하게 휴가를 보냅니다.

그는 사람의 존경을 받는데 나는 그렇지 못하고, 그는 부유한데
나는 그렇지 못하다. 그는 사람들의 칭찬을 듣는데 나는 욕만 잔뜩
듣고, 그는 만사형통하는데 나는 일이 뜻대로 되지 않아 괴롭다. 나는
뼈 빠지게 일해야 하는데 그는 편안하게 휴가를 보낸다. 이렇게 그를
나로 삼고 나를 그로 삼아 질투심을 수행한다.

世間盛贊彼, 吾之身名裂, 세간성찬피, 오지신명렬,

無才何所爲? 才學衆悉有, 무재하소위? 재학중실유,

彼較某人劣, 吾亦勝某人. 피교모인렬, 오역승모인.

세상 사람들은 널리 그를 찬양하는데, 나는 지위도 명예도 다 잃었고
재주와 학문도 없다면 어찌해야 합니까? 사람들은 모두 적든 많든
재주를 갖고 있고

그가 나보다 강하더라도 그보다 뛰어난 사람이 있으며, 내가 비천하더
라도 어떤 사람들은 나보다 더 하열합니다.

그는 널리 세상 사람들의 찬양을 받는데, 나는 지위도 명예도 다
잃었고 재주와 학문도 전혀 없다면 마땅히 어찌해야 하는가? 사실

476

사람들은 모두가 적든 많든 일련의 재주를 갖고 있다. 그가 비록 나보다 강하더라도 그보다 뛰어난 사람은 또 있으며, 내가 비록 비천하다 하더라도 어떤 사람들은 나보다 더 하열한 것이니, 뭐가 그리 대단한가? 이런 수행법을 통해 우리는 재주와 학문이 부족한 사람의 괴로움을 바로 느낄 수 있기에, 평소에 그들을 무시해선 안 된다는 것을 명확히 알 수 있으며, 자타상환 수행에 노력하여 대자비심으로 그들을 도와야 한다.

戒見衰退等, 因惑而非我, 계견쇠퇴등, 인혹이비아,
故應悲濟我, 困則自取受. 고응비제아, 곤즉자취수.
계율과 견해가 쇠퇴한 것은 번뇌가 일으킨 것이지 내가 원했던 것이 아닙니다.
따라서 그는 마땅히 자비심으로 나를 구원해줄 것이며, 어려움을 만나도 참고 받아들일 것입니다.

나의 문란한 계율과 쇠퇴한 견해 등은 용서받을 수 있다. 왜냐하면 번뇌가 일으킨 것이지 내가 원했던 것이 아니기 때문이다. 따라서 그는 자비심을 갖춘 수행인으로서 응당 온 힘을 다해 나를 돕고 구원해줄 것이다. 만일 중간에 어려움을 만나도, 그는 담담히 그것을 참고 받아들일 것이다.[321]

---

321 계율을 준수하는 것이 그다지 청정하지 않고 바른 견해도 잃어버린 수행인들에 대해 우리는 마땅히 자타상환을 수행해야 한다. 만일 자신을 바꿔 그 위치에 놓으면 그 고뇌와 내심에서 나오는 구원의 외침을 충분히 이해할 수 있으며,

然吾未蒙濟, 竟然反遭輕, 연오미몽제, 경연반조경,

彼雖具功德, 於我有何益? 피수구공덕, 어아유하익?

그러나 나는 그의 구제와 도움을 얻지 못했을 뿐 아니라 오히려 무시를 당했습니다.

그가 비록 재주와 학문의 공덕을 갖췄다고 해도 나에게 무슨 이익이 있겠습니까?[322]

不愍愚衆生, 危陷惡趣門, 불민우중생, 위함악취문,

向外誇己德, 欲勝諸智者. 향외과기덕, 욕승제지자.

그는 어리석은 중생이 악취에 빠질 위험에 처해 있는 것을 연민하지 않고

다른 사람에게 자신의 공덕을 과장하면서 다른 지혜로운 사람들을 이기려고 합니다.

---

이로써 대비와 구호의 마음을 일으킬 수 있기 때문이다.

322 미천한 자의 위치로 자리바꿈한 후, 자리바꿈 이전의 나를 보자. 가련하고 연약한 경지에 빠져서 그가 구원의 손을 내밀어 나를 도와주기를 얼마나 바랐던가? 그러나 장애를 만나서 힘들게 몸부림칠 때 그는 나를 조금도 돕지 않았으며, 악연을 만났을 때 냉담하게 방관하며 하릴없이 심연으로 미끄러지도 록 내버려뒀다. 도움을 주지 않은 건 그래도 괜찮은데, 그는 나에게 치욕을 주고 조롱을 하기도 했다. 이런 행위를 하는데 어찌 그가 공덕을 갖춘 사람이라 할 수 있는가? 그의 공덕이 점점 더 많아진다 한들 무슨 소용이 있는가? 수행자들이 마땅히 이런 관상을 열심히 수행하면 미천한 자의 고통을 마음과 뼈에 새기게 된다. 비록 재주와 학문이 뛰어나다 하더라도 대자비심을 갖고 있지 않으면 괴로움 속에 빠진 중생들을 구제할 수 없고, 그런 공덕이 아무런 의의가 없다는 것을 알게 되는 것이다.

478

그는 아무런 자비심도 갖고 있지 않아 무지 무능하고 죄악에 끌려 악취惡趣의 문에 다가가서 독사나 맹수의 입속에 빠져 있는 중생을 보더라도 못 본 체한다. 이런 과오가 있으면서도 자신의 과환을 인정하지 않으며, 다른 사람에게 자신의 공덕을 과장하면서 다른 모든 지혜로운 이들과 경쟁하여 이겨 보려고 한다. 이 때문에 공덕이 없을 뿐만 아니라 허물이 적지 않다.[323]

ⓑ 경쟁심을 다스림[324]

**爲令自優勝, 利能等我者,** 위령자우승, 이능등아자,

---

[323] 이 게송 역시 계행이 쇠퇴한 자와 자리를 바꾼 후, 그들의 위치에 서서 자리바꿈 이전의 자신에 대해 질투와 원한을 수행하여 자비심이 없는 병적 상태에서 빠져나오는 것을 읊고 있다. 사람들은 스스로 재주와 학문의 공덕이 남들보다 뛰어나다 여기는데, 그렇다면 그는 왜 나 같이 타락과 마장에 빠져서 스스로 빠져나올 방법이 없는 중생들을 구원하고 돕지 않는가? 더구나 그는 여기저기 다니며 자신이 어떤 공덕을 갖고 있는지 과장하면서 다른 지혜로운 사람들을 뛰어넘고 싶어 한다. 이런 사람은 정말 너무나 가증스럽다.

이렇듯 자타상환을 수행하여 도움과 관심을 필요로 하는 자의 입장에 설 때 자신의 오만, 우매함, 냉혹함, 무정 등과 같은 병적인 결함들이 남김없이 드러나게 되고 미천한 자의 고통에 대해서도 절절한 느낌이 생겨나게 된다. 이로써 자신의 오만, 질투의 번뇌가 사라지고 자비심이 저절로 생겨나서 시시각각으로 공손하고 겸허한 마음으로 중생을 아끼고 보호하게 된다.

[324] 보통 중생들은 자신과 여러 방면에서 동등한 사람에 대해 경쟁심을 억제하기가 어려워서 이로 인해 종종 여러 가지 고통을 겪는다. 수행인의 입장에서 보면 이 역시 보리심의 발생에 장애가 되는 번뇌이므로 자타상환 수행법으로 자신과 대등한 자의 고통을 대신하고, 이로써 자신의 경쟁심을 관찰하며 강력하게 대치할 필요가 있다.

縱諍亦冀得, 財利與恭敬. 종쟁역기득, 재리여공경.

자신이 우월해지기 위해서 재산과 능력 등에서 자신과 대등한 사람과
다투면서도 그저 재물과 이익과 공경을 얻기만을 바랍니다.


　자신과 대등한 사람과 비교해서 재산과 능력 등 각 방면에서 자신이
우월해지기를 원하며, 그것을 위해서라면 설령 분쟁이 발생한다 해도
아쉬울 게 없다. 그저 더 많은 재물 이익과 공경을 얻을 수 있기만을
바란다.[325]


極力稱吾德, 令名揚世間, 극력칭오덕, 영명양세간,

克抑彼功德, 不令世間聞. 극억피공덕, 불령세간문.

나는 온 힘을 다해 나 자신의 공덕을 널리 알려서 명성이 세계 곳곳에
전해지게 할 것이나

그의 공덕은 여러 가지 방법으로 억제하여 세상 사람들이 그의 공덕,

---

[325] 재산, 지위, 능력, 지식 등의 각 방면에서 자신과 대등한 중생들에 초점을
맞추고 상황을 관상하고, 자리바꿈 이전의 자신에 대해 경쟁심을 일으킨다.
예를 들어 재산, 명성 등에서 상하를 가릴 수 없는 상황을 받아들일 수 없어서
그를 이기기로 결심하고, 마음속으로 더 많은 명성과 이익을 얻을 수 있는
각종 방법을 생각한다. 이를 위해 분쟁, 사기, 유언비어 등 수단 방법을 가리
않고 남의 것을 빼앗아 이익과 공경은 자신이 갖고 그는 미천한 처지에 떨어지게
한다. 이렇듯 자리바꿈을 관상한 뒤 원래의 자신을 살 속에 박힌 가시, 눈에
들어간 티로 보다 보면 결국에는 아집 번뇌가 소멸되게 된다. 관상하는 가운데
그런 경쟁심은 아무런 의의가 없을 뿐 아니라 오직 죄만 지을 뿐이라는 것을
되돌아보게 되는 것이다.

명성을 전혀 듣지 못하게 하리라.


復當隱吾過, 受供而非他, 부당은오과, 수공이비타,
令我獲大利, 受敬而非他. 영아획대리, 수경이비타.

수단 방법을 가리지 않고 나 자신의 과실은 숨기고 공경을 받게 할
것이나 그에게는 이와 반대로 할 것입니다.
나는 큰 이익을 얻고 공경을 얻게 할 것이나 그에게는 이와 반대로
할 것입니다.


   게다가 온갖 방법으로 나의 과실은 숨기고 공덕은 드러내어 공양을
널리 받게 할 것이다. 그러나 그의 경우에는 이와 반대로 하고 그의
과실을 최대한 드러내서 그가 그 어떤 이익이나 공양도 얻지 못하게
할 것이다. 나는 명리와 지위를 얻고 몇 배나 더 큰 공경을 받도록
하나, 그는 그 어떤 명리도 얻지 못하게 한다.[326]

---

[326] 수행자는 자신의 공덕을 널리 알려서는 안 되고 더욱이 타인의 공덕을 누르고
없애버려서는 안 된다. 자신의 과실을 숨겨서는 안 되며 타인의 과실을 드러내
서도 안 된다. 그러나 아집 번뇌가 깊고 무거운 보통 중생의 입장에서 보면
이런 고상한 행위는 실천하기가 매우 어렵다. 대개 자신의 과실을 숨기고
덕을 알리려 하며 타인의 과실은 알리고 덕은 숨기려 한다. 이것이 중생들로
하여금 겹겹의 고뇌 속에 빠지게 한다. 이런 번뇌를 대치하기 위해 자타상환을
수행한다.
원래 자신이 좋아하지 않던 자를 자기 자신으로 여기고, 자신의 아름다운
명성을 세간에 널리 알리도록 노력한다. 경쟁 대상, 즉 원래 나에 대해서는
여러 가지 방법으로 억제하고 타격하여 어떤 사람도 그 공덕을 알지 못하게
한다. 이렇듯 자타상환은 평범한 사람들이 갖고 있는 자신을 칭찬하고 타인을

吾喜觀望彼, 淪落久遭難, 오희관망피, 윤락구조난,

令受衆嘲諷, 競相共責難. 영수중조풍, 경상공책난.

나 자신은 마음속에 안락을 품고 있지만 그는 오래도록 고난에 빠지기를 바라며

그가 세상 사람들의 비웃음거리가 되고 세상 사람들이 다투어 비난하는 대상이 되게 할 것입니다.[327]

ⓒ 아만심을 닦음

據云此狂徒, 欲與吾相爭, 거운차광도, 욕여오상쟁,

財貌與慧識, 種姓寧等我? 재모여혜식, 종성녕등아?

듣기에 미친 무리가 나와 높고 낮음을 겨루고 싶어 하는데,

그의 재물과 외모, 지혜와 지식 등이 나와 비교가 될 수 있단 말입니까?

故令聞衆口, 齊頌吾勝德, 고령문중구, 제송오승덕,

毛豎心歡喜, 渾然樂陶陶. 모수심환희, 혼연락도도.

나는 그로 하여금 세상 사람들이 나의 공덕을 찬양하는 것을 듣게

---

편훼하는 악습을 이용해서 커다란 공덕을 쌓고 아집을 줄일 수 있는 수승한 수행법이다.

327 이렇게 마음과 뼈를 좀 먹는 경쟁의 괴로움을 체험한 후에 우리는 평소에 나와 대등한 사람이 나를 대면했을 때 느꼈을 고통을 어려움 없이 알 수 있게 된다. 이에 따라 자연스레 겸허하게 참고 양보하게 되며 자비로움이 생겨나서 모든 고통과 실패는 자신이 감당하고 모든 승리는 타인에게 봉헌하길 원하게 된다. 또한 타인과 경쟁해 이기려는 자신의 마음 역시 그 추하고 악한 진면목을 철저히 알아 강력하게 부수고 뿌리 뽑게 된다.

할 것입니다.

이로 인해 털끝이 곤추서고 미친 듯 기쁘면서 희락 속으로 완전히

깊이 빠집니다.[328]


彼富吾奪取, 若爲吾從仆, 피부오탈취, 약위오종부,

唯予資生酬, 其餘悉霸取. 유여자생수, 기여실패취.

令彼乏安樂, 恒常遇禍害. 영피핍안락, 항상우화해.

나는 그의 재물을 빼앗고 그를 하인으로 전락시킬 것입니다.

나는 그에게 그저 삶을 유지해 나갈 수 있을 정도의 보수만을 줄

것이며, 그 나머지는 내가 차지해버릴 것입니다.

나는 그가 안락을 잃어버리게 하고 항상 재해와 고통의 시달림을

---

[328] 나보다 미천한 자는 질투의 고통을 갖고 있고, 나와 대등한 자는 경쟁의
고통을 갖고 있으며, 나보다 높은 자 역시 오만함의 고통을 갖고 있다. 그러므로
그들에 대해서도 상환을 수행해서 고통을 대신할 필요가 있다. 자신이 매우
높은 지위에 있는 사람이라고 생각하고, 자리바꿈 이전의 자신을 보고 "이런
미천한 자가 감히 하늘 높고 땅 두터운 줄 모르고 나와 높고 낮음을 비교하고자
한다. 그는 자신의 가련한 견문과 지식, 외모, 신분, 재산 등은 생각지도 않는다.
이런 방면에 대해 어찌 나와 함께 논할 수 있는가?'라고 생각한다. 이어 "방법을
강구해 그로 하여금 나의 대단함을 맛보게 하리라. 나를 칭송하고 나의 공덕을
기리는 소리가 세간에 넘치는 것을 듣게 하리라. 이로 인해 나는 모든 솜털
구멍에서 희열이 흘러나오고 오직 나만이 최고라는 쾌락에 취하리라."라는
오만 번뇌가 자연스럽게 생기도록 한다. 이렇듯 마음의 오만 번뇌를 명확하게
살필 수 있게 된다면 그것을 강력하게 잠재울 수 있게 되며, 높은 자리에
있는 자의 고통에 대해서도 자연스레 자비롭게 고통을 대신 받으려는 마음이
생겨날 수 있다.

당하도록 할 것입니다.

**彼爲墮生死, 百般折損我.** 피위타생사, 백반절손아.

그가 나로 하여금 생사윤회에 떨어져 고통과 시달림을 몹시 당하게 한 원흉이기 때문입니다.[329]

나는 왜 그를 이렇게 무시하고 하찮게 보는가? 왜냐하면 그(즉 자아 아집)가 나로 하여금 생사윤회에 떨어져 고통과 시달림을 몹시 당하게 한 원흉이기 때문이다.

ⓛ 자타상환 수행 마음가짐의 총결

ⓐ 자타상환을 수행하지 않는 과환

**汝雖欲自利, 然經無數劫,** 여수욕자리, 연경무수겁,

**遍歷大劬勞, 執我唯增苦.** 편력대구로, 집아유증고.

마음이여! 그대가 자기 이익을 추구하려 했으나 무수한 억겁을 지나도록 끝없는 고통과 괴로움만 잔뜩 당했으니, 자아 집착은 고통을 증가시킬 뿐입니다.

---

329 우리는 자리바꿈 이전의 자신에 대해 모든 방법을 강구해 안락을 잃어버리게 하고 끊임없이 고난과 시달림을 당하게 해야 한다. 왜냐하면 이 게송 중의 '피彼'는 바로 무시 겁 이래로 집착하는 자아로, 우리들로 하여금 생사윤회에 떨어지게 하고 무수한 겁 가운데 각종 재해와 고통을 당하게 한 원흉이기 때문이다.

484

마음이여, 네가 비록 자기 이익을 추구하려 했으나 무수한 억겁 동안 끝없는 고통과 괴로움만 잔뜩 당했으니, 이런 자아 집착은 그저 너에게 고통을 증가시킬 뿐이었다. 그러기에 마땅히 사심으로 자기 이익만 도모하는 생각을 끊어야 한다.

ⓑ 자타상환 수행의 공덕[330]

是故當盡心, 勤行衆生利, 시고당진심, 근행중생리,
牟尼無欺言, 奉行必獲益. 모니무기언, 봉행필획익.

그러므로 반드시 마음을 다하여 중생을 이롭게 하는 보살 행위를 닦아야 합니다.
석가모니부처님께서는 절대로 사람을 속이는 말을 하지 않으니 가르침을 받들면 반드시 이익을 얻을 것입니다.

따라서 너는 반드시 마음을 다하고 힘을 다하여 자타상환의 방식을 통하여 정법을 수행하며 중생을 이롭게 하는 보살 행위에 정진하여야 한다. 본사 석가모니불은 절대로 사람을 속이는 말을 하지 않으니, 가르침에 따라 봉행하면 반드시 안락과 이익을 얻을 것이다.

若汝自往昔, 素行利生事, 약여자왕석, 소행리생사,
除獲正覺樂, 必不逢今苦. 제획정각락, 필불봉금고.

---

330 지금까지는 자기와 가해 당하는 상대자를 바꾸어 자기의 잘못을 닦는 논리를 편 것이다. 아래의 게송부터 자신의 위치로 회귀한다.

만일 옛날부터 지금까지 줄곧 이런 이타의 보리행을 수행했다면
궁극적인 정각의 큰 안락을 얻는 것은 물론이요, 틀림없이 현재의
번뇌 고통을 만나지 않았을 것입니다.[331]

ⓒ 자타상환 수행을 해야 함

**故汝於父母**, **一滴精血聚**, 고여어부모, 일적정혈취,

**旣可執爲我**, **於他亦當習**. 기가집위아, 어타역당습.

당신이 아버지의 정액과 어머니의 혈액이 모여서 이뤄진 신체를
자아로 집착하고 있는 바에야, 마땅히 다른 중생들도 자신처럼 여겨야
합니다.

요컨대 당신이 아버지의 정과 어머니의 혈이 모여서 이뤄진 신체를
자아라고 어리석게 집착하고 있는 바에야, 마땅히 이처럼 자타상환을
수행하여 다른 중생도 자신처럼 아끼고 보호해야 하는 것은 당연하다.

---

331 우리들이 전생은 막론하고 현생에서 어려서부터 불법을 배우고 익혔다면,
현재 마음의 흐름이 안정되어 있고 단단한 정견과 수행법을 갖추고 있을
것이다. 현생에서 다시 정진해 나간다면 보현왕여래 과위를 얻는 것도 그다지
어려움이 없을 것이며, 더욱이 윤회의 숱한 고통을 없애는 건 말할 필요도
없을 것이다. 하지만 아쉽게도 우리는 선지식을 만남이 더디다. 수행자들은
마땅히 이를 뉘우치고 "지금 이런 우수한 기연을 만났으니 다시는 놓치지
않아서 나중에 후회와 원망이 생기지 않게 하리라."라는 발원을 세워야 한다.

④ 자타상환 수행의 행위

㉠ 행위를 닦는 법

ⓐ 마땅히 이타를 행함

應爲他密探, 見己有何物, 응위타밀탐, 견기유하물,

悉數盡盜取, 以彼利衆生. 실수진도취, 이피리중생.

마땅히 비밀탐정이 되어 자신에게 무엇이든 있다는 것이 발견되면 즉시 모든 것을 훔쳐내어 중생을 이롭게 하는 데 써야 합니다.

자리바꿈을 한 후에는 응당 무리의 비밀탐정이 되어 타인이 필요로 하는 어떤 물건이든 자기에게 있는 것이 발견되면, 즉시 모든 것을 훔쳐내어 중생을 이롭게 하는 데 써야 한다.

ⓑ 자신을 귀히 여기고 사랑하는 마음을 끊음

我樂他不樂, 我高他卑下, 아락타불락, 아고타비하,

利己不顧人, 何不反自妒? 이기불고인, 하불반자투?

나는 안락한데 다른 사람은 안락하지 못하고, 나는 높은 자리에 있는데 다른 사람은 춥고 미천하고 낮은 자리에 있는데,

그럼에도 내 이익만 살피고 다른 사람은 돌보지 않는다면, 왜 마음을 돌려 이러한 자신을 질투하고 미워하지 않는 것입니까?

吾當離安樂, 甘代他人苦. 오당리안락, 감대타인고.

나는 마땅히 안락을 멀리하고 다른 사람의 고통을 대신하기를 진심으로 원할 것입니다.

時觀念起處, 細察己過失. 시관념기처, 세찰기과실.

他雖犯大過, 欣然吾頂替, 타수범대과, 흔연오정체,

自過縱微小, 衆前誠懺悔. 자과종미소, 중전성참회.

항상 말 한마디 행동 하나의 발심 동기를 안으로 살펴서 나 자신의 크고 작은 과실을 자세하게 관찰할 것입니다.

타인이 저지른 큰 잘못이라도 기꺼이 그를 대신해 책임을 떠맡고, 스스로 잘못을 저지르면 아주 작은 것일지라도 여러 사람 앞에서 성실하게 고백하고 참회해야 합니다.


顯揚他令譽, 以此匿己名, 현양타령예, 이차닉기명,

役自如下仆, 勤謀衆人利. 역자여하부, 근모중인리.

타인의 명예와 공덕을 널리 알리고 이로써 나 자신의 명성은 숨길 것입니다.

노비를 부리듯 나 자신을 부려서 대중을 위해 성실하게 이익을 도모할 것입니다.


此身過本多, 德寡奚足誇? 차신과본다, 덕과해족과?

故當隱己德, 莫令他人知. 고당은기덕, 막령타인지.

나 자신은 본래 죄과가 겹겹이 쌓인 사람인데 잠시 동안 일으킨 작은 공덕에 그 무슨 내세을 만한 가치가 있겠습니까?

따라서 나는 온 힘을 다해 덕행과 학문을 감춰서 그 누구도 알지 못하게 하려 합니다.

ⓒ 마무리

往昔爲自利, 所行盡害他, 왕석위자리, 소행진해타,

今爲他謀利, 願害悉歸我. 금위타모리, 원해실귀아.

이전엔 나 자신의 이익을 도모하기 위해 행한 바 일 모두가 해를
입히는 악업이었습니다.
지금은 타인의 행복을 도모하며 모든 재앙이 나에게 닥치기를 원합
니다.[332]


莫令汝此身, 猛現頑強相, 막령여차신, 맹현완강상,

令如初嫁媳, 羞畏極謹慎. 영여초가식, 수외극근신.

자신의 행위가 거칠고 고집스럽게 표현되게 해서는 안 됩니다.
갓 시집온 신부처럼 부끄러워하며 삼가고 조심스레 행해야 합니다.


이렇게 수행할 때, 자신의 행위가 거칠고 고집스럽고 기고만장한
태도로 표현되어서는 안 된다. 갓 시집온 신부처럼 부끄럽게 여기는

---

332 무시 윤회에서 자신의 말 한마디 행동 하나의 목적은 모두 자신의 이익을
위한 것이었고 모두가 나의 음식, 재산, 명성, 권속을 도모하는 것이었다.
이런 목적을 위해 자신이 한 행위는 거의 모두 타인에게 손상을 입히는 악업이었
다. 무시이래로 우리는 자아의 이익과 안락을 추구하기 때문에 3악취의 '무락無
樂' 혹은 인천의 '작은 이익'에 떨어져 해탈의 큰 안락을 얻지 못한다. 그러므로
가급적 빨리 미혹에서 깨어나 궁극적인 큰 안락을 추구해야 한다. 위없는
안락을 희구한다면 지금 반드시 원인을 쌓는 수행에 힘을 쏟고 자타상환을
성실히 수행하여, 아집 번뇌를 끊어 없애고 악업을 소멸시켜야 마지막에 반드시
자타가 안락의 불과를 얻게 할 수 있다.

마음을 지니고, 사람들의 평가를 두려워하며, 언행과 행동거지를 무게 있고 조심스럽게 조절해야 한다.


ⓛ 행위로써 마음을 주재함

ⓐ 대치법으로 주재함

堅持利他行, 切莫傷眾生, 견지리타행, 절막상중생,

妄動應制止, 逾矩當治罰. 망동응제지, 유구당치벌.

이타행을 견지하고 중생을 해치지 말아야 합니다.

망념이 움직이려 하거든 곧바로 눌러 멈추게 하고, 계율을 어기려 하거든 마땅히 벌해야 합니다.


　반드시 이타심을 내어 유정을 이롭게 하고, 절대로 다시는 사적인 이기심으로 중생을 해치지 말아야 한다. 어리석게도 망념이 움직이려 하거든 곧바로 대치법을 써서 눌러 멈추게 하고, 삿된 생각이 계율을 어기려 하거든 응당 엄격히 꾸짖어야 한다.


縱己如是誨, 汝猶不行善, 종이여시회, 여유불행선,

眾過終歸汝, 唯當受治罰. 중과종귀여, 유당수치벌.

비록 이렇게 가르쳤어도 선을 행하려 하지 않는다면

모든 과실이 그대에게 귀결될 것이니, 엄격하게 처벌할 수밖에 없습니다.


　이렇게 자상하게 가르친 바 있건만 마음 네가 아직도 가르침에

490

따라 선을 행하려 하지 않는다면, 앞으로의 모든 과실이 네 탓이 될 것이고 그때는 너를 엄격하게 처벌할 수밖에 없다.[333]

昔時受汝制, 今日吾已覺, 석시수여제, 금일오이각,
無論至何處, 悉摧汝驕慢. 무론지하처, 실최여교만.
옛날에는 그대의 조정을 당했으나, 이제는 내가 이미 깨달았으니
어디로 가든 그대의 교만을 남김없이 파괴할 수 있습니다.

오랜 옛날부터 나의 마음이 어리석고 무식하여 내 이익만 구하고 온전히 욕망의 조정을 당해 왔다. 이제 나는 마음 네가 모든 죄악과 고통의 근원이란 것을 깨달았으니, 네가 어디로 가든 너의 망념, 아집, 교만 등을 남김없이 파괴할 것이다.

今當棄此念, 尚享自權益. 금당기차념, 상향자권익.
汝已售他人, 莫哀應盡力. 여이수타인, 막애응진력.
자기의 권익을 누리려 하는 생각은 지금 버려야 합니다.
나는 이미 중생에게 팔아버렸으니, 슬퍼하지 말고 응당 온 힘을 다해야 합니다.

---

333 말법의 시대에는 중생의 악습이 너무 많이 쌓여 되돌리기 어렵다. 따라서 이런 온화한 가르침을 반복해서 듣는다 하더라도 마음엔 전혀 변화가 없고, 원래와 똑같이 자아를 고집스레 집착하고 이타의 착한 법을 행하려 들지 않는다. 이런 상황 아래서 우리는 마음을 엄격하고 강력하게 억제해야 한다.

지금부터 마음 너는 자기만을 이롭게 하고 자아 만족을 위주로 하는 사고방식을 버려야 한다. 나는 이미 너를 모든 중생에게 팔아버렸으니, 너는 슬퍼하거나 힘들어하지 말고 온 힘을 다해 중생을 도와야 한다.

ⓑ 소멸시켜야 할 대상으로 간주함

若吾稍放逸, 未施汝於衆, 약오초방일, 미시여어중,

則汝定將我, 販與諸獄卒. 즉여정장아, 판여제옥졸.

만일 내가 다소 방일하여 그대를 중생에게 보시하지 않으면,

그대는 분명 나를 지옥 병사에게 팔아넘길 것입니다.

만일 내가 다소 정신을 차리지 못하여 욕망 따라 방일하여 마음 너를 중생에게 보시하지 않는다면, 너는 분명 자기 이익에 집착하여 악업을 지을 것이고 결국엔 나를 지옥 병사에게 팔아넘길 것이다.[334]

如是汝屢屢, 棄我令久苦, 여시여루루, 기아령구고,

今憶宿仇怨, 摧汝自利心. 금억숙구원, 최여자리심.

---

[334] 중생의 자아 집착의 습기는 아주 단단하여 비록 불문에 들어가 교리를 배우고 수행을 해봤다 하더라도 쉽게 굴복되지 않는다. 그저 약간 정지와 정념을 지키는 것에 소홀하기만 해도 바로 습기가 회복되어 자아를 집착하게 되는 것이다. 이런 습기와 미혹 아래 업을 짓는 것은 그 후과가 아주 무섭다. 그러므로 지혜로운 자라면 마땅히 강하게 먼저 손을 써서 마음이 업을 지을 기회를 주지 않음으로써 스스로 타락하여 아무 의미도 없이 3악취의 고통을 당하게 되는 것을 피해야 한다.

너는 이미 누누이 나를 버려 긴 고통을 당하게 했습니다.
지금 오래된 원한을 되돌아보면 자신의 이익을 챙기는 마음인 너를
철저히 소멸시킬 것입니다.

나는 이미 여러 차례 정신을 못 차리고 정법에 소홀하여 너에 의해
팔려 나간 적이 있고, 또한 이로 인해 오랜 시간 고통을 당했다. 지금
이런 오래된 원한을 되돌아보면 분한 마음을 삭이기 어려우니, 나는
반드시 사사로이 자신의 이익을 챙기는 이기심인 너를 철저히 소멸할
것이다.

ⓒ 몸에 대한 탐착을 끊음

**若汝欲自惜, 不應自愛執,** 약여욕자석, 불응자애집,
**若汝欲自護, 則當常護他.** 약여욕자호, 즉당상호타.

자신의 안락을 소중히 여긴다면 다시는 고집스레 자신의 기쁨을 집착
하지 말아야 합니다.
진정으로 자신을 보호하여 고난을 피하고 싶다면 마땅히 항상 타인을
보호해야 합니다.[335]

---

[335] 중생은 안락을 회구하고 고통을 원치 않는다. 자신을 보호하고 세간의 고통을
없애버리고 싶다면, 반드시 자기 자신을 조건 없이 타인에게 봉헌하고 마음과
힘을 다해 중생을 아끼고 보호하며 중생을 이롭게 해야 한다. 이렇게 해야만
고통을 없앨 수 있다. 상사 여의보는 『승리도가』에서 "구경에 널리 자기를
이롭게 하고자 한다면 남을 이롭게 함이 그 비결이다."라고 말했다.

汝愈獻慇懃, 護此不淨身, 여유헌은근, 호차부정신,

彼愈趨退墮, 衰朽極脆弱. 피유추퇴타, 쇠후극취약.

업신의 더러운 이 몸을 철저히 보호하면 할수록

몸은 갈수록 더욱 퇴화하고 약해져서 작은 고통조차 견디지 못하게

됩니다.


身弱欲愛增, 大地一切物, 신약욕애증, 대지일체물,

尚且不饜足, 誰複愜彼欲? 상차불염족, 수부협피욕?

逐欲未得足, 生惱複失意. 축욕미득족, 생뇌부실의.

몸이 약해지면 욕망이 늘어나서 대지 위의 모든 것을

가진다 해도 만족하지 못하게 되는데, 그 누가 그 욕망을 만족시킬

수 있겠습니까?

욕망을 추구하면 영원히 만족을 얻을 수 없고 그저 번뇌와 낙담만

안게 됩니다.


   탐심을 닦는 의지가 약해지면 욕망이 끊임없이 늘어나 대지 위의
모든 것을 가진다 해도 만족하지 못하게 되는 법인데, 누가 그 욕망을
만족시킬 수 있겠는가? 욕망을 추구하면 영원히 만족을 얻을 수 없고
그저 번뇌와 실망과 낙담만 안게 된다. 하늘에서 양식과 보석이 비처럼
내려와도 탐욕이 많은 범부는 만족하기 어렵다. 수행인은 이로써
오욕애락의 한없는 환난의 허물과 해를 끼치는 성질을 잘 알아 경계해
야 한다.

若人無所求, 彼福無窮盡, 약인무소구, 피복무궁진,

樂長身貪故, 莫令有機趁, 낙장신탐고, 막령유기진,

不執悅意物, 厥爲眞妙財. 부집열의물, 궐위진묘재.

수행인이 마음에 구하는 것이 없으면 복덕이 다함이 없을 것이나, 안락을 추구하면 탐착을 늘릴 뿐이니 향락의 기회를 주지 말아야 합니다.

즐거움을 주는 그 어떤 물건에도 집착하지 않는 것이야말로 소중하고 진실한 재산입니다.

수행인이 세속의 욕심을 마음에 구하지 않는다면 그의 복덕과 쾌락이 다함이 없을 것이다. 안락을 추구하면 그저 몸뚱이에 대한 탐착을 늘릴 뿐이니, 자기 몸뚱이에게 그 어떤 향락의 기회도 주지 말아야 한다. 세속의 즐거움을 주는 그 어떤 물건에도 탐착하지 않는 것이야말로 가장 소중하고 진실한 재산이다. 소욕지족을 행하는 자는 마음이 평온하고 두려운 게 없으며, 일을 대함에 여유가 있어 항상 부족함이 없으며, 열반의 기쁨을 갖게 된다. 『친우서』에서 "붓다께서 설하시되, 일체 재산 중에 작은 욕심에 만족한 줄 아는 것이 제일이니 항상 만족할 줄 알아야 하고, 욕심을 작게 함을 닦으면 비록 가난해도 부유한 사람이다."라고 말한다.

可怖不淨身, 不動待他牽, 가포부정신, 부동대타견,

火化終成灰, 何故執爲我? 화화종성회, 하고집위아?

이 무섭고 더러운 몸뚱이는 스스로 움직이지 못하며 마음에 의지해야

움직일 수 있고

죽어서 불탄 뒤에는 결국 한 무더기의 재가 됩니다. 왜 이렇게 실재하지 않고 더러운 물건을 나로 집착하려 합니까?

無論生與死, 朽身何所爲? 무론생여사, 후신하소위?
豈異糞等物? 怎不除我慢? 기이분등물? 즘부제아만?
생사를 막론하고 결국에는 썩어 버릴 몸이 무슨 소용이 있으리오? 어찌 똥오줌과 다름이 있으리오? 어찌하여 아만을 없애지 않는 것입니까?

생전의 몸뚱이든 사후의 몸뚱이든, 결국엔 썩어버릴 허망한 몸뚱이가 무슨 소용이 있겠는가? 몸뚱이는 분변 같은 미천한 물건과 차이가 없다. 이러할진대 몸뚱이를 나로 집착하는 오만을 왜 없애지 않는가?

奉承此身故, 無義集諸苦, 봉승차신고, 무의집제고,
於此似樹身, 何勞貪與嗔? 어차사수신, 하로탐여진?
몸뚱이의 시중을 들기 때문에 무의미하게 고뇌만 쌓고 있습니다. 나무와 같은 몸뚱이에게 어찌 헛되이 탐애와 성냄 원한을 일으키는 것입니까?

몸뚱이에 대한 집착에 굴복하여 몸뚱이의 시중을 들기 때문에, 나는 아무런 의미도 없이 수많은 고뇌만 쌓고 있다. 한 그루 나무처럼 정도 없고 의리도 없으며 보은을 모르는 이 색신色身을 위해 무엇이 안타까워 탐애와 성냄 원한을 일으키는가?


**細心極愛護, 或棄鷲獸食,** 세심극애호, 혹기취수식,

**身旣無貪嗔, 何苦愛此身?** 신기무탐진, 하고애차신?

세심하게 아끼고 보호하든, 독수리와 야수에게 밥으로 주든지 간에 몸뚱이는 탐貪을 일으키지도 않고 진瞋을 일으킬 수도 없는데, 어찌하여 몸뚱이를 탐애하는 것입니까?[336]


**何毀引身嗔? 何贊令身喜?** 하훼인신진? 하찬령신희?

**身旣無所知, 殷勤何所爲?** 신기무소지, 은근하소위?

그 어떤 비방이 몸뚱이로 하여금 성내고 증오하게 할 수 있습니까?
그 어떤 칭찬이 몸뚱이를 기쁘게 할 수 있습니까?
몸뚱이는 이름을 더럽히는 것에 대해 아는 바가 전혀 없는데, 어째서 끈질기게 몸뚱이에 집착하는 것입니까?


**若人喜我身, 則彼爲吾友,** 약인희아신, 즉피위오우,

**衆皆愛己身, 何不愛衆生?** 중개애기신, 하불애중생?

몸뚱이가 비록 무지하긴 하나 몸뚱이를 집착하고 잘 보호함으로써

---

336 신체는 주관적인 분별 의식이 없어 좋고 나쁨을 분간하지 못한다. 사실이 이러한데 우리가 몸뚱이를 탐애하는 것이 그 무슨 이익이 있단 말인가? 욕심도 없고 성냄도 없는 몸뚱이를 '나'로 탐착하는 것은 아무런 의미도 없는 일이니, 수행인이라면 마땅히 이 점을 잘 알아 몸뚱이를 탐하는 미혹 악습을 철저히 끊어버려야 한다.

타인이 나를 좋아하게 할 수 있고 나의 좋은 친구가 되게 할 수 있다고
말한다면,
사람은 누구나 자기의 몸뚱이를 좋아하는데, 마찬가지로 왜 그들을
사랑하지 않는 것입니까?

ⓓ 몸을 선업에 잘 활용함

**故應離貪執, 爲衆捨己身**, 고응리탐집, 위중사기신,
**此身雖多患, 善用如寶筏**. 차신수다환, 선용여보벌.
그러므로 응당 탐착을 멀리하고 중생을 위해 자기 몸을 베풀어야
합니다.
자기 몸이 비록 수많은 과환을 불러오긴 하지만 보배로운 그릇으로
여기고 잘 운용해야 합니다.

자기의 몸을 탐애하고 집착하는 과환이 매우 많으므로 자기 몸에
탐착하는 악습을 응당 멀리하고, 중생의 이익을 도모하기 위해 자기
몸을 베풀어야 한다. 자기 몸이 비록 수많은 과환을 불러오긴 하지만,
그 몸을 중생들로 하여금 고해를 건너게 해주는 값진 배로 여기고
잘 운용하는 것이 필요하다.[337]

---

[337] 몸은 우리에게 적지 않은 골칫거리를 안겨주었고, 윤회하는 동안 셀 수 없이
많은 고통과 재난을 갖다 주었다. 이제 우리는 이러한 재앙의 근원을 멀리할
뿐만 아니라 자기 몸을 중생에게 보시하여 중생의 이익과 안락을 도모해야
한다. 『사백론』에서는 "비록 몸뚱이를 원수같이 여겨야 하나, 반대로 마땅히
몸을 아껴서 계를 갖추고 오래 살아야 큰 복덕을 이룰 수 있다."라고 말한다.
몸을 잘 부리면 몸뚱이가 윤회의 고해를 건너는 귀중한 배가 될 수 있는

498

## (3) 공동으로 해야 할 일

### ①선정 수행의 장애를 끊음

愚行足堪厭, 今當隨聖賢, 우행족감염, 금당수성현,

憶敎不放逸, 奮退昏與眠. 억교불방일, 분퇴혼여면.

우매한 행동은 진저리나기에 충분하니, 앞으로는 마땅히 성현을 좇아 가르침을 기억하고 게으름을 피우지 않으며 혼침과 수면을 격퇴할 것입니다.

자타평등과 자타상환을 수행하는 것은 매우 중요한 일이다. 이제 과거의 그 우매하고 산란한 행동은 진저리를 내기에 충분하다. 앞으로 나는 성현과 수행인의 발자취를 따라 보리심을 행하고, 항상 성스러운 가르침을 단단히 기억하고 게으름 피우지 않을 것이며, 불방일의 가르침을 따라 혼몽함과 수면을 격퇴할 것이다. 선정을 수행할 때 반드시 극복해야 할 것이 혼몽, 도거, 탐욕, 의혹, 성냄의 다섯 가지 장애이다. 이 다섯 가지 무명 번뇌를 극복할 수 있다면 마음이 산란함에서 벗어나 항시 선정 속에 안주할 수 있다.

### ②대치법을 힘써 실천함

如佛大悲子, 安忍所當行, 여불대비자, 안인소당행,

若不恒勤修, 何日得出苦? 약불항근수, 하일득출고?

---

것이다. 『학집론』에서도 "마치 모든 세상 사람들이 무거운 짐을 싣기 위해 수레를 가짐과 같이 마땅히 계를 잘 지녀 가진다."라고 말하고 있다.

대자대비의 불자처럼 괴로움을 참고 견디며 수행하려 하나니
수행에 정진하지 않는다면 언제쯤이나 고통에서 벗어날 수 있겠습
니까?

나는 대자재비의 불보살처럼 일체 죄의 허물을 끊고 다시는 범하지
않기 위해서, 괴로움과 고통을 참고 견디며 대치하는 선법을 밤낮으
로 게으르지 않고 성실히 수행하려 한다. 만약 지속하여 수행에 정진
할 수 없다면, 언제쯤에나 윤회 고통의 대해에서 벗어날 수 있을
것인가?

## 2) 승의보리심을 수행함

爲除諸障故, 回心避邪途, 위제제장고, 회심피사도,

並於正所緣, 恒常修三昧. 병어정소연, 항상수삼매.

모든 장애를 없애기 위해 마음을 돌려 사도를 멀리하고
정념 경계에 의지해 항상 삼매를 수행해야 합니다.

앞에 서술한 원인을 비춰 정리해 보면, 탐욕과 같은 번뇌장煩惱障과
번뇌 성질의 분별망념이 아닌 소지장所知障을 제거하는 등 위없는
보리심의 도를 가로막는 모든 장애를 없애기 위하여 아집 악습을
철저하게 바꾸고, 일체 사도를 멀리하며, 진실한 선법의 정념경계正所
緣境에 전일하게 하여 항상 삼매를 수행해야 한다.[338]

---

338 보리도 과정상의 장애는 번뇌장과 소지장 두 가지로 나뉜다. 번뇌장은 아집我執
  으로 인해 생겨나는 번뇌로 열반의 증득을 장애하는 번뇌이고, 소지장은 법집法

- 제8품의 석釋을 마침.

---

執으로 인해 생겨나는 번뇌로 보리의 발현을 장애하는 번뇌이다. 이러한 장애를
끊어 없애기 위해서는 반드시 무아 승관 지혜를 일으켜야 하는데, 승관 지혜는
적지寂止의 기초 위에서 비로소 진실하게 일으킬 수 있다. 본 품의 앞 내용을
되돌아보면, 수행인들은 몸과 마음에 있어 여러 가지 산란 등의 장애를 피하고,
자타평등과 자타상환을 소연경으로 삼아 마음에 항상 지니며, 이를 근거로
이치에 맞게 수행하여 산란을 끊고, 삼매에 들어 무아·공·혜를 이끌어낸다.
이 게송 속의 '정소연正所緣'은 바로 자타평등과 자타상환 수행법을 말한다.
자타평등과 상환에 의지한 수행자는 자아 집착의 악습을 강력하게 정화할
수 있고 근본번뇌가 일으키는 탐·진 등의 번뇌 역시 자연스럽게 소멸될 수
있다. 수행자는 이로써 거대한 복덕 자량을 쌓으며 이러한 기초 위에서 적지가
자연스럽게 생겨난다.

# XI. 제9품 지혜智慧[339]

## 1. 지혜를 일으키는 방법

### 1) (本體) 지혜의 자성을 이해함

(연결문)

此等一切支, 佛爲智慧說, 차등일체지, 불위지혜설,

故欲息苦者, 當啓空性慧. 고욕식고자, 당계공성혜.

앞에서 논한 것은 모두 부처님께서 수행자들이 지혜를 얻게 하기 위하여 설한 것이니,

일체 번뇌의 고통을 없애고자 하는 사람은 마땅히 공성空性의 지혜를 일으켜야만 한다.

앞에 '발심'으로부터 '선정'에 이르는 부분은 지혜의 원인이 되는

---

339 지혜품의 내용은 소승, 유식, 중관종 등 여러 종파의 관점에 대한 논쟁을 통해 최종적인 구경의 지혜를 밝히고 있기에 게송의 번역을 구어체가 아닌 문어체로 정리하였으며, 게송에 대한 자세한 설명은 『입보리행론 강해 3』(운주사, 2020년)을 참조하기 바람.(역자 주)

자량으로서, 이 모두 부처님께서 수행자가 진실한 지혜를 일으키도록 하기 위하여 설한 것이다. 『학집론』중에 "삼매에 듦으로써 진실한 불성을 알게 되는데, 이는 석가능인께서 설하신 것이다."라고 하였으니, 자타의 고통을 소멸시키고자 생각하는 사람은 반드시 지혜를 일으켜야 한다. 윤회의 일체 고통은 유루의 미혹한 업에 근원하고, 미혹한 업은 실로 아는 집착을 말미암아 생긴다. 『육십정리론』에 "만약 법이 실제로 있다고 인정하면 탐욕과 진애가 크게 일어난다."라고 하였다. 공성을 깨달은 지혜는 이런 종류의 실체를 만드는 집착을 끊어 버려서 일체 고통을 소멸시킨다. 『섭집경』에 "지혜로써 법의 자성을 두루 알게 된 후에야 진실로 일체의 삼계를 초월하여 벗어난다."라고 하였다. 스스로 공성을 깨달으면 남을 위하여 공성을 설할 수 있으므로 일체 번뇌의 고통을 없애고자 하는 사람은 마땅히 공성空性의 지혜를 일으켜야만 한다. 『보리심석』에 "지혜가 있는 유가사가 공성을 수습하고, 내심에 남을 이롭게 하는 일을 희구하면 결단코 어려움이 없다."라고 하였다.

## (1) (所知) 외경外境을 논하는 2제(세속제·승의제)를 결택함
### ① (총설) 2제를 안립함
⑦ 분류

世俗與勝義, 許之爲二諦. 세속여승의, 허지위이제.

윤회와 열반이 포함하는 일체법은 세속제와 승의제로 나뉘며 이것이 불법이 허락하는 두 종류의 진실이다.

윤회와 열반에 대한 일체법은 세속제世俗諦와 승의제勝義諦로 나눈다. 세속제는 진실한 뜻을 장애하는 일체의 미혹한 분별법을 가리키며 분별심으로 인하여 성립되므로 세속제라고 한다. 『입중론』에서 "어리석음이 각성을 장애함이 있어서 세속이라 이름하고, 가유假有의 법이 분별로 인하여 현현함을 제諦라 하며, 부처님께서 세속제라 명하여 설하시니, 모든 거짓으로 세워진 법은 세속에 포함된다."라고 하였다.

승의는 성자의 나타남이 없는 지혜(無現智慧)를 가리키며 성자의 증오證悟한 바의 뜻으로 인하여 승의제라고 일컫는다. 승의제는 성자들 심행의 경계인 근본 지혜가 성聖인 경계이다. 월칭 논사가 『입중론』에서 "모든 법의 참과 거짓을 봄으로 말미암아 모든 법에 두 종류의 진리를 얻는다. 진실한 경계를 봄은 곧 진제이고, 보는 바가 허망하면 곧 속제이다."라고 정의하였다.

㉯ 본체

**勝義非心境, 說心是世俗.** 승의비심경, 설심시세속.

승의제는 주관과 객관으로 집착하여 분별하는 경계가 아니며
따라서 심과 심소의 주관과 객관의 분별경은 세속제가 된다.

승의제는 주관과 객관으로 집착하여 분별하는 경계가 아니다. 따라서 심心과 심소心所의 주관과 객관의 분별경은 세속제가 된다. 『선설이제경』에 "천자여, 만약 승의제가 신·어·의의 경계라면 승의제가 도리어 세속제가 된다. 천자여, 이같이 승의제는 일체 이름과 말을 멀리 여의며, 진실 가운데에 생멸이 없어 일체 설하는 자와 설한 것 및

아는 자와 앎을 여의어 수승한 일체지의 지혜 경계까지도 초월하므로 이름이 승의제이다."라고 한다.

선천 논사가 강해 중에서 말하되, 이른바 "마음의 행하는 경계가 됨을 이룬다." 함은 긍정적 방면을 좇아 성립함을 가리킴이 아니고, 마음이 능히 승의를 현량으로 보는 것을 장애하므로 마음은 세속이 된다고 허락한다. 혜원 논사와 보명 존자가 마음은 분별망념임·무명인 것이라고 설하며, 이로써 승의는 마음의 대상 경계가 아니다. 『변중변론』에 "진실이 아니고 망념인 것이 마음과 심소와 삼계이다."라고 하며, 마음은 삼계의 심과 심소를 가리킨다. 따라서 승의는 여래의 대상 경계가 아니라고 함과 성자의 지혜로 증오한 바의 대상 경계라고 한 것은 서로 어긋나지 않는다. 경 중에 설한 바인 "또한 불지佛智의 대상 경계가 아니다."라고 한 밀의는 승의 중에는 일체가 고루 성립하지 않음을 설한 것이다. 승의 중에는 일체가 성립하지 않기 때문에 이로 인하여 증오할 어떤 것도 없는 것이며, 다만 나타남이 없는 지혜로서 일체에 집착함이 없음으로 승의를 증오한다고 안립할 수 있다. 『미생원 왕참회경』 중에 이르되, "대왕이시여! 한 법도 봄이 없음이 진실한 봄이고, 진실한 봄은 봄이 없음입니다."라고 하였으니, 진실한 봄과 봄이 없음이 서로 어긋나지 않는다.

㉲세속제와 승의제 지혜의 차이를 논함(能量彼之慧差別)
㉠이제를 판별하는 세간인世間人[340]의 분류

---

[340] "보특가라"라고도 표현함.(역자 주)

世間見二種, 瑜伽及平凡, 세간견이종, 유가급평범,

이제二諦를 결택하는 세간 사람은 두 부류가 있으니, 이미 적적하고
수승한 관을 얻은 유가사와 평범한 수행인이다.

일부 주석 중에 해석해 말하되, 이제二諦를 판별하는 세간 사람은
두 부류가 있으니, 이미 적적하고 수승한 지관止觀을 얻은 유가사와
그렇지 못한 평범한 수행인이다. 실지로는 세 가지 지혜[341]를 갖췄는
지 아닌지에 따라서 무아를 결택하는 지혜로 나누는 것이 더욱 합리적
이다.

ⓛ 승의를 방해하는 차제(단계)

瑜伽世間破, 平凡世間者, 유가세간파, 평범세간자,

復因慧差別, 層層更超勝. 부인혜차별, 층층갱초승.

그중 유가사는 능히 범부의 견해를 파하고
공성의 지혜 차별을 통달하기에 능히 하위 계위를 초월하고 상위
계위로 나아간다.

두 가지 세간 중 평범세간은 신체를 하나의 체로 보고 마음은 항상
존재한다고 주장하나, 유가세간은 "신체는 부분으로 분리되어 나눠지
기에 하나의 체가 될 수 없고, 마음도 변하여 대상 경계가 되기 때문에
무상법이다."라는 이증理證으로 평범세간의 주장을 파한다. 그중 어떤

---

341 공무상 지혜, 연기성공 지혜, 반야 지혜.

유가사는 능히 범부의 견해를 파하고 공성의 지혜 차별을 통달하며, 상상근기는 능히 하하근기를 초월한다.

그 가운데 외경을 설하는 유부와 경부종은 소취(취해지는 바)인 분리되지 않는 극미진(無分微塵)과 능취(능히 취하는 것)인 무분별의 찰나심식을 가져서 승의로 인정한다. 이에 대하여 유식종은 "6으로써 동시에 합하고, 극미는 6분을 이루며, 6분이 만약 일위이면 환 또한 미진을 이룬다." 하는 등의 이증으로 막아 파한다. 쌓아진 바의 미진이 성립하지 못하기에, 미진이 모여진 거친 물질도 당연히 또한 곧 성립하지 못하고, 이미 그것이 성립하지 못하면 이 두 가지도 곧 실유로 성립하지 못한다. 유식종은 능취 소취가 없는 스스로 밝고 스스로 아는 심식342을 승의로 삼는다. 그러나 중관종中觀宗은 이 논서에서 말하고 있는 "자증自證을 파함" 등의 이증理證으로써 유식종의 논의를 파한다.

ⓒ 승의를 능히 해하는 이치

**以二同許喩.** 이이동허유.

(어떤 사람이 반박해 말하되, 일체법이 실답지 않음을 주장하는 유가세간이 어떻게 평범한 세간의 견해를 파할 수 있겠는가?)
답: 양자가 공동으로 인정하는 비유는 능히 성립한다.

선천 존자가 해석하여 말하되; 양자가 공동으로 인정하고 아울러 함께 아는 바의 비유를 운용하여 건립하고 세운 것이기에 관찰이

---

342 원문: 無有能取所取自明自知的心識.

필요하지 않다.

만약 어떤 사람이 묻되; 평범세간의 분별망심 앞에 분명히 이같이 현현하기에 이 같은 대상 경계가 실이 없음이 성립하지 않으며, 이와 같다면 그의 마음이 허망함이 또한 어떻게 성립하겠는가?

이에 대하여 보명 존자가 답하되; 유가세간과 평범세간이 모두 공동으로 인정하는 실이 없는 환술 등의 비유로 이 점을 설명할 수 있다. 유실종의 유가행자의 마음 앞에는 비록 나타나지만, 다만 실로 있다고 함을 막아 파함을 통과하면 능히 그들 마음의 앞에 나타나 있으나 허환임을 증명할 수 있다. 그러하니 평범세간의 실이 있다는 견해를 더 논할 필요가 있겠는가? 이로써 기초를 지어 다시 한 걸음 나아가 다음의 "위과불관찰……"의 변론을 전개한다.

② (세속) 세속제 측면에서 논쟁을 파함
㉮ 제법이 환이므로 선업을 행할 필요가 없다는 관점을 타파함
**爲果不觀察.** 위과불관찰.
(문: 만약 모든 법이 실다움이 없어 환과 같다면 곧 보시하고 도를 배움이 무슨 소용이 있는가?)
답: 이는 과위果位를 얻는 데 필요하므로 관찰함이 없이 설한다.

상대가 말하되; 만약 모든 법이 실다움이 없어 환과 같을 뿐이라면 곧 보시 등을 의지하여도 도를 얻지 못하며, 이로써 곧 보리를 위하여 보시하고 6바라밀을 수행하는 것도 필요하지 않다.

반박하기를; 승의 중에 비록 없지만 아직 관찰하지 않는 상태에서의

세속 중에 분명히 존재하는 것이고, 그래서 보리과를 증오하기 위하여
보시 등을 행하는 것은 서로 어긋나는 것이 없다.


㉺제법의 현현이 실재한다고 집착하는 관점을 타파함
世人見實法, 分別爲眞實, 세인견실법, 분별위진실,
而非如幻化, 故諍瑜伽師. 이비여환화, 고쟁유가사.
세상 사람은 현재에 세속 제법을 보면서 분별 집착하여 이를 진실한
존재로 생각하니
세속 제법이 환화와 같은 헛된 영상임을 알지 못하며, 이 때문에
유가사와 논쟁을 일으킨다.


　어떤 사람이 묻되; 제법이 유가사와 범부에게 골고루 나타나 보이는
데, 왜 둘은 아직도 이에 대하여 무슨 논쟁을 하는가?
　답하되; 비록 같은 모습으로 나타나지만, 평범한 세간 사람은 현재에
세속 제법을 보면서 분별 집착하여 환화와 같은 헛된 영상이라고
생각하지 않고 진실한 존재로 삼으나, 유가사는 진정한 모든 도리를
이해한다. 이 때문에 유가사와 평범세간은 논쟁이 생길 수밖에 없다.


㉻육근의 경계는 실재하지 않음을 이지량理智量으로 분석함
色等現量境, 共稱非智量, 색등현량경, 공칭비지량,
彼等誠虛妄, 如垢謂淨等. 피등성허망, 여구위정등.
육근·육식의 현량으로써 성립하는 색과 소리 등의 경境은 범부 망견의
명언분별로써 이루어진 것으로 이지량理智量이 아니다.

이같이 현전에 보는 경계는 모두 허망하고 거짓된 변계소집이며, 이는 세상 사람이 부정한 몸을 가지고 깨끗하고 아름답다고 말하는 것과 같다.

상대가 말하되; 색 등이 현량으로 성립하므로 허망한 것이 아니다.

실제상으로 색 등이 현량으로 성립한다는 관점은 허망한 것이다. 색과 소리 등 현량으로써 성립하는 경계는 세상 사람에 의해 공동으로 말로써 분별하여 이루어진 것이며, 이지량理智量의 면전에서는 진실이 아니다. 즉 본래 부정하고 무상한 몸을 세상 사람들이 깨끗하고 아름답다고 여겨 말하는 것과 같이 허망하다. 『삼마지왕경』에 "눈·귀·코는 바른 헤아림이 아니고, 설·신·의도 그렇지 아니하니, 6근이 바른 헤아림이 된다면 성인의 도가 누구에게 이익이 되겠는가?"라고 하였다.

㉑ 제법이 무無자성임은 제행무상의 가르침과 어긋남이 없음
爲導世間人, 佛說無常法, 위도세간인, 불설무상법,
眞實非刹那, 豈不違世俗. 진실비찰나, 기불위세속.
瑜伽量無過, 待世謂見眞, 유가량무과, 대세위견진,
否則觀不淨, 將違世間見. 부즉관부정, 장위세간견.
(문: 만약 색色 등 모든 법이 자성이 없다면, 부처님께서 설한 "유실법有實法[343]은 찰나무상의 자성이다"라는 말씀과 어긋나지 않는가?)

---

[343] 실제로 있다고 집착하는 법

답: 세간인의 항상 있다고 여기는 집착을 파하기 위해 부처님께서 먼저 무상의 교리를 설하시고, 나중에 실상법 중에서는 제법이 찰나에도 실로 있음이 아니며 항상하지도 않는 도리를 설하셨다.

문: 위와 같다면 무상은 승의제가 아니며, 세속과도 서로 어긋나는 것이 아닌가?

답: 중관논사의 유가량[344]은 그러한 허물이 없으니, 만일 세간 명언제에 대할 때에는 무상을 체득함이 진실을 체득한 것이라고 할 수 있다. 그렇지 않으면, 여자의 몸은 부정하다고 관하는 부정관을 닦는 유가사의 관점이 (여자의 몸이 깨끗하다고 하는) 세간인의 주장을 어찌 파할 수 있겠는가? (다만 이때의 무상이 곧 승의라고 할 수는 없다.)

어떤 사람이 묻되; 만약 색色 등 모든 법이 자성이 없다면, 부처님은 왜 "유실법有實法은 찰나 무상無常의 자성이다."라고 설하였는가?

답하되; 이것은 밀의가 있는 것이다. 부처님의 의중은 현현분顯現分을 가리킨 것으로, 실로 있는 법에 탐착하는 세간인을 차제로 인도하기 위하여 필요하기에, 부처님은 유실법은 곧 무상하다고 설한다. 이르되, "부처님이 아와 아소를 설하고, 설한 바는 밀의에 의거하며, 온계와 처에, 또한 밀의로써 설한다."라고 하며, 진여본성을 좇아 말하면 이런 실로 있다고 하는 제법이 찰나에도 또한 실로 있음이 아니며, 찰나를 막아 파함으로써 유실법은 무상함을 증명하는 이증이 된다.

또한 상대방이 말하되; 찰나에도 세간 사람의 앞에 현현하지 않는다

344 선정으로 얻은 경지

면 세속을 안립함은 불가능하다.

답하되; 비록 평범세간의 앞에는 찰나 무상이 현현하지 않지만, 인무아를 본 모든 유가자의 앞에는 현현하는 것이니, 따라서 세속제를 안립할 수 있으며, 아울러 과실도 없다.

만약 상대방이 말하되; 이와 같으면, 부처님이 설하신 "찰나를 보면 곧 진여를 본다."라는 도리와 더불어 서로 어긋나지 않는가?

선천 존자가 회답하여 말하되; 어긋나지 않는다. 실제상으로 세간인을 관대하여 상유(常有: 항상 있음) 등으로 보는 것에 대해, 유가행자는 찰나를 보는 것으로써 안립하여 진여를 보는 것으로 삼게 되는데, 이것은 찰나가 상사相似한 승의가 되기 때문이다. 만약 이와 반대로 유가행자를 관대하여 평범한 사람이 보는 바가 진실한 것이라면, 유가사가 진정으로 깨달은 바인 여자의 몸이 부정함을 관해 본 것에 대하여, 세간으로써 집착하여 청정함으로 보게 되기에 오히려 진리에 방해가 된다.

㉕논리의 비약으로 모순이 있는 네 가지 관점을 타파함
㉠복덕이 실제로 없다는 관점을 타파함(복덕)

**供幻佛生德, 如供實有佛.** 공환불생덕, 여공실유불.

문: 이미 일체가 다 환幻과 같아 자성이 없다면 환 같은 부처님을 공양함이 무슨 공덕이 있겠는가?

답: 환 같은 부처님을 공양함이 환 같은 공덕을 낼 수 있다. 곧 당신들이 실로 있는 부처님이 능히 실로 있는 공덕을 낸다고 주장함과 같다.

512

상대방이 말하되; 만약 일체법이 다 환幻과 같아 자성이 없다면 부처님 또한 환 같은 허망함을 이루니, 이렇게 공양함은 복덕을 얻을 수 없다.

답하되; 당신들이 실로 있는 부처님께 공양하면 능히 실로 있는 공덕을 얻는다고 승인함과 마찬가지로, 환 같은 부처님을 공양하면 환 같은 복덕을 낼 수 있다. 따라서 아무런 과실이 없다.

ⓛ 환생할 수 없다는 관점을 타파함(환생)

有情若如幻, 死已云何生. 유정약여환, 사이운하생.

衆緣聚合已, 雖幻亦當生, 중연취합이, 수환역당생,

云何因久住, 有情成實有. 운하인구주, 유정성실유.

문: 만약 중생이 환 같아 실답지 않다면 마치 환으로 생긴 사람이 죽은 후에 어떻게 다시 환생하겠는가?

답: 다만 많은 인연이 모이기만 하면 비록 비어 환 같아도 중생이 끊임없이 환생하는 것이다.

문: 비록 이와 같으나 다만 환화자는 거의 모두 짧은 시간에 출현하나 중생은 무시이래로 끝없이 윤회하므로 그 둘은 서로 같이 여기는 것이 불가능하다.

답: 생명이 윤회하는 과정에서 가상으로 존재하는 시간이 긴 이유 때문에 어찌 중생이 실로 있음을 이루게 할 수 있겠는가?

상대방이 묻되; 만약 중생이 환과 같다면 죽은 후에 어떻게 다시 환생할 수 있는가?

답하되; 환생할 인연이 모이기만 하면 비록 환과 같아도 중생이 끊임없이 환생되니, 중생과 환의 물질이 모두 실답지 않으나 다시 태어남이 가능하다. 다만 가상으로 존재하는 시간이 길다는 이유만으로 중생이 실제로 있다고 어찌 집착할 수 있겠는가? 만일 그렇다면 환화가 지속되는 시간의 길고 짧음을 근거로 환화가 응당 실유가 되거나 실이 없음을 이룬다는 것이나, 이는 불합리하다.

ⓒ 선악은 존재하지 않다는 관점을 타파함(선악)

幻人行殺施, 無心無罪福, 환인행살시, 무심무죄복,

於有幻心者, 則生幻罪福. 어유환심자, 즉생환죄복.

환화의 사람이 환인을 죽이거나 환幻의 보시를 행함에 마음을 일으킴이 없기 때문에 죄와 복이 없다 하나,

환과 같은 마음이 있는 자가 살생이나 보시를 행하면 곧 환과 같은 죄업과 복덕이 생겨 나온다.

상대방이 말하되; 이와 같이, 중생이 중생을 살해하거나 혹은 중생에게 공양하는 것과, 환의 존재인 사람이 환인을 죽이거나 역시 환인에게 공양 보시를 행하는 등이 죄업과 복덕이 있는지 없는지를 판단함에 있어 모두 같은 논리가 적용된다.

환과 같은 중생이 환인에게 살생이나 공양을 행할 때 하고자 하는 마음이 있지 않기에 또한 선악도 없다. 그러나 만약 환과 같은 마음을 가진 중생이 환인에게 살생이나 공양을 행할 때 인자함·화냄 등의 마음을 갖추고 있다면, 이에 따른 상응하는 복덕과 죄업이 생기게

된다.

呪等無功能, 不生如夢心. 주등무공능, 불생여몽심.

種種因緣生, 種種如幻物, 종종인연생, 종종여환물,

一緣生一切, 畢竟此非有. 일연생일체, 필경차비유.

환술주문으로 이룬 물건은 인연으로 생긴 몽환 같은 심식을 만들어내
는 공능이 없기에

환술로 만들어진 사람에게는 환과 같은 마음작용이 없다.

갖가지 같지 않은 인연에 의하여 갖가지 환 같은 사물이 생기며

단 하나의 인연이 일체 현상을 생산함은 절대 존재할 수 없다.

　　이렇듯 마음작용이 있는지 없는지 여부에 따라 결정되며, 환 같은
주문 등은 마음을 일으키는 능력이 없으므로 환 같은 마음이 생기지
못하고 유정은 심식의 인이 있다. 비록 허망하지만 과果가 같지 않음은
완전히 인因이 같지 않음을 관대한 것이며, 가지가지 여러 바깥 인연에
의하여 생긴 환의 물건도 또한 가지가지 형색이고, 단독으로 한 종류의
바깥 인연으로 일체 현상의 결과가 만들어지는 것은 어디에도 있을
수 없다.

ⓔ 열반은 존재하지 않는다는 관점을 타파함(열반)

勝義若涅槃, 世俗悉輪迴, 승의약열반, 세속실윤회,

則佛亦輪迴, 菩提行何用? 즉불역윤회, 보리행하용?

諸緣若未絶, 縱幻亦不滅, 제연약미절, 종환역불멸,

諸緣若斷絶, 俗中亦不生. 제연약단절, 속중역불생.

성문: 만약 세속의 모든 법이 승의 가운데 청정열반이 된다고 말하면, 세속 일체법은 윤회에 속하게 된다. 즉 윤회와 열반이 한 체가 되며, 붓다 또한 마땅히 윤회에 떨어지는데 그같이 불과를 얻기 위하여 보리행을 닦아 지닌다면 무슨 쓸모가 있는가?

증관: 이 같은 것만은 아니다. 만약 각종 인연이 아직 단절되지 않았다면 환상 등이 비록 허망할지라도 또한 소멸할 리 없다. 만약 각종 미혹의 인연이 단절하여 번뇌를 여읜 열반에 들었다면 세속 중에 있으면서도 윤회의 환상이 생길 수 없다.

어떤 이가 묻기를; "만약 승의 가운데 세속의 모든 중생의 자성이 청정열반이라고 말하지만, 일체중생은 세속 중에 여전히 윤회에 속하므로 이 같은 윤회와 열반은 한 체가 되며, 나타나지는 현상 측면에서 말하면 부처님 또한 마땅히 윤회에 떨어지므로 그같이 불과를 얻기 위하여 보리행을 닦는 것이 무슨 쓸모가 있는가?"

선천 논사가 답하길; "이 같은 것만은 아니다. 만약 각종 인연이 아직 단절되지 않았다면 환상 등이 비록 허망할지라도 또한 소멸될 수 없다. 중생이 생사에 빠지는 인연이 단절되지 않음이 윤회이며, 윤회의 인연이 끊어지면 일체 세속의 환상도 다시 출현하지 않는다. 부처님께서는 각종 미혹의 인연이 단절되어 번뇌를 여읜 열반에 들었으므로 세속 중에 있으면서도 윤회의 자성이 생길 수 없다. 게송 중 '역亦' 자는 '하물며 승의이겠는가'를 설한다.

혹자는 해석하여 말하되; 부처가 출세를 나타내 보이심은 원력으로 현현한 것이며, 무명 등 윤회에 유전하는 연을 다 멸하지 못했기 때문이 아니다. 따라서 너희가 설하는 이런 종류의 과실이 없다.

혜원 존자가 해석하여 설하되; 만약 외연이 끊어지지 않으면, 윤회뿐만 아니라 환상 또한 없어지지 않으며, 만일 유전의 연이 이미 끊어지면 세속 중에 있음에도 윤회가 존재함이 불가능하다. 부처는 진여를 수습하고 통과하여 무명 등 12연기를 차제에 따라 모두 멸하였으므로 윤회에 유전하지 않는다.

보명 존자의 강해에서 말하되; 부처의 환의 모습이 중생의 복덕인연을 관대하기에 만약 중생이 복덕 인연이 있으면 부처께서 문득 출현하고, 중생이 복덕 인연을 갖추지 못하면 세속 중의 부처님 또한 세상이 나타나지 않는다.

### ③ (승의) 승의제 측면에서 논쟁을 파함
㉮ "미혹한 심식이 없다면 집착할 바가 없음"을 파함
㉠ 논쟁을 일으킴

亂識若亦無, 以何緣幻境. 난식약역무, 이하연환경.

유식: 만약 일체법이 자성이 없다면 미혹하여 어지러운 식도 존재하지 않는다. 그렇다면 무슨 방법으로 환의 경계를 인연하여 취할 것인가?

유식종 논사가 말하길; 어떤 때를 막론하고, 만약 미혹하여 어지러운 심식도 존재하지 않는다면, 무슨 법으로 인연하여 환의 경계를 나타나게 할 수 있겠는가?

ⓛ 논쟁에 답변함

ⓐ 동등한 논리로 변론함

**若許無幻境, 心識何所緣?** 약허무환경, 심식하소연?

증관: 만약 너희 유식종이 허환외경虛幻外境을 인정하지 않는다면 그 심식은 또한 무엇으로써 소연의 경境을 삼는가?

반문하되: 만약 너희 유식종이 허환외경虛幻外境을 인정하지 않는다면 그 심식은 또한 무엇을 인연으로 소연의 경境을 취하는가? 능취能取와 소취所取가 실지로는 같다.

ⓑ 논쟁을 타파함

ⅰ) 주장을 내세움

**所緣異實境, 境相卽心體.** 소연이실경, 경상즉심체.

유식: 심식소연心識所緣은 실재하지 않는 외경外境이며 일체 경상(경계의 모습)이 곧 심식의 본신이다.

유식: 심식소연心識所緣의 외경外境은 실재하지 않으나 심식은 실제로 존재하므로, 일체 반연하는 바의 경계의 모습은 사실상 곧 마음의 본체이다. 이로써 그 외경을 반연할 수 있다.

ⅱ) 자증분 존재를 타파함

(ⅰ) '자기가 자기를 볼 수 없음' 논리

**幻境若卽心, 何者見何者?** 환경약즉심, 하자견하자?

518

世間主亦言, 心不自見心, 세간주역언, 심부자견심,
猶如刀劍鋒, 不能自割自. 유여도검봉, 불능자할자.

중관: 만약 허환의 경계가 곧 심체 본신이라면 누가 누구를 본다는
것인가?
세간에 유일한 구세주(怗主)이신 불타께서 『승만경』 중에서 "자심은
자심을 볼 수 없으니 도검의 칼날과 같아서 자기가 자기를 벨 수
없는 것과 같다."고 설하셨다.


중관: 만약 허환인 경계가 곧 심체 본신과 한 가지 실체라면 능견과
소견이 둘이 됨이 아니니, 누가 누구를 본다는 것인가? 세간에 유일한
구세주(怗主)이신 부처께서 『능가경』에서, "마치 검이 자체의 칼날로
자체의 칼자루를 벨 수 없듯이, 손가락이 자체의 손끝에 대지 못하듯이,
마음이 자체의 마음을 보지 못한다."라고 하며, 『보만경』 중에서,
"도검의 칼날이 자기가 자기를 벨 수 없고, 손가락이 자체의 끝을
대지 못하며, 자심은 자심을 볼 수 없는 것과 같다."라고 한다. 이
때문에 마음은 자체의 마음을 보지 못한다.


(ii) '등불' 비유
若謂如燈火, 如實明自身, 약위여등화, 여실명자신,
燈火非所明, 其無暗弊故. 등화비소명, 기무암폐고.

유식: 등불이 동시에 자신과 외경을 비추는 것과 같이 심식도 마찬가지
로 또한 능히 자신과 나타난 경계의 모습을 밝게 알 수 있다.
중관: 비유가 이뤄지지 못한다. 등불 본신은 자기를 가져 비추는 대상

으로 하지 못한다. 왜냐하면 등불은 본래 어떤 어둠으로도 덮이지 않기 때문이다..

유식: 등불이 동시에 자신과 외경을 비추는 것과 같이, 심식도 마찬가지로 또한 능히 자신과 나타난 경계의 모습을 밝게 알 수 있다.

중관: 비유가 이뤄지지 못한다. 등불 본신은 자기를 가져 비추는 대상으로 하지 못한다. 왜냐하면 등불로 밝혀지는 대상은 본래 밝지 않은 어둠이 있기에 밝혀질 수 있는 법인데, 등불은 본래 어떤 어둠으로도 덮여져 있는 상태가 아니기 때문이다. 『중론』에서 이르되, "등불은 자체가 어둠이 없고 머문 자리도 어둠이 없는데, 어둠을 파함이 비춤이니 어둠이 없다면 비출 것도 없다."라고 한다.

(iii) '수정과 청색 유리의 청색' 비유

如晶靑依他, 物靑不依他, 여정청의타, 물청불의타,

如是亦得見, 識依不依他. 여시역득견, 식의불의타.

非於非靑性, 而自成靑性. 비어비청성, 이자성청성.

유식: 수정의 청색은 반드시 그 다른 인연을 의지해야 비로소 비춰 나타낼 수 있으나, 청 유리의 청색은 도리어 본래 갖추어져 있으며 아울러 다른 인연을 의지하지 않는다.

마찬가지로 우리들도 능히 볼 수 있으며, 어떤 심식은 다른 인연에 의지함을 필요로 해서 성립하지만 자증분은 즉 다른 인연을 필요로 하지 않다.

중관: 이 비유도 또한 성립될 수 없다. 왜냐하면 청 유리도 또한

본래 청색이 아닌 유리로부터 어떠한 다른 인연을 의지하지 않고 스스로 청색을 이룬 것이 아니기 때문이다.

  유식: 예를 들어 청색에는 두 종류가 있는데, 수정의 청색은 반드시 그 다른 인연을 의지해야 비로소 비춰 나타낼 수 있으나, 청색 유리의 청색은 본래 갖추어져 있어서 다른 인연을 의지하지 않는다. 즉 백색 수정이 청색이 됨은 다른 물건을 관대하기 때문이나, 청색 유리가 청색이 됨은 다른 물건을 관대함이 없다. 병 등 일부 물체는 다른 법을 관대하여 느껴 알지만, 등불·고락 같은 것은 관대함이 없이 독립적으로 또한 느껴 알게 된다.
  티베트의 모 법사가 이에 대해 반론하길; 실제상으로 이와 같지 않다. 청색 유리는 자연히 곧 청색이 성립한 것으로, 본래 청색물이 아닌 것을 자기가 자기를 가져 청색을 지어 이룬 것이 아니므로, 이로써 스스로 밝히고 스스로 아는 비유를 지음은 불가하다.
  혜원 존자도 비슷한 방식으로 반론하길; 청색이 청색 본신이 됨을 이루는 것은 타법을 관대하지 않음이 아니라 관대인연을 필요로 한다. 예를 들어, 자기의 인因 중에서 청색이 생김이 아니라, 타연他緣을 관대하지 않고 청색을 형성한다고 주장한다면 이는 곧 자기가 필요하여 자기를 가져서 청색을 지어냄인데 이것은 절대 불가능한 일이며, 자기가 자기에게 작용을 일으키는 것도 이치에 맞지 않는다.

(iv) '마음이 의지할 심식이 없음' 논리
若謂識了知, 故說燈能明, 약위식료지, 고설등능명,

自心本自明, 由何識知耶. 자심본자명, 유하식지야.

만약 등불과 다른 심식을 말미암아서 "등불이 스스로 밝다."라는 것을 인식해 알 수 있다고 말하며, 그래서 말하기를 "등불이 능히 자체를 밝힌다."라고 말한다면,

너희들이 설한 바의 "마음이 본래 스스로 밝다."는 것도 또 어느 다른 심식을 말미암아서 인식해 알아서 이와 같은 말을 하는 것입니까?

만약 명언 중에 있어서 등불이 능히 자체를 밝힘은 "심식"을 말미암아서 인식해 알 수 있는 것이라고 말한다면, 유식종이 설하는 "승의 가운데서 마음이 본래 스스로 밝히고 스스로 안다."라는 것도 또 어느 다른 심식을 말미암아서 인식하는 것인가? 그러기에 너희들의 비유는 성립할 수 없는 것이다.

iii) 他他종파 주장에 근거가 없음
(i) 현량現量[345]의 근거가 없음

若識皆不見, 則明或不明, 약식개불견, 즉명혹불명,

猶如石女媚, 說彼亦無義. 유여석녀미, 설피역무의.

만약 자타 모든 식이 모두 유식종이 승인한 바의 유일한 실재(實有)의 심체心體(즉 의타기식)를 볼 수 없다면, 곧 그것이 밝은지 혹은 밝지 못한지를 관찰하는 것은

마치 석녀의 딸의 자태가 요염한 것을 말하는 것과 같아서 어떠한

---

345 현량現量: 삼량(三量: 現量·比量·非量)의 하나. 비판과 분별이 없이 바깥의 사상事象을 그대로 깨달아 아는 일을 이른다.(출처: 『표준국어대사전』)

의의도 없다.

만약 승의 중에 자증과 타증이 고루 성립할 수 없다면, 어떤 식이든지 기타 식으로써 각지覺知할 수 없고, 그렇다면 어떤 것이 밝고 혹은 밝지 못하는 지의 차별을 말하는 것은 어떠한 의의도 없으니, 이는 마치 '석녀의 딸'의 자태가 요염한지 아닌지를 말하는 것과 같다.

(ⅱ) 비량比量[346]의 근거가 없음

**若無自證分, 心識怎憶念?** 약무자증분, 심식즘억념?

**心境相連故, 能知如鼠毒.** 심경상련고, 능지여서독.

유식: 만약 스스로 알고 스스로 밝은 자증분이 없다면 어떻게 과거를 인지해서 회상할 수 있는가?

중관: 심心과 경境이 서로 연결되어 있기 때문에 일단 경험한 바의 외경을 회상해서 곧 경계를 취한 식을 돌이켜 생각해낼 수 있다. 마치 겨울철에 독을 품은 쥐에 물림을 당해서 상처가 났지만 중독된 것을 알지 못하고, 곧 봄 번개가 칠 때 독이 발해서야 물림을 당할 당시에 독에 중독이 된 것을 아는 것과 같다.

유식: 만약 스스로 알고 스스로 밝은 자증분이 없다면 어떻게 과거를 인지해서 회상할 수 있는가? 이렇게 기억하는 이유로 자증분이 성립하

---

346 비량比量: 이미 아는 사실로 말미암아 아직 알지 못하는 사실을 추론하는 일을 이른다. 꿀벌과 나비가 있는 것을 보고 그곳에 꽃이 있는 줄을 미루어 아는 것 따위이다.(출처: 『표준국어대사전』)

는 것을 증명할 수 있다고 할 수 있다.

이것 또한 그렇다고 볼 수 없다. 비록 자기가 일찍이 느껴 알지 못했어도, 다만 기타 색법 등을 인지하였던 것을 경계의 상으로 대하여 연결시키면 그것을 좇아 기억할 수 있다. 마치 겨울철에 독을 품은 쥐에게 물려서 상처가 났지만 중독된 것을 알지 못하다가, 봄 번개가 칠 때 독이 발하여 그때야 비로소 쥐에게 물릴 때 독에 중독이 된 것을 추리하고 회상을 통해 아는 것과 같다.

iv) '허환 외경이 곧 심식 자신과 같음'을 총결하여 타파함
**心通遠見他, 近故心自明**, 심통원견타, 근고심자명,
**然塗煉就藥, 見瓶不見藥**. 연도련취약, 견병불견약.
유식: 타심통을 한 사람은 멀리 있는 다른 사람의 생각을 능히 이해할 수 있기에 가장 가까이 있는 자기 마음은 더욱더 스스로 밝게 알 것이다.
중관: 성립될 수 없다. 마치 특별히 제조한 안약을 눈에 발라서 멀리 있는 땅속의 보배 병을 볼 수 있으나, 도리어 가까이에 있는 눈에 바른 안약은 보지 못하는 것과 같다.

유식: 타심통이 열린 사람은 멀리 있는 다른 사람의 생각을 능히 이해할 수 있으며, 그러기에 가장 가까이 있는 자기 마음은 더욱 더 스스로 밝게 아는 것은 합리적인 것이다.

이 점 또한 역시 성립될 수 없다. 예를 들어, 특별히 제조한 안약을 눈에 바르면 멀리 있는 땅속의 보배 병은 볼 수 있으나, 오히려 가까이에

524

있는 눈에 바른 안약은 보지 못하는 것과 같다. 이런 종류의 설법은 어떠한 다른 해석들과도 모두 같지 않은데, 이것은 곧 적천보살의 밀의이라고 생각된다.

見聞與覺知, 於此不遮除, 견문여각지, 어차불차제,
此處所遮者, 苦因執諦實. 차처소차자, 고인집제실.
중관: 세속 명언 중에 보고 듣고 인식하는 것이 여기에 있어서 막고 논파하고 부정할 대상이 아니다.
이곳에서 막고 버려야 하는 바는 일체 고통의 근본 원인, 곧 제법이 실재하다고 집착하는 것을 논파하는 것이다.

유식: 만일 자증自證이 존재하지 않는다면 타증他證도 존재하지 않을 것이며, 이렇다면 보고 듣고 인식하는 것도 존재하지 않을 것이다.
중관: 세속 명언 중에 보고 듣고 인식하는 것과 현현顯現 경상이 막고 논파하여 부정할 대상이 아니다. 이곳에서 파하고 버려야 할 것은 곧 이같이 실재하다고 집착하는 허망한 분별망념이고, 이것이 일체 고통의 근본 원인이기 때문이다.『입진여경』에, "실제로 있다고 집착하는 허물로 스스로 탐심 등 번뇌 원적이 생기나니, 만약 실제 있다고 집착하는 것을 제거하면 탐애 등 번뇌가 어찌 생길 수 있겠는가?"라고 한다.

ⓒ'허환 외경과 심식이 둘이 아닌 유실법임'을 논파함
幻境非心外, 亦非全無異, 환경비심외, 역비전무이,

若實怎非異, 非異則非實. 약실즘비이, 비이즉비실.

유식: 허환의 경계는 하나의 마음 밖에 따로 있는 사물이 아니며, 또한 마음과 완전히 서로 같은 것도 아니다.

중관: 만약 심식이 실로 있다고 허락한다면 곧 외경이 어찌 다르지 않다고 허락하지 못할 것이며, 만약 심경心境이 다르지 않다고 허락한다면, 곧 마음도 또한 마땅히 실이 아님을 이룰 것이다.

   유식: 허환의 경계는 하나의 마음 밖에 따로 있는 것이 아니고, 또한 마음과 완전히 서로 다르지 않은 것도 아닌 것(他法)이다. 즉 허환의 경계는 마음이라고 할 수도 없고, 마음과 같지 않다고도 할 수 없는 유실법有實法이다.

   중관: 만약 허환 경계가 유실법이라면, 마음을 제외한 밖의 것이 마음도 아니고 타법(마음이 아닌 다른 것)도 아닌 그런 것이 어찌 될 수 있는가? 마음이면 마음이고, 마음이 아니면 아닌 것이지, 마음이 아니라고 하면서 마음과 다른 것이 아니라면, 이것은 결국 실제로 존재할 수 없기에 무실법이 될 수밖에 없으며, 이 같은 유실법이 존재함은 불가능하다.

ⓒ 결합하여 뜻을 논함

幻境非實有, 能見心亦然. 환경비실유, 능견심역연.

중관: 곧 객관인 환의 경계가 실재가 아니지만 도리어 대상이 될 수가 있다. 마찬가지로 주관인 환의 마음도 실재가 아니지만 능견의 주관이 될 수 있다.

526

너희 유식종의 관점 또한 이와 같다; 환과 같은 취하는 바(所取)인 객관의 경계가 실재가 아니지만 도리어 소견所見이 될 수 있는 것처럼, 주관인 심식도 비록 실재가 아니지만 명언 중에 나타나는 능견能見이 될 수 있다.

④'미함과 본분이 둘이 아닌 심식이 없으면 윤회도 없음'을 파함
㉠논쟁을 일으킴
**輪回依實法, 否則如虛空.** 윤회의실법, 부즉여허공.
유식: 윤회하는 모든 허환 법은 반드시 실재하는 의타기성을 의지해야 하며, 그렇지 않으면 곧 허공과 같은 모양이 되어 어떠한 법도 이루지 못한다.

유식: 윤회하는 모든 능취와 소취의 허환인 법은 반드시 "미함과 본분이 둘이 아닌 심식"[347]으로 실재하는 의타기성을 의지해야 하며, 그렇지 않으면 이취二取 윤회가 실유법 이외의 타법이 되어 곧 허공과 같은 모양이 되므로, 나타나는 능소의 실재하는 법은 어떠한 것도 이루지 못하게 된다.

㉡논쟁을 타파함
**無實若依實, 云何有作用.** 무실약의실, 운하유작용.
**汝心無助伴, 應成獨一體,** 여심무조반, 응성독일체,

---

**347** 원문: 迷基無二心識.

若心離所取, 衆皆成如來, 약심리소취, 중개성여래,

施設唯識義, 究竟有何德? 시설유식의, 구경유하덕?

중관: 너희 종이 허락한 바와 같아서, 무실의 윤회법이 만약 실재의 의타기성을 의지한다면 어떻게 작용을 할 수 있겠는가?

중관: 너희 종이 시종 경계상과 심체가 다르다고 하니, 곧 너희 종파가 승인하는 바인 마음이 취한 바 대상인 소취의 조연이 없으면 마땅히 자증자명의 독립체를 이루고 있다고 할 수 있다.

만약 심이 소취를 여의면 곧 또한 능취도 존재할 수 없으며, 자심이 일체의 능취 소취의 잡념을 여의는 것이며, 그러면 일체중생이 모두 다 여래를 이루게 될 텐데

너희 건립한 바인 제법이 유식이라는 종지는 결국 어떤 의의와 이익이 있겠는가?

중관: 만약 너희 종이 허락한 바와 같이 능소의 취가 실유의 법을 의지한다면, 어떻게 능히 능소가 실유하는 의타기성을 현현하는 작용을 갖출 수 있겠는가? 분명히 이런 작용을 갖추지 못하리니 2취인 능소는 실법이 아니기 때문이다. 너희 종이 시종 심체에는 경계상이 없다고 하니, 곧 너희 마음이 취하는 대상의 조연이 없으면 마땅히 자증자명의 독립체를 이루고 있다고 할 수 있다. 만약 심이 소취를 여의면 곧 또한 능취도 존재할 수 없으며, 자심이 일체의 능취·소취의 잡념을 여의는 것이며, 그러면 일체중생이 이미 다 여래를 이룬 것이다. 이와 같다면 너희가 주장하는 2취인 능소의 윤회가 의지하는 실유하는 법을 가져 안립하는, "제법이 곧 유식"이라는 종지는 결국에 무슨

의의와 이익이 있는가? 이런 주장은 윤회가 근본적으로 성립할 수 없기 때문에 아무런 의의가 없다.

## (2) (能知) 능지의 관점에서 수행의 정도正道를 결택함
### ① (出定) '세속의 일체가 환幻과 같음(世俗如幻)'을 수행함
㉮ '세속여환'으로 공성에 대한 집착도 끊어내면 모든 번뇌가 소멸됨

雖知法如幻, 豈能除煩惱? 수지법여환, 기능제번뇌?

如彼幻變師, 亦貪所變女. 여피환변사, 역탐소변녀.

유식: 비록 제법이 환화와 같은 줄 인식하지만, 다만 어떻게 공성 지혜를 의지해서 번뇌를 단멸할 수 있겠는가? 곧 환화사와 같아서 그들 환녀는 환술을 의지해서 나타난 것을 밝게 알지만 역시 애착이 생길 수 있다.

상대방의 변론: 비록 제법이 환화와 같음을 통달한다 하여도, 어떻게 공성 지혜를 의지해서 번뇌를 단멸할 수 있는가? 마치 마술사들이 환술을 의지하여 나타난 여인이 환녀幻女인 것을 분명히 알아도 애착이 생길 수 있지 않은가?

幻師於所知, 未斷煩惱習, 환사어소지, 미단번뇌습,

空性習氣弱, 故見猶生貪. 공성습기약, 고견유생탐.

若久修空性, 必斷實有習, 약구수공성, 필단실유습,

由修無所有, 後亦斷空執. 유수무소유, 후역단공집.

중관: 환술사가 인식 대상에 대해서 아직도 실實을 집착하는 번뇌 습기를 끊지 못하고, 게다가 공성의 습기를 증득함이 지극히 미약해서 비록 환과 같음을 아나 여전히 탐심을 일으킨다.

만약 오랫동안 제법의 공성을 닦아 관하면 반드시 제법이 실재한다고 집착하는 무명 습기를 단멸할 수 있다. 다시 '어떤 것도 없다.'라는 것에 익숙해지면 그런 후 역시 그 공성의 집착까지도 없애야 한다.

답변: 마술사가 여인 등 인식 대상에 대해서 탐하여 집착하는 번뇌 습기를 끊지 못하였기에 허환인 여인을 보게 될 때 아직 공성의 습기를 증득함이 지극히 미약하고 제법의 공성을 증오하지 못했기 때문에, 비록 환과 같음을 알아도 여전히 탐하는 습기를 일으킬 수 있다. 만약 오랫동안 제법의 공성을 닦아 통달하여 공성의 습기를 배양하면 제법이 실재한다고 집착하는 무명 습기를 반드시 단멸하여, "공空 및 불공不空 등 그 어떤 것이든 실재하지 않는다."라는 것을 증오하게 된다. 그 후 계속 더 수행하여 그 공성에 대한 집착까지도 없애면, 최종적으로 그 어떤 법에 대한 집착에서 모두 벗어나 번뇌가 생겨날 수 없다. 이로써 이 두 가지는 서로 같지 않다.

㉯ '세속여환' 수행의 자성自性
㉠ 일체의 외경은 성립할 수 없음

**觀法無諦實, 不得諦實法,** 관법무제실, 부득제실법,

**無實離所依, 彼豈依心前?** 무실리소의, 피기의심전?

제법이 실재가 되지 못함을 관해 닦음을 말미암아 최종에 또한 어떤

530

진리의 실법도 얻지 못하며, 이미 그렇게 참다운 실법이 없으며, 무실無實 또한 곧 의지할 바를 잃는다면 그때에 무실법은 또 어떻게 능히 마음 앞에 현현할 수 있겠는가?

어느 때이건 늘 "제법이 실재하지 못함"을 관찰하여 닦게 되면, 최종에는 타파해야 할 대상이 되는 그 어떤 실법도 얻지 못함을 알게 된다. 이렇듯 참다운 실법이 없음을 안립함으로써 관찰의 필요성에 의거하는 바를 모두 벗어난다면, 실다움이 없는 법(無實法)의 대상 경계가 마음 앞에 어떻게 능히 현현할 수 있겠는가? 석녀石女의 아들이 존재하지 않기에 곧 그의 죽음도 원래 있지 아니함과 같다.

ⓒ마음은 그 어떤 것에도 반연하지 않음
若實無實法, 悉不住心前, 약실무실법, 실부주심전,
彼時無餘相, 無緣最寂滅. 피시무여상, 무연최적멸.
만약 일체 진실과 허환의 법이 다 마음 앞에 주하지 않는다면 파도가 이는 때에 또한 분별의 상이 없을 것이며, 마음에는 어떠한 대상의 인연도 없음이 곧 희론을 여읜 최고 적멸의 경계이다.

만약 일체 실유인 법(有實法)과 허환의 법(無實法) 모두 마음 앞에 주住하지 않는다면, 이때 '둘임(시이룬二)'·'둘이 아님(비이非二)' 등 제3 품물의 그 나머지 상(여상餘相)이 존재하지 않고,348 이 법의 수행을

---

348 파도가 일어나도 또한 분별의 상이 없는 것을 묘사함.

통과하여 최종적으로 대상 경계와 반연하는 마음이 곧 없음을 증오하는 것이 바로 희론을 여읜 최고 적멸의 경계에 도달한 것이다. 『입중론』에서 "분별심을 마른 나무같이 태우고, 제불의 법신이 적멸해지며, 이때 생도 없고 죽음도 없으며, 마음이 소멸함을 말미암아 몸으로 증득한다."라고 하였다. 이는 그중에 부처는 본래 지혜의 뜻이 없음을 가리킨다고 할 수 있으며, 그래서 『대소』 중에 설하되, "일체 분별망념을 쉬어 멸하는 연고로 적멸이 되고, 불태우듯이 완전히 태워버리는 것이 아니다."라고 한다. 이로써 나는 생각하되, 대상 경계인 4변(유·무·시이是二·비이非二)과 능히 반연하는 마음, 다시 말하면 대상 경계에 집착하는 분별망념이 존재하지 않음을 최적멸이라 말하며, 아래 글에서 나타내는 이른바 "무심" 등은 또한 2취 분별망념이 없는 것임을 가리키는 것이지 지혜가 존재하지 않는다는 말이 아니다.

㉯'세속여환' 수행으로 얻게 되는 이익
㉠무분별심으로도 중생을 이롭게 할 수 있음
摩尼如意樹, 無心能滿願, 마니여의수, 무심능만원,
因福與宿願, 諸佛亦現身. 인복여숙원, 제불역현신.
마치 마니보주와 여의수와 같아서 무분별심이 도리어 기도자의 발원을 원만하게 한다.
이와 같이 중생의 복덕과 부처님의 숙원력으로 말미암아 무분별심의 제불도 또한 현신하여 중생을 이롭게 한다.

만약 상대방이 말하되; 이렇다면, "부처님께서 이타의 생각이 없으

532

므로 이타를 행할 수 없지 않은가?"라고 질문할 수 있다.

마니보와 여의수 등이 본래 무분별심이나, 그들의 능력과 중생의 복덕이 함께 모여지면 기도자의 발원을 원만하게 할 수 있다. 마찬가지로, 중생들 상속의 청정함과 보살들의 이타를 위한 숙세의 원력이 합쳐지면 무분별심인 제불의 색신도 또한 현신하여 중생을 이익하게 할 수 있고, 이로써 과실이 없다. 무분별념으로 중생을 이롭게 하는 사업을 행하는 이런 도리에 관해서는 『현지장엄경』 중에 널리 설한 바 있다.

ⓒ 제불보살이 이미 열반에 들었어도 중생구제 사업은 영원히 계속됨

如人修鵬塔, 塔成彼人逝, 여인수붕탑, 탑성피인서,

雖逝經久遠, 滅毒用猶存. 수서경구원, 멸독용유존.

隨修菩提行, 圓成正覺塔, 수수보리행, 원성정각탑,

菩薩隨入滅, 能成衆利益. 보살수입멸, 능성중이익.

어떤 사람이 용의 독을 제거하기 위해서 대붕탑을 건립했는데, 진언의 힘을 가지加持하고 탑을 이룬 후에 죽었으나, 비록 그가 죽은 지 이미 오랜 시간이 지났어도 그가 가지한 탑은 여전히 독을 없애는 작용이 있는 것처럼

제 보살은 보리 대원을 수순해서 보리를 수증하고 유정을 이롭게 하는 무상정각을 원만히 성취하여 비록 열반에 들어갔으나 역시 중생을 위한 일을 하고 계신다.

만약 상대방이 말하되; 보살의 원력은 성불할 때에 이미 멸하였기

때문에 이후에도 계속 중생을 이익되게 한다는 것은 이치에 맞지 않다.

이런 종류의 과실이 없다. 비유하자면, 상거 바라문이 용의 독을 제거하기 위해서 대붕 탑을 건립하고, 그곳에 진언의 힘을 가지加持하고 오래전에 이미 죽었어도, 그가 가지加持한 탑은 여전히 독을 없애는 작용이 있다. 이렇듯이 제불보살들이 보리행의 자량과 대원大願을 수순해서 불신佛身의 탑을 닦아 이루고 무상정각을 원만히 성취하고 열반에 들었어도, 제불보살들은 지금도 여전히 중생을 위한 일을 하고 계신다.

ⓒ 유심이든 무심이든 모든 공양은 상응하는 공덕이 있음

供養無心物, 云何能得果, 공양무심물, 운하능득과,

供奉今昔物, 經說福等故. 공봉금석물, 경설복등고.

供以眞俗心, 經說皆獲福, 공이진속심, 경설개획복,

如供實有佛, 能得果報然. 여공실유불, 능득과보연.

유식: 분별심이 없는 제불께 공양하면 어떤 복덕 과보를 얻을 수 있겠는가?

중관: 지금 계신 부처님께 공양하는 것과 이미 열반한 부처님께 공양하는 것은 불경 중에 그 공덕이 똑같다고 설하셨다.

실을 집착한 마음으로써, 혹은 공성을 증한 마음으로써 공양을 하든 경에서는 다 상응하는 복덕이 있다고 설하신다.

그래서 곧 너희가 실을 집착한 마음으로써 부처님께 공양해도 실로 복덕의 과보를 얻으며, 환과 같은 마음으로 부처님께 공양해도 또한

환과 같은 복덕의 과보를 얻게 된다.

성문종의 논사가 말하되; 만약 부처님에게 분별심이 없다면, 부처님께 공양을 올리는 것이 무슨 의미가 있는가? 아무런 복덕 과보도 얻을 수 없을 것이다.

중관: 이것이 꼭 그렇지만은 않다. 왜 그런가? 지금 계신 부처님께 공양하는 것과 이미 열반한 부처님께 공양하는 것은 불경 중에 그 공덕이 똑같다고 설하셨기 때문이다. 『요탑공덕경』 중에 "오직 청정심을 바탕으로 현세에 주하는 부처님께 공양하는 것과 입멸 후 사리탑에 공양하는 공덕은 차별이 없다."라고 하였다. 무심세속(속제俗諦)의 부처님께 올리는 공양이든, 유심진여(진제眞諦)의 부처님께 올리는 공양이든 둘 다 모두 상응하는 복덕이 있다고 경전에서 설하고 있다. 우리가 실지로 있는 마음으로써 부처님께 공양해도 실로 있음과 같은 과보를 얻으며, 환과 같은 마음으로 부처님께 공양해도 또한 환과 같은 복덕의 과보를 얻는 것은 아무런 과실이 없다. 이곳에서 이른바 무심은 실제상으로 또한 2취의 분별망념이 없는 것을 가리키는 것이다. 『대소』 중에 설하되, "세속을 멀리 여읜 마음의 부처님"이라고 한다.

② (入定) '승의의 진실은 공성임(勝義空性)'을 수행함
㉮ '승의공성' 수행이 필요 없다는 논점을 제기함(성문종의 견해)
見諦則解脫, 何需見空性? 견제즉해탈, 하수견공성,
성문: 4제 16행상을 봄을 말미암아 곧 해탈을 얻는다면 제법 무자성의 공성을 현량으로 볼 필요가 있겠는가?

성문: 실로 수행 노력하여 4제 16행상을 닦아 그것으로써 곧 업과 번뇌에서 해탈함을 얻을 수 있는데, 제법이 성립하지 않는 공성을 보는 것이 무슨 필요가 있는가? 실제로 필요치 않다.

㉴성문종이 제기한 논점을 타파함
㉠대승경전의 교증으로써 개괄적으로 논점을 타파함
**般若經中說, 無慧無菩提.** 반야경중설, 무혜무보리.

중관:『반야경』중에 반야 공혜가 없으면 곧 삼승 보리를 증득할 수가 없다고 설한 적이 있기 때문에 너희들의 관점이 성립될 수 없는 것이다.

중관: 공성을 보는 것이 필요한 원인에 대하여『반야경』중에서 말하되, "반야 공성의 지혜를 증오함이 없으면 곧 보리과를 증득할 수가 없고, 실법의 상을 갖춘 자가 지혜바라밀다를 수행함이 없으면…… 습기로써 생긴 번뇌를 끊지 못한다."라고 하며, 또한 이르되, "선서와 성문·독각 및 정등각을 이루고자 하면 이 인因(공성)을 의지하지 않으면 얻지 못한다."라고 한다.

㉡종합적으로 논점을 타파함
성문에는 환화幻化·대보리·일변적멸一邊寂滅·증상만增上慢의 4가지 종류가 있고, 그중에 최후의 증상만 성문은 진제를 현량으로 봄이 없으며 자기의 종파를 탐착한다. 그들이 말하되 대승은 불설이 아니기에 성립할 수 없음을 믿어야 한다고 한다.

536

ⓐ 대승경전은 부처님이 직접 설한 교법임

ⅰ) 같은 논리로써 소승경전의 성립 여부를 반문함

**大乘若不成, 汝敎云何成**, 대승약불성, 여교운하성,

중관: 만약 대승이 비불설이며 성립될 수 없다면 너희 소승경전도 또한 어떻게 성립될 수 있겠는가?

중관: 만약 대승이 비불설非佛說이며 성립될 수 없다면, 너희 4부 아함 등 소승경전 또한 어떻게 성립될 수 있겠는가?

ⅱ) 교법상의 논의로 대승이 불설佛說임을 밝힘

**二皆許此故, 汝初亦不許.** 이개허차고, 여초역불허.

**何緣信彼典, 大乘亦復然,** 하연신피전, 대승역부연,

**二許若成眞, 吠陀亦成眞.** 이허약성진, 베다역성진.

성문: 너희와 우리가 함께 인정한 4부 아함 등은 불타가 친히 설한 것이므로 성립될 수 있다.

중관: 이를 의지해서는 성립될 수가 없다. 왜냐하면 너희 등이 처음 태어날 때 너희가 또한 소승경전이 불타가 친히 설한 것이라고 인정한 적이 없지 않은가?

네가 무슨 이유를 들어서 소승경전이 불설이 된다고 믿는가? 나도 너와 같은 이유를 들어서 대승경전을 성립시킬 수가 있다.

만약 말하기를 두 사람이 함께 인정한 것을 진실이라고 한다면, 많은 외도들이 인정한 4베다는 어찌해서 진리를 이룰 수가 없는가?

성문: 4부 아함 등은 부처님이 친히 설한 것으로 의심하지 않는데, 왜인가? 쌍방이 모두 이를 인정했기 때문이다.

중관: 쌍방이 인정해야만 믿을 수 있다는 것은 성립될 수가 없다. 만일 그렇다면 너희 종파가 생겨나기 전에는 소승경전이 부처님께서 설한 것이라고 승인을 할 사람이 없었기에 소승경전도 부처님이 친히 설한 것이라고 인정할 수 없다.

성문: 끊어짐 없이 전승된 법맥의 대덕으로부터 들었기 때문에 불설임이 확실하다.

중관: 대승도 끊어짐 없이 전승되어 온 것은 같으므로 너희 주장과 같이 대승경전도 불설이 된다. 그대가 무슨 이유를 들어서 소승경전이 불설이 된다고 믿는가? 추리해서 낸 근거에 의지함은 성립될 수 없다. 만약 어떤 두 사람이 인정했기에 진실을 이룬다고 한다면, 한 사람뿐만이 아니고 천만인이 넘게 인정하는 외도 4베다는 어찌 진리를 이룰 수 없는가?

小諍大乘故, 外道於阿含, 소쟁대승고, 외도어아함,
自他於他教, 有諍悉應舍. 자타어타교, 유쟁실응사.

성문: 소승은 불설인지 아닌지의 쟁론이 없으나 대승은 도리어 이와 같은 쟁론이 있으므로 대승은 불설이 아니다.

중관: 그렇지 않다. 외도가 내도의 아함경에 대해 쟁론이 있고, 내도 중의 자타 각 종파는 또한 서로 타교를 집착해서 쟁론하며, 너희의 관점을 따르면 쟁론이 있는 것은 모두 다 버려야 하며 불설이 된다고 할 수 없다.

538

성문: 소승은 불설인지 아닌지의 쟁론이 없으나, 대승은 도리어 이와 같은 쟁론이 있으므로 대승은 가히 믿을만한 불설이 아니다.

중관: 그렇지 않다. 외도는 내도의 아함경에 대해 쟁론이 있고, 내도 중의 자타 각 종파는 또한 서로 타교를 집착해서 쟁론하는 것이다. 너희의 관점을 따르면 쟁론이 있는 것은 모두 다 버려야 하며 불설이 된다고 할 수 없다.


iii) 불설佛說의 근거를 논증하여 대승이 불설임을 밝힘

**若語入經藏, 卽許爲佛語,** 약어입경장, 즉허위불어,
**三藏大乘敎, 云何汝不許?** 삼장대승교, 운하여불허?

성문: 만약 교언으로써 경장에 편입하거나 혹은 부합시키면 곧 불어라고 인정할 수 있다.

중관: 그렇다면 다수의 대승경전과 소승의 삼장이 서로 부합하는데 어찌해서 너희는 불어라고 인정하지 않는가?


이른바 "약어입경장……" 등 세 가지 게송은, 혜원 논사에 따르면 적천보살의 원래 게송이 아니라는 주장도 있다.

성문: 교언으로써 정학定學은 경장經藏에 편입되고, 계학戒學의 교언은 율장律藏에 출현하고, 혜학慧學은 대법론對法論을 어기지 않으므로 곧 부처님 말씀이라고 인정할 수 있다.

중관: 그렇다면 『해심밀경』 등 다수의 대승경전이 삼학을 설하여 소승의 삼장과 서로 부합하는데, 어찌해서 너희는 불설이라고 인정하지 않는가? 당연히 인정해야만 한다.

若因一不攝, 一切皆有過, 약인일불섭, 일체개유과,

則當以一同, 一切成佛語. 즉당이일동, 일체성불어.

만약 소승경전에 포섭되지 않는 한 부의 불공통 대승경전을 원인으로
하여 일체의 대승교가 다 허물이 있거나 혹 불설이 아니다 라고 한다면,
같은 이치로 추측해 보면 마땅히 한 부의 소승경의 뜻과 서로 같은
대승경전으로써 일체 대승경전이 불설이 됨을 성립될 수가 있다.

성문종이 주장하되; 대부분의 대승경전이 불설이지만, 『반야경』
등과 같은 일부 대승경전이 주장하는 '일체가 무자성'이라는 견해는
삼종법상三種法相[349]을 갖추고 있지 않았기에 불설이 아니다.

『대승장엄경론』에 이르되, "자체의 경전에 드는 연고이며, 자체의
율에 나타난 연고이고, 깊고 광대하기 때문에 법성으로 더불어 어김이
없다."라고 한다. 이는 삼종법상을 갖추고 있는 것이니, 다만 너희가
이 이치를 깨치지 못했을 따름이다. 또한 너희가 완전히 불어佛語의
삼법상三法相을 깨치어 『반야경』 하나의 사례로써 곧 모든 대승경전이
불어가 아니라고 할 수 있다고 생각한다면, 너희 소승경의 뜻과 서로
같은 불어의 삼법상을 구족한 『해심밀경』 등 한 부의 대승경전이
있기에, 너희의 주장과 같은 논리에 따라 모든 대승경전도 또한 전부
불설이라고 말할 수 있다.

諸聖大加葉, 佛語未盡測, 제성대가섭, 불어미진측,

---

**349** 삼종법상: 계학·정학·혜학을 말한다.

誰因汝不解, 廢持大乘教. 수인여불해, 폐지대승교.

대가섭 등 아라한도 오히려 모든 불설을 다 이해하지는 못했는데, 대승경전을 이해하지 못하기에 대승교를 받아들여 신봉할 수 없다고 누가 말할 수 있겠는가?

만일 상대방이 말하되; 대승교와 『반야경』 등이 만약 불어이면 대가섭 존자 등이 이치에 당연히 깨쳐야 되는데 그들이 깨치지 못하였으니, 따라서 대승이 불어가 아님을 알 수 있다.

대가섭 등 아라한도 오히려 모든 대승이 설하는 매우 심오한 내용을 다 깨닫지 못하였는데, 어찌 너희들은 대승경전을 다 이해하지도 못하면서 대승교가 불설이 아니라고 단언할 수 있는가? 『대승장엄경론』에 이르되, "한량없는 많은 법상을 어리석은 자가 어찌 단정하여 말하는가?"라고 한다. 다른 사람들이 또 논하되, 대가섭 존자 등이 대승 밀의를 이해하였는지 우리가 알 수 없는데, 어찌 이런 이유로 대승이 불설이 아니라고 말할 수 있겠는가?

ⓑ 승의정도勝義正道를 수지修持함

ⅰ) 승의정도를 수행하지 않는 과실

(ⅰ) 번뇌를 끊지 못하면 열반에 안주하지 못함

比丘爲敎本, 彼亦難安立, 비구위교본, 피역난안립,

心有所緣者, 亦難住涅槃. 심유소연자, 역난주열반.

본래 비구는 불교의 근본이나 반야공의 지혜가 없는 즉 진정한 비구로서 세우기가 어려우며, 마음이 소연所緣에 집착하는 자는 이것 때문에 열반을 얻기가 어렵다.

본래 비구는 불교가 세상에 머무는 근본이나, 만일 마음에 인연됨이 있어 반야의 공성을 증득한 지혜가 없다면 진정한 비구라도 열반에 안주함을 얻기 어려우며, 마음의 소연所緣을 실이라고 집착하는 번뇌로 인하여 근본적으로 번뇌를 끊지 못하면 고통을 제거하지 못하기 때문에 열반을 얻기가 어렵다.

(ii) 아집 번뇌를 끊었어도 열반을 얻지 못함

**斷惑若卽脫, 彼無間應爾**, 단혹약즉탈, 피무간응이,

**彼等雖無惑, 猶見業功能**. 피등수무혹, 유견업공능.

만약 비구가 단지 번뇌를 끊고 곧 열반 해탈을 얻을 수 있다면 미혹을 끊는 순간 곧 이와 같은 과를 얻을 수 있다.

그러나 아라한은 비록 아집 번뇌는 없으나 다만 여전히 그들의 숙업을 받는 공능을 볼 수가 있고, 이로 말미암아 보건대 그들이 증득한 바는 구경열반은 아니다.

만일 상대방이 말하되; 비록 이러한 공성을 증오함이 없지만, 다만 5온이 무상한 등의 인무아 수행을 통과하면 능히 번뇌를 끊고 고통에서 해탈한다.

이와 같다면, 그 아라한은 이미 번뇌를 다 끊었기 때문에 곧 미혹을 여의고 고통이 없으며, 응당 번뇌도 없을 것이나, 다만 목건련 존자 등 일부 아라한은 여전히 자기의 숙업으로 인하여 고통의 과보를

542

받는 사례가 경전에 분명히 기록되어 있다.


謂無近取愛, 故定無後有, 위무근취애, 고정무후유,
此非染汚愛, 如癡云何無? 차비염오애, 여치운하무?
因受緣生愛, 彼等仍有受. 인수연생애, 피등잉유수.

만약 그들이 무명 아집의 애취愛取가 없다고 하면 결단코 후에 생을
받음이 없을 것이며, 다시 세간을 윤회하지 않을 것이니, 이는 마땅히
구경 적멸의 해탈을 인정해야 하는 까닭이다.
그렇지만 그러한 아집에 오염된 바의 애愛는 아니지만, 마치 시간과
경계의 일을 대할 때에 밝게 알지 못하는 무명의 치심이 또 어떻게
없다는 것인가?
받음의 연으로 곧 애착을 일으키고, 아라한은 감수가 있다.


　성문: 잠시 번뇌를 끊는다 해도 바로 고통을 벗어나지 못하지만,
만약 이미 생명을 아끼는 행을 버리면 문득 해탈이고, 그들에게는
삼유를 가까이 취하는 연緣인 오온에 대하여 애착이 없기 때문에
반드시 후유(後有: 다시 태어남)가 존재하지 않는다.
　중관: 그들이 소지所知에 대하여 오히려 비非염오성인 우치가 있는
데, 어찌 업과 번뇌성이 아닌 온蘊이 없다는 것인가? 유실법에 집착하
는 수受의 연을 갖추면 곧 애착을 일으키는 법이니, 받음이 있는 아라한
은 심식에 여전히 소연의 애착이 있다.


(iii) 공성 지혜가 없으면 번뇌가 잠시 사라졌다가 다시 출현함

心識有所緣, 彼仍住其中. 심식유소연, 피잉주기중.

若無空性心, 滅已復當生, 약무공성심, 멸이부당생,

猶如無想定, 故應修空性. 유여무상정, 고응수공성.

심식이 여전히 소연의 애착이 있으며, 그 때문에 그들은 여전히 애집 중에 주해서 구경의 적멸을 얻지 못한다.

다만 사제만을 수습해서 공성을 철저히 증한 지혜가 없으면 오염된 심식이 비록 잠시 조복되었다가 단지 다시 일어나는 것이

마치 무상정에 들어가는 것과 같기 때문에 마땅히 수습해서 일체 변계소집의 공성을 뿌리째 없애야 한다.

공성을 깨닫지 못한 마음은 곧 소연을 갖춘 마음이며, 여전히 대상 경계를 탐착하는 오염된 심식이 비록 잠시 조복되었다가 다시 일어나는 것이, 마치 무상정에 들면 잠시 번뇌가 사라졌다가도 시간이 지나면 다시 생겨나는 것과 같다. 따라서 일체 변계소집으로 인한 고통을 뿌리째 없애려면 마땅히 공성을 수습해야 한다.

ⅱ) 승의정도를 수행하는 공덕

(ⅰ) 두 가지 이익을 얻음 – 유有와 적멸의 양변에 떨어지지 않음

爲度愚苦衆, 菩薩離貪懼, 위도우고중, 보살리탐구,

悲智住輪迴, 此卽悟空果. 비지주윤회, 차즉오공과.

어리석은 고뇌 중생을 제도하기 위해서 이미 탐심과 두려움을 멀리 여읜 보살은 대자대비로써 윤회 중에 머물러 유有와 적멸의 양변에는 떨어지지 않으며, 이것이 곧 증득한 공성의 결과이다.

　자신이 만약 공성을 증오했으면, 아직 공성을 모르는 어리석은 고뇌 중생들을 위하여 비심을 일으킬 수 있다. 이렇게 그들에게 이익을 주기 위하여 윤회 안락을 탐하고 고통을 두려워하는 양변을 멀리 여의는 방식으로써 윤회 중에 머물러 한량없는 이타행의 사업을 행하게 되는데, 이것이 곧 공성을 수행한 지혜의 결과이다.

(ⅱ) 두 가지 장애를 끊어냄 – 번뇌장과 소지장을 끊음

**空性能對治, 煩惱所知障,** 공성능대치, 번뇌소지장,

**欲速成佛者, 何不修空性?** 욕속성불자, 하불수공성?

공성은 능히 성불을 장애하는 번뇌장과 소지장을 대치하는데, 신속하게 불과를 이루고자 하는 자들은 무엇 때문에 열심히 공성을 닦지 않겠는가?

　정변지의 불과를 장애하는 번뇌장과 소지장을 대치하는 방법이 공성을 닦는 것이니, 신속하게 불과를 이루고자 하는 자들은 무엇 때문에 열심히 공성을 닦지 않겠는가? 반드시 공성을 수지해야 한다.

ⅲ) 승의정도 수행의 섭의攝義

**不應妄破除, 如上空性理,** 불응망파제, 여상공성리,

**切莫心生疑, 如理修空性.** 절막심생의, 여리수공성.

경거망동하게 위에서 서술한 공성 교리를 배척하지 말아야 한다. 마음으로 어떠한 회의도 내지 말 것이며 이치에 맞고 법답게 공성을 수행해야 한다.

공성을 깨달은 공덕과 공성을 깨닫지 못한 과환을 알았다면, 공성 교리를 배척함은 이치에 맞지 않으며, 공성이 불법에 속하는지 아닌지 의심하는 어떠한 회의도 내지 말며, 여법하게 공성을 수지修持해야 한다.

ⓒ승의공성을 수행해 나가기를 권함
執實能生苦, 於彼應生懼, 집실능생고, 어피응생구,
悟空能息苦, 云何畏空性? 오공능식고, 운하외공성?
제법이 실재한다고 집착해서 윤회의 고통을 이루며 그것에 대해 두려움을 일으키나, 공성을 증오하면 일체 윤회의 고통을 소멸시킬 수 있다면 왜 공성을 닦는 것을 두려워하는가?

어떤 사람이 생각하길; 공성을 두려워하기에 공성을 닦지 않는다.
실實을 집착해서 윤회의 고통을 이루며, 그래서 그것에 대해 당연히 두려움을 일으켜야 하지만, 중생이 도리어 두려움을 내지 않는다. 공성을 닦아 지혜를 얻으면 능히 일체 윤회의 고통을 소멸시킬 수 있는데, 왜 공성 닦기를 두려워하는가? 실제로 공포심을 내지 않아야 한다.

## 2) (正面) 무아無我의 도리에 들어감
### (1) 인무아人無我의 도리를 논함
(약설略說 연결문)
實我若稍存, 於物則有懼, 실아약초존, 어물즉유구,

旣無少分我, 誰復生畏懼. 기무소분아, 수부생외구.

실로 자성이 있는 내가 조금이라도 존재한다면 외물外物에 대해서 자연히 두려움을 일으킬 것이지만, 실상 중에 진실로 존재하는 어떠한 아我도 없다면 또 어떤 법이 있어 공포심을 일으키게 하겠는가?

만일 두려움이 있는 내가 실로 조금이라도 존재한다면 외물에 대해서 자연히 두려움을 일으킬 것이지만, 실상 중에 터럭만큼의 어떠한 아我도 존재함이 없다면 그 누가 그러한 두려움을 일으키겠는가?

### ①오온에는 모두 자성이 없음 - 구생아집을 파함

齒髮甲非我, 我非骨及血, 치발갑비아, 아비골급혈,

非涎非鼻涕, 非膿非膽汁. 비연비비체, 비농비담즙.

非脂亦非汁, 非肺亦非肝, 비지역비즙, 비폐역비간,

我非餘內臟, 亦非屎與尿. 아비여내장, 역비시여뇨.

肉與皮非我, 脈氣熱非我, 육여피비아, 맥기열비아,

百竅亦複然, 六識皆非我. 백규역복연, 육식개비아.

이빨과 머리카락과 손톱은 내가 아니며, 뼈와 피도 또한 내가 아니다.

침액도 콧물도 내가 아니며, 고름도 담즙도 또한 내가 아니다.

지방도 땀도 내가 아니며, 폐도 간장도 또한 아니다.

다른 내장도 내가 아니며, 더더욱 대변 소변도 또한 내가 아니다.

살과 피부도 내가 아니며, 맥의 기와 체온도 또한 내가 아니다.

백가지의 구멍도 내가 아니며, 육식六識도 또한 내가 아니다.

이빨과 머리카락과 손톱은 내가 아니다. 나는 또한 뼈와 피·콧물도 침액도 아니다. 고름도 아니고 또한 가래도 아니다. 나는 지방도 아니며 또한 땀도 아니다. 폐도 아니고 또한 간장도 아니다. 나는 다른 내장도 아니며 더더욱 대소변도 아니다. 살과 피부도 또한 내가 아니며, 맥의 기와 체온도 내가 아니다. 백 가지의 구멍도 내가 아니며, 육식六識도 또한 내가 아니다. 이같이 6계界는 모두 무상하고 다양하며 자체의 주재가 없다.

### ②변계망집에 의지한 아我는 없음 - 변계아집을 파함
㉮수론외도數論外道가 가립하는 신아神我를 논파함
㉠신아가 항상함(常有)을 일괄해 논파함

聲識若是常, 一切時應聞, 성식약시상, 일체시응문,
若無所知聲, 何理謂時聲. 약무소지성, 하리위시성.
無識若能知, 則樹亦應知, 무식약능지, 즉수역응지,
是故定應解, 無境則無知. 시고정응해, 무경즉무지.

만일 소리의 인식이 영원하다면 언제든지 소리는 파악될 것이다. 인식 대상인 소리가 없다면 무슨 도리를 의지해서 소리를 듣고 인식한다고 말하겠는가?

만일 인식이 없는 인식이 스스로 인식할 수 있다면 나무도 역시 인식할 수 있어야 하리라.

그러므로 인식 대상이 근처에 있지 않으면 '인식이 존재하지 않는다.' 하는 것은 분명하다.

만일 소리를 인연하는 이식耳識이 항상 있다(常有)면 소리가 없는 때에도 언제든지 소리를 인연하는 식이 파악될 것이다. 이를 인정한다면 이식이 소리와 반연함에 있어서 인식 대상인 소리가 없을 경우에 무슨 도리를 의지해서 소리를 듣고 인식한다고 말할 수 있겠는가? 여전히 소리가 들리지 않을 때 '들리지 않음도 인식한다.'라고 한다면 주위 수목도 역시 소리를 인식한다고 할 수 있어야 하리라. 그러므로 인식 대상이 있지 않으면 대상을 인연하는 인식이 존재하지 않는다는 것은 분명하다.

ⓒ상세히 논파함

(반론을 제기함)

**若謂彼知色.** 약위피지색.

(만약 앞의 소리를 듣는 식이 비록 지나간 때의 소리를 듣지 못한다고 하면, 다만 능히 색법 등 나머지 법은 인식하므로 식은 상주하는 것이라고 설한다.)

그렇듯이 소리를 듣는 식이 상주해 있다면 그것이 색을 인식할 때 어떻게 되는가?

수론외도가 회답하여 말하되; 앞의 소리를 들었던 식이 비록 지나가 버린 소리를 현재에는 듣지 못하지만, 다만 현재 소리가 없을 때도 색법 등 나머지 법의 대상을 능히 인식하고 있으므로 전후의 두가기 식은 실지로 한 체이며 상주하는 것이다.

ⓐ'소리와 색을 동시에 인식할 수 없음'으로써 논파함

**彼時何不聞? 若謂聲不近**, 피시하불문? 약위성불근,

**則知識亦無**. 즉지식역무.

그때 어찌 소리를 듣지는 못하는가? 만약 음성이 부근에 없어서 듣지 못했다고 말하면 이것은 곧 마땅히 경계가 없는 즉, 그 경을 인식할 식도 또한 없는 것인 줄 알아야 한다.

그렇듯이 소리를 듣는 식이 상주해 있다면 그것이 색을 인식할 때 어찌 소리를 듣지 못하는가? 만약 음성이 부근에 없어서 듣지 못했다고 말하면 그는 곧 마땅히 경계가 없으니, 그 대상을 인식할 식도 또한 없는 것임을 알아야 한다.

ⓑ'이식과 안식의 행상은 서로 다른 것'으로써 논파함

**聞聲自性者, 云何成眼識**, 문성자성자, 운하성안식,

중관: 다시 말해서 소리를 파악하는 자성은 무엇이며 그것이 색을 어떻게 파악한다는 것인가?

중관: 소리를 파악하는 이식의 자성은 무엇이며, 그것이 어떻게 색을 파악하는 안식이 될 수 있는가? 둘의 행상이 서로 어긋나기 때문에 불가능하다.

**一人成父子, 假名非眞實**. 일인성부자, 가명비진실.

**慢喜暗三德, 非子亦非父**. 우희암삼덕, 비자역비부.

550

수론외도: 마치 동일한 것과 같아서 이미 아버지가 되고 역시 아들도 될 수 있듯이 이같이 한 식이 소리를 들으며 역시 색을 취할 수 있다.
중관: 비유를 이룰 수 없다. 한 사람을 아버지와 아들로 함은 상대되는 가명이 서로 같지 않으며 승의 중에 진실을 성립될 수가 없다. 너희 종이 인정하는 우희암憂喜暗 삼덕이 평형한 자성에서 모든 현상이 기인하므로 곧 아들이 되지 않으며 또한 아버지도 될 수 없다.

수론외도: 위의 안식과 이식은 동일한 것이니, 마치 어떤 한 사람이 아들의 '아버지'가 되면서 역시 자기 아버지의 '아들'도 될 수 있듯이, 하나의 식이 소리를 들으며 역시 색을 취할 수 있다.
중관: 비유를 이룰 수 없다. 왜냐하면 한 사람을 가지고 아버지와 아들이라는 두 가지의 명칭을 세움은 다만 같지 않은 것을 서로 응대해서 가명으로 세운 것일 뿐이고, 허망한 세속의 명언이며 승의자성 중에는 성립될 수 없다. 한 사람이 만약 진실로 아버지가 된다면, 곧 그는 반드시 아들이 될 수 없을 것이다.

ⓒ '상호 인연이 다르다는 추론'으로써 논파함
ⅰ) '형상이 달라도 본체 자성은 하나'라는 논쟁을 일으킴
**彼無聞聲性, 不見彼性故.** 피무문성성, 불견피성고.
마찬가지로 안식도 또한 소리를 듣는 진실 자성을 갖추지 못했다. 왜냐하면 그중에 문성聞聲 자성을 찾을 수 없기 때문이다.

색을 취하는 안식은 또한 소리를 듣는 자성을 갖추지 못했고, 만일

소리를 듣는 자성을 갖췄다면 응당 발견할 수 있어야 한다. 그러나 실제로는 불가능한 일이니, 안식 중에서는 문성聞聲의 자성을 찾을 수 없기 때문이다.

**如見伎異狀, 是識卽非常**, 여견기이상, 시식즉비상,

외도: 마치 배우와 같이 소리를 듣는 식도 또한 기타 상황을 나타내어 이를 볼 수도 있다. 중관: 만약 이와 같다면 곧 저 식이 마땅히 상주하여 있는 것이 아니다.

외도: 마치 춤추는 배우의 연기가 갖가지 형상이어도 배우는 한 사람인 것과 같이, 소리를 듣는 식도 또한 기타 색을 취하는 상황을 나타내며 이를 볼 수도 있다.

중관: 만약 이와 같다면 곧 그 식은 마땅히 상주하여 있는 것이 아닌 무상법이며, 변하여 기타 법의 행상이 된다.

**謂異樣一體.** 위이양일체,

외도: 표현은 같지 않지만 자성은 도리어 동일하므로 그래서 상주하는 것이다.

외도: 비록 같지 않은 행상으로 변했지만 자성은 도리어 동일하므로, 그래서 상주하는 것이다.

552

ii) '형상이 달라도 본체 자성은 하나'임을 파함

**彼一未曾有, 異樣若非眞,** 피일미증유, 이양약비진,

**自性復爲何? 若謂卽是識,** 자성부위하? 약위즉시식,

**衆生將成一.** 중생장성일.

중관: 다만 이러한 종류의 말하는 바의 표현은 다르나 자성이 하나의 상주하는 법이라 함은 본래 일찍이 있지 않다.

만약 서로 다른 모양의 나타남이 진실이 아니라면 서로 다른 모양 중에 진실한 자성은 또 무엇인가? 만약 신식神識 본신이라면 모든 중생도 또한 일체가 되어야 한다.

　중관: 너희 종이 승인하는 그러한 자성은 일찍이 없었다.

　외도: 비록 나타난 모습이 다른 체의 형상이나, 이는 진실이 아니고 실제로는 한 체다.

　중관: 그러면 절대 진실인 그 자성이 무엇인가?

　외도: 다만 심식일 따름이다.

　중관: 이렇듯 상속이 서로 다른 모든 중생의 마음도 결국은 같은 모양인 오직 하나의 심식이 된다면, 결과적으로 일체 모두가 하나의 체로 된다.

**心無心亦一, 同爲常有故,** 심무심역일, 동위상유고,

이외도 너희 종이 허락한 바의 유심의 신아와 무심의 자성 25제가 또한 마땅히 일체를 이루며 그것들이 같이 상주하는 법이기 때문이다.

마찬가지로, 유심의 신아神我와 무심의 주물主物 또한 마땅히 일체를 이루는데, 그것들이 항상 소지所知 중에 항상 존재함은 서로 같은 연緣이기 때문이다.

iii) '허망한 별상에서 진실한 총상을 이룰 수 있음'을 파함
**差殊成妄時, 何爲共同依.** 차수성망시, 하위공동의.
비진실인 서로 같지 않은 법들이 나타날 때, 어떻게 공통으로 의지할 바나 혹은 유일한 총체가 있음이 성립될 수 있는가?

언젠가 색을 취하고 소리를 취하는 식의 별상(別相: 차별이 있는 다른 법)이 모두 전도되어 실이 아님을 성립할 때에, 당시 진실한 공통의 유식이 의지할 바인 유일한 총상總相은 결국에 무엇인가? 이런 것은 근본적으로 존재하지 않는다.

㉴ 승론외도(勝論外道, 베다종)가 가립하는 아我를 논파함
승론외도는 사람에게 상속하는 유일하고 항상하는 '상유常有 무정법無情法'과 마음은 다른 체임을 허락하고, 이로써 무정물은 대상 경계를 받아들이는 '아我'가 된다.

㉠ 전체적으로 논파함
**無心亦非我, 無心則如瓶,** 무심역비아, 무심즉여병,
마음이 없는 것도 내가 아니다. 즉 마음이 없다는 성품 때문에 항아리 등과 같다.

　무심의 실법은 대상 경계를 받아들이는 '아'가 될 수 없고, 따라서 무심의 본체는 항아리 등과 같은 것일 뿐이다.


ⓛ상유하는 무정법인 아我는 대상을 인식할 수 없음

**謂合有心故, 知成無知滅.** 위합유심고, 지성무지멸.

**若我無變異, 心於彼何用?** 약아무변이, 심어피하용?

만약 '아'의 본신은 비록 알지 못하나, 다만 식과 합할 때 곧 심식 분별이 있음을 안다고 말하면, 무지無知(무심)가 인식하는 마음이 있는 유심으로 변한 것이니 무지는 멸해진다.

만약 아我가 상주해서 불변하는 물건이라면 마음은 그것에 대해서 또한 무슨 작용이 있겠는가?


　승론외도: 비록 그것이 진여의 본체를 사유할 수는 없지만, 다른 체의 마음을 갖추고 있는 인연을 말미암아 대상 경계를 수용하는 자가 될 수 있다.

　중관: 이런 종류의 설법은 합리적이 아니다. 무심인 '아'의 자성은 본래 대상을 인식하지 못하나, 심식과 합하여 유심이 된다면, 곧 대상 분별을 하게 된다면 무지無知의 신아神我가 분명히 멸하여 없어진 것이기에 상유가 아닌 무상법을 이루게 된다. 원래 대상 경계를 인식하지 못하는 아我는 변함이 없는데, 유심이 되면 능히 변하여 '아我'가 대상 경계를 인식할 수 있게 된다면 어떻게 이런 작용이 생길 수 있겠는가? 근본적으로 작용이 생겨날 수 없다.

ⓒ총괄하여 정리함

**無知復無用, 虛空亦成我.** 무지부무용, 허공역성아.

만약 아가 무지이며 또한 작용이 없다면 허공도 또한 반드시 아를 이룰 수 있을 것이다.

아我가 이 같은 무정물이고 대상 경계를 인식하지 못하며 또한 항상 있는 법이기에 과果를 내는 작용이 없다면, 만약 이 같은 하나의 '아'를 승인한다면 허공도 또한 반드시 '아我'를 이룰 수 있을 것이다(실제로는 허공이 아我를 이룰 수는 없다).

㉣유식종이 가립하는 업과의 소의처 '아뢰야(我)'를 논파함

㉠'업과가 합리적이지 않음'이라는 주장을 파함

ⓐ'무아無我라면 업과를 받는 대상도 없음'의 논쟁을 제기함

**若我非實有, 業果系非理** 약아비실유, 업과계비리,

**已作我旣滅, 誰復受業報.** 이작아기멸, 수부수업보.

만약 진실불변의 아我가 존재하지 않는다면 업이 과를 맺는 것은 합리적이 아니다. 업이 완성되는 바로 한 찰나에 아가 소실된다면 누구를 말미암아 업보를 받는다고 할 수 있는가?

상대방이 말하되; 만약 상유불변의 아我가 존재하지 않는다면 업이 과를 맺는 것은 합리적이 아니다. 업이 완성되는 바로 한 찰나에 아가 만약 실이 아니어서 곧 소실된다면 누구를 말미암아 업보를

받는다고 할 수 있는가?


ⓑ 논쟁에 답변함
ⅰ) 동등한 논리로 답변함
**作者受者異, 報時作者亡,** 작자수자이, 보시작자망,
**汝我若共許, 諍此有何義.** 여아약공허, 쟁차유하의.
현생에 업을 지은 자와 후세에 보를 받는 자가 다르다면 과보가 나타날
때에 업을 지은 자는 일찍이 이미 소멸되었을 것이다.
만약 이것이 너희 종파와 우리 종파가 함께 인정한 관점이라면 이
문제로 논쟁한들 또 무슨 의의가 있겠는가?


　현생에 업을 지은 자와 후세에 과보를 받는 자가 다르다면 과보가
나타날 때에 이 둘은 다른 체이고, 시간 또한 서로 다른 시기이며,
업을 쌓는 그 아我가 이숙을 감수할 때에는 이미 소멸되어 존재하지
않는다. 이것이 상유 무정법을 승인하는 너희와 무아를 승인하는
우리가 공동으로 허락한 관점이라면, 이 문제로 논쟁한들 또 무슨
의의가 있겠는가?


ⅱ) 인위因位에서 과果를 동시에 볼 수 없음
**因時見有果, 此見不可能,** 인시견유과, 차견불가능,
만약 업을 짓는 자가 과를 받음이 있다면 그것은 곧 인위에 있을
때 곧 과를 봄이 되며 이런 견해는 불가능한 것이다.

상대방이 생각하되; 업을 짓는 자가 순현법順現法으로 과보를 받음이 있다면 그것은 곧 인위에 있을 때도 그러할 것이다.

답하되; 이와 같다면 인업을 짓는 온의 찰나에 곧 그 과보를 받음을 볼 수 있다는 것인데, 이런 견해는 불가능한 것이다. 곧 아버지와 아들이 동시에 출생할 수 없는 것과 같은 이치이다.

iii) 교법에 어긋남을 논증함

**依一相續故, 佛說作者受.** 의일상속고, 불설작자수.

부처님께서 설하신 업을 짓는 자가 보를 받는다는 것은 세속 명언으로 가설하여 세운 동일한 오온의 상속을 의지해서 말함이다.

상대방이 반론하길; 경전에서 "이곳에서 지은 이 업을 다른 누가 받는다는 것인가? 모든 비구들이 지금 짓고 쌓는 이 현세의 업은 외계의 다른 곳에서 성숙되어 나타나는 것이 아니고 12연기의 유집수有執受의 오온 등 위에 성숙한다."라고 설한다. 이를 근거하면 '업을 지은 자가 보를 받는다.'는 것과 어긋나지 않는가?

경전의 말씀은 밀의가 있는 것인데, '업을 짓는 자가 보를 받는다.'라고 말한 것은 인과를 비방하는 것을 제지하기 위하여 나온 것으로, 세속 명언으로 가설하여 세운 동일한 오온의 상속을 의지해서 말함이지만, 상유常有하는 '아我'는 원래 성립하지 않기 때문에 진실한 작자가 존재하여 과보를 받는다는 것을 말함이 아니다.

**過去未來心, 俱無故非我,** 과거미래심, 구무고비아,

**今心若是我, 彼滅則我忘.** 금심약시아, 피멸즉아망.

**猶如芭蕉樹, 剝析無所有,** 유여파초수, 박석무소유,

**如是以慧觀, 覓我見非實.** 여시이혜관, 멱아견비실.

과거심·미래심도 다 얻을 수 없는 고로 아我가 아니다. 현재심이
만약 아라면 그것이 소멸될 때 아가 어찌 또한 소멸되지 않는가?
비유를 들자면 마치 파초줄기를 한 겹 한 겹 벗기는 것과 같아서
속에는 어떠한 실질도 없다는 것을 발견할 것이며, 마찬가지로 지혜로
써 관찰해 찾으면 아가 실유實有가 아니라는 것을 발견할 것이다.

상대방이 묻되: 그러면 도대체 어찌 되는 것인가?

과거심과 미래심 모두 아我가 아니다. 과거심은 이미 소멸했고,
미래심은 아직 생겨나지 않았으므로, 그것들 모두 존재하지 않는
것이기 때문이다.

상대방이 말하되: 그러나 생겨나서 아직 소멸하지 않은 현재심이
아我가 된다.

만일 이와 같다면, 현재의 마음이 제2 찰나가 소멸될 때 아我가
이미 텅 비어 존재할 수 없는데, 같은 이치로써 능히 오온이 아我가
됨을 파할 수 있다. 비유하자면 마치 파초 줄기를 한 겹 한 겹 벗겨
나가면 최종적으로 그 속에는 어떠한 실질도 없음을 발견할 수 있는
것처럼, 이러한 지혜로써 관찰해 찾아보면 아我는 실유가 아님을 알
수 있다.

ⓛ'비심悲心을 내는 것이 합리적이지 않음'이라는 주장을 파함

ⓐ'소연경은 없기에 비심을 닦을 필요 없음'을 논파함

**有情若非有, 於誰起悲憫?** 유정약비유, 어수기비민?

**立誓成佛者, 因癡虛設有.** 입서성불자, 인치허설유.

만약 유정이 진실로 존재하는 것이 아니면 보살은 누구를 대해서 연민심을 일으키겠는가? 중생을 제도하기 위해서 성불할 맹서를 세움은 미세무명의 치심을 활용하여 거짓으로(임시로) 유정이 존재함을 허락한다.

어떤 이가 문제를 지적하여 말하되; 만약 유정이 진실로 존재하는 것이 아니라면, 보살은 누구를 향하여 연민심을 일으킬 수 있는가?

비록 대상 경계가 되는 중생은 실로 있는 게 아니지만, 세속제 중에 중생을 제도하여 해탈시키겠다는 맹서를 세움은 또한 어리석음으로 인하여 인연되는 경계를 가립한 것이며, 미혹된 자의 앞에 나타나는 그들의 해탈을 위해 자비심을 닦음은 이치에 어긋나지 않는다.

ⓑ'과보를 받는 중생이 없기에 비심을 닦을 필요 없음'을 논파함

**無人誰得果, 許由癡心得,** 무인수득과, 허유치심득,

만약 진실한 자성 아我가 없다면 누가 능히 불과를 증득하겠는가? 명언 중에 있어서 치심을 응대하고 과를 증득한 환사幻事의 존재가 있음을 인정한다.

어떤 이가 묻되; 만약 중생이 없다면 누가 능히 비심悲心을 수행하는

과를 얻을 수 있겠는가?

승의 중에 있어서는 이와 같으나, 세속 중에 있어서는 도리어 중생의 존재를 승인함이 필요하다. 만법의 진상을 알지 못하는 미혹한 마음 앞에 있어, 중생이 나타나는 경계는 여전히 존재하며, 현현분의 자비심을 수행하면 곧 현현분의 과보로 환사幻事가 생겨남을 인정한다.

ⓒ'불과를 구하는 치심은 버려야 하기에 비심을 닦을 필요 없음'을 논파함

**爲息衆生苦, 不應除果癡.** 위식중생고, 불응제과치.

**我慢痛苦因, 惑我得增長,** 아만통고인, 혹아득증장,

**謂慢不能除, 修無我最勝.** 위만불능제, 수무아최승.

환과 같은 중생의 고통을 멸해 없애기 위해서 이런 종류의 치심은 비록 무명에 속하는 분별이지만 잠시 동안 마땅히 소멸시키지 않는다. 자아가 실로 있다고 집착하는 아만은 일체 윤회 고통의 원인이 되며 또한 미혹한 아집으로 하여금 증장함을 얻게 한다.

아만의 근본을 제할 수 없다고 말하면 무아를 수습하는 것이 가장 수승한 근본 치료 방법일 것이다.

만일 설하되; 비심悲心 또한 허망한 경계의 나타남이고 소지所知를 대하는 일종의 우치愚癡 등에 속하기에, 아我의 우치를 대하는 것과 마찬가지로 응당 제거해 버려야 하는 것이다.

답하되; 중생의 고통을 멸해 없애기 위해서는 이런 종류의 우치를 제거할 필요가 없고, 또한 제거하지도 못하며, 따라서 과위를 희구하는 이런 종류의 현분現分의 무명은 소멸시켜야 하는 것이 아니다. 반면에

자기를 집착하는 무명은 반드시 제거해야 하는데, 모든 고통의 원인인 아만 등이 이로 인하여 늘어나기 때문이니, 반드시 제거함이 필요하다.

상대방이 말하되; 능히 아만을 제거할 방법이 없다.

답하되; '무아無我'를 수습하는 것이 가장 수승한 근본 치료 방법이 된다.

### (2) 법무아法無我의 도리를 논함

이어서 깊이 법무아에 드는 이치를 널리 설한다. 『선설제법무생경』에 이르되, "문수여, 만약 몸이 허공과 같음을 보면 곧 그것은 몸을 따라 몸을 관하는 염주念住(신身념주)가 된다. 같은 이치로 유추하면 만약 수受를 연하지 않으면 곧 수를 따라 수를 관하는 염주(수受념주)가 되고, 만약 마음이 오직 이름뿐임을 알면 곧 마음을 따라 마음을 관하는 염주(심心념주)가 되며, 만약 선과 불선의 법을 인연하지 않으면 곧 법을 따라 법을 관하는 염주(법法념주)가 된다."라고 한다.

### ① 신념주身念住

㉮ 지분支分을 구족한 신체는 성립하지 않음

㉠ 대상 경계로서의 신체는 성립하지 않음

ⓐ 지분과 상관된 신집身執을 파함

ⅰ) '지분을 신체로 생각함'을 파함

身非足小腿, 腿臀亦非身, 신비족소퇴, 퇴둔역비신,

腹背及胸肩, 彼等復非身. 복배급흉견, 피등부비신.

側肋手非身, 腋窩肩非身, 측륵수비신, 액와견비신,

內藏頭與頸, 彼等皆非身. 내장두여경, 피등개비신.
此中孰爲身. 차중숙위신.

몸은 다리나 종아리가 아니고 허벅지와 엉덩이도 몸이 아니다.
복부와 등도 역시 몸이 아니고 가슴과 어깨도 몸이 아니다.
늑골과 손도 몸이 아니고 겨드랑이에 박힌 어깻죽지도 몸이 아니다.
내장도 역시 몸이 아니며 머리와 목도 몸이 아니라면 여기서 몸은
어떤 것인가?

다리나 종아리가 몸은 아니다. 허벅지와 어깨도 몸은 아니다. 복부와
등도 역시 몸이 아니고, 가슴과 팔도 몸이 아니다. 옆구리와 손도
몸이 아니고, 겨드랑이와 어깻죽지도 몸이 아니다. 내장도 역시 몸이
아니며, 머리와 목도 몸이 아니다. 그렇다면 여기서 몸은 어떤 것인가?
어떤 부위도 신체로 성립되는 것은 없다.

ⅱ) '각각의 지분에 신체가 두루 존재함'을 파함
若身遍散住, 一切諸支分, 약신편산주, 일체제지분,
分復住自分, 身應住何處? 분부주자분, 신응주하처?
신체가 두루 사지백골 중에 미쳐서 흩어져 머문다고 말한다면, 매
하나하나의 지분이 각 자체분에 주한다는 것인데, 그렇다면 신체의
자분은 도대체 어디에 주하는 것인가?

만약 신체가 모든 지분의 사지 백골 중의 각 부위에 머물고 있다고
말한다면, 답하되 신체의 모든 부분이 또 지분의 부분에 머문다면

'나눠질 수 없는 진실한 신체의 자신'은 도대체 어디에 머무는 것인가?

若謂吾一事, 分住手等分, 약위오일사, 분주수등분,
則盡手等數, 應成等數身. 즉진수등수, 응성등수신.

만약 나의 신체 전체가 손 등 일체 지분에 각각 나누어 주한다고 말한다면, 얼마 정도의 손발 등 각각 지분이 있으면 마땅히 동등한 수량의 신체가 있을 것이다.

만약 설하되; 나의 신체 전체가 손 등 일체 지분에 각각 나누어 머문다고 말한다면, 손발 등 각각 지분의 숫자와 동등한 수량의 신체가 마땅히 여러 개 있을 것이다.

iii) 총결

內外若無身, 云何手有身? 내외약무신, 운하수유신?

만약 내외가 모두 자성으로 성립된 신체가 없다면 수족 등 부위 중에 어떻게 신체가 존재해서 있을 수가 있는가?

만약 내외가 모두 자성으로 성립된 신체가 없다면 수족 등 부위 중에 어떻게 신체가 존재해서 있을 수가 있는가? 근본적으로 존재할 수 없다.

ⓑ 지분과 상관없는 신집身執을 파함

手等外無它, 云何有彼身? 수등외무타, 운하유피신?

그러나 신체가 손과 다리 등 부위의 밖에는 다른 물건이 없다면 손과 다리 등의 부위만 있는 것이지 전체를 가리키는 신체가 어디에 있는가?

신체가 손과 다리 등 모든 부위의 밖에서는 얻지 못하는 인연이기에 신체가 존재하지 못한다. 이와 같다면, 온전한 신체가 손과 다리 등의 지분과 서로 상관이 없이 어떻게 존재할 수 있는가? 절대 존재할 수 없다.

ⓛ 신체를 집착身執하여 실재한다고 오인함

無身因遇迷, 於手生身覺, 무신인우미, 어수생신각,

如因石狀殊, 誤彼爲眞人, 여인석상수, 오피위진인,

衆緣聚合時, 見石狀似人, 중연취합시, 견석상사인,

如是於手等, 亦見實有身. 여시어수등, 역견실유신.

신체가 비록 진실로 존재하지 않지만 도리어 우치하고 미하기 때문에 손 등에 의거해 신체가 있다고 망각을 일으킨다. 마치 형상이 특이하게 생긴 돌덩어리가 오인되어 사람과 같다고 여겨짐과 같이, 사실은 많은 연이 모였을 때 돌덩어리를 보고 사람이라고 오인하는 것이다. 이와 같이 손·발·지체 등이 모였을 때 또한 실로 신체가 존재한다고 오인하게 된다.

신체가 진실로 존재하지 않지만 중생은 우매하여 손 등에 의거해 신체가 있다고 망각을 일으킨다. 그러나 사실상 마음이 집착하는 바와 같이 신체가 진실로 존재하는 것이 아니고, 마치 형상이 특이하게

생긴 돌덩어리를 오인하여 사람으로 여기는 망령된 마음과 같으며,
여러 인연이 모였을 때 돌사람을 보고서 진짜 사람으로 오인하는
것과 같다. 이와 같이 손·발·지체 등이 모였을 때 또한 실로 신체가
존재한다고 착각하는 것이다.

④지분支分 자체가 성립되지 않음

**手復指聚故, 理當成何物?** 수부지취고, 이당성하물?

**指亦指節聚, 指節猶可分.** 지역지절취, 지절유가분.

**分復析爲塵, 塵析爲方分,** 분부석위진, 진석위방분,

**方分離部分, 如空無微塵.** 방분리부분, 여공무미진.

손은 손가락 마디 등이 합해서 이루어져 있다. 그렇다면 손의 본신
또한 무엇인가? 손가락 마디는 다시 작은 성분이 모여서 이루어져
있다. 그러나 모여서 이루어진 것을 나누면 더욱 미세한 성분이 되며,
작은 성분이 다시 분해되어 미진이 되고, 미진이 분해되어 방분方分이
되며, 최후에는 방분이 어떤 일분도 이룰 수가 없으니, 마치 허공과
같아서 미진조차도 또한 성립할 수가 없다.

　하나의 전체 몸이 실로 있음이 성립하지 못하는 것과 같이, 손은
손가락 등이 합해짐으로 인해 이루어졌다면 손의 본신은 어떻게 또한
실로 있음이 성립하겠는가? 또한 손가락은 마디의 작은 성분이 모여서
이루어졌으며, 이 때문에 손가락도 실지로 있는 것이 아니다. 마디가
이루어진 것을 나누면 더욱 작은 성분이 되며, 그 작은 성분이 다시
분해되면 미진이 되고, 미진이 분해되면 방분方分이 되며, 최후에는

방분이 어떤 일 분도 이룰 수가 없으니, 마치 허공과 같아서 공성이
되고, 미진조차도 또한 성립할 수가 없다.


㉲ 신념주를 총결함

**是故聰智者, 誰貪如夢身?** 시고총지자, 수탐여몽신?

**如是身若無, 豈貪男女相?** 여시신약무, 기탐남녀상?

그러므로 지혜 있는 자가 있다면 누가 몽환과 같은 실이 없는 색신을
탐착하겠는가? 만약 이와 같이 진실로 신체의 존재가 없음을 안다면
어찌 남녀 몸의 모습을 있는 것으로 집착하겠는가?


그러므로 몽환과 같이 실이 없는 색신에 대하여, 관찰능력을 갖춘
지혜 있는 사람이라면 누가 몸을 탐착하겠는가? 만약 이와 같이 진실로
신체의 존재가 없음을 안다면, 남녀 신체 모습의 차별은 또 무엇인가?
근본적으로 존재하지 않는다.


**② 수념주受念住**

㉮ 감수感受의 자성

㉠ '승의제에서는 감수가 성립되지 않음'을 논함

ⓐ 감수感受는 상주성이 없음

**苦性若實有, 何不損極樂?** 고성약실유, 하불손극락?

**樂實則甘等, 何不解憂苦?** 악실즉감등, 하불해우고?

만약 고통이 내심에 실재한다면 무엇 때문에 안락을 일으키는 것을
가려서 장애하지 못하는가? 안락이 외경에 실로 존재한다면, 왜 달고

맛있는 음식물이 근심과 고통이 있는 사람에게 기쁨과 즐거움을 주지 못하는가?

『중론』중에; "만약 법이 실지로 자성이 있으면 뒤이어 곧 응당 없어짐이 아니며, 자성이 만약 변하는 상이 있으면 그것은 당연히 자성이 될 수 없다."라고 말하듯이, 만약 고통이 내심에 실재한다면 영원히 그것을 버릴 수 없는 것이니, 이렇다면 무엇 때문에 서로 반대되는 안락이 일어나는 것을 방해하지 못하는가? 고통의 방해로 말미암아 안락을 일으킬 방법이 영원히 없어야 하지만, 쾌락이 일어남을 늘 분명히 볼 수 있다. 마찬가지로 만약 안락이 외경에 실로 존재한다면, 달고 맛있는 음식물 등의 사물은 어찌하여 근심과 고통이 있는 사람에게 기쁨과 즐거움을 주는 작용을 일으키지 못하는가?

ⓑ 이증을 파한 논리로써 회답함

**若謂苦强故, 不覺彼樂受,** 약위고강고, 불각피락수,
**旣非領納性, 云何可謂受?** 기비영납성, 운하가위수?

만약 이는 고통이 너무 강렬하기 때문이라고 하면, 이것이 즐거움을 덮어서 낙을 느낄 수 없게 한다. 이미 그 같은 종류의 낙수樂受는 받아들여질 수 없는 성질이 있으며, 그것은 어떻게 능히 수受라고 할 수 있는가?

상대방이 말하되; 고통이 비록 진실로 존재하나, 만약 강렬한 즐거움이 생기면 이것이 고통을 눌러 덮기 때문에 고통을 느낄 수 없다.

만약 본성의 고통을 받아들이지 않는다면 그것은 이미 '받아들임(영납성領納性)'의 법상을 갖추지 못한 것이니, 어떻게 능히 수受라고 할 수 있겠는가?

若謂有微苦, 豈非己除粗? 약위유미고, 기비기제조?
謂彼卽餘樂, 微苦豈非樂? 위피즉여락, 미고기비락?

만약 고의 자성이 실로 상주함을 이룬다면, 큰 낙이 생기할 때에 있어서도 여전히 미세한 고수가 있을 것이다. 그러나 큰 낙은 이미 비교적 큰 고통도 모두 소멸시켰으니, 아주 미세한 고를 어찌 소멸시키지 못하겠는가?

만약 미세한 고라는 것이 큰 낙을 받아들여 이미 변화된 미세한 낙이라고 한다면, 그 미세한 고가 어찌해서 쾌락이 아니고 여전히 고라고 설할 수 있는가?

만약 너희가 말하되; 여전히 미세한 고를 느낄 수 있다고 하면 비록 이것도 수受이기는 하나, 그 고통의 큰 부분이 이미 힘을 갖춘 낙樂에 의해 제거된 것이 아닌가?

상대방이 또한 말하되; 미세한 고수苦受의 본체는 곧 큰 쾌락 영역 밖에 있는 힘이 미약한 낙이다.

이와 같은 경우, 감수하는 바인 그 미세한 낙은 앞에 언급된 고수苦受가 될 수 없다. 왜냐하면 그 미세한 낙은 본래 쾌락의 종류에 속하기 때문이다.

倘因逆緣故, 苦受不得生, 당인역연고, 고수부득생,

此豈非成立, 分別受是執? 차기비성립, 분별수시집?

만약 고수苦受가 반대의 쾌락이 생기는 인연을 만나면 그 고수가
더 이상 생겨날 수 없는 것이니(즉 고수는 인연소생의 무자성법이니),
그 생기지 못하는 고통에 대하여 망집妄執 분별로 수受를 삼는 것이
일종의 전도된 집착이 아니겠는가?

만약 쾌락을 생기게 하는 이러한 장애 인연이 있다면 그 상속 중에
고통이 생길 수 없을 것이며, 그렇게 생겨나지 않은 그 고통에 대하여
망령되게 자신이 분별로 수受를 삼는 것은 인연소생의 무자성법으로
성립될 수 없는 일종의 전도된 집착이 아니겠는가? 실로 전도된 집착
이다.

ⓛ 공성을 닦아 실유實有에 집착함을 대치함

故應修空性, 對治實有執, 고응수공성, 대치실유집,

觀慧良田中, 能長瑜伽食. 관혜량전중, 능장유가식.

그래서 마땅히 공성의 수승한 관을 닦아서 실을 집착하는 모든 악습을
대치하며, 이치와 같이 관찰하는 제법 지혜의 밭 가운데를 좇아서
능히 유가사를 돕는 정혜의 양식을 길러낼 수 있다.

수受에 집착함은 온전히 일종의 미혹이며, 그래서 마땅히 이런
종류의 미혹의 대치법인, 곧 제법이 자성이 없음을 분석하는 공성의

지혜를 수지해야 한다. 이는 그 지혜로 관찰하는 기름진 밭 가운데에서 생겨난 과실인 선정이 능히 유가의 실상을 깨달은 몸을 싹틔워 건장하게 길러내는 양식이 되기 때문이다.

　수를 허락함을 막아 파하는 인因은 근·경·식 셋이 접촉하는 관점에 대하여 세 가지가 있다.

④ 감수의 원인 – 촉觸
㉠ '근根과 경境이 서로 만날 수 있음'을 파함
ⓐ 전체적으로 근경의 만남을 파함

根境若間隔, 彼二怎會遇, 근경약간격, 피이즘회우,

無隔二成一, 誰復遇於誰. 무격이성일, 수부우어수.

만약 내근과 외경 사이에 간격이 있다면 근경 두 가지가 어떻게 서로 만나서 촉수를 내는가? 근경 사이에 간격이 없다면 곧 일체를 이룰 것이며, 그렇다면 도리어 무엇이 있어서 무엇을 만날 수 있다는 말인가?

　만약 눈 등 내근과 색 등 외경 사이에 간격이 있다면 근경根境 두 가지가 어떻게 서로 만나서 촉수觸受를 내는가? 이는 곧 동산東山과 서산西山의 이치와 같다. 만약 근경 사이에 간격이 없다면 곧 일체를 이룰 것이며, 그렇다면 도리어 무엇이 있어서 무엇을 만날 수 있다는 말인가? 이것은 소所 접촉과 능能 접촉이 둘이 아니고 서로 구별이 없기 때문이다.

ⓑ 미진微塵이 서로 만날 수 있음을 파함

塵塵不相入, 無間等大故, 진진불상입, 무간등대고,

不入則無合, 無合則不遇. 불입즉무합, 무합즉불우.

근과 경의 극미진이 서로 진입해서 일체가 되는 것은 불가능하며,
둘이 다 공간이 없으며, 크고 작은 것 또한 서로 동등하기 때문에
서로 받아들이지 못하며, 완전히 서로 합할 수도 없고, 서로 합할
수 없으므로 서로 만날 수도 없다.

근根과 경境의 극미진이 모든 방향에서 모두 만남이 없고, 미진이
미진에 진입해서 한 미진 안으로 들어가 일체가 되는 상황은 존재하지
않는데, 이것은 두 개의 극미진 사이에 공간이 없으며, 둘의 크기
또한 서로 동등하기 때문이다. 따라서 극미진은 서로 받아들이지
못하고 완전히 서로 합할 수도 없다. 서로 합할 수 없고 서로 만날
수도 없는 연고로 두루한다고 말할 수 있을 뿐이다.

無分而能遇, 云何此有理? 무분이능우, 운하차유리?

若見請示我, 無分相遇塵. 약견청시아, 무분상우진.

만약 방분이 없는 극미진이 서로 완전하게 만날 수 있다고 말하면,
극미진이 서로 만날 수 있다는 이러한 설법은 어떠한 이치가 있는가?
만약 너희가 방분이 없으면서 능히 서로 만나는 미진을 보았다면,
청컨대 우리들에게 그런 사례를 실제로 보여줄 수 있는가?

만약 방분이 없는 극미진이 서로 완전하게 만날 수 있다고 승인하면,

이러한 설법은 어떻게 합당한 이치가 있겠는가? 만일 이와 같으면 분명히 서로 만남과 만나지 못함의 두 부분이 있을 뿐이다. 만약 너희가 방분이 없으면서 능히 서로 만나는 미진을 보았다면, 청하건대 사례를 들어 우리들에게 보게 해 달라! 근본적으로 볼 방법이 없다.

ⓒ'식識과 만날 수 있음'을 파함

**意識無色身, 遇境不應理**, 의식무색신, 우경불응리,

**聚亦無實故, 如前應觀察**. 취역무실고, 여전응관찰.

의식은 색신이 없는데 만약 그것이 외경과 서로 만난다고 여긴다면, 그것은 또한 마땅히 한 이치가 아니다. 근진식이 합해서 촉을 낸다는 것도 마땅히 한 이치가 아니다. 왜냐하면 취합에는 실체가 없기 때문이며, 이것은 앞에서 지은 바 관찰하고 분석한 것과 같다.

의식은 색상이 없는데, 만약 그것이 외경과 서로 만난다고 여긴다면 그것은 분명 이치에 맞지 않는다.

상대방이 말하되; 비록 색법의 접촉은 존재하지 않아도, 다만 근·진·식이 모여 합해서 촉觸의 결과를 냄은 존재한다.

이런 종류의 설법도 이치에 맞지 않는다. 왜냐하면 취합 또한 진실한 유실법이 없기 때문이며, 앞에서 논술한 "손은 손가락이 모인 연고이니, 이치에 마땅히 무슨 물건을 이루는가? 손가락 또한 마디의 모임이고, 마디 또한 더 나뉘어져 다시 먼지가 되고, 먼지는 다시 방분이 되며, 방분은 부분을 여의어 허공과 같이 미진은 없다."라고 분석한 것과 같다.

ⓒ 감수의 원인인 촉觸에 대해 총결함

**若觸非眞有, 則受從何生?** 약촉비진유, 즉수종하생?

**何故逐塵勞, 何苦傷何人?** 하고축진로, 하고상하인?

만약 촉이 진실로 존재하는 것이 아니라면 촉의 결과인 감수感受는 장래에 어디로 좇아서 생산되는가? 일체의 감수가 다 자성이 없다면 욕진을 쫓아버리기 위해서 힘써 노력할 필요가 또 무엇이겠는가? 도대체 무슨 고의 감수가 있어서 사람을 상해하는 것인가?

만약 수受의 인因인 촉이 진실로 존재하는 것이 아니라면 촉의 결과인 감수感受는 대체 어디를 좇아서 생산되는가? 일체의 감수가 다 자성이 없다면 낙수樂受를 좇아 얻기 위해서 힘써 노력할 필요가 또 무엇이겠는 가? 또한 도대체 무슨 고의 감수가 있어서 사람을 상해한다는 것인가?

**若見無受者, 亦無實領受,** 약견무수자, 역무실령수,

**見此實性己, 云何愛不滅.** 견차실성기, 운하애불멸.

만약 능히 현재 진실한 감수자가 없고 진실로 존재하는 감수도 실재하지 않는다. 이러한 실상을 이미 본 후라면 수로 말미암아 생긴 탐애를 어찌하여 멸하지 못하는가?

만약 능히 현재 진실한 감수자가 없고 진실로 존재하는 감수도 실재하지 않음을 철저히 보게 된다면, 이러한 실상을 본 후에 이미 고락을 멀리했는데, 수受로 말미암아 생긴 탐애를 멸하지 못하겠는가?

574

㉣감수의 대상

**所見或所觸, 性皆如夢幻,** 소견혹소촉, 성개여몽환,

안식眼識 등의 보는 바 혹은 접촉한 바의 일체가 모두 몽환과 같아서 조금도 자성이 없다.

안식眼識 등의 보는 바 혹은 접촉한 바의 일체가 모두 몽환과 같아서 조금도 자성이 없다. 따라서 그것들의 경계를 감수한 것이 실제 있는 것으로 존재하지 않는다.

㉤감수자는 본래 성립할 수 없음

**與心俱生故, 受非心能見.** 여심구생고, 수비심능견.

**後念唯能憶, 非能受前心,** 후념유능억, 비능수전심,

**不能自領納, 亦非他能受.** 불능자령납, 역비타능수.

소수所受와 능수能受가 둘이 아니어서 마음과 더불어 동시에 생기는 연고로 전후가 없으므로 수受는 마음으로 능히 보는 바(능견能見)가 아니다.

뒤의 마음은 다만 앞의 마음을 기억할 수 있으나 일찰나 앞의 소멸한 감수의 본신을 체험할 수 없으며, 또한 감수를 자기 스스로 받아들임이 불가능하며, 아직 생기지 아니한 감수도 또한 받아들이는 바가 될 수 없다.

소수所受와 능수能受는 자신과 같이 생겨나는 마음이 능히 보는 바(能見)가 아닌데, 이것은 수受가 마음과 함께 생기는 고로 이 둘은

전후의 연결이 없기 때문이다. 마음이 수의 앞에 있거나 혹은 뒤에 생겨도 다만 그 감수를 기억할 따름이지 친히 체험할 수 없는데, 이러한 마음이 있을 때 수가 오히려 생기지 않았거나 이미 소멸한 뒤이기 때문이다. 소수所受와 능수能受가 둘이 아니므로 감수 본신 또한 감수 자신을 받아들임이 불가능하다. 만약 삼시三時로 보면 기타 제삼자가 받아들여 감수하는 것도 또한 불가능하다.

畢竟無受者, 故受非眞有, 필경무수자, 고수비진유,
誰言此幻受, 能害無我聚? 수언차환수, 능해무아취?

수자受者는 마침내는 존재하지 못하며 그래서 감수 본신도 또한 진실로 존재하지 않는다. 이미 그러하다면 환과 같은 고락 감수가 어찌 능히 무아의 오온 취합체를 해할 수 있는가?

　이로 말미암아서 보면, 수자受者는 마침내 존재하지 못한다. 그래서 감수 본신도 또한 진실로 존재하지 않는다. 이미 그러하다면 환과 같은 고락 감수가 어찌 능히 무아의 오온 취합체에 낙수樂受의 이익과 고수苦受의 손해를 미치게 하겠는가? 이익되게 함과 손해를 주는 것 모두 성립하지 않는다.

### ③ 심념주心念住
㉑ '의식意識은 성립되지 않음'을 논함
意不住諸根, 不住色與中, 의부주제근, 부주색여중,
不住內或外, 餘處亦不得. 부주내혹외, 여처역부득.

576

마음이 눈 등 감각기관에 있지 않으며, 색 등 6경에도 있지 않고, 또한 내근과 외경 사이에도 주하지 않는다. 마음은 몸 안에도 머무르지 않으며, 몸 밖에도 머무르지 않고 기타의 다른 곳에서도 찾을 수 없다.

마음이 눈 등 감각기관에 있지 않으며, 색 등 6경 중에도 있지 않다. 왜냐하면 비록 근과 경이 존재하지만 각각의 근과 각각의 경이 모두 의식을 만들어 내지 못하기 때문이다. 근과 경 사이에, 또는 기타의 부위에도 마음이 존재하는 인을 얻을 수 없기 때문에 마음이 그곳에 있지 않다. 또한 마찬가지 이유로 마음은 몸 안에도 머무르지 않고, 몸 밖에도 머무르지 않으며, 기타의 다른 곳에서도 찾을 수 없다.

非身非異身, 非合亦非離, 비신비이신, 비합역비리,
無少實性故, 有情性涅槃. 무소실성고, 유정성열반.
마음은 이미 신체가 아니고 몸 밖의 다른 법도 아니며, 몸과 더불어 서로 혼합하지도 않고 몸을 떠나 존재하지 못한다. 그래서 심식은 조금도 진실한 자성이 없는 것이니, 모든 유정의 자성은 본래 곧 열반이다.

마음은 이미 신체가 아니고 몸 밖의 또 다른 실재하는 법도 아니며, 몸과 더불어 서로 혼합되어 있는 것도 아니고 몸을 떠나 존재하지도 못한다. 그래서 심식은 조금도 진실한 자성이 없는 것이다. 『보적경』에서 "가섭이여, 마음은 안에도 없고 밖에도 없으며, 얻을 수가 없다. 가섭이여, 마음은 색이 없고 보이는 바가 없으며 장애도 없고 의지할 바가 되지 못하며, 나타남도 없고 표시도 없으며 머무는 곳도 없다. 가섭이여, 모든 부처님도 보지 못하였고, 보지 못하며, 볼 수 없을 것이다."라고 한다. 이 때문에 모든 유정의 자성은 본래 곧 열반이다.

⑭ '오근식五根識은 성립되지 않음'을 논함

離境先有識, 緣何而生識, 이경선유식, 연하이생식,

識境若同時, 已生何待緣, 식경약동시, 이생하대연,

識若後境起, 緣何而得生. 식약후경기, 연하이득생.

만약 소연경을 여의고 먼저 근식이 있다면 근식은 무슨 경을 연해서 생기는가? 만약 경과 식이 동시에 존재한다면 근식이 이미 생긴 것이니 또한 소연경을 기다릴 필요가 있는가? 만약 근식이 소연경이 생긴 후에 비로소 있다고 한다면 그 소연경은 이미 사라졌는데 근식이 능히 무슨 경을 인연하여 생기는가?

만약에 설하되; 오근식이 능히 오경을 취하는 것은 진실한 것이다. 그렇다면 질문하되, 오근식이 오경보다 먼저 있었던 것인가, 아니면 나중에 생겨난 것인가? 만약에 소연경이 없이 먼저 근식이 있다면 경境이 아직 생겨나기 전인데, 근식이 무슨 경境을 인연하여 생길 수 있겠는가? 만약 경境과 식識이 동시에 존재한다면 근식이 이미 생긴 것인데, 무슨 또 다른 소연경을 기다릴 필요가 있겠는가? 근식이 생기지 않았다면 대상 경계 또한 형성됨이 없고, 근식이 만약 이미

578

생겼다면 그는 대상 경계를 의지해서 생겨남이 필요하지 않다. 만약 근식이 소연경이 생긴 후에 비로소 있다고 한다면 근식이 생겨날 때 이미 소연경은 멸하여 존재하지 않을 것인데, 근식이 능히 무슨 경계를 인연하여 생길 수 있겠는가? 대상 경계가 이미 멸했으면 존재하지 않는 연緣이 되기 때문이다.

### ④ 법념주法念住
㉮ '제법은 본래 생겨남이 없음(無生)'을 논함
**故應不能知, 諸法實有生.** 고응불능지, 제법실유생.
그래서 바른 이치로써 제법이 실로 자성이 있음을 논증함은 불가능하다.

오근식五根識이 오경五境의 전면과 후면 혹은 동시에 있어 식이 실로 생기는 것이 아님을 통달하고, 그래서 바른 이치로써 볼 때 제법이 실로 자성이 있음을 논증함은 불가능하다.

㉯ '제법이 실재한다는 논쟁'을 파함
㉠ '세속제는 존재하지 않음의 과실'을 논파함
ⓐ 논쟁을 제기함
**若無世俗諦, 云何有二諦.** 약무세속제, 운하유이제.
**世俗若因他, 有情豈涅槃,** 세속약인타, 유정기열반,
만약 일체법이 무자성이라면 세속도 또한 없음을 이루며, 세속제가 없으면 어떻게 세속·승의 2제가 성립될 수 있겠는가?
만약 세속에 중생의 미망 분별이 여전히 있다면 유정은 어떻게 적멸의

열반을 증득할 수 있는가?

상대방이 말하되; 만약 일체법이 무생이라면 생멸을 갖춘 세속제도 또한 없음을 이루며, 세속제가 없으면 어떻게 중관파의 세속제와 승의제의 2제가 성립될 수 있겠는가? 근본적으로 존재할 방법이 없다. 비록 일체법이 불생불멸이지만, 만약 세속이 다만 중생의 미하고 산란한 분별심으로 인하여 거짓으로 생멸이 있다고 일컬어 안립한 것이라면, 유정이 어떻게 적멸의 열반을 증득할 수 있는가? 가령 어떤 사람이 열반에 든다 하지만, 그 또한 생이 있고 사가 있다고 가립한 것이기 때문에 이같이 변해서 세속이 된다.

ⓑ 논쟁에 답변함

**此由他分別, 彼非自世俗**, 차유타분별, 피비자세속,

**後決定則有, 非故無世俗**. 후결정즉유, 비고무세속.

세속이 현현함이 계속되어 항상 멸하지 않는 것은 다 기타 중생의 분별 희론을 말미암아서 현현하기 때문이다.

만약 세속 제법의 자성이 성립한다면 2취를 멸진해서 열반을 성취한 후에도 결단코 자기를 대하는 세속이 있을 것이나, 이와 같지 않기 때문에 분별 희론을 멸진한 자는 세속 자체가 없으며 열반을 얻을 수 있다.

다만 실지로는 무생이나 중생이 깨닫지 못하여 분별심으로 망령되게 집착하여 생멸이 있으며, 마음으로 대상 경계를 지음에 관대하여

세속이 현현하고 계속되고 항상 멸하지 않는 것 모두 기타 중생의 분별 희론을 말미암아서 현현함이며, 이는 세속제가 없다는 과실을 이룸이 아니다.

이를 의지해서 또한 열반이 있음을 증명할 수 있다. 중생은 미혹하기 때문에 열반을 얻은 자를 다시 세속에 빠지게 할 수 없으며, 이런 종류의 미망 분별은 중생의 망념일 뿐 열반을 얻은 자 자신의 세속이 아니다. 만일 열반에 들어갈 때 아직 미혹한 망념이 있다면 곧 자기의 세속이 있게 되나, 열반을 성취할 때 미혹한 망념이 없다면 세속은 결정코 없다.

ⓒ '제법이 실유함에 대한 분석이 불합리함'을 논증함
ⓐ 논쟁을 제기함

**分別所分別, 二者相依存** 분별소분별, 이자상의존

능분별의 마음과 소분별의 경계 두 가지가 세속제 중에서는 서로 의지해서 존재한다.

상대방이 말하되; 능분별의 마음과 관찰하는 바의 대상 경계 둘은 서로 간에 의존하는 관계이고, 대상 경계가 성립하지 않으면 마음 또한 존재한다고 할 수 없으므로, 이러한 분석을 진행함은 불합리하다.

ⓑ 논쟁에 답변함
ⅰ) '능견 분석에 실유함이 필요하지 않음'을 논함

**是故諸觀察, 皆依世共稱.** 시고제관찰, 개의세공칭.

일체 분별 관찰의 지혜는 모두 세간에서 공통으로 관찰하여 승인한 실이 없는 거짓 명언을 의지해서 안립한다.

비록 대상 경계도 실이 아니고 마음 또한 실이 아닌 것이지만, 다만 이 한 가지로 위 분석이 불합리하다고 설명하지 못하며, 일체 분석은 명언의 분별심이 세간에서 공통으로 관찰하여 승인한 도리로써 설한 것[350]이다.

ii) '분석이 필요함이 곧 큰 과실임'을 논함

**以析空性慧, 究彼空性時**, 이석공성혜, 구피공성시,
**若復究空智, 應成無窮過**. 약부구공지, 응성무궁과.

유식종: 제법이 공해서 무자성인 것을 분석하는 지혜로써 제법이 다 공함을 논증해 나타낼 때 이 공의 지혜는 또한 스스로를 관찰할 수 없으며, 만약 도리어 그것을 분석해 공을 삼고자 한다면 그것은 무궁한 관찰이 필요한 과실을 이룬다.

'실유가 성립함'을 분석하기 위해 能能 분석을 진행할 때, 그 하나의 능 분석을 하려면 또한 기타의 능 분석이 필요하게 되어, 그것이 무궁무진하게 반복되는 관찰을 이루게 되기 때문에 근본적으로 분석할 대상 자체를 특정할 수 없게 된다.

---

350 일체 분별 관찰의 지혜는 모두 세간에서 공통으로 관찰하여 승인한 실이 없는 거짓 명언을 의지해서 안립한다.(역자 주)

iii) '분석할 필요도 없이 공성이 성립됨'을 논함

悟明所析空, 理智無所依, 오명소석공, 이지무소의,

無依故不生, 說此卽涅槃. 무의고불생, 설차즉열반.

중관: 분석한 바의 법이 공성임을 깨달은 후에는 능분석의 이지理智는 소의연이 없다. 만약 소의연의 경이 없다면 능의를 분석하는 지혜가 자연히 생길 수 없으며, 능소가 다 생함이 없음은 곧 열반을 설한 것이다.

분석할 바의 대상 경계에 대한 분석을 통해 공성임을 깨닫게 되면 능 분석의 지혜로써 더 이상 분석이 없이도 근본적으로 소의의 대상 경계가 없음을 알게 된다. 만약 소의연의 경境이 없다면 능의의 마음이 자연히 생길 수 없으며, 경계와 마음이 둘이 아니고 적멸하여 무생이 되며, 이것이 곧 열반이고, 또한 앞에서 설한 "무연최적멸"을 말한다.

## 3) (反面) 실재로 여겨 집착하는 것을 끊음

### (1) 총설

心境實有宗, 理極難安立, 심경실유종, 이극란안립,

심경이 실재하다고 허락하는 종파는 그 이론을 세우기가 매우 어렵다.

만일 유실종이 인정하는 경계와 마음이 실로 있다고 하는 관점에 따라 비춰보면 이것은 타당성을 세우기 매우 어렵고, 세울 바가 없기에 능히 해침만 받을 뿐이다.

XI. 제9품 지혜 **583**

## (2) '제법이 실재함'의 능립을 논파함

### ① 심경心境은 상호 의존적이기에 능립을 세울 수 없음

若境由識成, 依何立識有. 약경유식성, 의하립식유.

若識由境成, 依何立所知, 약식유경성, 의하립소지,

만약 바깥 경계가 실재하는 심식을 말미암아서 성립한다면, 무엇을 의지해서 그 심식의 실재를 성립할 수 있는가?

만약 심식이 실재하는 분별의 바깥 경계를 말미암아서 성립한다면, 무엇을 의지해서 그 분별의 바깥 경계가 실로 존재함을 알 수 있는가?

만약 심식이 실재하는 것을 말미암아서 바깥 경계가 실로 있음이 성립된다고 말한다 하자. 그렇다면 무엇에 의거해 심식의 실재가 성립하는가? 또한 소지의 분별 경계로 말미암아 심식이 성립한다고 말한다면, 소지는 무엇에 의거해 실로 존재함을 설할 수 있는가?

心境相待有, 二者皆非實. 심경상대유, 이자개비실.

無子則無父, 無父誰生子, 무자즉무부, 무부수생자,

無子也無父, 如是無心境. 무자야무부, 여시무심경.

만약 심과 경 두 가지가 서로 의지해서 있다면 그 두 가지 또한 진실한 존재가 아니다. 마치 아들이 없으면 아버지라고 칭할 수 없는 것과 같아서 부친이 없다면 아들은 어디로 좇아서 출생하는가?

진실한 뜻 중에는 아들도 없고 또한 부친도 없는 것과 같아서 심·경이 두 가지도 또한 진실한 존재가 없다.

만약 심心과 경境 두 가지가 서로 의지해 있기에 한 가지가 있으면 다른 한 가지가 존재하는 것이라면, 이 경우 하나가 성립하지 않으면 다른 하나도 역시 성립하지 못하며, 이로써 두 가지 모두 존재하지 못함을 이룬다. 이것은 마치 아들이 없으면 부친이라고 칭할 수 없는 것과 같으며, 부친이 없다면 아들은 또한 어디로 좇아서 출생할 수 있는가? 이처럼 아들이 없으면 부친도 없고, 부친이 없으면 곧 아들도 없으며, 마침내 아들도 없고 또한 부친도 없는 것과 같아서, 심·경 이 두 가지도 또한 진실한 존재가 없다.

## ②심경心境은 다른 식을 의지해 실재를 추론할 수 없음

如芽從種生, 因芽知有種, 여아종종생, 인아지유종,
由境所生識, 何不知有境. 유경소생식, 하부지유경.
由彼異芽識, 雖知有芽種, 유피이아식, 수지유아종,
然心了境時, 凭何知有識. 연심료경시, 빙하지유식.

유실종: 싹이 종자를 좇아서 나는 것과 같이 새싹으로써 종자의 존재가 있는 것을 추리해 알 수 있다. 똑같은 이치로 분별 경계를 좇아서 출생하는 식은 왜 이를 추리하여 진실한 경의 존재를 알 수 없는가?
중관: 새싹을 분별하는 심식을 말미암아서 비록 새싹을 좇아서 추리해서 싹의 종자가 있음을 알 수 있다. 다만 심식이 경계를 분별할 때는 또 능히 어떤 분별하는 식을 의지해서 진실한 존재의 심식을 추측하여 알 수 있는가?

유실종: 새싹이 종자를 좇아서 나는 것과 같이, 새싹으로써 종자의

존재가 있는 것을 추리해 알 수 있다. 똑같은 이치로, 분별 경계를 좇아서 출생하는 식이 이를 추리하여 진실로 소지경所知境이 존재함을 왜 알 수 없는가?

중관: 이 두 가지는 같지 않다. 다른 심식을 통해 새싹을 보아 새싹의 종자가 있음을 알 수 있으나, 소지所知의 실유를 아는 심식이 실유로 존재함은 또 무엇을 의지해 알 수 있는가? 능지能知가 없기 때문에 알 수 없다.

**(3) '제법이 실재함'이 성립되지 않음을 논증함**
**①'원인 측면'에서 공성을 건립함**
㉮'승의에서는 본래 무생本來無生임'을 따라 공성을 건립함
㉠'원인 없이 생겨남'을 파함 – 파무인생破無因生

世人亦能見, 一切能生因, 세인역능견, 일체능생인,
如蓮根莖等, 差別前因生. 여련근경등, 차별전인생.

무인생無因生은 불합리하니, 세인들이 능히 일체 과가 다 능히 생기는 원인이 있음을 볼 수 있기 때문이다. 연화의 뿌리와 줄기 등이 가지가지의 차별된 이전의 원인으로 생김과 같다.

순세외도와 밀행파가 말하는, "해는 오르고 물은 아래로 흐르며, 완두콩은 둥글고 가시는 뾰족하며, 공작의 깃털이 빛깔이 선명한 것 등 모든 법은 누가 만든 게 아니고 자체 성질로 이뤄진다."라는 의견은 곧 일체 실지 있는 법이 원인 없이 생긴다고 하는 관점을 승인하는 것이다. 잠시 세간의 현량으로도 또한 일체 과果가 그 본신의

586

모든 인因이 모여서 능히 생기는 것을 볼 수 있고, 또한 연화의 줄기 등 각기 다른 차별된 결과는 가지가지의 같지 않은 원인의 차별을 말미암아서 형성된 것과 같이 비량을 의지해도 능히 증명할 수 있기에 이런 주장은 불합리하다.

**誰作因差別? 由昔諸異因,** 수작인차별? 유석제이인,
**何故因生果? 從昔因力故.** 하고인생과? 종석인력고.
무엇이 인의 가지가지의 차별을 조성하였는가? 이는 이 인을 만든 전의 인의 가지가지 차별로써 조성되었다. 무엇 때문에 이 과의 인은 능히 이 과를 생하는가? 이는 옛적의 인력因力을 원인해서 결정된다.

　어떤 이가 묻되; 무엇이 인因의 가지가지 차별을 조성하였는가? 이는 이 인을 만든 이전의 가지가지 차별된 인으로 조성되었다. 서로 다른 인은 무엇 때문에 능히 서로 다른 과를 생하는가? 이는 모두 옛적의 인력因力을 원인해서 결정된다.

ⓛ'상주하는 무엇에서 생겨남'을 파함 – 파상인생破常因生
ⓐ'대자재천大自在天'에서 생겨남을 파함 – 파타생破他生
ⅰ) 대자재천은 그 자체가 성립할 수 없음
**自在天是因, 何爲自在天,** 자재천시인, 하위자재천,
**若謂許大種, 何必唯執名.** 약위허대종, 하필유집명.
만약 자재천이 세간을 창조한 인이라고 한다면 무엇이 자재천인가? 만약 4대종이 곧 이것이라고 한다면 그 또한 어찌 자재천이라는 허명을

집착하겠는가?

승론파와 베다파는 대자재천을 성존으로 삼고, 그가 청정·응공·상유·유일·일체의 작자 등 다섯 가지 특징을 가지고 있으며, 일체중생의 인이라고 생각한다. 만일 자재천이 그렇게 세간을 창조한 인이라고 한다면, 도대체 무엇이 자재천인가?

상대방이 답하길; 그는 일체 대종이다. 만일 그렇다면, 4대종(지수화풍)이 곧 모든 창조됨의 인因이라는 것인데, 그렇게 가립한 자재천은 그저 허명일 뿐이니, 이에 대하여 어찌 수고로이 집착하여 쟁론하겠는가? 쟁론할 필요가 없다.

**無心大種衆, 非常亦非天,** 무심대종중, 비상역비천,

**不淨衆所踐. 定非自在天.** 부정중소천. 정비자재천.

**彼天非虛空, 非我前已破,** 피천비허공, 비아전이파,

**若謂非思議, 說彼有何義.** 약위비사의, 설피유하의.

심식이 없는 지수地水 등 대종의 수량은 많으나 상유常有가 아니고 또한 천신이 아니며, 부정不淨하여 밟힘을 당하는 것이므로 그들은 절대로 상주하여 유일하게 공양에 응하는 대자재천은 아니다. 이외에도 자재천은 허공이 아니고 또한 아我도 아니며, 이 점은 이미 앞에서 논파했습니다. 만약 자재천을 불가사의하다고 한다면, 그를 작자라고 말하여 무슨 소용이 있겠는가?

그럼에도 불구하고 여기서 다만 설명하고자 것은, 너희들이 허락한

588

바인 자재천의 법상은 존재하지 않는다는 점이다. 심식이 없는 지·수 등 대종의 수량이 많고, 상유常有가 아니며, 또한 천신이 아니고, 밟힘을 당하는 부정한 법이므로 그들은 절대로 상주하여 유일하게 공양에 응하는 대자재천이 아니다. 이 외에 허공은 (과果를 만들어 내려는) 동요(또는 동기)가 없는 것이기에 자재천이 아니며, 또한 이미 앞에서 논파한 바와 같이 신아神我도 자재천이 아니다. 만약 작자인 자재천을 불가사의하다고 한다면 이는 생각하는 바가 없다는 것이므로, 자재천을 (모든 것을 만들어 내는) 작자作者라고 말하는 것이 무슨 소용이 있겠는가? 실제로 의의가 없다.

ii) 대자재천에 의해 생성되는 것(所生)은 존재하지 않음

**云何此彼生? 我及自在天,** 운하차피생? 아급자재천,
**大種豈非常? 識從所知生,** 대종기비상? 식종소지생,
**苦樂無始業? 何爲彼所生?** 고락무시업? 하위피소생?

이미 그를 이해하지 못하면 그 또한 무엇을 의지해서 이와 같은 등이 타他의 출생한 바라고 설하는가? 아我와 자재천 및 지수地水 등 대종이 어찌 상유常有가 되지 못하는가?
모든 심식이 다 소지경을 반연해서 생기며, 고락 등 모든 감수는 무시이래로 지은 바의 업력을 말미암아서 생긴다면 무엇이 자재천이 생산한 것인가?

다시 묻되; 너희들이 승인한 대자재천으로 인해 생겨나는 과果들은 도대체 무엇인가?

상대방이 설하되; 아我·지地 등의 미진, 대자재천 후면에 있는 동일한 종류의 상속이다.

그렇다면 아我와 자재천 및 지수地水 등의 본체가 상유常有가 됨을 승인하는 것이 아닌가? 이것들이 상유常有라면 대자재천에 의지해 생겨나는 것(所生)이라는 것과는 서로 어긋난다.

즉 모든 심식이 모두 소지경所知境을 반연해서 생기며, 외경의 행상을 갖춘 것이고, 이런 종류의 모든 감수는 무시이래로 지은 바의 업력을 말미암아서 생긴 것이다. 고락은 선업·악업 등을 좇아 생겨나기에 대자재천의 어떠한 조종도 없는 것인 바, 자재천이 생성시킨 것이 도대체 무엇이란 말인가?

iii) 대자재천은 능생能生이 될 수 없음
(ⅰ) 과실을 널리 설함
**若謂因無始, 彼果豈有始**, 약위인무시, 피과기유시,
만약 제법의 생인인 자재천이 시작이 없다면 타他의 소생과는 어떻게 시작되었는가?

만약 제법의 생인인 자재천이 과를 생기게 하는 것이 항상恒常하며 시작도 없다면(無始) 타他의 소생과인 안락 등에 어떻게 시작됨이 있겠는가? 마땅히 시작 없음을 이뤄야 한다. 마찬가지로, 대자재 또한 끝나는 것이 없으면 고락 등이 왜 항상 존재함(恒常)이 되지 않겠는가? 또한 응당 항상 있어야 하는 것이나, 고락은 다만 어쩌다 출연함을 말미암은 연이기 때문이다. 이로써 상대방의 관점은 공격

590

없이도 스스로 파해진다.


(ii) 주변의 잘못된 논리를 타파함

**彼旣不依他, 何故不常作?** 피기불의타, 하고불상작?

**若皆彼所造, 彼需觀待何?** 약개피소조, 피수관대하?

자재천이 이미 그렇게 어떠한 타연他緣도 의지하지 않은 독립된 생인
이라면 그것은 무엇 때문에 항상 제법을 조작하지 못하는가?
만약 일체법이 모두 타他가 지었다면 타는 도리어 무슨 타연을 의지할
필요가 있겠는가?


　상대방이 말하기를; 대자재천이 비록 항상恒常한 것이나, 과가 생겨
날 때 때로는 타연에 의지하기도 하므로 그 과가 늘 항상하다고 말할
수 없다.

　(너희들은) 본래 대자천을 인하지 않고서 생겨난 실법은 존재하지
않는다고 하였기에, 대자재천은 응당 관대觀待함 없이(인연법이 아닌)
타법을 이룬다. 그러할진대, 대자재천이 과를 생기게 할 때 무슨 관대함
(인연법)이 필요하겠는가?


**若依緣聚生, 生因則非彼,** 약의연취생, 생인즉비피,

**緣聚則定生, 不聚無生力.** 연취즉정생, 불취무생력.

**若非自在欲, 緣生依他力,** 약비자재욕, 연생의타력,

**若因欲乃作, 何名自在天.** 약인욕내작, 하명자재천.

만약 인연 취함을 의지해서 만법이 생긴다고 한다면 생인은 곧 자재천

이 아니며, 일단 인연이 취합한 즉 결정적으로 능히 과를 내기 때문에 만약 인연 취합이 없으면 자재천도 또한 과를 내는 능력이 없을 것이다. 만약 만물이 자재천의 욕망을 인해서 생하는 것이 아니면 그것은 기타 인연의 힘을 의지해서 생하는 것이다. 반대로, 만약 제법이 자재천의 욕망을 의지해서 생한다면 곧 타他는 이미 무상하며 자재하지 못하는 자를 이루는 것이며, 그렇다면 그것을 어떻게 자재천이라고 일컬을 수 있겠는가?

상대방이 말하길; 외부의 인연이 모아지는 관대함이 필요하다면, 그 인연으로 생겨난 결과에 대해서는 자재천이 생인이 아니라는 과실이 없다. 그 이유는, 인연이 모일 때 자재천은 과를 내지 않으려는 의지가 없고, 인연이 모이지 않을 때는 자재천은 과를 내려는 의지가 없기 때문이다. 답하길; 만일 자재천이 과를 내려는 의지가 없음에도 과가 생겨난다면 또 다른 타법他法이 주재함을 의미한다. 또한 과를 내려는 의지가 있을 때 비로소 과를 만들어 낸다면 어찌 자재천이라고 할 수 있겠는가? 무엇을 하려는 의지가 있음은 모두 무상의 속성이기 때문이다.

ⓑ '미진微塵'에서 생겨남을 파함 – 사찰파 주장을 파함
**微塵萬法因, 於前已破訖.** 미진만법인, 어전이파흘.
이 밖의 사찰파 외도는 항상 있는 성실한 미진이 만법의 생인이 된다고 허락하며, 이것은 앞장에서 방분方分 미진을 관찰할 때에 이미 파해 마쳤다.

이 밖의 사찰파 승론외도는 항상 있는 성실한 미진이 만법의 생인이 된다고 허락하나, 이것은 불합리한 것이다. 미진이 항상 있음에 관해서는 앞 장에서 "미진을 분석하여 방분方分이 된다." 하는 등에서 관찰할 때에 이미 파해 마쳤다.

ⓒ'주물主物'에서 생겨남을 파함 – 파자생破自生

ⅰ) 관점觀點을 세움

**常主衆生因, 數論師所許**, 상주중생인, 수론사소허,

**喜樂憂與暗, 三德平衡狀**. 희락우여암, 삼덕평형상.

**說彼爲主體, 失衡變衆生**. 설피위주체, 실형변중생.

상주하는 '주主(혹은 자성)'는 중생의 인이고 그것은 수론외도의 관점이다. 낙樂·우憂·암暗은 삼덕이 평형을 이룬 상태이며, 곧 이른바 주물主物이다. 그리고 삼덕이 평형을 잃을 때 곧 변화해서 중생과 만물을 낸다.

수론외도는 중생과 만물이 고루 신아의 심식과 주물인 무정의 법 두 가지 중에 포함된다고 생각하고, 그중 신아는 앞에서 설한 바와 같이 5종의 특징이 있으며, 그것은 어떤 인과도 아니다. 그리고 주물 또한 유일·항상·무정·누구도 보지 못함·일체의 작자 5종 특징이 있고 일체중생의 인이다. 주물의 본체: 당장의 마음에 갖추고 있는 바인 정력·미진·흑암 등은 곧 고苦·낙樂·평등사平等舍 삼덕이 평형상태에 있을 때이며, 그의 자성은 곧 인因의 주물主物이다. 이른바 이 삼덕이 평형을 잃을 때 이를 좇아 현상을 생기게 하는데, 먼저 수정과

같은 맑은 큰 것이 출현하며, 그것의 안에서 신아의 그림자가 나타나고 바깥을 좇아 대상 경계의 영상이 나타나며, 이로써 이 두 가지가 융합하여 함께 있을 때 곧 신아가 대경對境을 받아들이는 명언을 짓는다.

뒤따라 아만 및 아만이 만들어 내는 안眼 등 마음의 5근·입·발·손·요도·항문 등 업의 5근, 그리고 공동 의근意根 등 모두 11근, 또한 성·촉·미·색·향의 5경 등 모두 16개의 무리(群体)가 생겨난다. 그중 5경은 차제를 따라 허공·풍·화·지·수 5대종을 생산하니, 이러한 22법을 가리켜 '과果를 짓는다(作果)'라고 칭한다. 이른바 "자성이 대大를 낳고, 그는 만慢을 생기게 하며, 만은 16상相의 무리를 내고, 16상 중 다 그러하며, 5경 중에 5대종을 낸다."라고 한다.


ii) 관점觀點을 파함

(ⅰ) 자성이 일체一體임을 파함

一體有三性, 非理故彼無, 일체유삼성, 비리고피무,

如是德非有, 彼復各三故. 여시덕비유, 피부각삼고.

홀로인 주물主物은 세 가지의 다른 성질이 있다고 하나, 이것은 불합리한 것이며 그 때문에 주물은 진실의 존재가 없다.

마찬가지로 세 가지 덕도 진실로 있다는 것이 불가능하니, 그들 하나하나가 마땅히 세 가지의 성질을 모두 갖추고 있기 때문이다.


若無此三德, 杳然不聞聲, 약무차삼덕, 묘연불문성,

만약 삼덕의 존재함이 없다면 그들이 생산한 바의 성聲 등 제법이

594

없다.

위 논리는 분명 성립하는데, 왜냐하면 너희가 유일한 신아나 또는 실유하는 무정물이 모두 삼종공덕을 갖추고 있다고 인정하기 때문이다. 만약 삼덕의 존재함이 없다면 그들이 이뤄진 바의 성聲 등 제법이 존재할 수 없다.

(ii) 낙樂 등이 경계임을 파함
**衣等無心故, 亦無苦樂受.** 의등무심고, 역무고락수.
**謂法卽因性, 豈非已究訖.** 위법즉인성, 기비이구흘.
의衣 등 외경 제법이 심식이 없는 까닭에 고락 등 감수도 있다는 것이 불가능하다.
만약 의 등 제법이 고락의 인이라고 한다면, 승의 중에 있어서는 의 등 제법의 존재는, 이것은 몸 등이 실재함이 없다는 것을 분석하는 데서 이미 논파해서 마친 것이 아닌가?

너희들이 말하는 의衣 등 5유(五唯: 수론파가 세운 25법의 한 조組─색·성·향·미·촉 등 5경)가 고락 등 감수가 있다는 것은 불가능하다. 왜냐하면 그들은 마음이 없기 때문이다.

상대방이 말하되: 만약 의衣 등 일체 유실법有實法이 정확히 낙樂 등 인因의 자성이 있고, 따라서 낙樂 등을 갖춘다.

실제상 의衣 등 일체 유실법은 신체와 같은 것이며, 신체 등이 실재함이 없다는 것을 이미 분석하였기에, 이미 논파해서 마친 것이 아닌가? 일체 유실법이 실재하다는 관점은 확실히 이미 파하여 마쳤다.

汝因具三德, 從彼不生布, 여인구삼덕, 종피불생포,

若布生樂等, 無布則無樂, 약포생락등, 무포즉무락,

너희 종이 허락하는 제법의 생인生因은 낙樂 등 삼덕을 갖추었다고 하나, 삼덕을 좇아서 포布 등이 출생하는 것을 볼 수가 없다.

만약 너희가 포布 등 외경법이 낙 등을 출생하지만 포목 등은 오히려 성립할 방법이 없다고 하면, 낙 등은 또한 어디를 좇아서 출생하는가?

(iii) 실법이 상유함을 파함

故樂常等性, 畢竟不可得. 고락상등성, 필경불가득.

樂等若恒存, 苦時怎無樂, 낙등약항존, 고시즘무락,

若謂樂衰減, 彼豈有强弱. 약위락쇠감, 피기유강약.

舍粗而變細, 彼樂應非常, 사조이변세, 피락응비상,

그래서 낙 등의 상주성은 완전하게 존재하는 것이 아니다. 만약 낙 등 삼덕이 상주 존재한다면 고통스러울 때 어찌해서 낙을 감수하지 못하는가?

만약 고를 받을 때 낙이 감소하고 약해져서 감수하지 못한다면 진실로 상주하는 삼덕이 어떻게 강약의 변화가 있을 수 있겠는가? 만약 낙樂 등이 이전의 거친 상相을 버려 미세하게 변한다면 미세한 것을 볼 수 없고, 그렇다면 이러한 낙 등의 법은 마땅히 무상이 성립된다.

너희가 승인하는 낙樂 등이 항상성恒常性이라는 관점은 영원히 얻을
수 없으니, 이것들은 우연한 성질의 연緣이기 때문이다. 만약 분명히
나타나는 낙 등 삼덕이 상주 존재한다면 어느 때나 응당 쾌락을 감수해
야 하나, 고통이 생겨날 때 어찌해서 낙을 감수하지 못하는가?

만약 말하길; 고를 받을 때는 낙이 감소해 약해져 감수하지 못한다.

이미 낙 등이 항상 존재하는 것이면, 어떻게 때로는 강대하고 때로는
미약한 변화가 있을 수 있겠는가? 강대함을 버리고 미약함을 이루는
점으로 보아 강약의 무상성을 증명하게 된다.

**如是何不許, 一切法非常**, 여시하불허, 일체법비상,

**粗旣不異樂, 顯然樂非常**. 조기불이락, 현연락비상.

마찬가지로 너희들은 무엇 때문에 일체 유위법이 모두 상주하지 아니
함을 인정하지 못하는가? 이미 낙수樂受가 추세粗細상의 변화를 따른
다면 낙수의 현현함도 상주하는 것이 아니다.

마찬가지로, 현상 등 일체 유실법이 모두 무상의 본성인 것을 어찌
인정하지 않을 수 있겠는가? 동등한 이치인 연고이다.

상대방이 말하길; 낙의 강약의 단계는 비록 무상하나, 낙의 자성
자체는 항상하는 것이다.

답하길; 만약 낙樂의 거친 상相이 낙 이외의 다른 법이 아니라면,
거친 낙樂의 상相은 무상한 것이며, 낙 또한 분명히 무상하다.

(iv) 인因 중에 과가 원래 존재함을 파함 −1. 타他종파의 관점

因位須許有, 無終不生故, 인위수허유, 무종불생고,

顯果雖不許, 隱果仍許存. 현과수불허, 은과잉허존.

무릇 과를 내는 데는 반드시 전인前因 가운데 과果가 존재함을 승인해
야 하며, 인因 중에 과果가 없으면 줄곧 출생할 수 없다.

인因 중에 있어서 비록 분명히 드러난 과가 있다고 허락할 수는 없으나
분명히 드러나지 않은 과는 여전히 마땅히 존재하고 있음을 승인한다.

만약 허락하길: 존재하지 않는 법은 실 터럭만큼도 생길 수 없는데
존재하지 않기 때문이니, 마치 모래 중에는 참기름이 없는 것과 같다.
너희들이 비록 아직 있지 않은 분명한 과를, 생겨나기 전에는 승인하지
않는다고 하지만, 너희는 실제상 그런 과의 존재를 승인하고 있으니,
이전에 드러나지 않은 과가 뒤에는 분명히 드러나는 과로 바뀌어
생성됨을 인정하기 때문이다.

(v) 인因 중에 과가 원래 존재함을 파함 - 2. 과실을 지적함

因時若有果, 食成啖不淨, 인시약유과, 식성담부정,

復應以布置, 購穿棉花種. 부응이포치, 구천면화종.

인위 시에 만약 진실로 과果의 존재가 있으면 음식을 먹을 때도 마땅히
더러운 인분을 먹는 것이 되어야 하며, 게다가 마땅히 베를 살 돈으로써
면화 종자를 사가지고 와서 입어야 한다.

(vi) 인因 중에 과가 원래 존재함을 파함 - 3. 타他종파의 관점을 파함

謂愚不見此, 然智所立言, 위우불견차, 연지소립언,

世間亦應知, 何故不見果. 세간역응지, 하고불견과.

世見若非量, 所見應失眞. 세견약비량, 소견응실진.

만약 세인들이 어리석어 종자 속에 베가 있는 것을 보지 못한다고 말하면, 너희가 깨달은 조사의 설한바 진여의 도리를 세인들도 마땅히 깨달아야 비로소 옳은데 세인들은 무엇 때문에 인因 중의 과果를 보지 못하는가?

만약 세인이 본 바는 비량非量이며 그래서 세인은 보지 못했기 때문에 인중유과因中有果를 이룰 수 없다고 말하면 세인들이 본 바의 과果도 마땅히 허구를 이룰 것이다.

상대방이 회답하길; 비록 사실은 본래 이와 같지만, 다만 세인들이 어리석어 종자 속에 베가 있는 것을 보지 못하니, 종자를 입지 않게 된다.

사실은 이와 같지 않은 것이니, 너희가 인정한, 이 이치를 깨달은 서쟈 대사 등 또한 종자를 입음이 없고 베옷을 입었기 때문이다. 너희 종파가 이해하는 과果의 원인이 세인들 앞에도 존재하고 있는데, 어찌하여 세인들이 종자 중의 베를 보지 못하는가? 이치로 당연히 볼 수 있다.

그러나 세인 앞에 비록 존재한다 하여도, 다만 인위 시에 세간인의 모든 분별심이 정량正量이 아니기에 능히 통달할 수 없다. 이같이 분별망심으로 분명하게 보게 된 과果 또한 마땅히 진실함을 이루지 못하게 되는데, 그것이 그저 미혹의 대상 경계이기 때문이다.

(vii) 인因 중에 과가 원래 존재함을 파함 - 4. 자自종파에 대한 비난을 파함

若量皆非量, 量果豈非假? 약량개비량, 양과기비가?

眞實修空性, 亦應成錯謬. 진실수공성, 역응성착류.

외도: 만약 능량이 가짜라면 소량所量 또한 가짜일 것이며, 너희 중관종의 양과量果는 어찌해서 허구를 이루지 않는다는 것인가?

그렇다면 너희가 양량을 의지해서 공성을 수습하는 것도 반드시 잘못된 것이다.

상대가 설하되: 너희 중관파가 인정하는 것을 비춰 보면, 능량能量으로 추량한 대상 경계의 모든 양이 모두 정량이 아니고 미혹한 것인데, 그로써 추량한 공성이 어찌해서 허구를 이루지 않는다는 것인가? 공성이 가짜의 인연을 이루는 연고로 공성을 수행하는 것도 또한 이치에 합당하지 않다.

不依所察實, 不取彼無實, 불의소찰실, 불취피무실,

所破實旣假, 無實定亦假. 소파실기가, 무실정역가.

如人夢子死, 夢中知無子, 여인몽자사, 몽중지무자,

能遮有子想, 彼遮也是假. 능차유자상, 피차야시가.

중관: 만약 관찰한 바의 유실법有實法을 의지하지 않으면 단독으로는 그 무실을 취할(인정할, 집착할) 수 없다. 파한 바의 유실有實이 이미 그렇게 허구라면 무실도 또한 분명하게 허구이다.

마치 어떤 사람이 꿈에서 아들이 죽은 것을 보아서 고통스러워하나, 만약 능히 몽중에 아들은 없다는 것을 깨닫는다면 결단코 능히 고통을

멸할 것과 같이, 그의 아들이 있다는 생각을 막는 것도 당연히 가짜이며 실이 아니나, 고통을 멸하는 데 도움이 된다.

논파하길: 마음이 가립한 바인 유실법有實法을 의지하지 않으면, 즉 유실법으로써 대상 경계를 지음이 없으면 마음이 곧 그 무실법無實法에도 집착하지 않게 되는 것이니, 마치 석녀의 아들에 대해 취하는 바를 지음이 없으면 그가 죽더라도 집착하지 않는 것과 마찬가지다. 무실법이 유실법을 관대하며, 그 파해지는 바의 유실법이 이미 그렇게 허구라면, 그 유실법을 능히 파하는 무실법도 또한 분명하게 허망한 것이다. 그러니 공성을 수습함은 합리적인 것이며, 그것으로써 유실법에 대한 집착을 능히 대치할 수 있기 때문이다. 마치 어떤 사람이 꿈에서 아들이 죽은 것을 보아 고통스러워하는 것과 같으니, 만약 능히 몽중에 아들은 없다는 것을 깨닫는다면 결단코 능히 아들이 있다는 망념의 고통을 멸할 것이며, 그의 아들이 있다는 생각을 막는 것도 당연히 실이 아니고 허망하지만, 능히 있다는 집착을 제거해 준다.

ⓒ'승의 무생의 공성' 관점을 총결함

如是究諸法, 則知非無因, 여시구제법, 즉지비무인,

亦非住各別, 合集諸因緣, 역비주각별, 합집제인연,

亦非從他來, 非住非趨行. 역비종타래, 비주비추행.

愚癡所執諦, 何異幻化物, 우치소집제, 하이환화물,

이와 같이 분석한 후에 제법이 무인無因으로 생기는 것이 아니고, 또한 진실로 각기 다른 인연 중이나 혹은 모든 많은 인연이 집합한 중에 존재하는 것도 아니며, 다른 것을 좇아 나오는 것도 아니어서 머무름도 없으며 감도 없음을 안다.

무명 우치로써 제법이 진실로 존재한다고 집착하면 마술사의 변화시킨 바의 환물幻物과 더불어 또 무슨 차별이 있겠는가?

이와 같은 분석을 통해 명백히 알 수 있다; 실로 존재하는 법이 무인無因으로 생기는 것이 아니고, 또한 진실로 각기 다른 인연 중이나 혹은 모든 많은 인연이 집합한 중에 존재하는 것도 아니며, 다른 것을 좇아오는 것도 아니어서 최초에 생기고 중간에 머무름도 없으며 최종적으로 멸하여 다른 곳으로 감도 없다. 자세히 분석을 해보면 이들이 모두 성립하지 않지만, 중생이 다만 무명 우치로써 제법이 진실로 존재한다고 집착하는 것은, 일체법이 나타나되 실제상으로 실이 아닌 것을 말하는 것이니, 마술사가 변화시켜 출현시킨 환물幻物과 더불어 무슨 차별이 있겠는가? 아무런 차별이 없다.

㉣'세속에서는 인연생因緣生임'을 따라 공성을 건립함

幻物及衆因, 所變諸事物, 환물급중인, 소변제사물,

應詳審觀彼, 何來何所去? 응상심관피, 하래하소거?

환물과 많은 인연이 합해서 변화된 바의 모든 사물을 자세하게 관해야 함이니 도대체 어디로 좇아와서 어디를 향해 가는가?

환화사가 환화하여 낸 바의 환물과 많은 인연이 합해서 변화된 바의 모든 사물을 자세하게 관해야 함이니, 처음에 어디에서부터 와서 중간에 어디에서 머무르며, 최종에는 도대체 어디로 향해 가는가? 결국에는 모두 감도 없고 옴도 없음을 발견하게 된다. 경에 이르되, "색은 어디로 좇아옴도 아니고, 어느 곳으로 향해 감도 아니며, 어느 곳에도 또한 머무르지 않고……"라고 한 바와 같다.

緣合見諸物, 無因則不見, 연합견제물, 무인즉불견,
虛僞如影像, 彼中豈有眞? 허위여영상, 피중기유진?
인연이 모일 때 곧 제법의 현현함을 볼 수 있고, 만약 인연이 없다면 어떠한 한 법도 볼 수 없을 것이며, 그래서 제법 현상은 마치 영상과 같은데 그중에 어찌 진실 자성이 있다고 할 수 있겠는가?

어떠한 과果도 모두 그의 인因을 의지하여 문득 볼 수 있게 되는 것이고, 만약 인이 없다면 어떠한 과도 볼 수 없을 것이며, 제법은 인연의 생산물이라고 말할 수 있다. 이렇듯 제법 현상은 마치 영상과 같은 것일지니, 그중에 어찌 진실 자성이 있다고 할 수 있겠는가?

### ②'결과 측면'에서 공성을 건립함
㉮'두 가지로 생겨남'을 파함 – 파이변생破二遍生
㉠ 생겨남이 있음을 파함 – 파유생破有生
若法已成有, 其因何所需? 약법이성유, 기인하소수?
만약 제법이 이미 진실로 존재한다면 어찌 도리어 그 인因을 일으킬 필요가 있는가?

만약 유실법이 이미 진실로 존재한다면 어찌 도리어 그 인을 필요로 하겠는가? 결과가 이미 형성되었기 때문이다.

ⓛ 생겨남이 없음을 파함 - 파무생破無生
ⓐ 생겨남이 아님은 존재하지 않음

**若法本來無, 云何需彼因?** 약법본래무, 운하수피인?

만약 제법이 본래 존재하지 않는다면 인因이 무엇을 지을 수 있겠는가?

만약 어떤 법이 본래 존재하지 않는다면, 또한 마찬가지로 무슨 인因이 필요가 있겠는가? 그것은 결과의 인이 되지 못하기 때문이다.

ⓑ 무실법이 유실법으로 변화될 수 없음

**縱以億萬因, 無不變成有,** 종이억만인, 무불변성유,

**無時怎成有? 成有者爲何?** 무시즘성유? 성유자위하?

비록 억만의 인연을 모아도 무無를 가져서 유有를 이룰 수 없다. 무가 '있지 아니한' 법상을 여의지 않은 채 어떻게 변해서 유를 이룰 수 있겠는가? 또한 무가 이미 원래의 상태를 잃어버렸다면 변해서 유有를 이룸은 또 무엇이겠는가?

만약 상대방이 말하되; 비록 인因이 무실법을 만들어 내지 못하지만, 무실법이 전변하여 유실법을 이룰 수 있다.

이런 설법은 이치에 합당하지 않다. 비록 억만의 인연을 모아도 무실법을 가져서 유실법을 이룰 수 없다. 왜냐하면 무실법은 상유常有이기 때문이다. 가령 능히 전변한다고 가정할 때, 무실법을 여의지 않은 상태에서 전변하거나 또한 이미 무실법을 여의고 난 후 전변하는 등 두 가지의 경우가 있다. 만일 '무실법' 자체를 버리지 않고 전변해서 '유실법'을 이룬다면, 무실법 상태를 벗어나지 않은 채 어떻게 변해서 유실법을 이룰 수 있겠는가? 이것은 근본적으로 옳지 않다. 또한 만약 무실법 그 상태를 버리고 전변한다면, 무실법을 여윈 이후에 어떤 법이 만약 능히 기타의 유실법을 이룰 수 있다면 이런 종류의 법의 본성은 또 무엇인가? 이렇게 존재하는 것은 불가능하다.

無時若無有, 何時方成有, 무시약무유, 하시방성유,
於有未生時, 是猶未離無. 어유미생시, 시유미리무.
倘若未離無, 則無生有時, 당약미리무, 즉무생유시,

만약 '무無'의 상태에 있어서 '유有'가 없다면 어느 때 비로소 '유'를 이룰 수 있는가? '유'가 오히려 생기하지 않았을 때는 도리어 '무'를 벗어나지 못한 상태이다. 만약 아직도 '무'를 벗어나지 못한 상태라면, 곧 '유'를 출생한 시기가 없을 것이다.

다시 말하면, 만약 무실법을 버리지 못하고 '무실법'의 상태에 머물고 있어서 '유실법'이 존재할 수 없다면 어느 때 비로소 변하여 유실법을 이룰 수 있겠는가? 또한 만일 무실의 계단을 버리고 후에 변화한다면 유실법이 아직 생기하지 않아서 도리어 무실법을 벗어나지 못한 상태이며, 만약 아직도 무실법을 벗어나지 못한 상태라면 유실법은 곧 출생하여 존재할 기회가 없을 것이다. 이렇듯 상호 의존함으로 인하여 2변이 공존함은 불가능하다.

⑭'두 가지로 멸함'을 파함 — 파이변멸破二遍滅
**有亦不成無, 應成二性故.** 유역불성무, 응성이성고.
마찬가지로, '유'도 또한 변하여 '무'를 이룰 수 없다. 그렇지 않으면 이러한 법은 마땅히 '유'·'무' 두 가지의 성질이 같이 존재함이 되기 때문이다.

마찬가지로, '유실법'도 또한 변하여 없어져 '무실법'을 이룰 수 없다. 그 원인을 논하자면, 만약 (유에서 무로 변함이 일어날) 당시 유실법을 아직 잃지 않았다면 동일한 자성이 곧 유실법과 무실법 두 가지의 성질이 동시에 같이 존재하는 것이 되는데, 이런 상황은 불가능하다. 또한 만약 유실법을 잃고 무실법으로 변해진다면 이는 곧 유실법일 때의 진실성과 서로 어긋난 것이 된다. 그래서 이른바 "만약 자성이 유有라면 그것은 무無로 변하지 못한다."라고 한다.

⑭ 이로써 공성을 성립함
**自性不成滅, 有法性亦無.** 자성불성멸, 유법성역무.
**是故諸衆生, 畢竟不生滅.** 시고제중생, 필경불생멸.
이로 보아서 진실 중 제법 자성의 단멸은 존재함이 없는 것이고, 모든 유실有實법도 또한 생기는 것이 아니며, 그래서 일체중생은 항상

불생불멸한 것이고 본래 곧 적멸열반의 본성이다.

### ③종합하여 공성을 건립함

衆生如夢幻, 究時同芭蕉, 중생여몽환, 구시동파초,
涅槃不涅槃, 其性悉無別. 열반불열반, 기성실무별.

중생의 현상은 몽환과 같아서 이치로써 추구할 때 문득 일체 등이
파초와 같이 텅 비어서 실이 없는 것을 알면 해탈 열반과 열반 아님이
본성상에 있어서는 어떠한 차별도 없다.

중생이 나타나되 실이 아닌 현상은 몽환과 같아서, 이치로써 추구할
때 문득 일체 등이 파초와 같이 텅 비어서 실이 없는 것과 같다.
『삼마지왕경』에 설하되, "사람이 젖은 파초를 벗기며, 그 가운데서
실지의 열매가 있는 것을 얻으려 하나 안과 밖으로 실질이 하나도
없으니, 일체의 모든 법도 이와 같이 관한다."라고 하며. 이로써 열반과
열반 아님이 본성상에서는 어떠한 차별도 없음을 안다. 경에서 이르되,
"제법이 평등하므로 지혜바라밀다 또한 평등성이다."라고 한다.

## 2. 지혜로써 얻게 되는 작용

### 1) (自利) 세간팔법에 대한 집착을 내려놓음

故於諸空法, 何有得與失? 고어제공법, 하유득여실?
誰人恭敬我? 誰復輕蔑我? 수인공경아? 수부경멸아?
苦樂由何生? 何足憂與喜? 고락유하생? 하족우여희?

그런 까닭에 일체 자성이 다 공하다는 제법에 대하여 무엇을 얻고 잃는 것이 있는가? 누가 있어 나를 공경할 것이며 또 누가 있어서 나를 경멸할 것인가? 고락은 어디를 좇아서 생기는 것이며 또 기쁨과 슬픔은 무슨 가치가 있다는 것인가?

若於性中覓, 孰爲愛所愛? 약어성중멱, 숙위애소애?

細究此世人, 誰將辭此世? 세구차세인, 수장사차세?

孰生孰當生? 孰爲親與友? 숙생숙당생? 숙위친여우?

如我當受持, 一切如虛空? 여아당수지, 일체여허공?

만약 진실성 중에서 찾아보면 누가 탐착하는 자이고 탐욕의 대상은 또 무엇인가? 자세히 탐구해 보면 이생의 일체중생 중에서 이 세상을 이별하고 죽는 이는 누구인가? 이미 출생한 이는 누구이며 장차 출생할 이는 누구인가? 친척과 친구는 또 누구인가? 모든 사람이 왜 나와 같이 일체가 허공과 같은 평등한 공성견을 닦지 아니하는가?

만약 진여의 성 가운데 깊게 구하여 찾는다면, 누가 탐착하는 자이고 탐욕의 대상은 또 무엇인가? 자세히 탐구해 보면 이생의 일체 삶이 성립하지 않는데, 중생이 이 세상을 이별하고 죽는 이는 누구인가? 이미 출생한 이는 누구이며 장차 출생할 이는 누구인가? 친척과 친구는 누구인가? 이 일체가 모두 허공과 같아서 성립하지 않는데, 사람들은 왜 적천보살인 나와 더불어 이 허공과 한가지인 평등한 공성견을 닦지 아니하는가?

## 2) (利他) 공성을 깨닫지 못한 중생에게 자비심을 냄

### (1) 중생의 고통과 과환

#### ①현생의 고통

世人欲求樂, 然由爭斗因, 세인욕구락, 연유쟁두인,

頻生煩亂喜, 勤求生憂苦, 빈생번란희, 근구생우고,

互諍相殺戮, 造罪艱困活. 호쟁상살육, 조죄간곤활.

세상 사람이 비록 모두 안락 얻기를 생각하지만 도리어 끊임없이 적과 싸우고 벗과 친함을 말미암아 자주 극단의 번뇌와 환희의 정서를 만들고, 부지런히 애욕을 구하는 중에 사람에게 근심과 번뇌를 일으킨다. 이로 인해 사람들과 쟁론하며 서로 죽이고 해치며 끊임없이 악업을 지어 극히 고통스러운 생활 중에 빠지게 된다.

다만 안락 얻기를 구하는 세상 사람들은 투쟁의 원인을 말미암아 도리어 끊임없이 자주 적과 싸우고, 마음이 번민으로 차고 뜻이 산란하며, 벗과 친함을 말미암아 환희의 정서를 만들고, 부지런히 애욕을 구해도 얻지 못해 근심과 번뇌를 일으키며, 아울러 이로 인해 사람들과 쟁론하며 서로 죽이고 헤치며 끊임없이 악업을 지어 극히 고통스러운 생활 중에 빠진다.

#### ②후세의 고통

雖數至善趣, 頻享衆歡樂, 수수지선취, 빈향중환락,

死已墮惡趣, 久歷難忍苦. 사이타악취, 구력난인고.

비록 우연한 복덕 인연을 만남을 원인하여 자주 인천의 좋은 곳에 환생하며 자주 인천의 쾌락을 누렸으나, 죽은 후에 여전히 악한 과보를 받았으며 악도에 떨어져 오랫동안 견디기 어려운 고통을 겪었다.

### ③삼유三有의 공통 과환

㉮ 해탈도 수행과는 상반된 환경에 놓임

**三有多驗地, 於此易迷眞,** 삼유다험지, 어차역미진,

**迷悟復相違, 生時盡迷眞.** 미오부상위, 생시진미진.

**將曆難忍苦, 無邊如大海.** 장력난인고, 무변여대해.

종합해 말하면 삼계 윤회 중 삼악도에 떨어지는 위험이 충만해 있고, 몸은 그중에 가장 쉽게 무명에 미혹하는 바가 되어 진실에 대한 이해를 잃어버리게 된다. 다시 말하되, 미혹과 깨달음은 서로 위배되는 것이고, 업력으로써 이곳에 생을 받기 때문에 다 미혹하여 진실을 깨닫기는 불가능하다.

진실을 미혹해서 잃은 자는 장차 참기 어려운 고통을 겪어야 하는 것이니, 그 고난의 역정은 대해와 같아서 끝이 없다.

삼계 윤회 중에는 삼악도에 떨어지는 위험이 충만해 있는데, 해탈의 방편인 진여본성에 대한 깨달음도 없이 색법 등이 실로 있다(有實)는 실집(實執, 무명)에 떨어지는 것은 공성을 증오證悟하지 못했기 때문이다. 이 때문에 윤회 속에서 유전流轉함은 곧 진여를 증오하지 못한 것이며, 이런 경우에는 비유할 방법이 없을 정도로 참기 어려운, 끝도 한도 없는 큰 바다와 같은 고통을 받아야만 한다.

㉴해탈도 수행과 상반된 환경을 없애기가 어려움

苦海善力微, 壽命亦短促. 고해선력미, 수명역단촉.

爲活及無病, 強忍饑疲苦. 위활급무병, 강인기피고.

睡眠受他害, 伴愚行無義, 수면수타해, 반우행무의,

無義命速逝, 觀慧極難得. 무의명속서, 관혜극난득.

此生有何法, 除滅散亂習? 차생유하법, 제멸산란습?

삼계의 고해 중에 있어서 중생이 선을 닦는 능력은 지극히 엷고 수명도 또한 매우 짧다.

생명과 건강 무병을 위해서 중생은 반드시 기아와 갈증, 그리고 피로한 고통을 굳게 참으며, 항상 혼침과 수면의 핍박을 참아내고 어떤 때에는 다른 사람으로부터 상해를 입으며 게다가 자주 어리석은 친구를 동반해서 무료한 세속 일을 짓는다.

무의미하게 인생은 조금씩 스러져가는데 공성을 관찰하는 실상 지혜는 도리어 얻기 어려우니, 현생에 무슨 방법으로 무시이래의 산란한 악습을 끊어 없앨 수 있겠는가?

삼계의 고통 바다에 처하여 공성을 깨닫지 못하기 때문에 중생이 선을 닦는 능력은 지극히 엷고, 게다가 선묘한 의지처인 가만한 인신人身의 수명 또한 매우 짧다. 세간 생활 중에 생존과 건강을 위한 방법을 찾느라 생명을 바쳐 피로한 고통을 받고, 수면의 핍박과 다른 사람으로부터의 상해를 받는다. 게다가 자주 어리석은 친구를 동반해서 무료한 세속 일을 짓는다. 이와 같이 무의미하게 인생의 젊음은 조금씩 멀어져가고, '나타나되 실이 없음'을 관찰하는 지혜는 도리어 얻기 어렵다.

무시이래의 습관화된 실집實執의 산란과 악습들을 어떻게 능히 끊어 없앨 수 있겠는가?

此暗魔亦勤, 誘墮於惡趣, 차암마역근, 유타어악취,

彼復邪道多, 難却正法疑. 피부사도다, 난각정법의.

暇滿難再得, 佛世難復值, 가만난재득, 불세난부치,

惑流不易斷, 嗚呼苦相續! 혹류불이단, 오호고상속!

이 미혹하여 어두운 때 모든 마군의 사악한 세력이 매우 힘을 얻고 사법을 펴서 유혹하여 사람들로 하여금 악취에 떨어지게 하며, 세간에 전도된 소견으로 미혹시키는 사견 외도가 범람해서 사람들로 하여금 정법에 대한 의심을 제거하기가 매우 어렵게 한다.

수행하기 좋은 사람의 몸은 잃었다가 다시 얻기는 매우 어려우며, 게다가 더욱 만나기 어려운 것은 부처님이 출현하신 밝은 세상인데 설사 불법을 만나더라도 마음 흐름 중의 번뇌를 끊는 것이 쉽지 않는다. 오호라! 고통이 계속되어 끊어지지 않은 가엾은 중생들이여!

자신이 순리 인연을 갖추지 못하고 도리어 자주 타인이 짓는 악연을 만나고, 대大 악취로 끌어 떨어뜨리기 위하여 모든 마군의 사악한 세력들이 전력을 다해 사법邪法을 알리는 것을 자주 보며, 정법에 대한 많은 의심을 제거하기는 매우 어려운 등, 이상의 가지가지 어려움으로 인하여 수행하기 좋은 사람의 몸을 얻었다 잃은 후에 다시 얻기는 매우 어렵다. 또한 부처님이 출현하신 밝은 세상을 만나는 것은 더욱 어렵고 귀하며, 마음의 흐름 중의 번뇌를 끊는 것 역시 쉽지 않다.

이렇기에 작자는 연민의 슬픔을 금치 못하고 한탄하여 이르되, 오호라! 윤회 중생들이 계속되어 끊어지지 않고 고통을 받음이 가엾구나!

㉣실유 집착의 고통을 낙樂으로 여기는 전도顚倒된 생각에 빠짐

輪回雖極苦, 癡故不自覺, 윤회수극고, 치고부자각,

衆生溺苦流, 嗚呼堪悲憫! 중생닉고류, 오호감비민!

如人數沐浴, 或數入火中, 여인수목욕, 혹수입화중,

如是雖極苦, 猶自引爲樂. 여시수극고, 유자인위락.

비록 윤회의 이와 같은 고통이 견디기 어렵지만, 중생의 어리석음으로 인해서 이것에 대해서 조금도 자각하지 못한 채, 삼계 중생이 다 고통의 큰 흐름에 침잠해 있으니, 오호라! 진실로 가엾기가 그지없구나! 어떤 이는 시원함을 얻기 위해 자주 목욕하고, 혹은 어떤 사람은 열을 얻기 위해 자주 이글거리는 화롯불에 들어간다. 이와 같이 심한 고통 중에 머무나 자기는 도리어 안락하다고 생각한다.

비록 이와 같은 견디기 어려운 고통의 윤회 중에 처해 있으면서도 도리어 자기의 고통을 보지 못하고, 고통의 원인으로 빠져든 중생들과 함께 고통의 큰 흐름에 침잠해 있으니, 참으로 비참하고 가엾다. 비유하자면, 어떤 사람이 목욕을 위해 자주 이글거리는 화로 방에 들어가는 것처럼, 실지로는 심한 고통 중에 머물고 있으나 오히려 안락하다고 착각하는 것이니, 실제상으로는 고통을 오인하여 쾌락으로 삼는 것이다.

如是諸眾生, 度日若無死, 여시제중생, 도일약무사,

今生遭弒殺, 後世墮惡趣. 금생조시살, 후세타악취.

삼계 중생이 방일하며 날을 보내는 것이 근본적으로 노사勞使의 고가 없음과 같이 여기니, 현생에 죽음의 신에 의해 죽은 후에는 후세에 장차 악취에 떨어져서 극심한 고통을 받는다.

삼계 중생이 이 같은 고통 중에 있는데도 근본적으로 노사老死의 고가 없다고 여기며, 계속해서 고의 원인을 지어 육도의 각 처에 이르며, 현생 중에 죽음의 신인 염라 사자에 의해 죽은 후 후세에는 악취에 떨어져서 극심한 고통을 받는다.

## (2) 복혜자량으로써 조건 없는 자비심을 실천함

### ①중생의 안락을 기원함

自聚福德云, 何時方能降, 자취복덕운, 하시방능강,

利生安樂雨, 爲衆息苦火? 이생안락우, 위중식고화?

어느 때에 이르러서 비로소 자기가 쌓은 복덕의 구름을 좇아서 널리 중생에게 이로운 안락의 감로 단비를 내려서 중생을 위해서 활활 타오르는 윤회의 불꽃을 소멸시킬 수 있는가?

### ②중생 이익의 인因인 공성을 널리 설하기를 기원함

何時心無緣, 誠敬集福德, 하시심무연, 성경집복덕,

於執有眾生, 開示空性理? 어집유중생, 개시공성리?

어느 때에 내가 비로소 삼륜의 연이 없음을 통달해서 성실하고 공경스런 마음으로써 청정 복덕 자량을 모아서 실재를 집착해서 고를 받는 많은 중생을 위해 제법의 무연공성無緣空性의 진리를 널리 알릴 수 있겠는가?

원하건대 내가 비로소 삼륜의 무연無緣을 통달한 지혜로써 성실하고 공경스런 마음으로 청정 복덕 자량을 모아서 두 자량을 원만히 한 후, 실유 집착으로 고통받는 많은 중생을 위해 제법의 무연공성無緣空性의 진리를 개시하고자 한다.

– 제9품의 석釋을 마침.

# XII. 제10품 회향回向

## 1. 복덕을 회향함

### 1) 이타利他 측면에서 회향함
### (1) 세간 이락利樂의 원인으로써 회향함
#### ①전체적인 이락을 위해 회향함
⑦회향 약설

㉠이익을 위한 회향

造此入行論, 所生諸福善, 조차입행론, 소생제복선,

回向願衆生, 悉入菩薩行. 회향원중생, 실입보살행.

『입보살행』을 지어서 얻은 바의 일체 복덕 선근을 시방삼세의 일체중생에게 회향하오니, 원컨대 그들 모두가 보살의 행원에 들어가기를 바랍니다.


㉡안락을 위한 회향

周遍諸方所, 身心病苦者, 주편제방소, 신심병고자,

願彼因吾福, 得樂如大海! 원피인오복, 득락여대해!

願彼盡輪回, 終不失安樂, 원피진윤회, 종불실안락,

願彼悉皆得, 菩薩相續樂! 원피실개득, 보살상속락!

어느 지방에 있든지 몸과 마음으로 고통을 받는 모든 중생에게 그들이 나의 복덕 선근으로 인해 대해와 같은 광대한 안락을 획득하기를 발원합니다.

그들이 윤회에 빠져 있을 때 시종 세간에서 잠시도 안락을 잃지 않기를 원합니다.

최후에 또한 그들 모두가 보살지에 도달하여 끊임없는 무루 안락을 획득하기를 원합니다.

어느 장소에 있든지 몸과 마음으로 고통을 받는 모든 중생에게 그들이 나의 복덕 선근을 가져서 대해와 같은 광대한 안락을 획득하기를 발원한다. 그들이 불과佛果의 대락을 아직 얻기 전인 세간에서도 잠시도 안락을 잃지 않기를 원한다. 최후에 또한 그들 모두가 보살이 누리는 '상속하며 끊임없는 무루 안락'을 획득하기를 원한다. 『대승장엄경론』에 말하길, "보시와 자비를 함께 행하여 능히 보살로 하여금 즐겁게 하니, 삼계 중에 받는 쾌락은 이에 비하면 한 푼도 안 된다."라고 한다.

㉯ 개별 이익을 위한 회향

㉠ 악취 중생을 위한 회향

ⓐ 지옥 중생을 위한 회향

ⅰ) 고통이 스스로 쉬어지기를 발원함 – (ⓐ약설)

願諸世間界, 所有諸地獄, 원제세간계, 소유제지옥,

彼中諸有情, 悉獲極樂喜! 피중제유정, 실획극락희!

모든 세간의 일체 지옥과 그중의 일체 유정들이 모두 능히 고난을
해탈하고 극락세계 중의 희락을 얻기를 원합니다.


ii ) 고통이 스스로 쉬어지기를 발원함 – (ⓑ광설)

願彼寒者暖, 亦願菩薩雲, 원피한자난, 역원보살운,

飄降無邊水, 清涼炙熱苦! 표강무변수, 청량구열고!

한빙지옥 중에서 얼어붙은 유정들이 모두 따뜻함을 얻기를 원하며,
보살의 커다란 공덕의 구름에서 내린 한량없는 감로의 비로 극열지옥
중생의 뜨거운 고통이 청량하게 되기를 원합니다.


　구포지옥·포열지옥·아추추지옥·긴아지옥·호호파지옥·열여청
련화지옥·열여홍련화지옥·열여대련화지옥 등 팔한지옥에서 얼어붙
은 유정들이 모두 따뜻함을 얻기를 원하며, 또한 보살의 커다란 공덕의
구름에서 내린 한량없는 감로의 비로 부활지옥·흑승지옥·중합지옥·
호규지옥·대호규지옥·소열지옥·극열지옥·무간지옥 등 팔열지옥 중
생의 뜨거운 고통이 청량하게 되기를 원한다.


願彼劍葉林, 悉成美樂園, 원피검엽림, 실성미락원,

鐵刺樹枝幹, 咸長如意枝! 철자수지간, 함장여의지!

願獄成樂園, 飾以鳧鵝雁, 원옥성락원, 식이구아안,

悅音美飛禽, 芬芳大蓮池! 열음미비금, 분방대련지!

618

검엽림 지옥 중의 날카로운 칼날의 숲은 모두 변해서 천인의 미묘한 낙원이 되기를 원하며, 쇠꼬챙이의 나뭇가지는 모두 긴 여의보주의 가지로 자라고 보배의 열매 맺기를 원합니다.

지옥이 변한 낙원 중에는 갈매기·기러기·백조 등이 노닐며, 부르는 아름다운 노랫소리가 매우 아름답고, 꽃들의 향기가 넓은 연화의 못에 넘쳐흐르기를 원합니다.

願煨成寶聚, 燒鐵成晶地, 원외성보취, 소철성정지,

怖畏衆合山, 成佛無量宮! 포외중합산, 성불무량궁!

岩漿石兵器, 悉成散花雨, 암장석병기, 실성산화우,

刀兵相砍殺, 化爲互投花! 도병상감살, 화위호투화!

당외갱 지옥 중에 숯불은 모두 보석더미가 되며, 불타는 철 땅이 청량한 수정의 바닥으로 변하고, 중생이 두려워하는 중합지옥의 산도 여래께 공양 올리는 무량궁이 되기를 원합니다.

등활지옥의 철환·도검 등이 모두 변해서 아름다운 꽃비가 되고, 서로 베고 죽이는 칼싸움이 변해서 서로 꽃을 던지며 기뻐하기를 원합니다.

陷溺似火燃, 無灘河衆生, 함익사화연, 무탄하중생,

皮肉熔蝕盡, 骨露水仙白. 피육용식진, 골로수선백.

願彼因吾福, 得獲妙天身, 원피인오복, 득획묘천신,

緩降天池中, 天女共悠遊. 완강천지중, 천녀공유유.

무탄하 지옥에 빠져 있는 유정은 피육이 끓는 쇳물 방죽에 녹아 문드러져 뼈가 하얗게 드러납니다.

그들이 나의 선법을 수행한 복덕의 힘으로 미묘한 천상의 몸을 받아서 하늘 신들과 함께 사뿐히 내려앉아 머물기를 원합니다.


iii) 고통이 타력他力에 의해 쉬어지기를 발원함

**云何此中隼, 卒驚頓生懼?** 운하차중준, 졸취돈생구?

**誰有此妙力, 除暗生歡喜.** 수유차묘력, 제암생환희.

**思已望空際, 喜見金剛手,** 사이망공제, 희견금강수,

**願以此欣喜, 遠罪隨密主.** 원이차흔희, 원죄수밀주.

이곳에서 무섭고 흉포한 옥졸과 독수리가 어떻게 사람들에게 갑자기 두려움을 일으키는가?

누구의 묘덕 위신의 역량으로 흑암을 소제해서 광명의 기쁨을 주는가? 지옥의 고통을 벗어난 유정이 공중을 올려봐 위광이 혁혁한 금강수보살이 계심을 보고, 솟아나는 기뻐하는 힘으로 숙업의 죄를 벗어나 보살을 따라서 왕생하기를 원합니다.


**願獄有情見, 香水拌花雨,** 원옥유정견, 향수반화우,

**自天訊飄降, 熄滅熾獄火.** 자천신표강, 식멸치옥화.

**安樂意喜足, 心思何因緣?** 안락의희족, 심사하인연?

**思時望空際, 喜見聖觀音!** 사시망공제, 희견성관음!

지옥에서 고통을 받는 중생이 향기가 섞여 있는 꽃비가 하늘에서 계속 내려서 치열한 지옥불이 조용히 꺼져가는 것을 보고, 마음이 안락해지고 기뻐서 "이것은 무슨 인연인가?" 하고 놀라며 문득 머리를 들어 공중에서 연화를 쥐고 인자한 미소를 띤 관세음보살을 보게

하소서!

願獄衆有情, 歡呼見文殊, 원옥중유정, 환호견문수,
友朋遠來此, 吾上有文殊. 우붕원래차, 오상유문수.
吾髻光燦燦, 已生菩提心, 오계광찬찬, 이생보리심,
力能滅諸苦, 引樂獲衆生. 역능멸제고, 인락획중생.
令畏盡消除, 誰願舍彼去? 영외진소제, 수원사피거?
彼居悅意宮, 天女齊歌頌. 피거열의궁, 천녀제가송.
着冠百天神, 齊禮蓮足前, 착관백천신, 제례련족전,
花雨淋髻頂, 悲淚潤慈目! 화우림계정, 비루윤자목!

공중에서 정수리에 오계를 갖춘 문수동자가 "친구들이여, 두려워하지
말고 빨리 오거라!"라고 소리치시니, 그의 몸에는 금색 광명이 빛나고
위력은 비할 바가 없으며, 이미 승의 보리심을 일으켜서 능히 악취의
고를 제멸하고 중생을 안락으로 인도하며 두려움을 다 제하는데 누가
그를 여의고 가기를 원하겠는가?
보살이 기쁜 마음으로 정좌하신 궁전 중에 주변에 수천의 하늘 여신이
살포시 와서 찬탄가를 부르며, 화려한 관을 쓴 수백의 천신들이 가지런
히 보살의 연화좌 앞에서 예배 올리고, 무수한 하늘 꽃비가 보살의
장엄한 정수리에 뿌리며 보살의 대비의 눈물은 인자한 두 눈을 적시니,
원컨대 지옥 중에 고통 받는 유정이 당신을 우러르며 해탈의 지혜를
얻게 하소서!

復願獄有情, 以吾善根力, 부원옥유정, 이오선근력,

悉見普賢等, 無礙菩薩雲. 실견보현등, 무애보살운.

飄降芬芳雨, 淸涼復安樂, 표강분방우, 청량부안락,

見己彼等衆, 由衷生歡喜. 견이피등중, 유충생환희.

이와 같이 나의 복덕 선근력으로 지옥 유정이 보현보살과 지장보살이 만든 안락하고 상서로운 구름에서 청량하고 향기로운 감로 비가 내림을 보면서 모두 환희의 마음 일으키기를 발원합니다.


ⓑ축생 중생을 위한 회향

願彼諸傍生, 免遭强食畏! 원피제방생, 면조강식외!

축생도의 유정이 약육강식의 공포를 여의기를 원합니다!


ⓒ아귀 중생을 위한 회향

復願餓鬼獄, 北俱盧人樂. 부원아귀옥, 북구로인락.

願聖觀世音, 手出甘露乳, 원성관세음, 수출감로유,

飽足餓鬼衆, 永浴恒淸涼. 포족아귀중, 영욕항청량.

아귀도의 중생이 북구루주의 사람들처럼 의식에 결함이 없는 안락함을 얻기를 원합니다.

성자 관세음은 손에서 끊임없이 감로의 젖을 흘려내서 일체 아귀로 하여금 만족을 얻게 하고, 또한 영원히 그 가운데서 목욕을 해서 항상 청량함을 얻게 하기를 원합니다.


ⓛ선취 중생을 위한 회향

願盲見形色, 聾者常聞聲, 원맹견형색, 농자상문성,

如彼摩耶女, 孕婦產無礙. 여피마야녀, 잉부산무애.

맹인이 모두 색상을 보고, 귀머거리는 모두 소리를 듣기 원하며, 마야부인과 같은 임산부는 모두 장애와 고통이 없이 분만하기를 원합니다.

願裸獄衣裳, 饑者得足食, 원나옥의상, 기자득족식,

渴者得淨水, 妙味諸甘飲! 갈자득정수, 묘미제감음!

벌거벗은 이는 옷을 얻게 되고, 배고픈 이는 음식을 얻게 되며, 목마른 이는 물을 마시며, 각종 감미로운 음료가 항상 곁에 있기를 원합니다.

願貧得財富, 苦者享安樂! 원빈득재부, 고자향안락!

願彼絕望者, 振奮意永固! 원피절망자, 진분의영고!

가난한 자는 재물을 얻고, 고통을 받는 자는 안락을 얻고, 실의에 빠져 절망하는 자는 정신을 진작시키고 의지를 견고히 하여 영원히 낙심하지 않기를 원합니다.

願諸病有情, 速脫疾病苦! 원제병유정, 속탈질병고!

亦願衆生疾, 畢竟永不生! 역원중생질, 필경영불생!

병이 있는 유정은 질병의 고에서 신속하게 해탈하기를 원하며 일체중생의 질병이 지금 이후로는 영원히 소실되어서 자취가 끊어지길 원합니다.

願畏無所懼, 縛者得解脫, 원외무소구, 박자득해탈,

**弱者力強壯, 心思互饒益!** 약자력강장, 심사호요익!

겁이 많은 자는 두려움이 없어지게 하고, 포박을 당해 있는 사람은 자유로워지고, 약한 자에는 건장한 힘이 생기며, 사람들이 마음을 착하게 가져서 서로 돕고 살아가기를 원합니다.

**願諸營商賈, 處處皆安樂,** 원제영상고, 처처개안락,
**所求一切利, 無勞悉成辦.** 소구일체리, 무로실성판.
**願諸航行者, 成辦意所願,** 원제항행자, 성판의소원,
**安抵河海岸, 親友共歡聚!** 안저하해안, 친우공환취!

분주히 시방을 왕래하는 상인이 가는 길 모두 길상 평안하고, 구하는 바의 일체 이익이 모두 헛되지 않아서 순리대로 이루어지기를 원합니다.

바다로 여행하는 모든 여객들은 마음속 소망을 원만히 이루고 무사히 해안에 도달해서 친구나 일체 권속들의 환영을 받기를 원합니다.

**願迷荒郊者, 幸遇諸行旅,** 원미황교자, 행우제행려,
**無有盜虎懼, 無倦順利行!** 무유도호구, 무권순리행!

길을 잃어 고통스러운 황야의 방랑자는 여행자 친구를 만나고 도적과 사나운 짐승의 두려움이 없어서 순조롭고 피로함이 없기를 원합니다.

**願諸天守護, 無路險難處,** 원제천수호, 무로험난처,
**老弱無怙者, 愚癡顚狂徒!** 노약무호자, 우치전광도!

길이 없는 위험한 곳에서 노약자와 어린이와 의지할 곳 없는 사람, 어리석어 전도된 이들을 인자한 천신이 가엽게 여겨 보호하기를 원합니다.

願脫無暇難, 具心慈愛慧, 원탈무가난, 구심자애혜,
食用悉富饒, 時時憶宿命! 식용실부요, 시시억숙명!
중생이 한가함이 없는 팔난을 벗어나서 각각 신심과 지혜와 자애를 구족하고, 음식 수용이 다 풍족하며 항상 숙세를 돌이켜볼 수 있기를 원합니다.

受用願無盡, 猶如虛空藏, 수용원무진, 유여허공장,
無諍亦無害, 自在享天年! 무쟁역무해, 자재향천년!
일체중생의 수용이 원만해 다함이 없고 곧 닦아서 허공장삼매와 같이 이루기를 원하며, 중생들이 서로 다툼이 없고 해침이 없으며 자유자재함을 천 년 이상 누리기를 원합니다.

願卑寒微士, 容光悉煥發, 원비한미사, 용광실환발,
苦行憔悴者, 健朗形莊嚴! 고행초췌자, 건랑형장엄!
비천하고 빈한한 위엄이 적은 사람은 모두가 큰 위엄을 갖춘 사람이 되어 지길 원합니다. 고생으로 추한 몸을 가진 이는 장엄하며 아름답고 귀한 몸을 갖출 수 있기를 원합니다.

願世諸婦女, 悉成男子漢, 원세제부녀, 실성남자한,

寒門晉顯貴, 慢者轉謙遜! 한문진현귀, 만자전겸손!

세상의 여인이 남자로 태어나기를 원합니다. 비천한 사람은 높은 사람이 되며 오만한 자는 모두 변해서 겸손한 군자가 되기를 원합니다.

㉱공동 이익을 위한 회향

㉠회향은 이익을 위한 인因이 됨

願諸有情衆, 因吾諸福德, 원제유정중, 인오제복덕,

悉斷一切惡, 常樂福善行! 실단일체악, 상락복선행!

내가 지은 이 공덕으로 한 중생도 빠짐없이 모든 악을 버리고 항상 이타의 복덕 선업을 행하기를 원합니다.

願不舍覺心, 委身菩提行, 원불사각심, 위신보리행,

諸佛恒攝受, 斷盡諸魔業! 제불항섭수, 단진제마업!

보살심을 버리지 않고 보살행에 전념하기를 원합니다.

부처님이 섭수하며 마군의 업과 장애가 끊어져 다하기를 원합니다.

㉡회향은 안락을 위한 인因이 됨

ⓐ발원 성취를 위해 회향함

願諸有情衆, 萬壽永無疆, 원제유정중, 만수영무강,

安樂度時日, 不聞死歿名! 안락도시일, 불문사몰명!

모든 중생은 오래오래 무량수를 누리길 원합니다.

항상 행복한 삶을 살고 죽음이라는 말조차도 듣지 않기를 원합니다.

626

願於諸方所, 遍長如意林, 원어제방소, 편장여의림,
充滿佛佛子, 所宣妙法音! 충만불불자, 소선묘법음!
시방에 여의수如意樹로 가득한 동산에서 제불과 보살 성중이 설한
바의 미묘 법음이 충만하기를 원합니다.

普願十方地, 無礫無荊棘, 보원십방지, 무력무형극,
平坦如舒掌, 光滑似琉璃! 평탄여서장, 광활사류리!
모든 대지는 언제나 청정하고 자갈·가시 등이 없고 부드러우며, 손바
닥 같이 평평하고 유리의 성품처럼 매끄럽게 되기를 원합니다.

願諸菩薩衆, 安住聞法眷, 원제보살중, 안주문법권,
各以妙功德, 莊嚴佛道場. 각이묘공덕, 장엄불도장.
일체 보살성중의 주위에는 많은 법을 듣는 권속이 안주하며
각각의 상서로운 공덕을 운용하여 시방 불법의 도량을 장엄하기를
원합니다.

願諸有情衆, 相續恒聽聞, 원제유정중, 상속항청문,
鳥樹虛空光, 所出妙法音! 조수허공광, 소출묘법음!
일체 유정에게 새들·수림의 나무들·햇살 등과 허공 가운데에서 전해
오는 신묘한 불극토의 법음이 끊이지 않고 들리게 하소서.

願彼常値佛, 以及諸佛子, 원피상치불, 이급제불자,
並以無邊雲, 獻供衆生師! 병이무변운, 헌공중생사!

그들이 항상 부처님과 보살들을 만나고 무한한 공양의 구름으로 중생의 스승들께 공양 올리기를 원합니다.

願天降時雨, 五穀悉豐收, 원천강시우, 오곡실풍수,
仁王如法行, 世事皆興隆! 인왕여법행, 세사개흥륭!
천신은 때에 맞춰 비를 내리시고 곡식은 풍성하게 여물기를 원합니다.
왕은 법에 맞게 다스리며 세상 사람은 번창하기를 원합니다.

願藥具速效, 咒語咸靈驗, 원약구속효, 주어함령험,
空行羅刹等, 悉具慈悲心! 공행나찰등, 실구자비심!
모든 약초는 영험이 있고 진언을 외우면 뜻을 이루며,
공행空行과 나찰 등은 자비심을 지니기를 원합니다.

ⓑ 불행에서 멀어지길 발원함
願衆無苦痛, 無病未造罪, 원중무고통, 무병미조죄,
無懼不遭輕, 畢竟無不樂. 무구불조경, 필경무불악.
중생이 조금도 고통이 없고 번뇌를 받지 않고 일체 죄업을 짓지 않고
일체의 두려움이 없으며 어떠한 멸시도 만나지 않고 항상 불안한
마음을 지니지 않기를 원합니다.

② **불교 입문을 위해 회향함**
㉮ 전체적으로 회향함
願諸伽藍寺, 講誦以興盛, 원제가람사, 강송이흥성,

僧伽常和合, 僧事悉成判. 승가상화합, 승사실성판.

절에서는 경을 읽고 기도하는 소리가 널리 상서롭게 머물기를 원합니다.
승가는 항상 화합하며 문사하며 수습하고 홍법하는 사업이 모두 원만
히 이루어지기를 원합니다.


㉔ 개별적으로 회향함

願欲學比丘, 悉住阿蘭若, 원욕학비구, 실주아란약,

斷諸散亂已, 輕安堪修善! 단제산란이, 경안감수선!

願尼得利養, 斷諍遠諸害! 원니득리양, 단쟁원제해!

공부하기를 원하는 비구들은 적정처에 안주해서 경안하게 일체 선법
닦기를 원합니다.
산란을 다 여의고 마음은 뜻대로 되어 명상하기를 원합니다.
비구니는 풍족하며 말다툼과 해를 끼치지 않기를 원합니다.


如是衆僧尼, 戒圓無缺憾! 여시중승니, 계원무결감!

犯者願生悔, 時時盡罪業, 범자원생회, 시시진죄업,

壽終生善趣, 不復失禁戒! 수종생선취, 불부실금계!

계를 받은 모든 이는 계율을 어기지 않아 청정하고 결함이 없기를
원합니다.
계율이 성근 자는 부끄러워하고 항상 죄를 참회하며
선취를 얻은 뒤에도 계의 행이 기울지 않기를 원합니다.


願智受尊崇, 化緣皆得足, 원지수존숭, 화연개득족,

心續悉淸淨, 令譽遍十方! 심속실청정, 령예편십방!

현명하고 지혜 있는 자는 존경을 받으며, 탁발 걸식하는 출가인은 청정한 공양을 얻기를 원합니다.

마음의 흐름을 완전히 맑히고 사방으로 명성이 퍼져 나가기를 원합니다.

願離惡趣苦, 以及諸艱困, 원리악취고, 이급제간곤,

復以勝天身, 迅速成正覺! 부이승천신, 신속성정각!

모든 중생이 악취의 고를 받지 않고 힘든 고생은 사라지고,

천신보다 더 좋은 몸을 지녀 속히 부처의 몸 이루길 원합니다.

願諸有情衆, 殷勤供諸佛, 원제유정중, 은근공제불,

依佛無邊福, 恒常獲安樂! 의불무변복, 항상획안락!

모든 중생은 몇 번이고 부처님께 공양을 올리며

부처님의 한없는 복덕으로 항상 안락을 지니기를 원합니다.

## (2) 출세간 발원의 원인으로써 회향함

菩薩願如意, 成判衆生利! 보살원여의, 성판중생리!

有情願悉得, 怙主慈護念! 유정원실득, 호주자호념!

獨覺聲聞衆, 願獲涅槃樂! 독각성문중, 원획열반악!

보살들은 일체중생이 여여하게 이익을 얻기를 원합니다.

일체 유정이 모두 구세주의 연민과 호념을 얻기를 원합니다.

연각과 성문은 다 작은 것을 돌이켜서 큰 것으로 향해서 구경열반의

안락을 획득하기를 원합니다.

## 2) 자리自利 측면에서 회향함

我未登地前, 願蒙文殊恩, 아미등지전, 원몽문수은,

常憶己宿命, 出家恒爲僧. 상억기숙명, 출가항위승.

내가 환희지에 오를 때까지 문수보살의 은혜로운 가피를 받고
항상 숙명을 기억해서 세세생생 출가해서 승려가 되기를 원합니다.

여기에서는 적천보살께서 중생교화를 위해 범부의 측면에서 말하신
것이 저 범부임을 뜻하는 것이 아니니, 곧 죄업이 없는 자가 『참회문』을
독송하는 것과 같다. 일부 주석 중에 설하되, "성자 적천은 수승 성취를
얻으셨다."라고 한다.

願吾菲飮食, 維生充體能! 원오비음식, 유생충체능!

世世願恒得, 圓滿寂靜處! 세세원항득, 원만적정처!

보잘 것 없는 음식으로써 능히 신체를 유지할 수 있으니, 그저 수행에
의지할 바의 신명만을 원합니다. 더욱이 세세생생에 모두 원만한
적정의 환경 중에서 안거하기를 원합니다.

何時欲相見, 或欲問法義, 하시욕상견, 혹욕문법의,

願我無障礙, 面見文殊尊! 원아무장애, 면견문수존!

어느 때든 뵙고자 할 때나 조그만 의문이 있어 법의 뜻을 묻고자
한다면

나의 스승 문수보살을 장애 없이 친견토록 하소서.


爲於十方際, 成判有情利, 위어십방제, 성판유정리,

吾行願得如, 文殊圓滿行! 오행원득여, 문수원만행!

시방의 허공 끝에 이르는 모든 중생의 이익을 위하여

문수보살이 행하신 것처럼 나도 또한 그렇게 행할 수 있기를 원합니다.


乃至有虛空, 以及衆生住, 내지유허공, 이급중생주,

願吾住世間, 盡除衆生苦! 원오주세간, 진제중생고!

허공계가 다하고 단 한 명의 중생이 남을 때까지

저는 이 세상에 머물면서 중생의 고통을 없애는 자로 남을지이다.


衆生諸苦痛, 願悉報吾身! 중생제고통, 원실보오신!

願因菩薩德, 衆生享安樂! 원인보살덕, 중생향안락!

중생의 죄업 응보를 전부 나의 몸으로 받기를 원합니다.

내가 수지한 보살행의 광대한 공덕으로 중생은 행복하게 살아가기를
원합니다.


## 3) 종합적인 측면에서 회향함

願除苦良藥, 一切安樂源, 원제고량약, 일체안락원,

敎法伴利敬, 長久住世間! 교법반리경, 장구주세간!

중생의 고를 치료하는 오직 한 가지 약이며 모든 안락의 근원인

부처님의 가르침이 공양과 존경으로 오래도록 세간에 머물기를 원합

니다.


## 2. 불보살의 은덕을 억념憶念하며 경례 올림

禮敬文殊尊, 恩生吾善心, 예경문수존, 은생오선심,

亦禮善知識, 恩長吾三學. 역례선지식, 은장오삼학.

선한 마음을 내도록 일깨워 주시는 문수보살의 은혜에 절 올립니다.
저를 항상 지켜 주시는 선지식의 은혜에 예경하고, 그들의 은덕으로
나의 계정혜 삼학이 발전하기를 원합니다.


– 제10품의 석釋을 마침.

**三時諸佛之遺道, 六波羅蜜佛子行,**
**願以開顯此論善, 令衆生入菩提行.**

삼세제불이 물려주신 도법이고 육바라밀 불자행이며
이 논을 해설한 선근으로 중생이 보리행에 들게 하길 원합니다.

**願脫惡趣難忍苦, 獲得解脫之正道,**
**具足圓滿二資福, 速入涅槃之城中.**

악도의 참기 어려운 고통을 벗어나며 해탈의 바른 도를 얻어서
두 자량의 복을 원만 구족하고 속히 열반의 성중에 들기 원합니다.

**願不失毀善趣樂, 悟輪回樂無實質,**
**盡滅二取相戲論, 享受無漏之大樂.**

선도의 행복을 잃지 않고 윤회의 즐거움이 실지가 아닌 줄 깨달으며
상대적인 관념의 희론을 멸하고 무루의 큰 기쁨 누리기 원합니다.

**願依其力能遣除, 苦集諦之一切暗,**
**開啓蓮苑正法日, 長久留住此世間.**

무루의 힘을 의지하여 고집제의 일체 어둠을 제거해 버리고
정토의 정법의 해를 열어서 오랫동안 이 세상에 머무르기 원합니다.

願持三學德寶藏, 以大智悲善巧法,
庇護教法與衆生, 勝善知識久住世.

삼학의 덕의 보장을 지니고 큰 지혜와 자비의 방편법으로써
교법과 중생을 보호하며 선지식이 세간에 오래 머물기를 원합니다.

願入佛門諸敎徒, 解脫懈怠憒鬧縛,
皆以淨戒聞思修, 三門恒常具義行.

불문에 들어온 사부대중이 게으름과 산란함에서 해탈하고
청정 계율과 문사수로써 삼문이 항상 바른 행을 갖추기를 원합니다.

願天應時而降雨, 草木豐穀飾大地,
庶民安樂互慈愛, 恒常奉行十善法.

하늘이 때에 맞게 비를 내리고 초목과 풍성한 곡식이 대지에 가득
하며
백성이 안락하여 서로 아끼고 항상 십선법을 봉행하길 원합니다.

願我未得菩提前, 永不貪執輪回樂,
不求自我得解脫, 恒常精勤利有情.

내가 보리를 얻기 전에 윤회의 즐거움을 탐하지 않고

자기만을 위해 해탈을 구하지 않고 항상 중생을 위해 정진하길
원합니다.

**無論於我貪或嗔, 贊毀以及作利害,**
**願凡見聞念我者, 悉皆速得勝菩提.**

나에 대해 탐욕내고 화내며 칭찬과 비방 및 이해 지음은 논함이
없고
무릇 나를 보고 듣고 생각하는 자는 모두 속히 수승한 보리 얻기를
원합니다.


『입행론·선설해』를 교리법사 무착無著이 길상애오사吉祥艾悟寺에서
지었다.

### 톡메 상뽀(Thogme Zangpo, 1295~1369)

티베트 불교 샤캬파의 전승조사이다. 한문으로는 무착 대사無著大
師라 한다. 1295년 티베트 서부 샤캬에서 태어났다. 14세에 출가
하여 29세에 비구계를 받은 후, 종파를 초월하여 많은 스승으로부
터 대원만의 교법을 학습하고 실수행의 선관을 지도받아 대성취
를 이루었다.

32세 때 불법을 펴기 위하여 경전을 강의하였는데, 주로『현관장엄
론』, 『인명론』, 『아비달마잡사집』, 『대승장엄경론』, 『보성론』, 『입
보리행론』 등을 강의하였다.

견혜堅慧 역경대사가 무착 대사를 평하되 "티베트에 있어서『입보
리행론』에 제일 정통한 자는 궈랑빠 대사와 무착 대사 2인으로, 이
론에 대한 이해는 대사와 비교할 자가 없으며, 이 두 사람의 사상 중
에 이론의 온전한 의의가 갖춰져 있다."라고 하였다.

무착 대사의 발심이 매우 광대하였기 때문에 각 종파의 수행인은
그를 매우 존중했고 그의 교언 중에 지혜가 솟아나는 것을 사모하
였다. 특히 대사가 지은『불자행 37송』에 대한 찬탄이 끊이지 않아
세간에서 애독되었다.


### 수다지 켄포(索达吉 堪布, 1962~)

1985년 오명불학원으로 출가하여, 진메이펑춰 린포체의 가르침을
받고 수행하였으며, 진메이펑춰 린포체 생전 시 스승의 가르침을
중국 제자들에게 전달하는 통역을 담당하였다. 다년간 다수의 티
베트 경론을 중국어로 번역하였고, 많은 법문을 통해 티베트불교
의 주옥같은 가르침을 중국과 세계에 전하고 있다. 현재 오명불학
원 교수이다.

**지엄화상(1956~)**

1956년 전북 김제 출생. 19세에 구례 화엄사에 종견 화상을 은사로 입산 출가하여, 월하 화상을 계사로 비구계를 수지하고 화엄사 강원을 졸업하였다. 봉암사 등에서 14안거를 성만하였으며, 화엄사 강원 강주, 운암사 도감을 역임하였다. 1995년 중국에 유학, 남경대학에서 철학박사 학위를 취득하고, 사천성 오명불학원에서도 수학하였으며, 해인사 승가대 교수를 지냈다. 중국 유학 중이던 1999년, 운명적으로 만난 대성취자 진매남카랑빠 존자(연용상사)와 다러라모 린포체를 근본스승으로 모시고 수행하였으며, 2011년 스승으로부터 연화생대사 복장법의 전법을 전수·위임 받았다. 그밖에 도둡첸 린포체, 츄니도지 존자, 풀빠자시 린포체의 전법제자가 되었다. 현재 서울 미륵정사와 남경 관음사에서 연용상사부모의 복장법(떼르마), 도둡첸 린포체의 롱첸닝틱, 츄니도지존자의 사심지, 풀빠자시의 구전성숙 등 법을 펼치고 있다. 『입중론 강해』, 『정해보등론 강의』, 『입보리행론 강해 1~3』, 『대원만수행요결』, 『친우서』, 『불자가 행해야 할 37가지 가르침』 등을 편역하였다.

입보리행론 요해

초판 1쇄 인쇄 2023년 5월 10일 | 초판 1쇄 발행 2023년 5월 19일
편역자 지엄 | 펴낸이 김시열
펴낸곳 도서출판 운주사

　　(02832) 서울시 성북구 동소문로 67-1 성심빌딩 3층
　　전화 (02) 926-8361 | 팩스 0505-115-8361
ISBN 978-89-5746-734-3　03220　값 40,000원
http://cafe.daum.net/unjubooks 〈다음카페: 도서출판 운주사〉